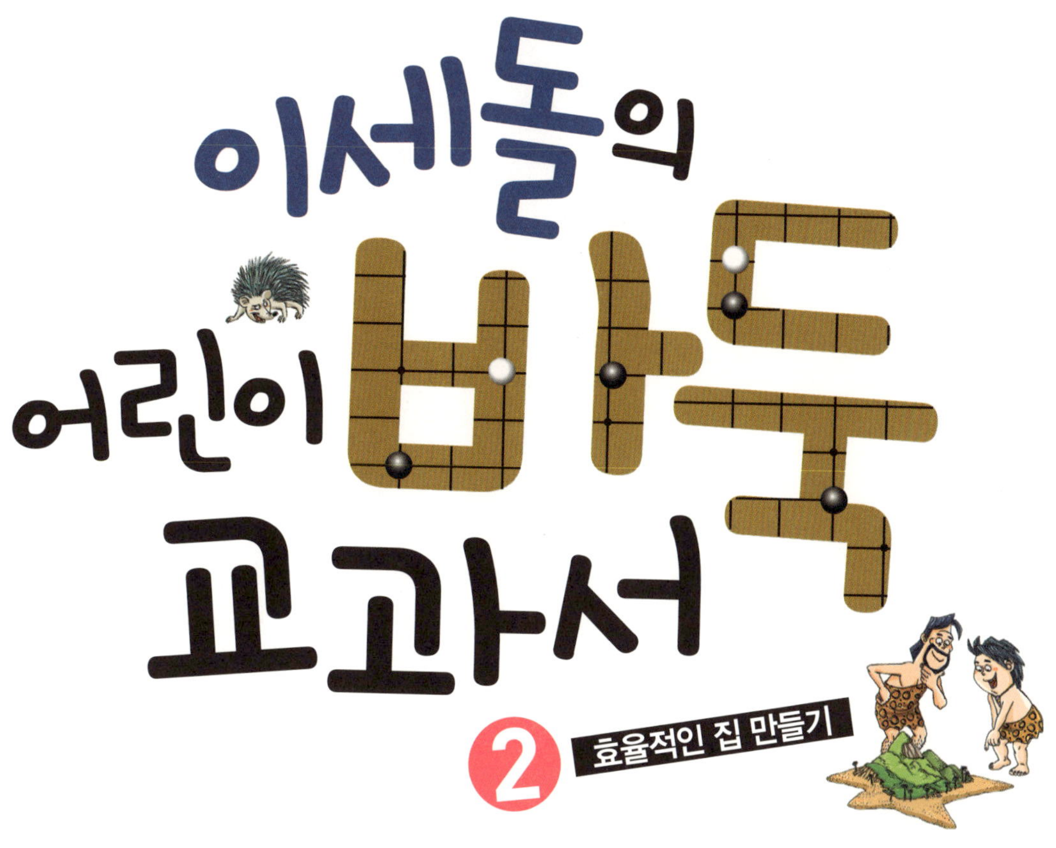

이세돌 지음 · 성기창 기획

키즈 조선

어린이 여러분 안녕하세요.

이세돌이에요. 저는 여러분처럼 어린 시절부터 바둑을 했고, 여러분의 형이나 오빠 나이가 되었을 때 프로기사로 입단했어요. 아주 어린 시절부터 바둑을 두었기 때문에 바둑을 처음 두는 어린이들에게 꼭 필요한 것이 무엇인지 잘 알고 있어요. 그래서 많은 어린이들이 바둑을 배울 수 있도록 누구라도 쉽게 따라할 수 있는 바둑책을 꼭 쓰고 싶었답니다.

바둑을 배우면 좋은 점이 정말 많아요.

여러분은 국어와 수학을 잘하기 위해 학원도 다니며 열심히 공부하고 있지요? 그런데 공부를 잘하려면 무엇이 중요할까요? 국어나 수학의 개념도 알아야 하지만 우선 집중력과 기억력, 판단력, 논리적 사고력 등 공부할 수 있는 뇌를 계발시켜야 해요. 그래야 나중에 공부도 더 잘할 수 있게 되는 거니까요. 이런 것들을 공부가 아닌 게임으로 배울 수 있다면 참 좋겠지요?

그런 면에서 바둑은 그 어떤 활동보다 좋아요. 바둑을 배우면 공간지각력, 가치판단력, 기초 수리력, 논리적 사고력 등이 쑥쑥 자라거든요. 또 바둑을 두면서 집중력도 높아지고 더불어 예의범절까지 배우게 된답니다.

실제로 권준수 서울대병원 신경정신과 교수팀이 바둑을 두면 집중력과 기억력, 문제 해결능력, 수행 조절능력 등을 담당하는 뇌의 오른쪽 전두엽 부위 등이 일반인보다 훨씬 발달한다는 연구 결과를 발표했어요.

이런 바둑을 많은 어린이들이 꼭 배우고 즐겼으면 좋겠어요.

그런데 시중에 나와 있는 책들은 어린이들이 처음 보고 따라 하기엔 어렵거나 지루한 책들이 대부분이더라고요. 그래서 이 책은 동화를 통해 바둑의 원리를 이해할 수 있도록 만들었어요. 바둑 묘수를 아무리 많이 암기하더라도 각 상황에 따라 제대로 적용하려면 원리를 이해하고 있어야 해요. 단순 암기로는 내 것으로 만들 수 없다는 얘기지요. 암기가 아니라 원리 이해를 제대로 해야 적절한 상황에 적절한 수를 놓는 진짜 바둑 고수가 될 수 있는 거예요.

이 책을 쓴 진짜 이유는 바둑이 정말 재미있는 게임이라는 사실을 알려 주고 싶었기 때문이에요. 바둑을 배울까 하다가도 혹시 지루하고 어려운 게임이 아닐까 걱정하는 어린이들이 많은데 이 책을 보면 그런 생각이 싹 달아날 거예요. 재미있는 동화와 더불어 캐릭터들과 함께 푸는 문제 풀이는 정말 신이 난답니다. 여러분이 즐겁게 바둑을 배울 수 있다면 무엇보다 기쁠 거예요.

어린이 여러분, 이 책을 통해 정말 신 나고 흥미로운 바둑 세상을 꼭 경험해 보세요.

이세돌

1. 바둑판

가로 19줄, 세로 19줄씩이 그어진 판이에요.
꼭 사지 않더라도 19줄씩만 그릴 수 있다면 어떤 판이라도 괜찮아요.

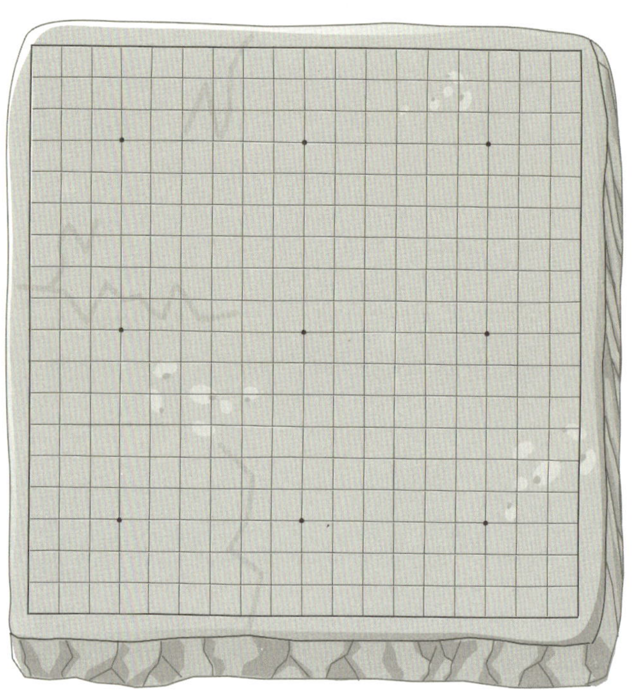

2. 바둑돌

흑돌 181개와 백돌 180개가 있어요.
바둑판 전체에 바둑돌이 놓일 수 있는 자리가 361곳인데
그것과 꼭 같지요.

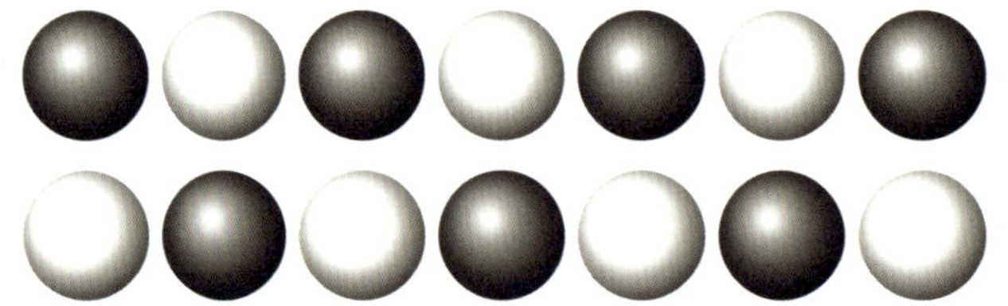

1. 바둑을 두기 전에 서로 예의 바르게 인사를 해요.

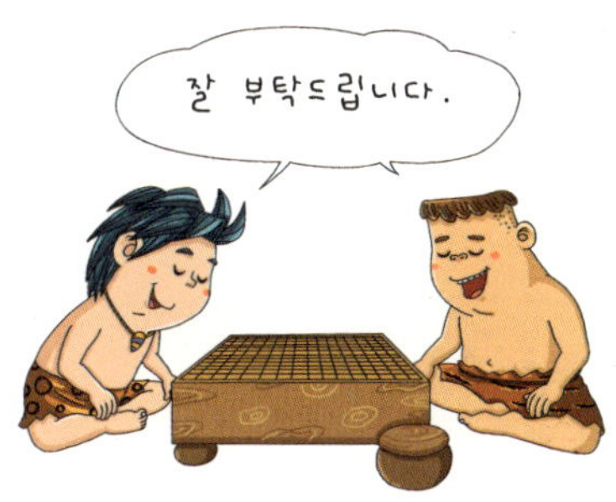

2. 바둑을 좀 더 잘 두는 사람이 백돌을, 못 두는 사람이 흑돌을 가져요.

3. 흑돌이 먼저 두고 다음에 백돌이 두어요.

4. 바둑돌은 선과 선이 만나는 자리에 두어요.

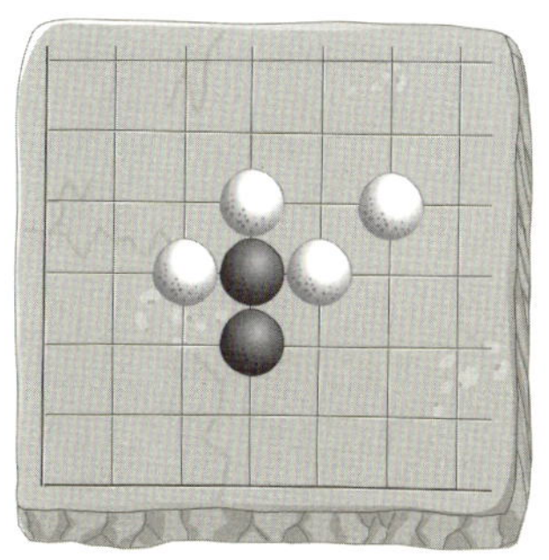

둘 수 있는 곳

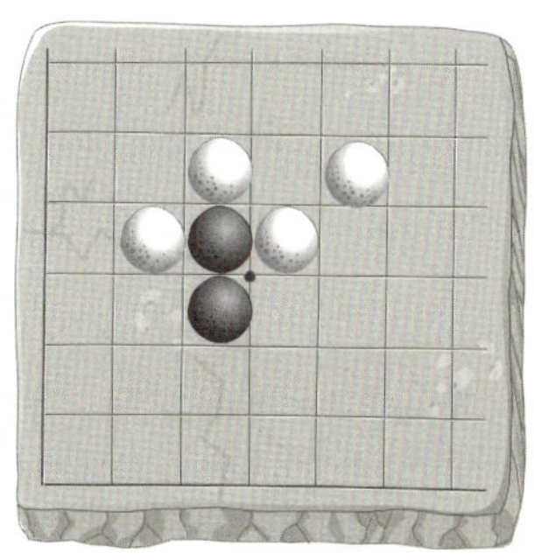

둘 수 없는 곳

5. 흑돌과 백돌이 서로 한 번씩 번갈아 가면서 두어요.
   한 사람이 두 번을 이어서 두면 안 돼요.

6. 바둑을 두는 동안은 바둑돌을 달그락거리거나
   시끄러운 소리를 내지 않아요.

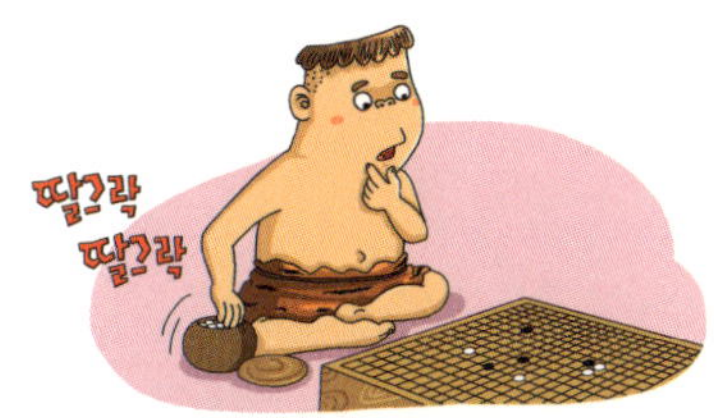

7. 대국이 끝나면 바둑돌을 바둑통에 잘 정리해요.

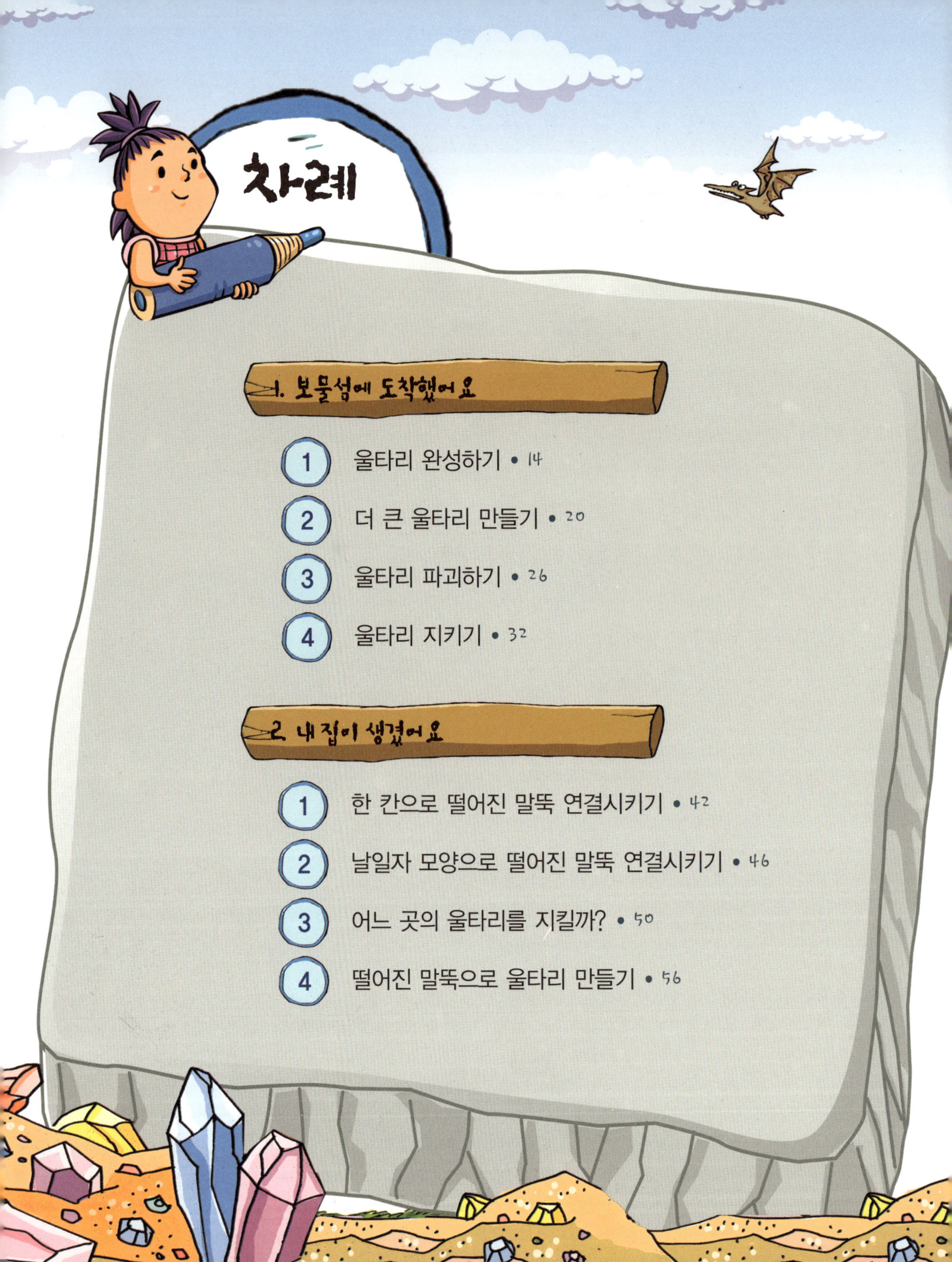

차례

또또네 가족

몸집이 작고 힘도 약하지만 지혜가 뛰어난 가족이에요.
사냥에 나서면 사냥감을 향해 무조건 덤비기보다는
전략을 짜고 협력하기 때문에
항상 큰 사냥감을 잡아요.

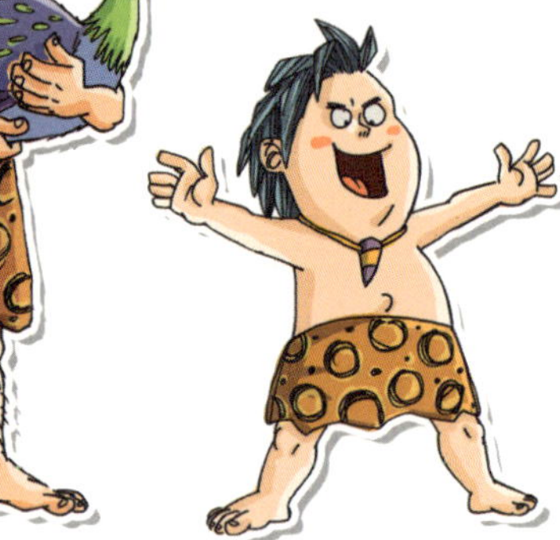
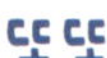
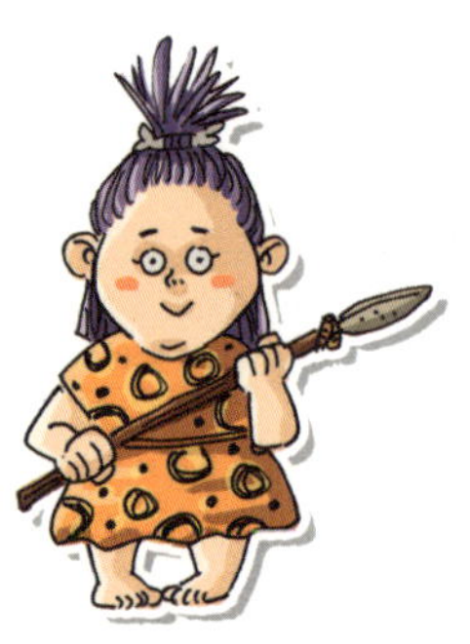
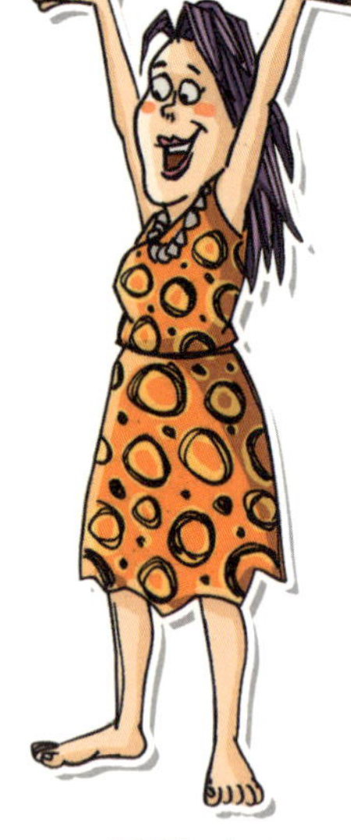

또또아빠

또또에게 다양한 사냥 기술을
알려 주는 뛰어난
사냥꾼이에요.

또또

사냥할 때 항상 지혜를
발휘하는 날쌘
꼬마 사냥꾼이에요.

또리

또또의 여동생이에요.
동물을 사랑하는
귀여운 아이예요.

또또엄마

가족을 아끼고 사랑하는
따뜻한 마음의 엄마예요.

꾸꾸네 가족

몸집이 크고 힘도 세지만 지혜가 부족한 가족이에요.
사냥에 나서면 자신의 힘만 믿고 무조건 돌진하다가
사냥감을 놓치는 경우가 많아요.

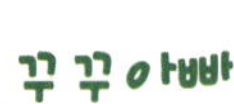
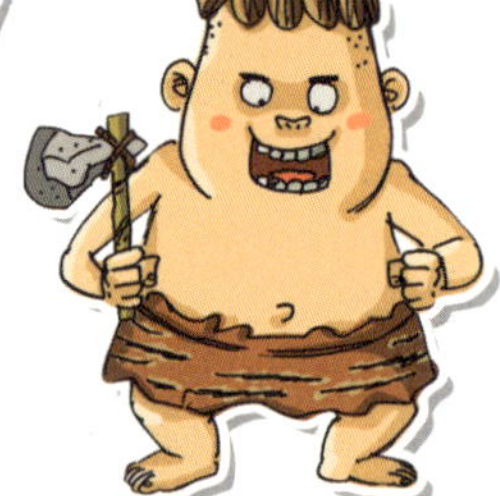
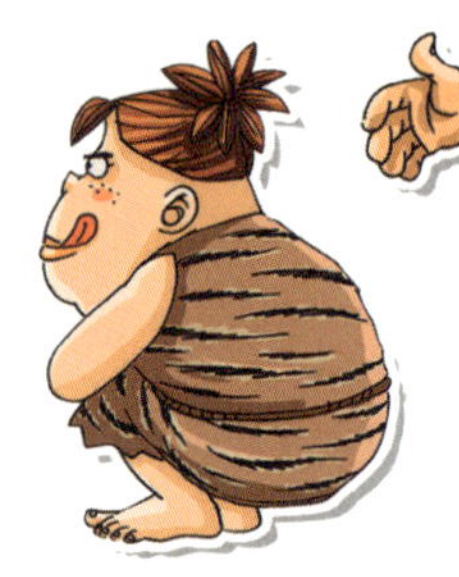
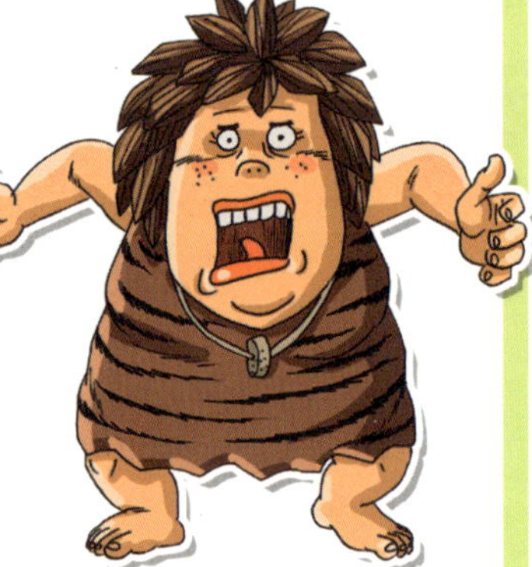

꾸꾸아빠

힘은 세지만 지혜가 부족해
항상 사냥감을 놓치는
어리석은 사냥꾼이에요.

꾸꾸

생각보다 몸이 앞서서
곤경에 처할 때가 많은
꼬마 사냥꾼이에요.

꾸순

꾸꾸의 누나예요.
갖고 싶은 게 너무 많은
욕심쟁이예요.

꾸꾸엄마

큰 목소리에 힘이 센
무서운 엄마예요.

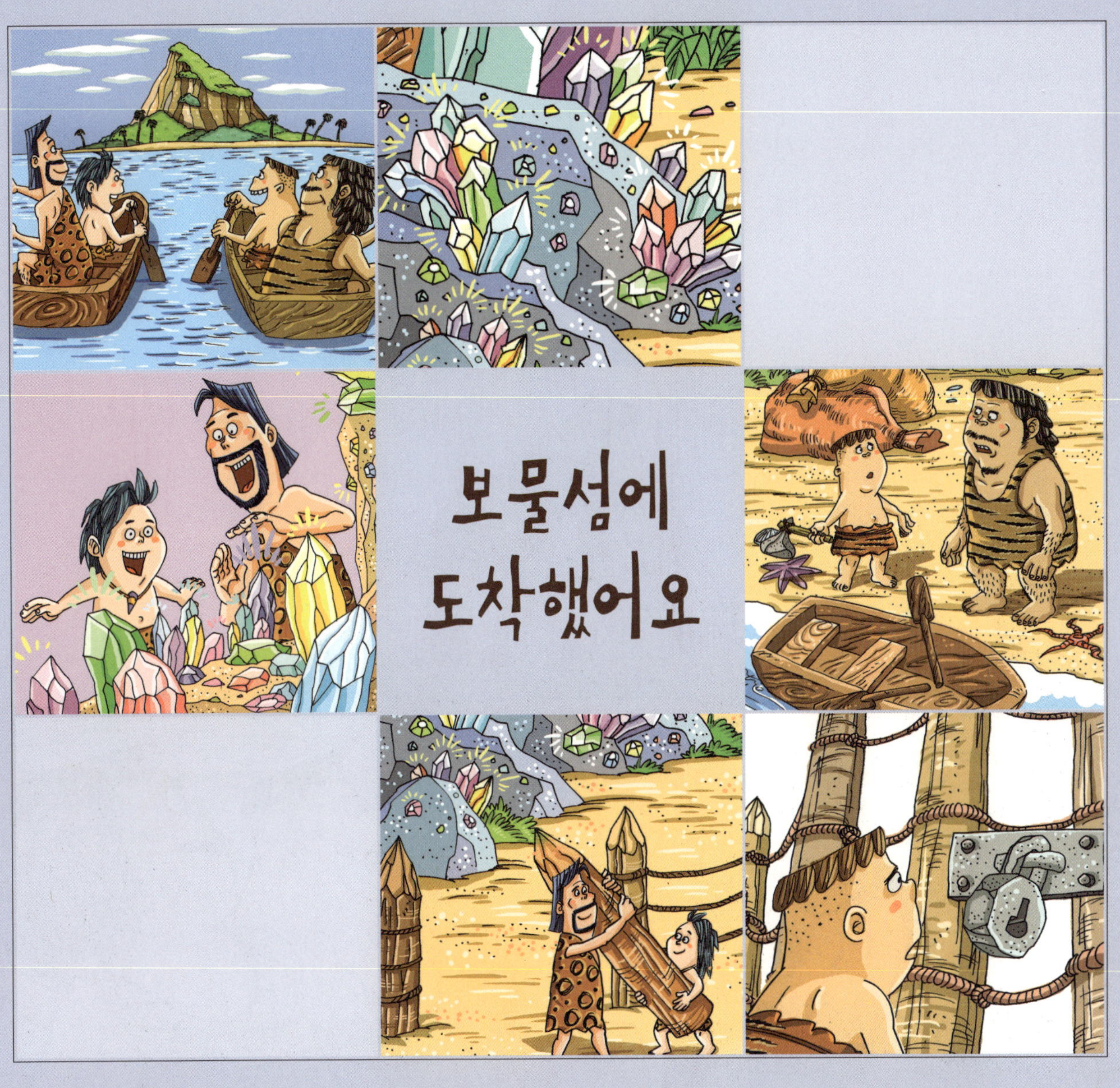
보물섬에
도착했어요

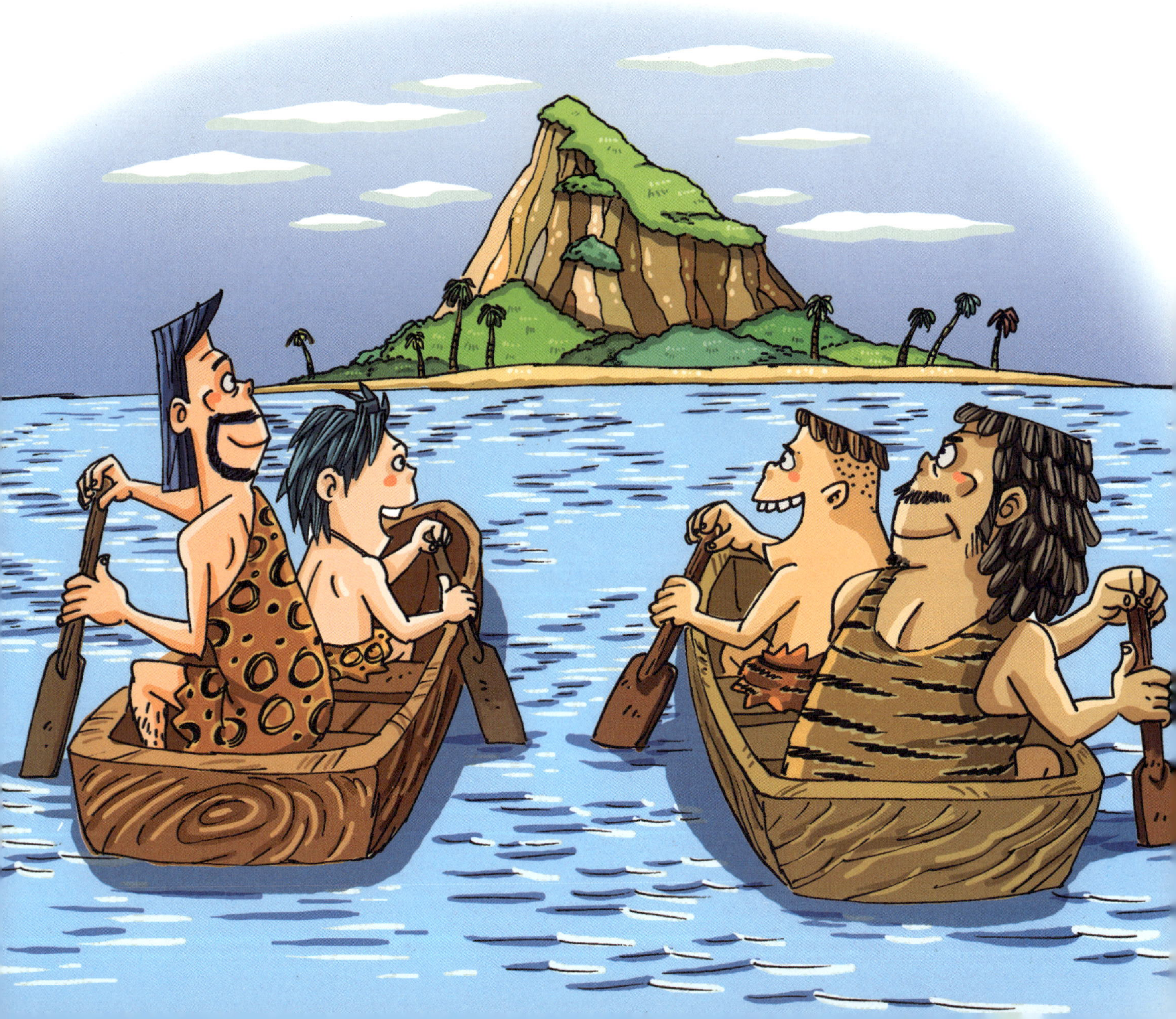

또 또와 또또아빠, 꾸꾸와 꾸꾸아빠가 배를 타고 여행을 떠났어요.
배를 타고 한참 가다 보니 반짝반짝 빛나는 신기한 섬이 보였어요.
또또네는 섬의 오른쪽 편에 배를 대었어요. 내리고 보니 섬에는 반짝반짝 빛나는
보물이 가득했답니다.
"우와 멋지다. 신기한 보물이 많이 있네요."
"저 보물들을 가져다 시장에 내다 팔면 과일이나 고기, 필요한 물건들을 많이
살 수 있겠구나. 또또야 어서 보물들을 줍자구나."

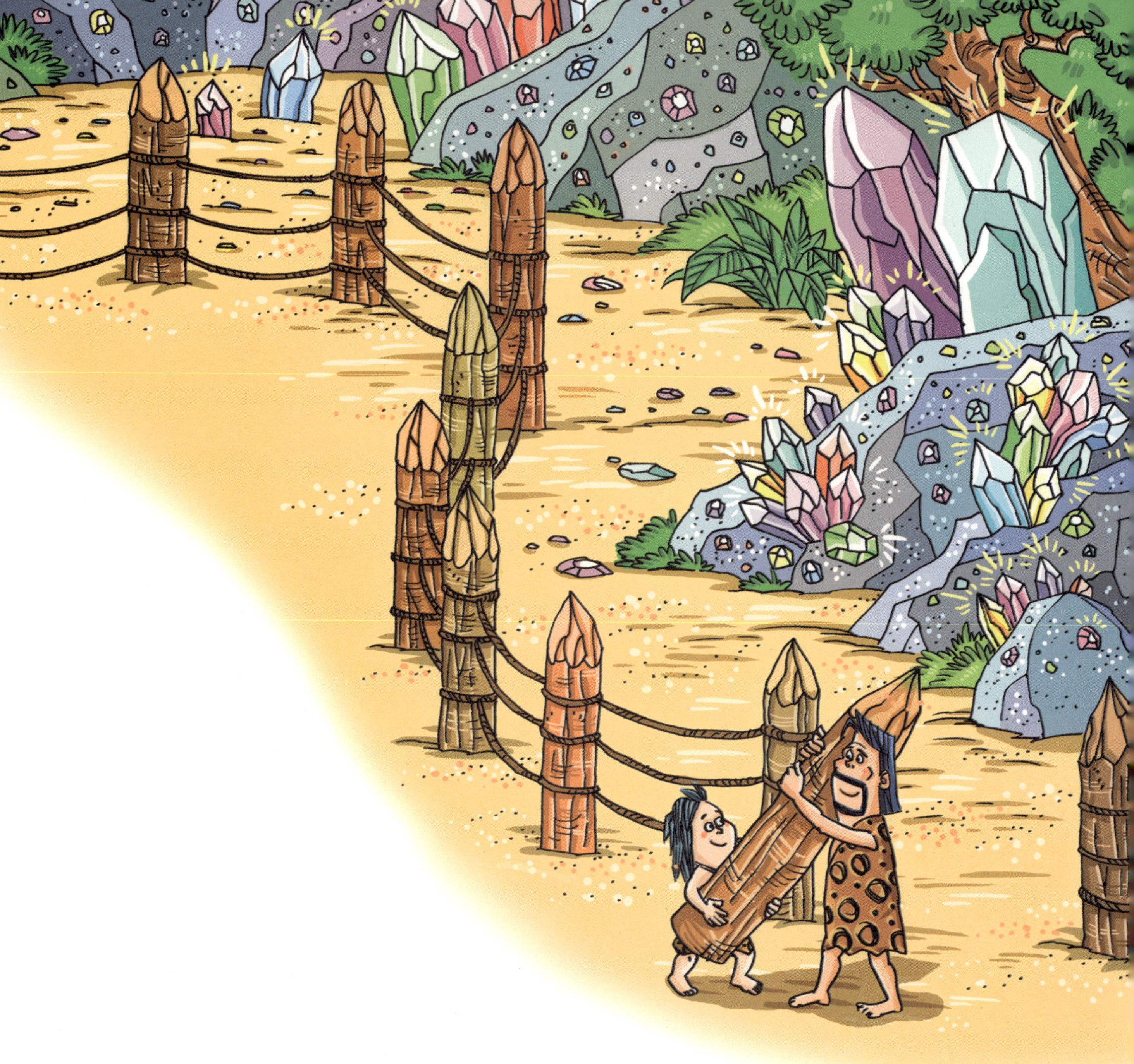

"이 많은 보물을 모두 주워서 가져가긴 힘들 것 같아요.

다른 사람들이 들어오지 못하도록 울타리를 만들고 다음에 또 가져가면 어떨까요?"

"그거 좋은 생각이구나. 어서 배에서 밧줄과 말뚝을 가져다가 튼튼한 울타리를 만들자."

또또와 또또아빠는 먼저 쿵쾅쿵쾅 울타리를 만들기 시작했어요.

그 다음에 필요한 만큼의 보물을 자루에 담아 집으로 돌아왔지요.

이제 필요할 때마다 섬에 가서 보물을 가져오기만 하면 됐답니다.

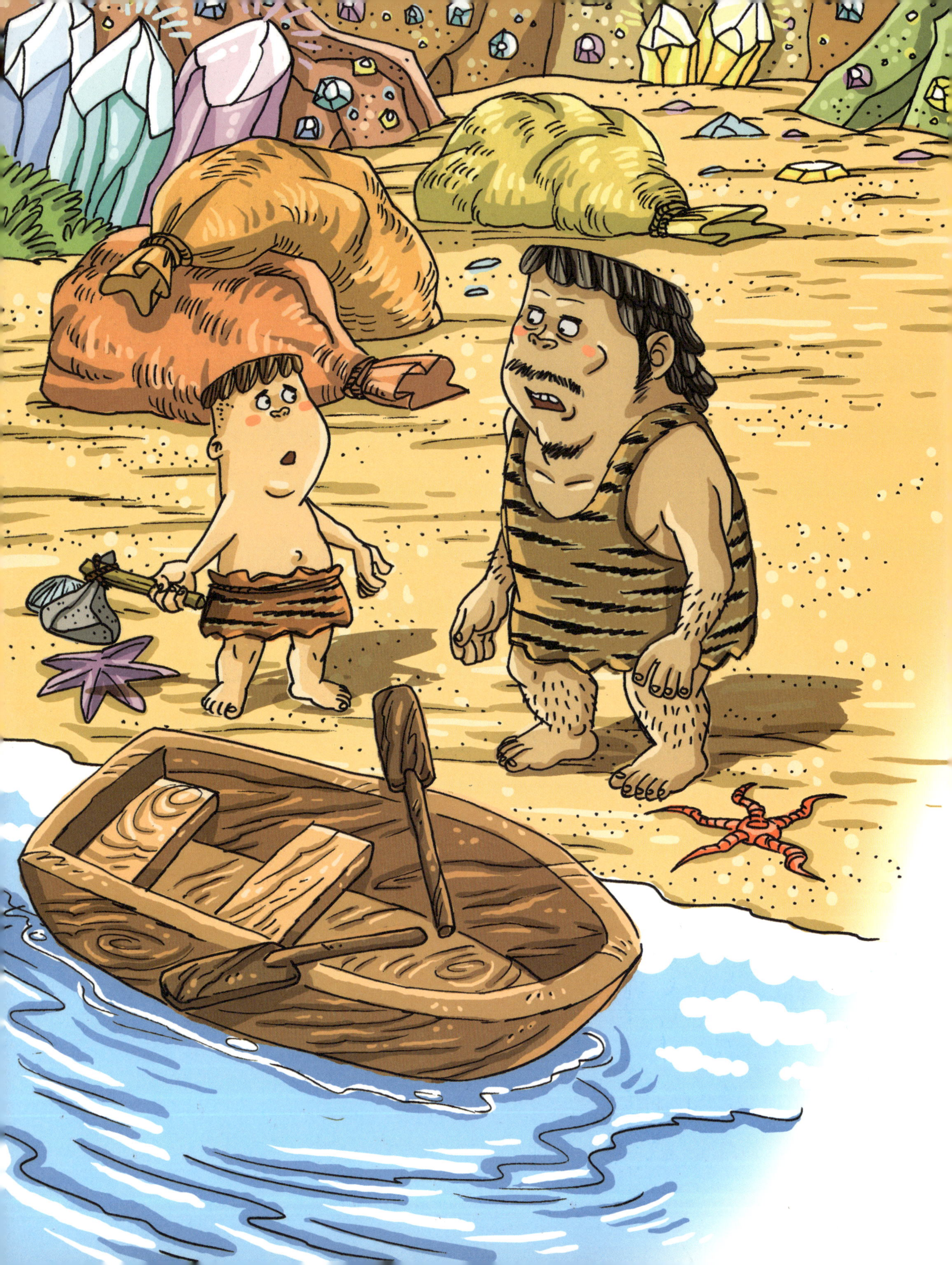

한편 섬의 왼쪽 편에 배를 댄 꾸꾸네도 이 섬이 보물섬인 걸 알고 매우 기뻐했어요.

"아빠, 이렇게 보물이 많다니. 우린 이제 부자예요."

"그래 꾸꾸야. 어서 자루에 보물을 담거라."

꾸꾸와 꾸꾸아빠는 가져온 자루에 보물을 담기 시작했어요.

섬이 워낙 넓고 보물의 개수도 많아서 주워도 주워도 끝이 없었어요.

가지고 온 자루에 보물을 가득 담았지만 아직 많은 보물이 남아 있었지요.

하지만 이제 더 이상 담을 자루가 없었답니다.

"아! 아쉬워라. 더 이상 담을 자루가 없네요. 어떡하죠?"

"할 수 없지. 꾸꾸야 먼저 이 보물들만 가져가고 나머지 보물은 내일 와서 줍자구나."

꾸꾸와 꾸꾸아빠는 보물이 담긴 자루를 들고 집으로 돌아갔어요.

다음 날, 꾸꾸와 꾸꾸아빠는 다시 섬으로 갔어요.

"아빠, 이게 웬일이에요. 울타리가 쳐 있잖아요.

자물쇠도 너무 튼튼해서 들어갈 수가 없겠는데요."

그새 누군가 쳐 놓은 울타리 때문에 꾸꾸네는

섬에서 더 이상 보물을 가져갈 수 없게 되었답니다.

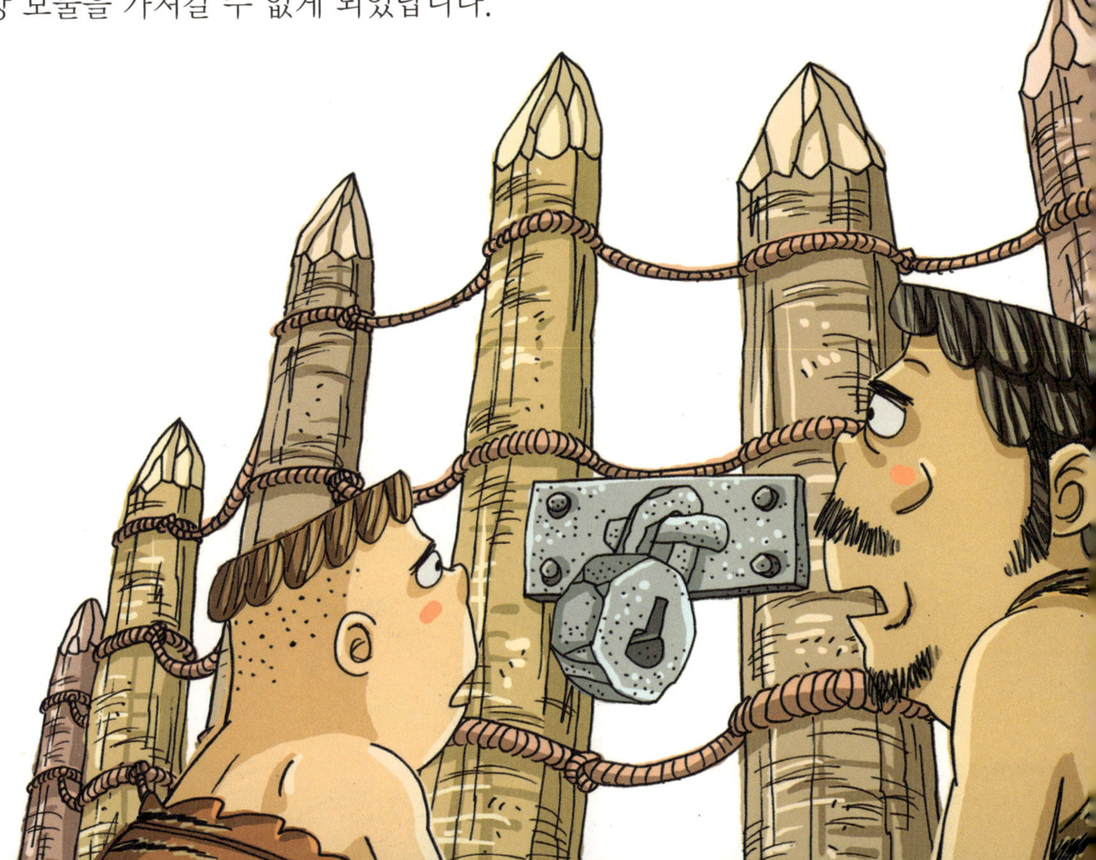

1. 울타리 완성하기

보물을 집어넣을 **울타리**를 만들려고 해요,
어디에 말뚝을 박아야 **울타리**가 완성될까요?

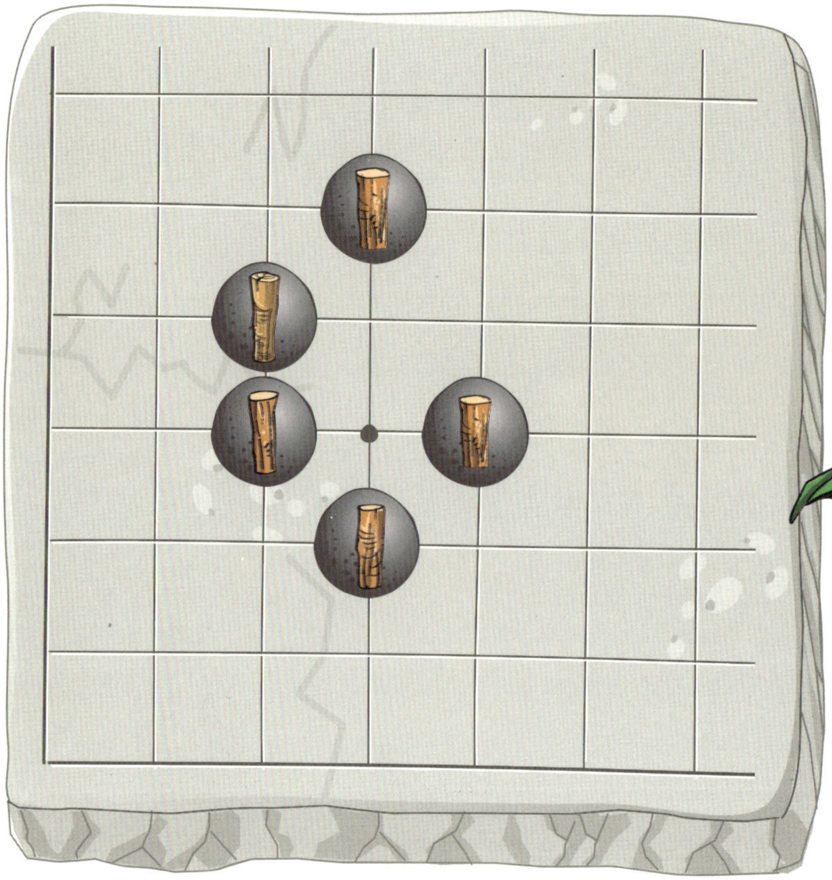

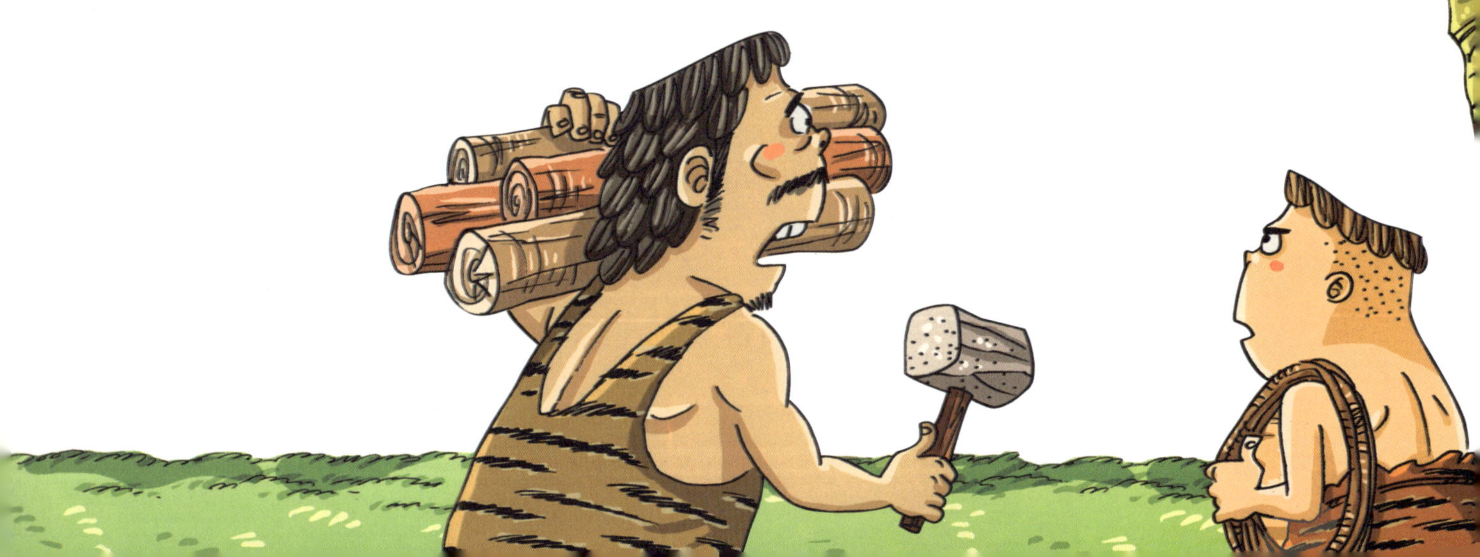

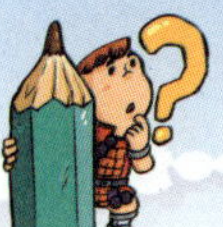
참고 그림 ❶

튼튼한 울타리를 완성하려면 흑△처럼 옆으로 연결되어 있거나 흑O처럼 대각선으로 연결되어 있어야 합니다.

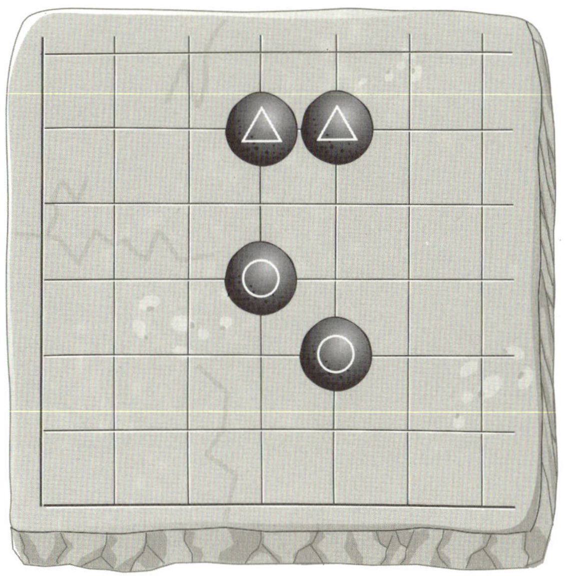

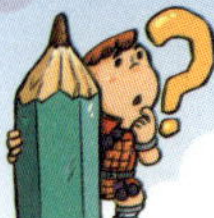
참고 그림 ❷

흑△로 연결된 형태는 튼튼한 울타리입니다.

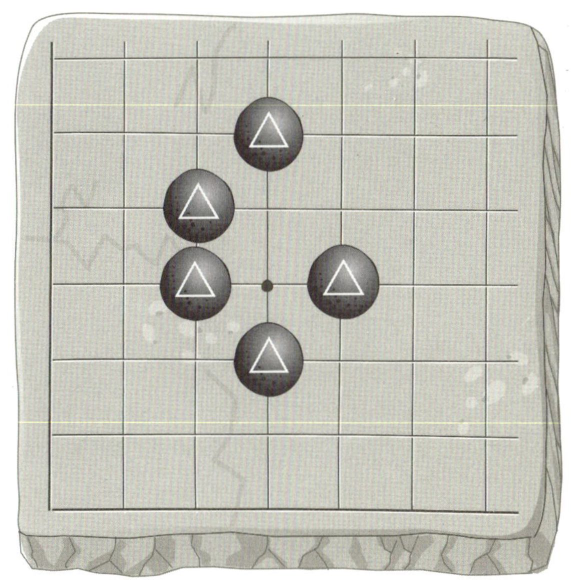

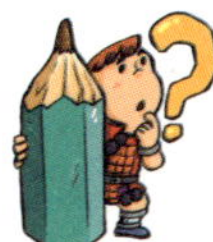
참고 그림 ❸

그런데 흑O의 말뚝은 아직 연결이 되어 있지 않습니다.

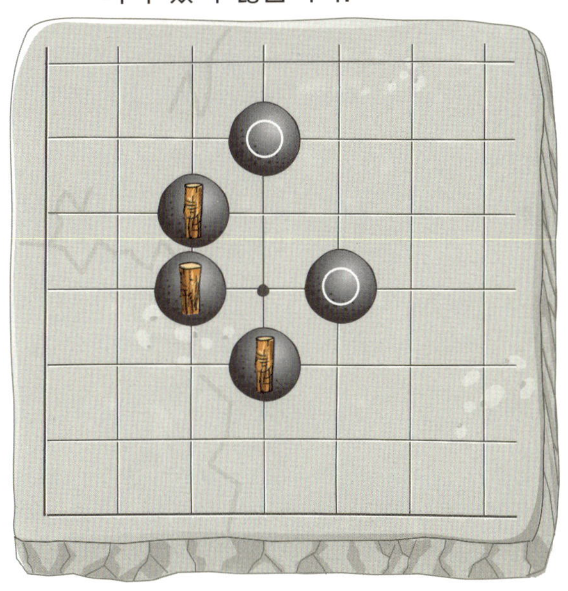

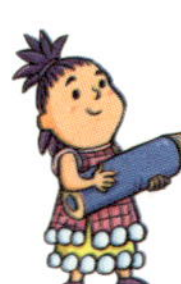
정답 그림

그러므로 흑1처럼 말뚝을 박아서 연결시키면 완벽한 울타리가 완성됩니다.

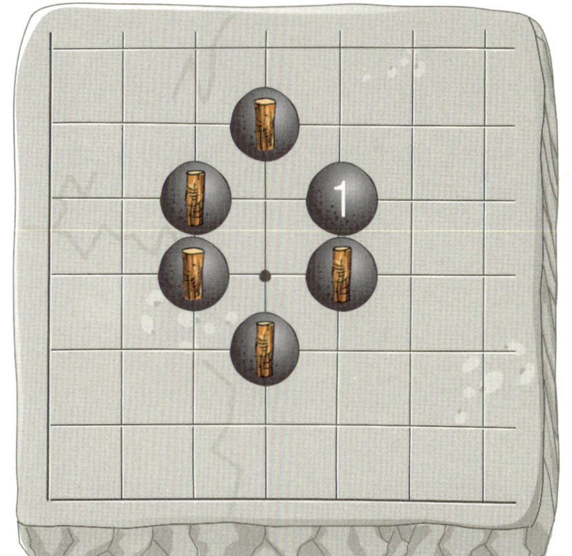

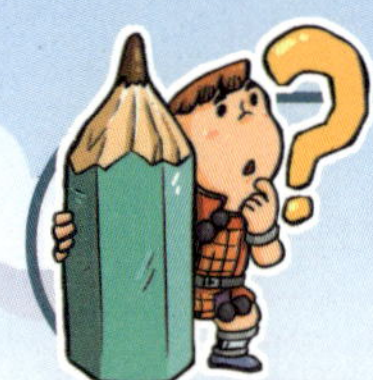

완벽한 울타리를 만들려면
어느 곳에 말뚝을 박아야 할까요?

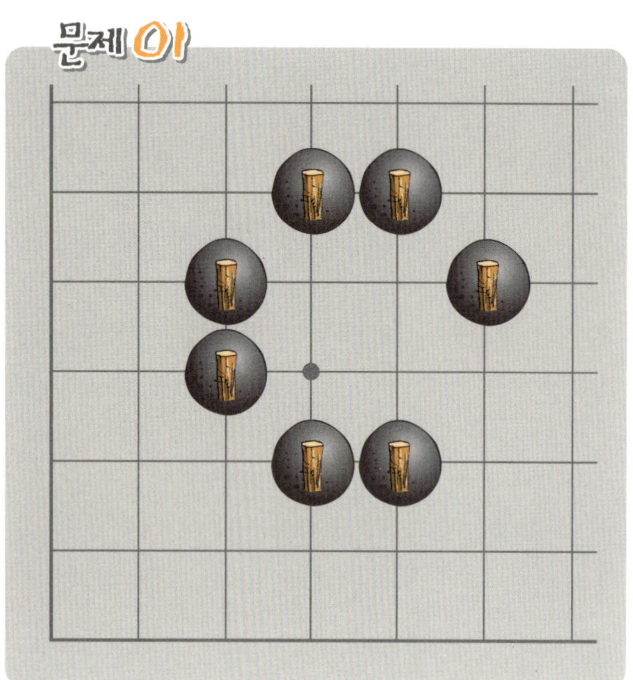

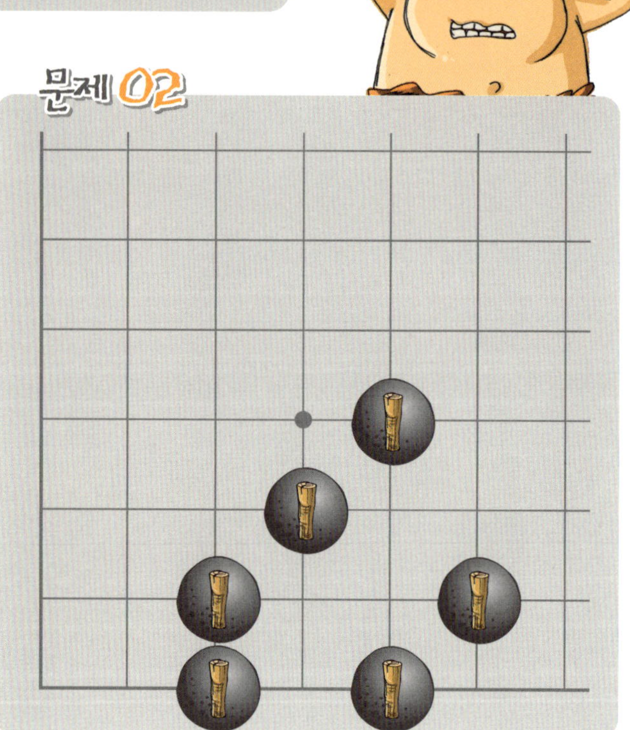

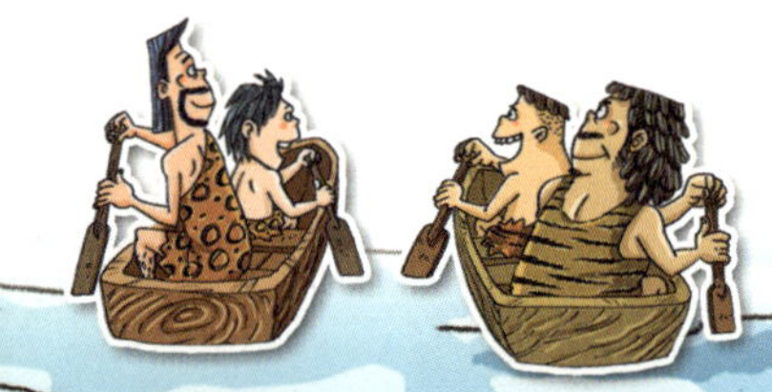

문제 **03**

문제 **04**

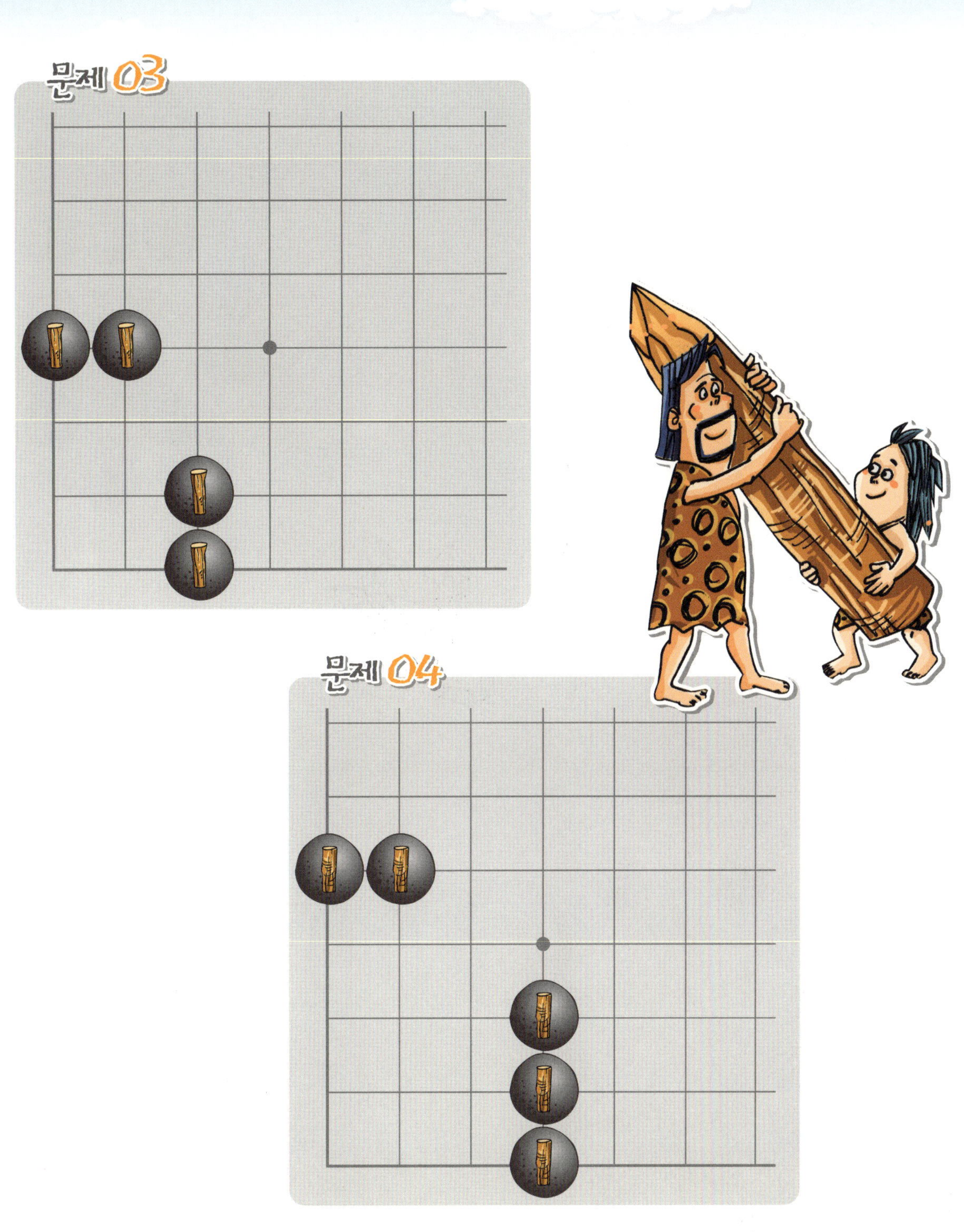

문제 **05**

문제 **06**

문제 **07**

문제 **08**

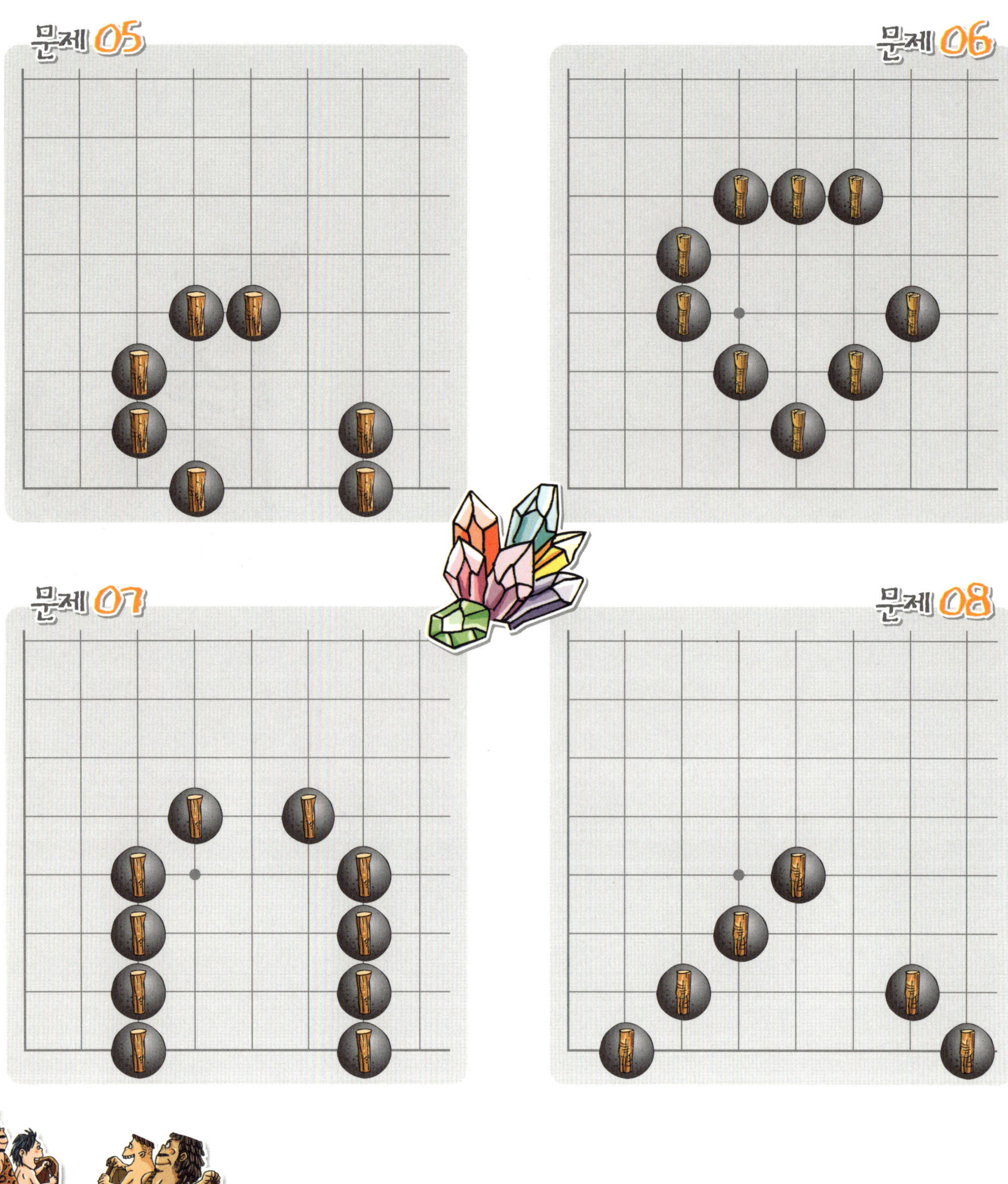

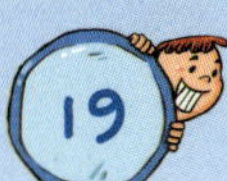
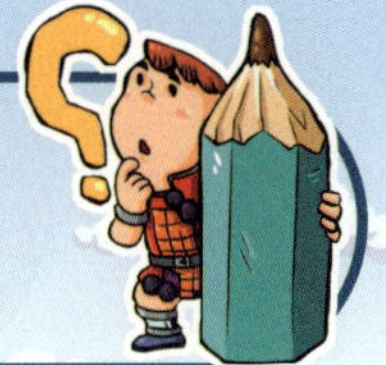

완벽한 울타리를 만들려면
어느 곳에 흑돌을 두어야 할까요?

문제 **09**

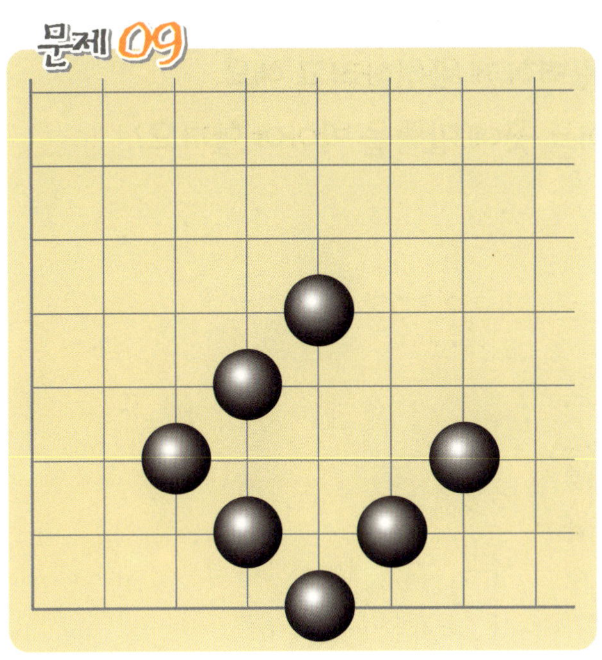

문제 **10**

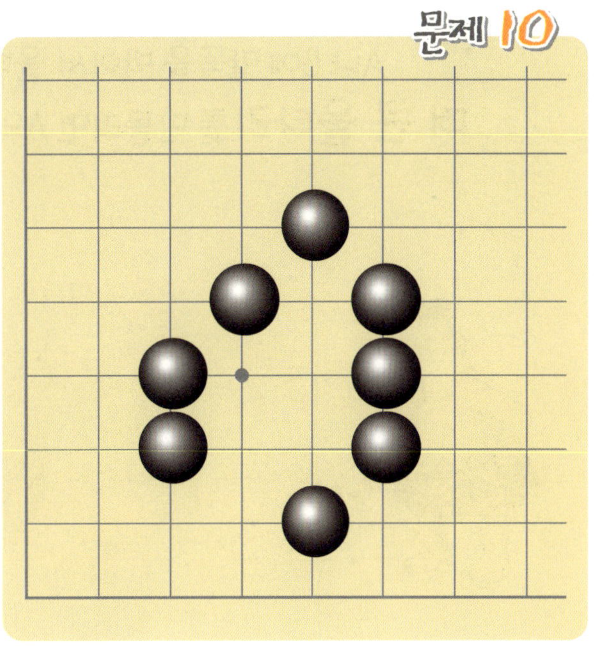

문제 **11**

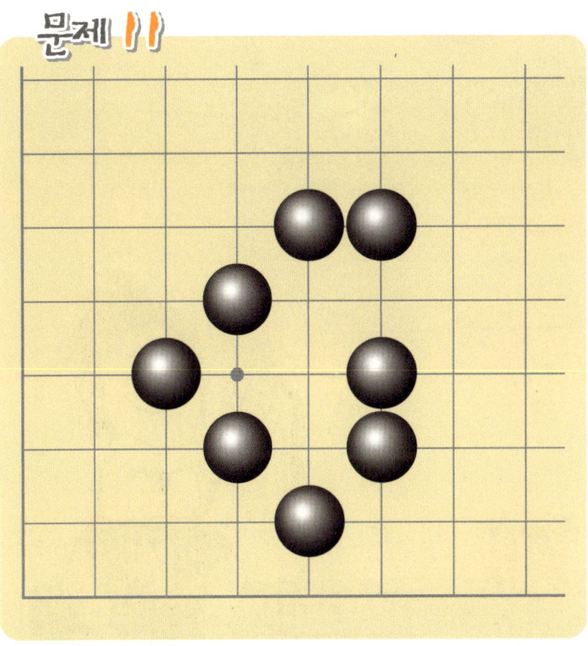

문제 **12**

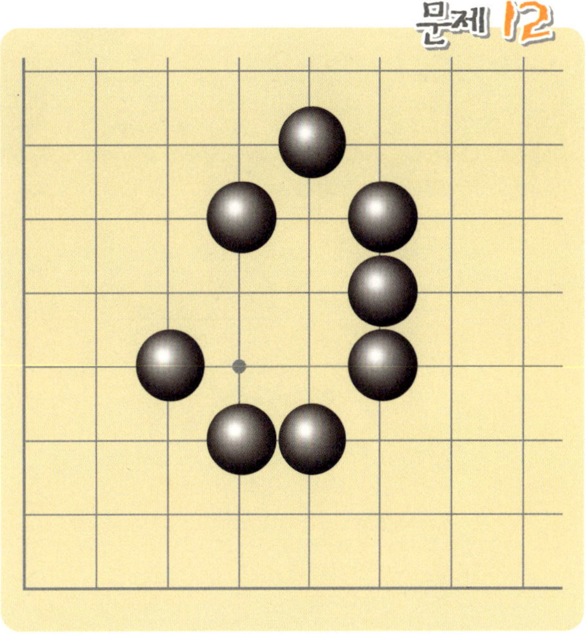

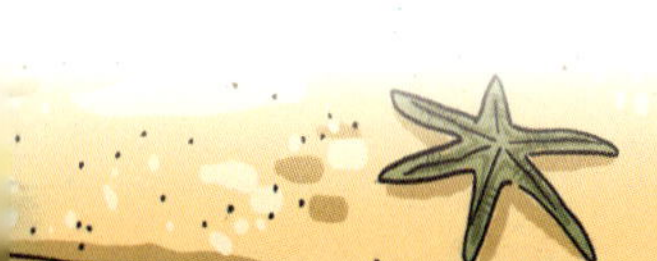

2. 더 큰 울타리 만들기

A나 B에 말뚝을 박아서 울타리를 완벽하게 완성하려고 해요.
더 큰 울타리를 만들려면 A와 B 중 어느 곳에 말뚝을 박아야 할까요?

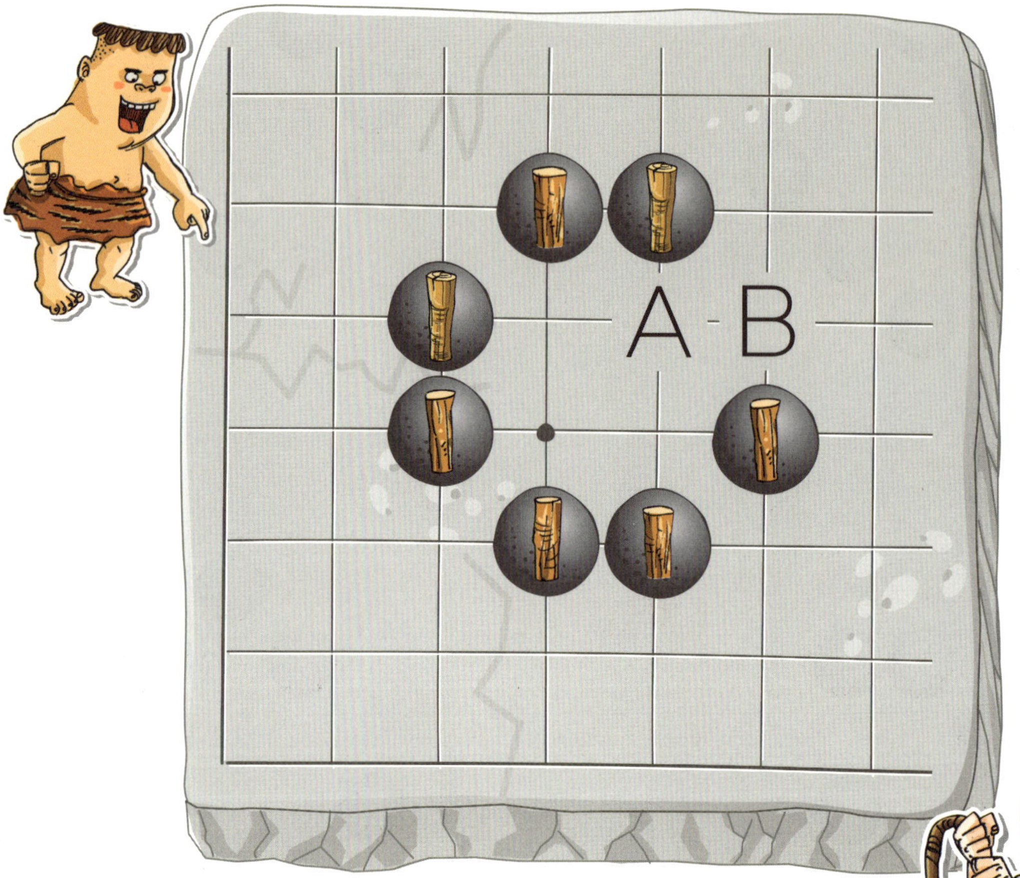

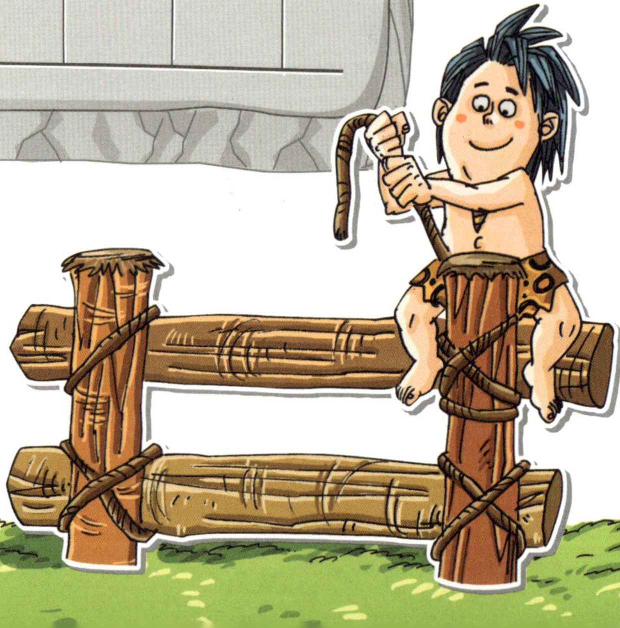

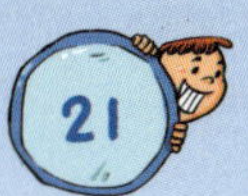

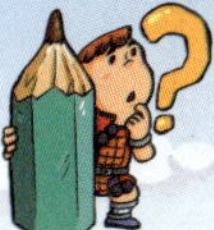
참고 그림 ❶

흑1처럼 말뚝을 박으면 3개의 보물을 넣을 수 있는 울타리가 완성됩니다.

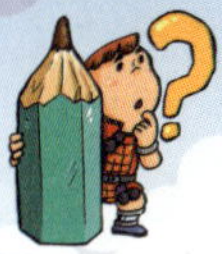
참고 그림 ❷

흑1로 울타리를 만들면 4개의 보물을 넣을 수 있는 울타리가 완성됩니다.

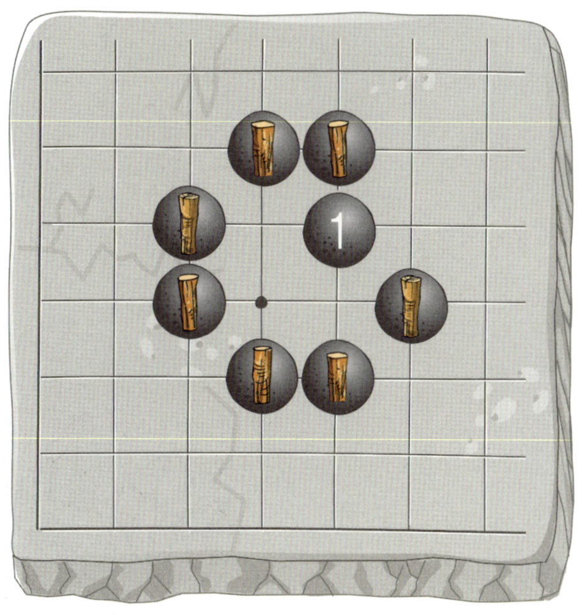

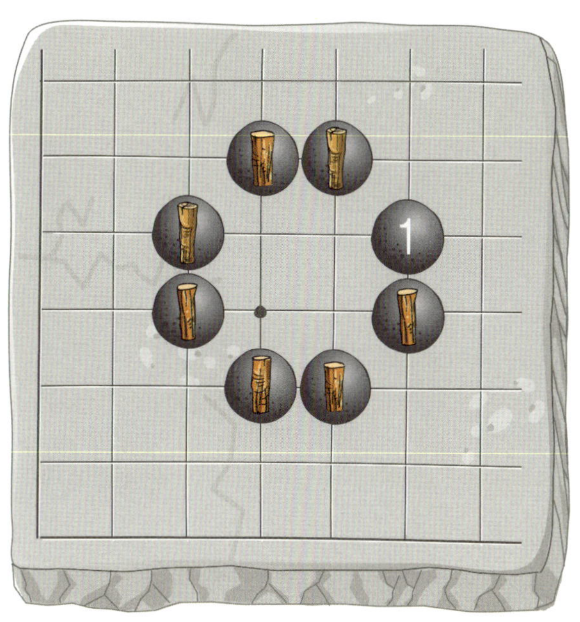

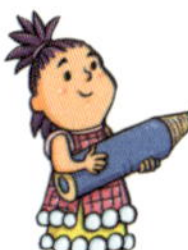
정답 그림

그러므로 흑1처럼 말뚝을 박아야 더 큰 울타리를 만들 수 있습니다.

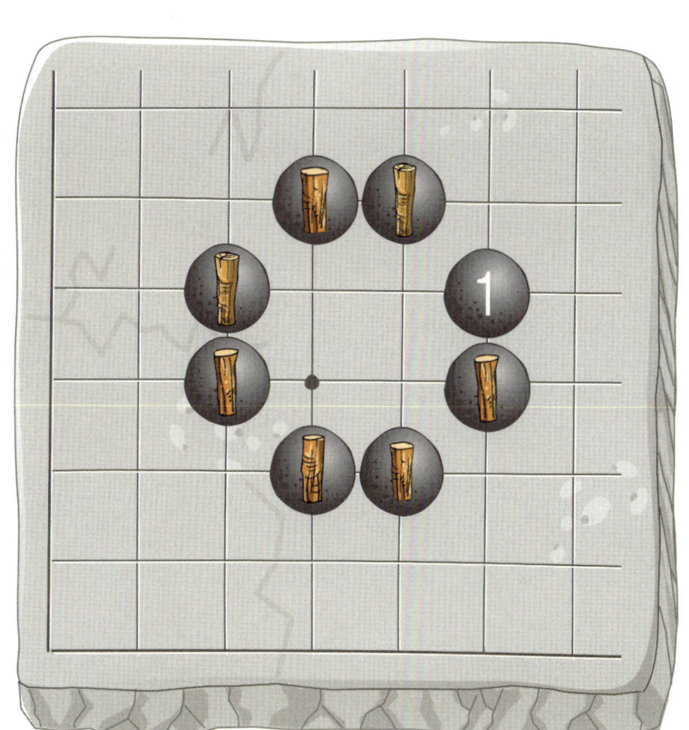

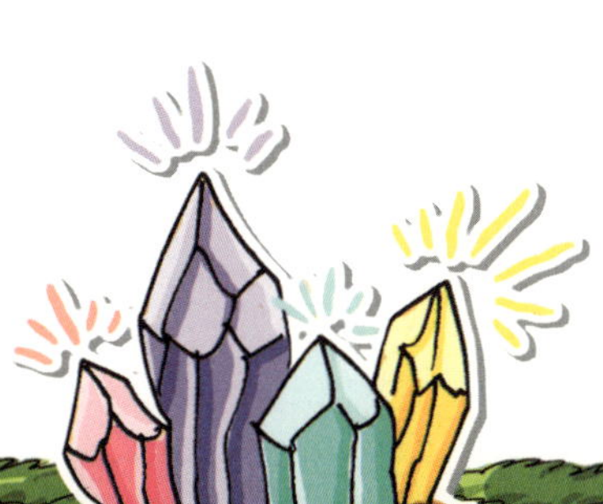

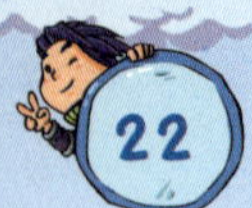
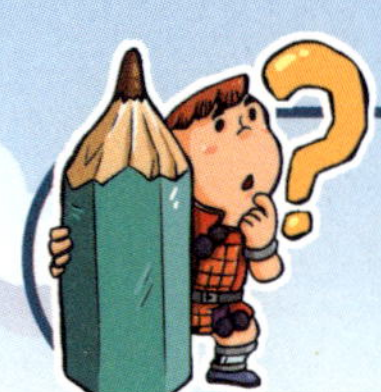

문제 **01**

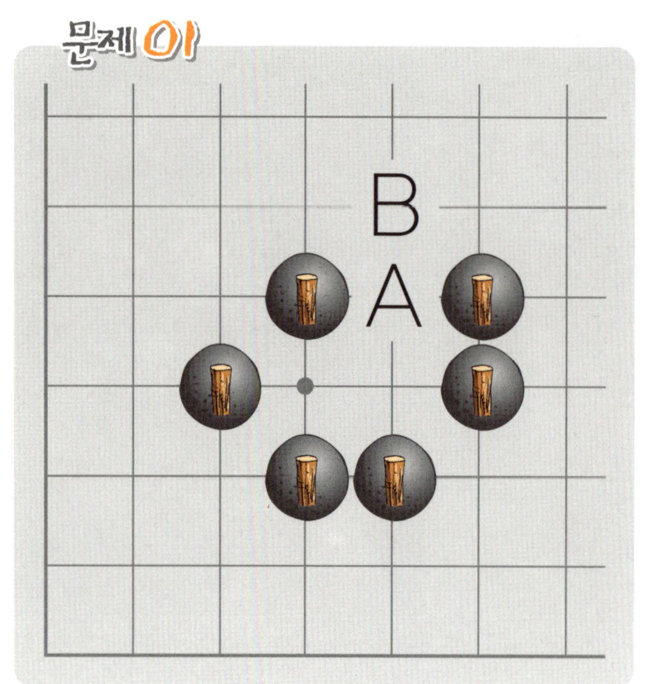

문제 **02**

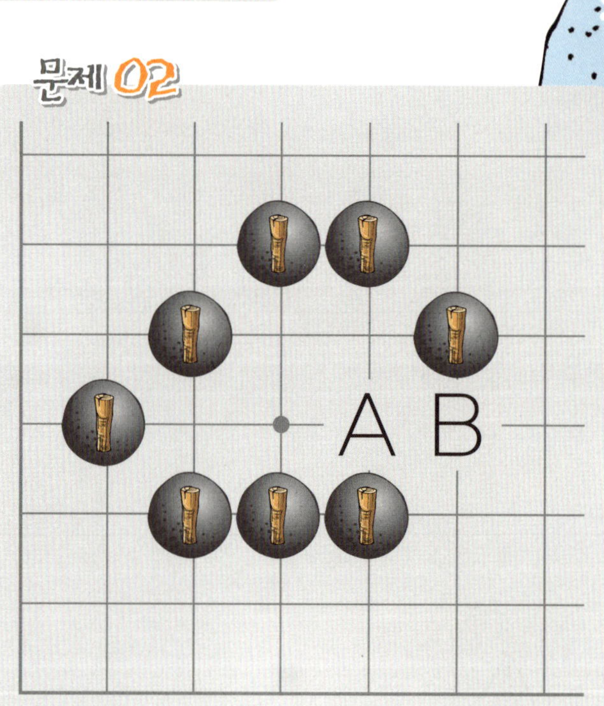

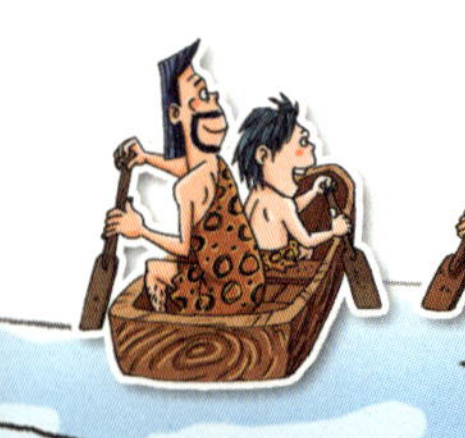
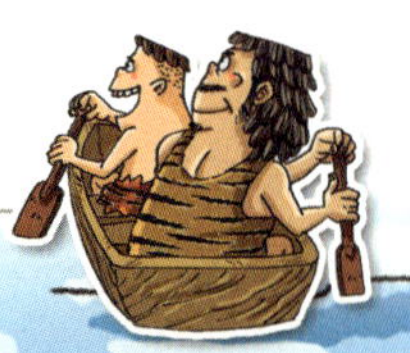

문제 03

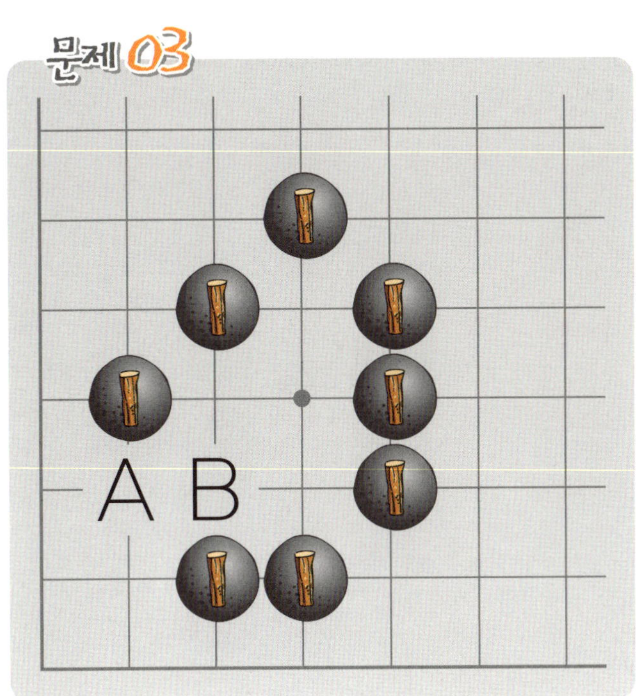

문제 04

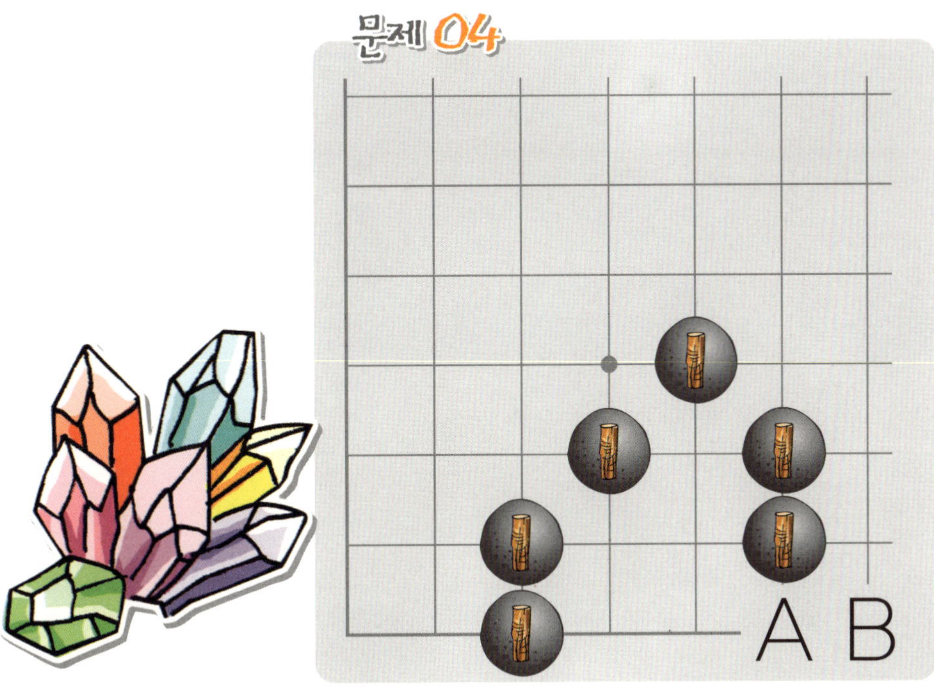

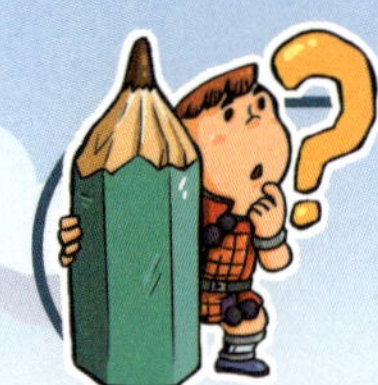

더 많은 보물을 넣을 수 있도록
울타리를 완성시켜 보세요.

문제 05

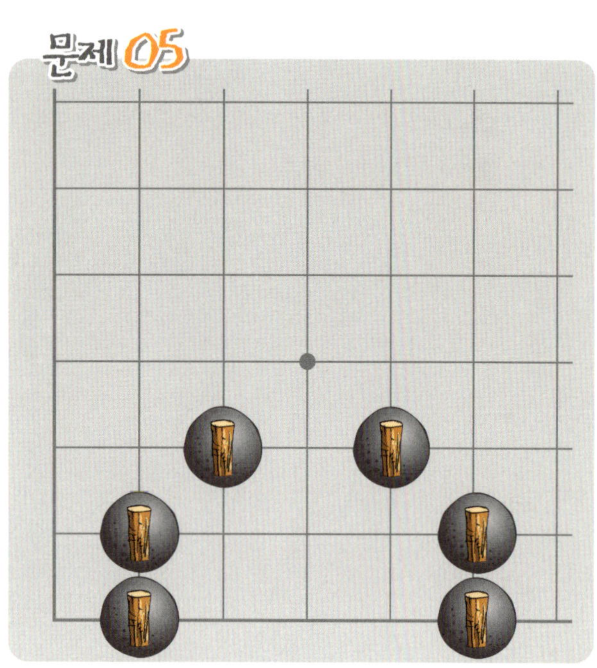

문제 06

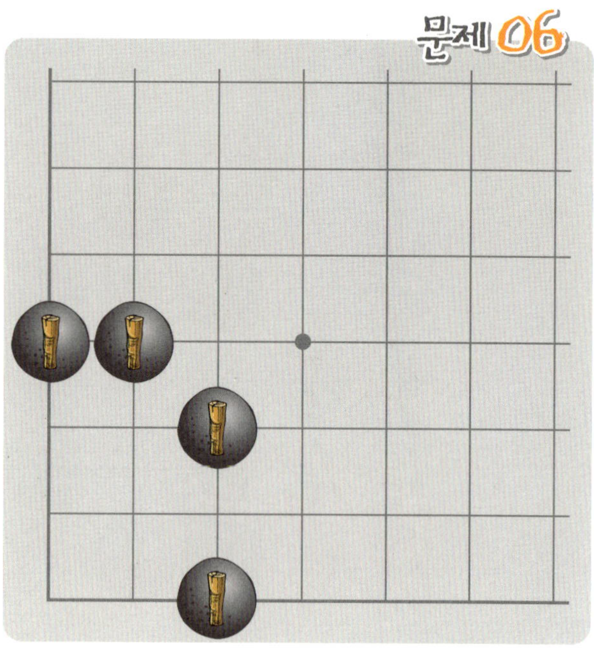

문제 07

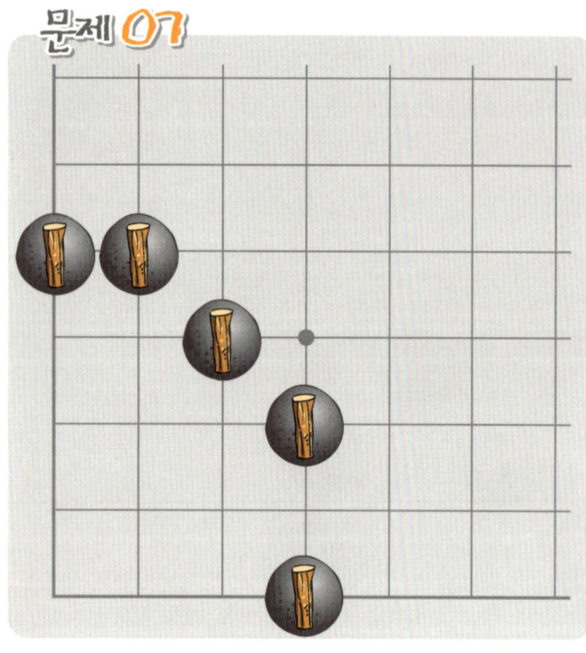

문제 08

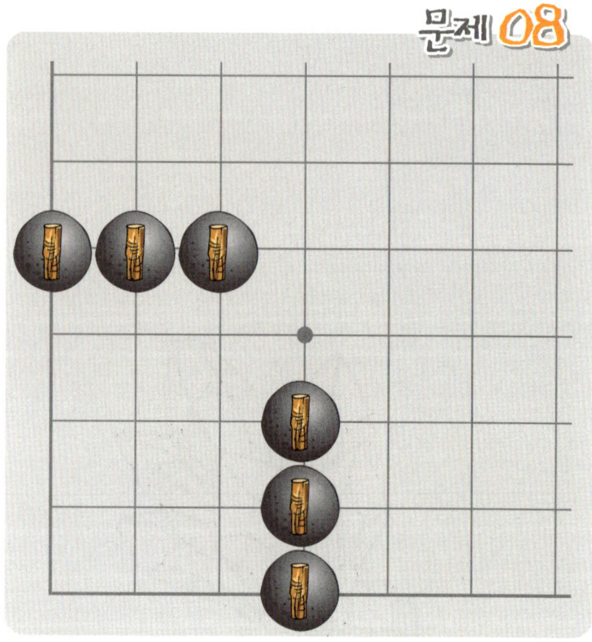

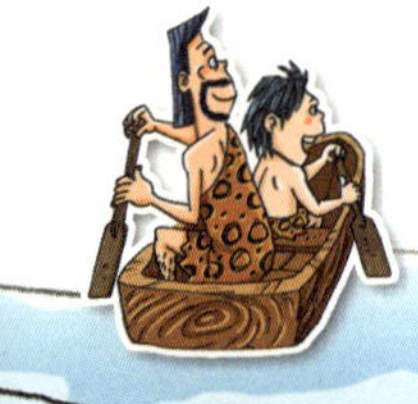
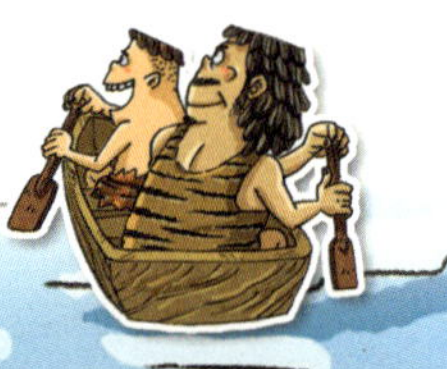
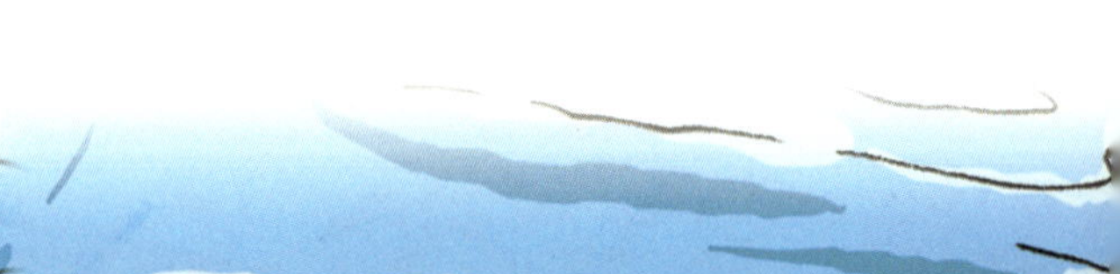

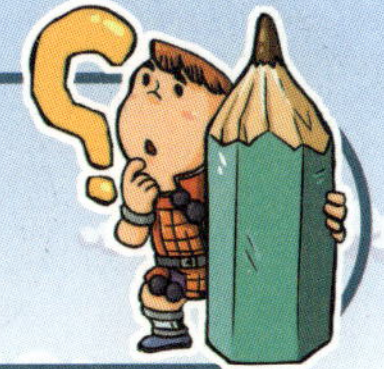

더 많은 돌을 잡을 수 있도록
흑돌 울타리를 완성시켜 보세요.

문제 09

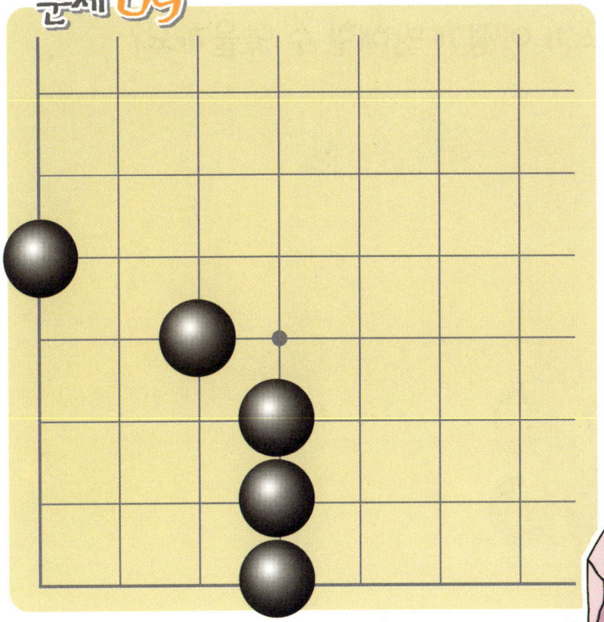

문제 10

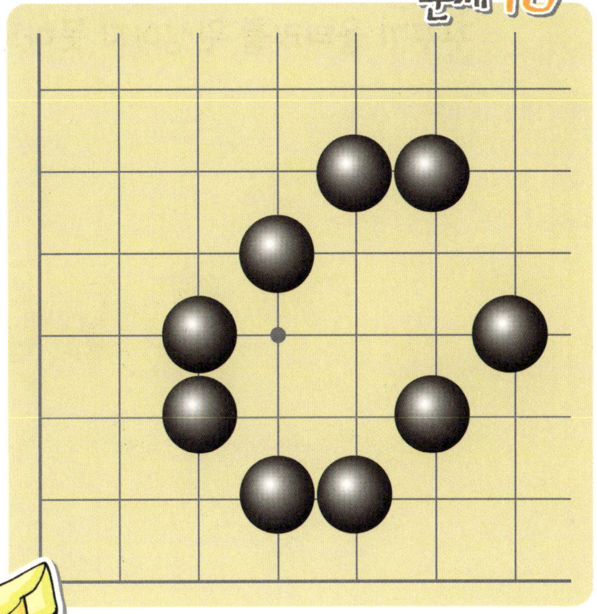

문제 11

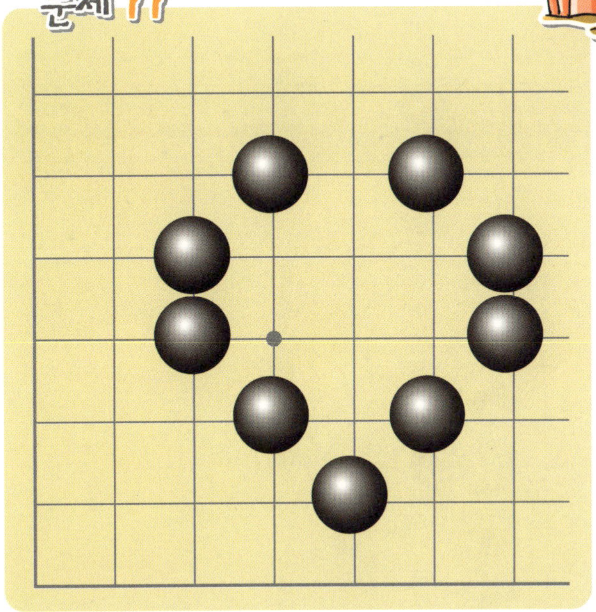

문제 12

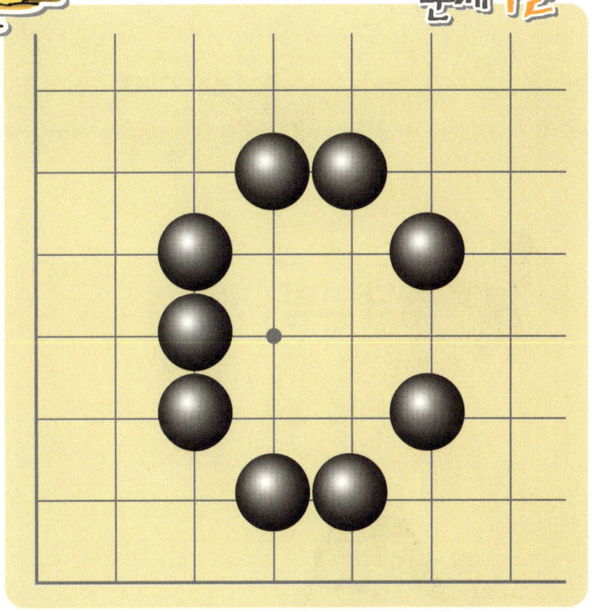

3. 울타리 파괴하기

꾸꾸가 울타리를 만들어서 보물을 차지하려고 해요.

꾸꾸가 울타리를 완성하지 못하도록 또또가 어떻게 방해할 수 있을까요?

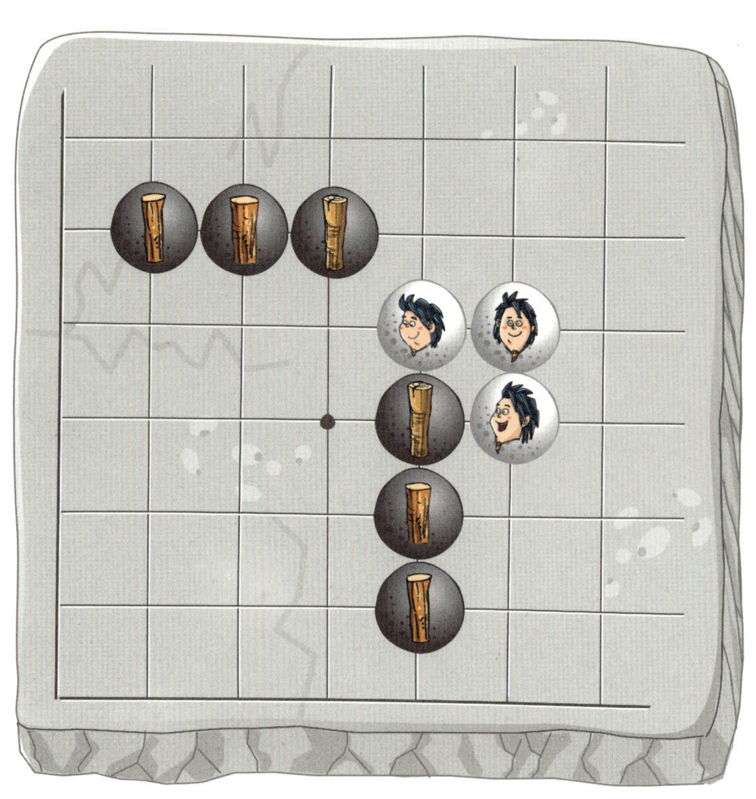

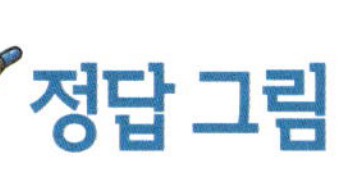 정답 그림

백1처럼 방해하면 꾸꾸가
울타리를 만들 수 없습니다.

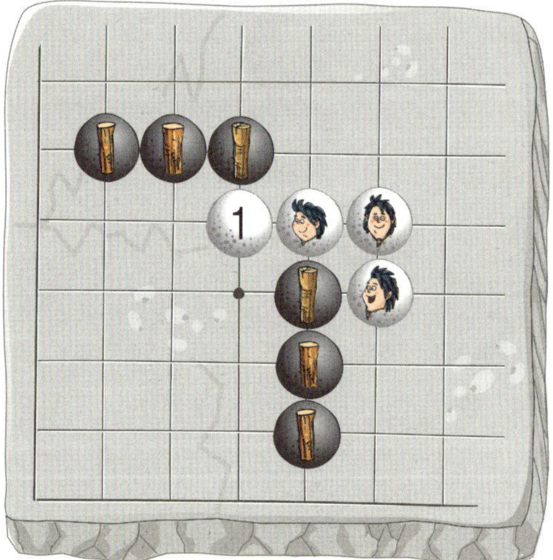

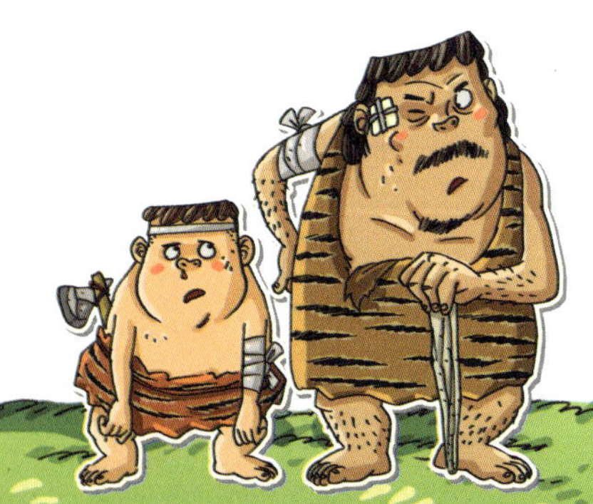

꾸꾸가 또 다른 방법으로 울타리를 만들려고 해요.
어떻게 하면 울타리를 만들지 못하도록 방해할 수 있을까요?

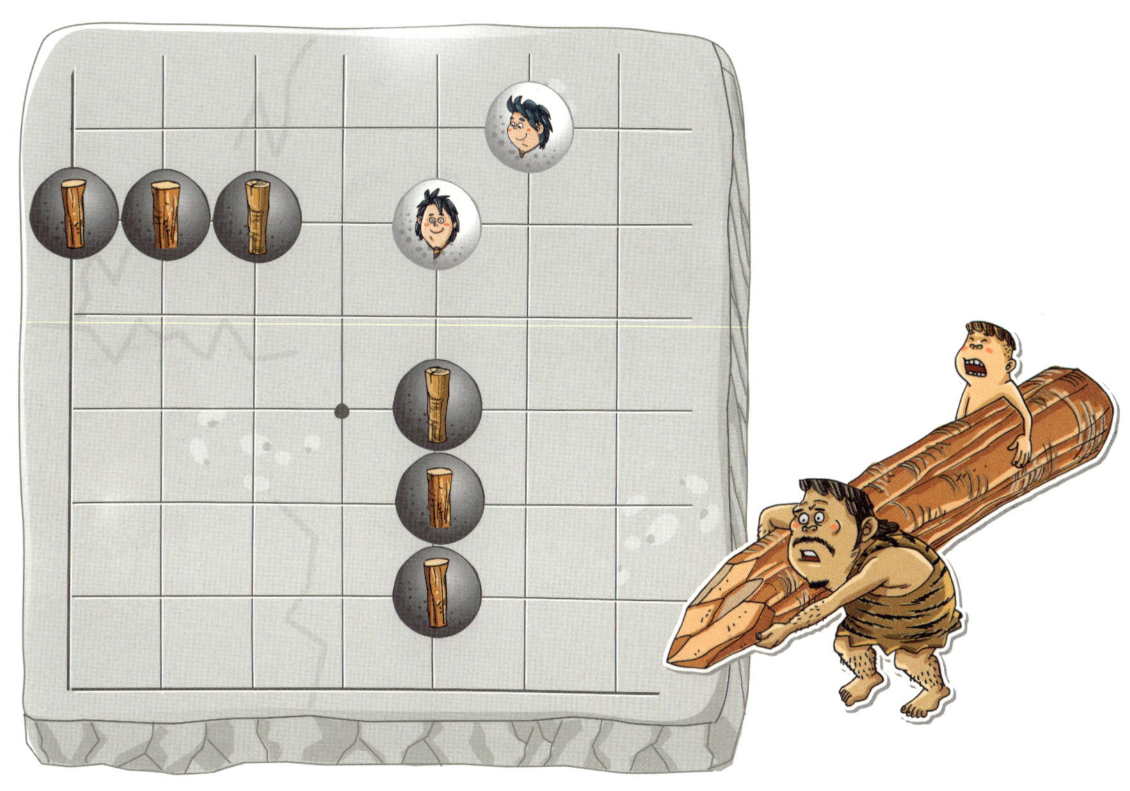

정답 그림

백1로 방해하면 꾸꾸가
울타리를 만들 수 없습니다.

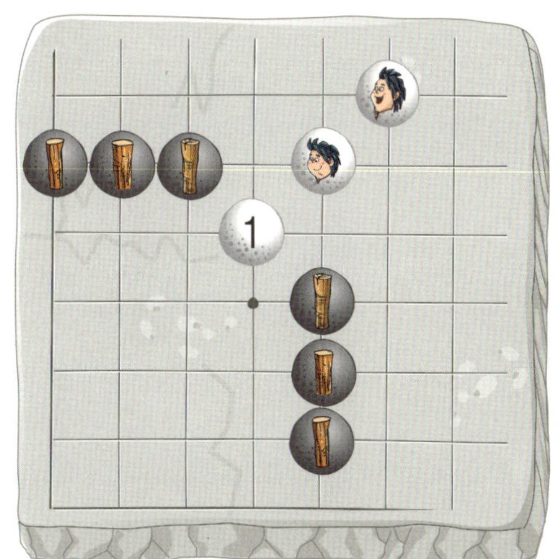

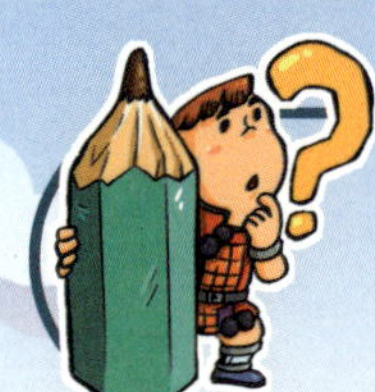

꾸꾸가 울타리를 완성하지 못하도록
방해하려면 또또는 어떻게 해야 할까요?

문제 01

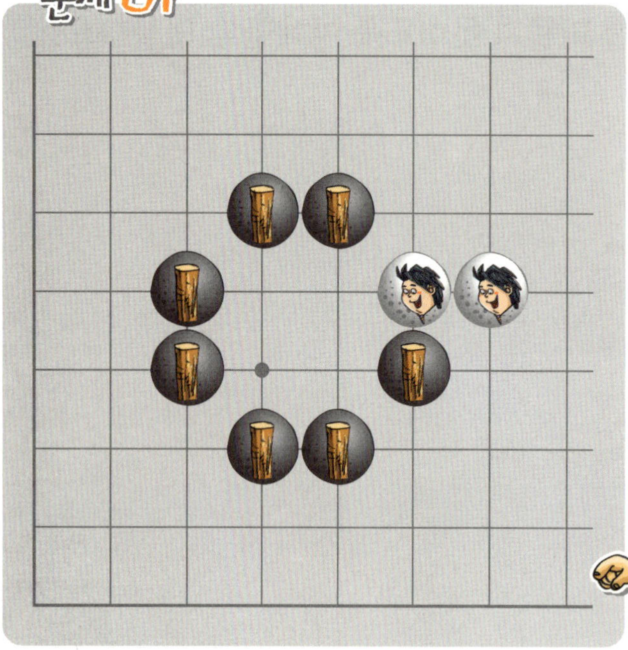

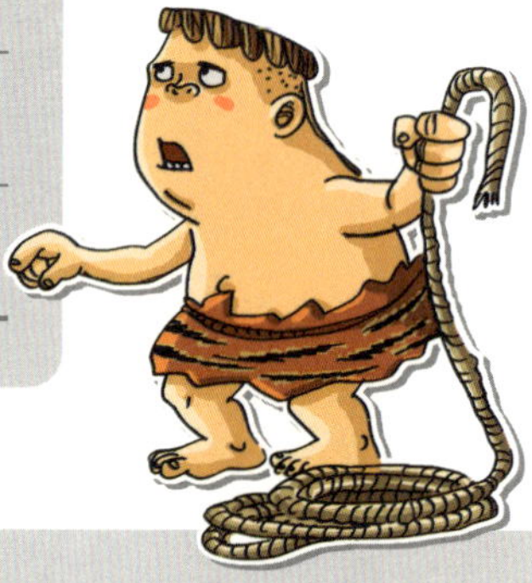

문제 02

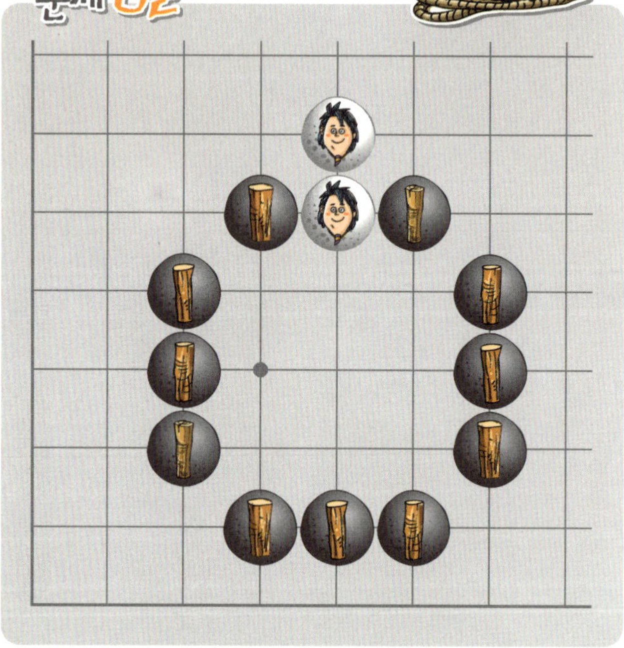

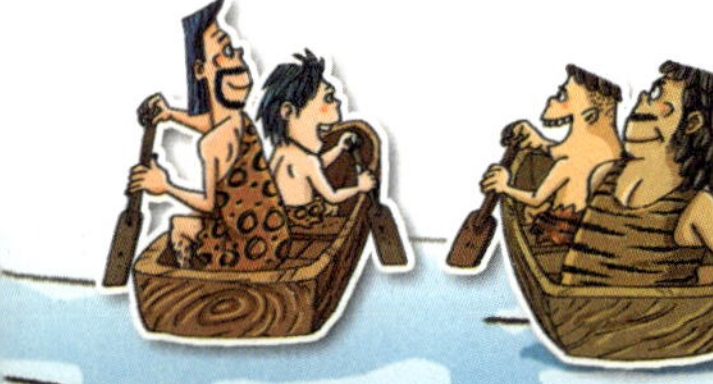

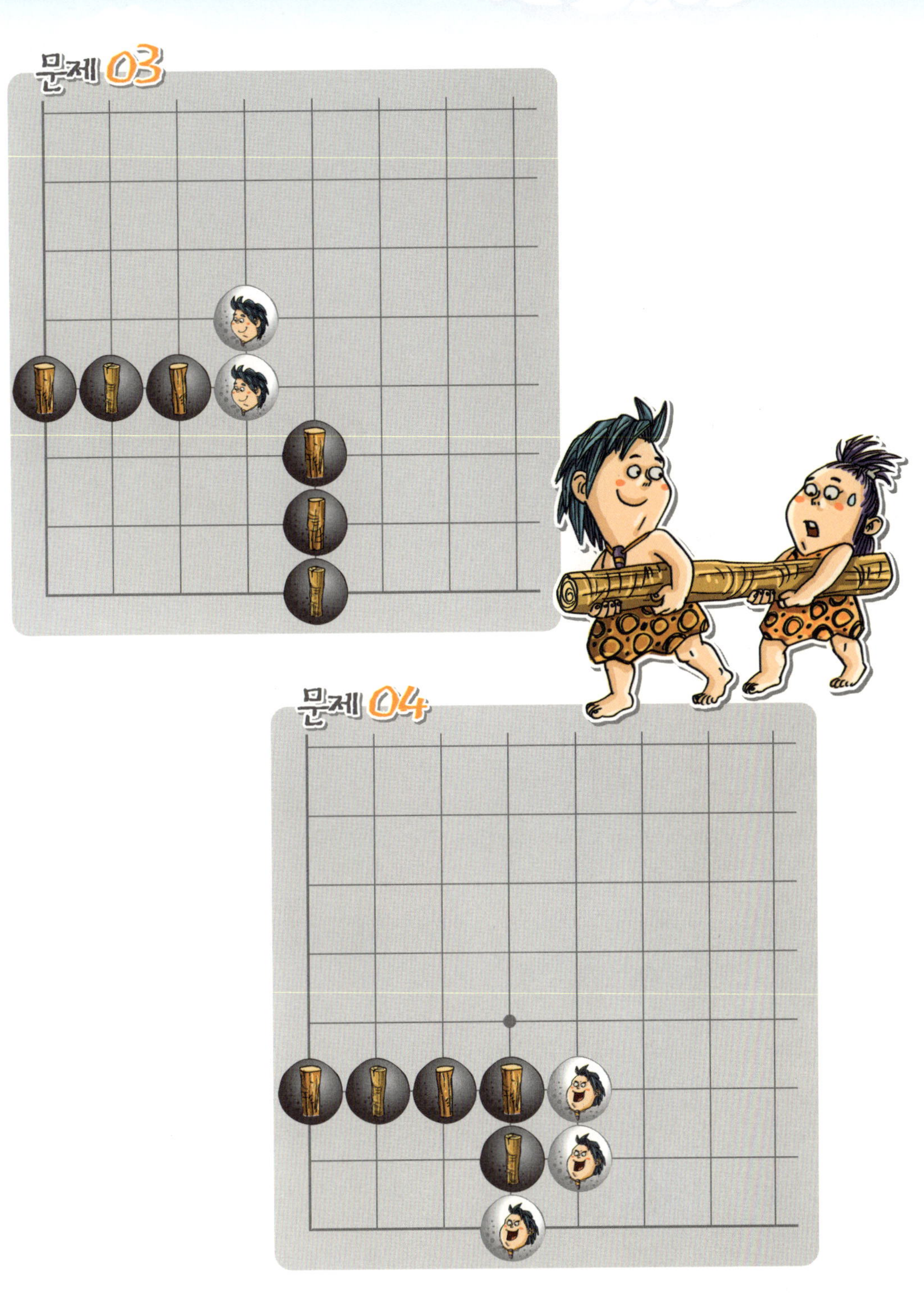

문제 03

문제 04

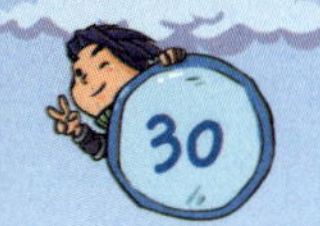

문제 05

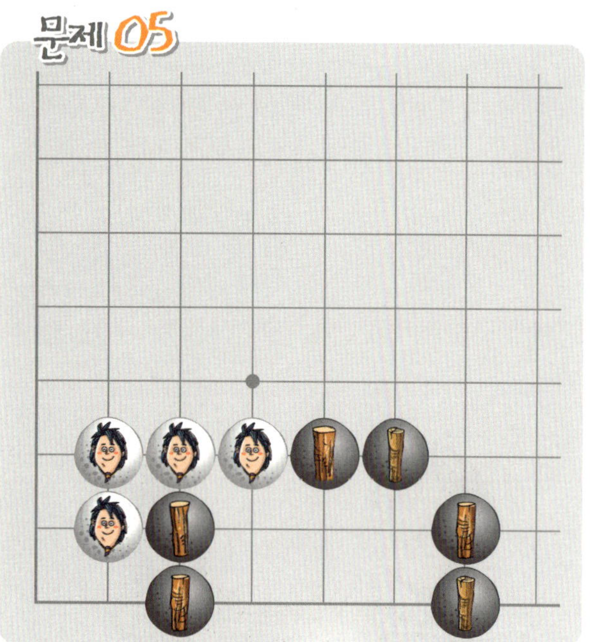

문제 06

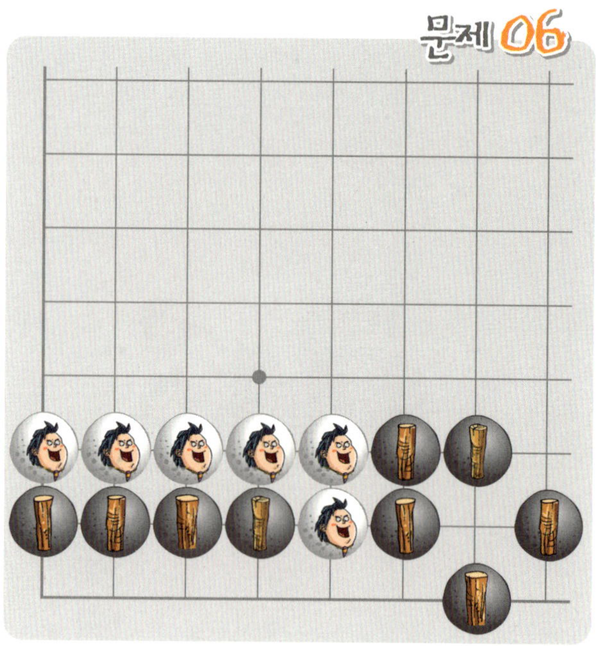

문제 07

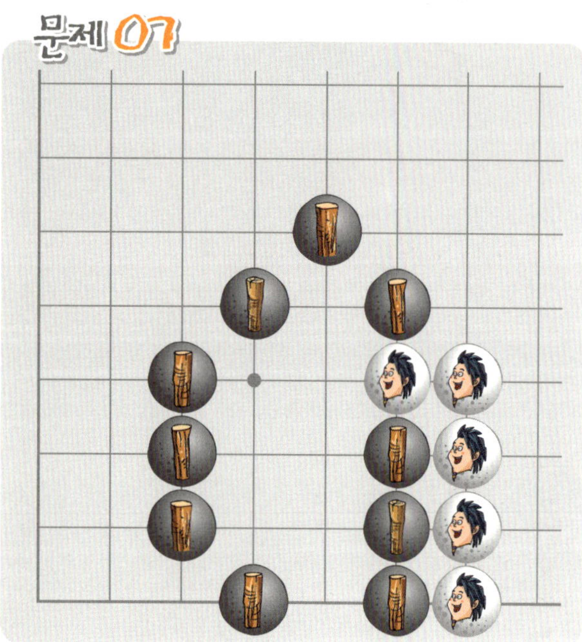

문제 08

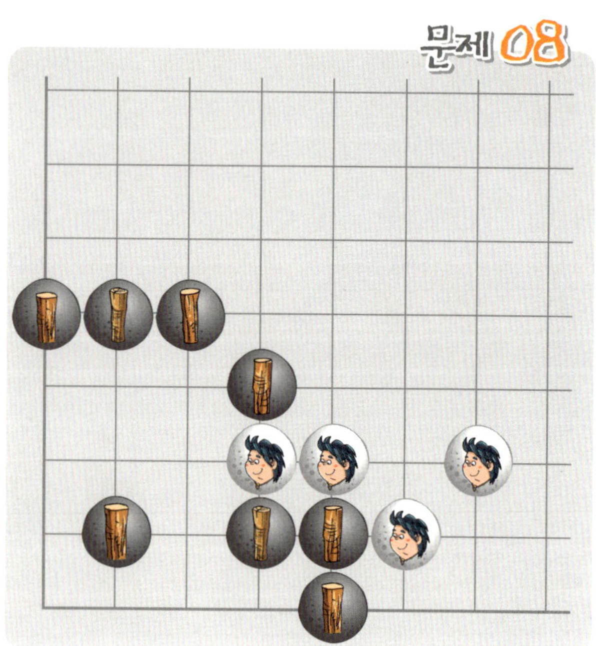

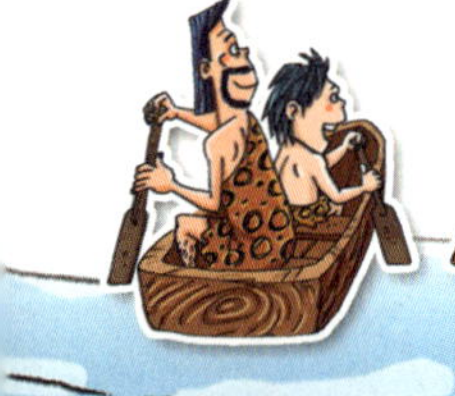
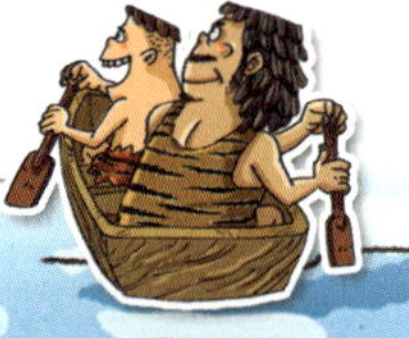
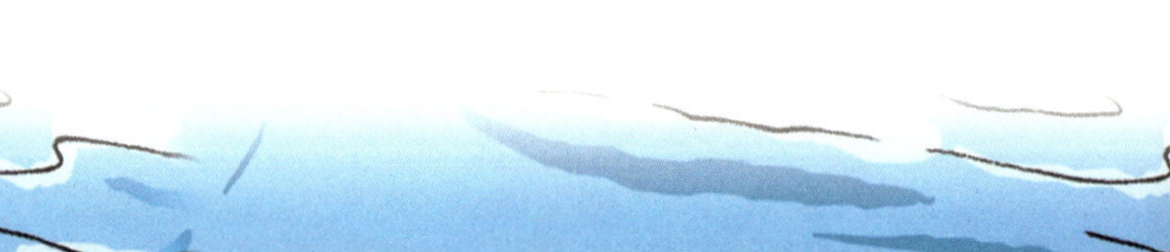

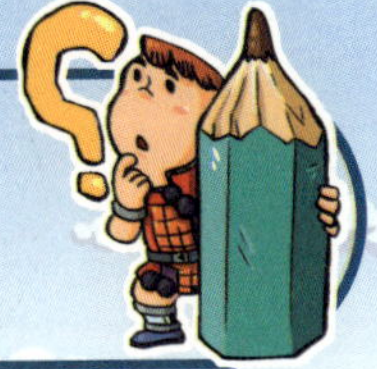

흑돌이 울타리를 완성하지 못하도록
방해하려면 어디에 백돌을 두어야 할까요?

문제 09

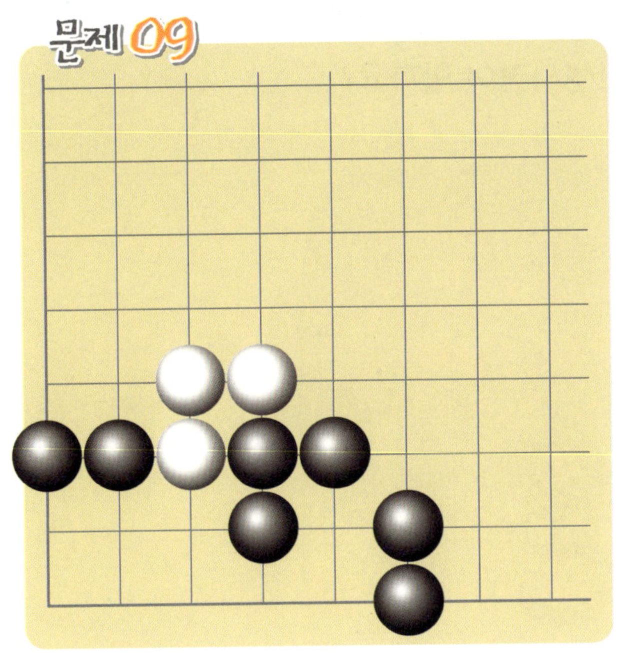

문제 10

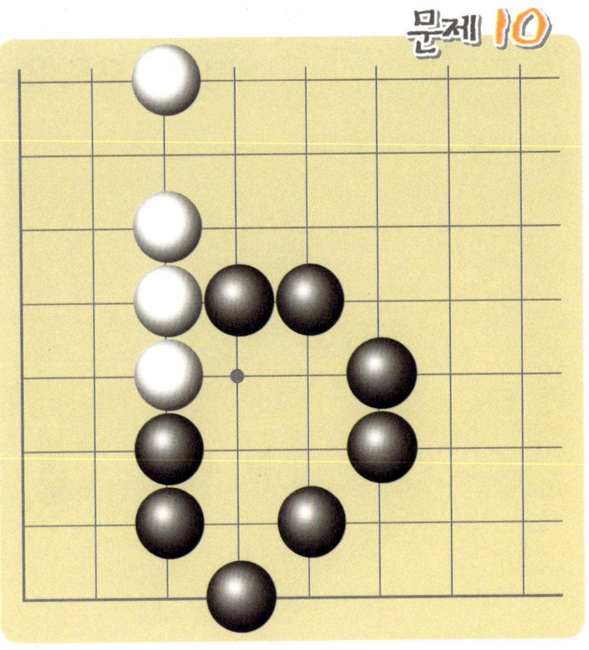

문제 11

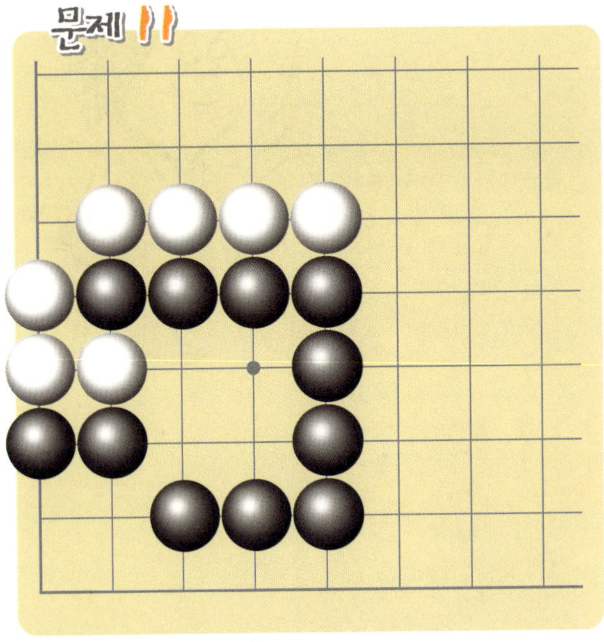

문제 12

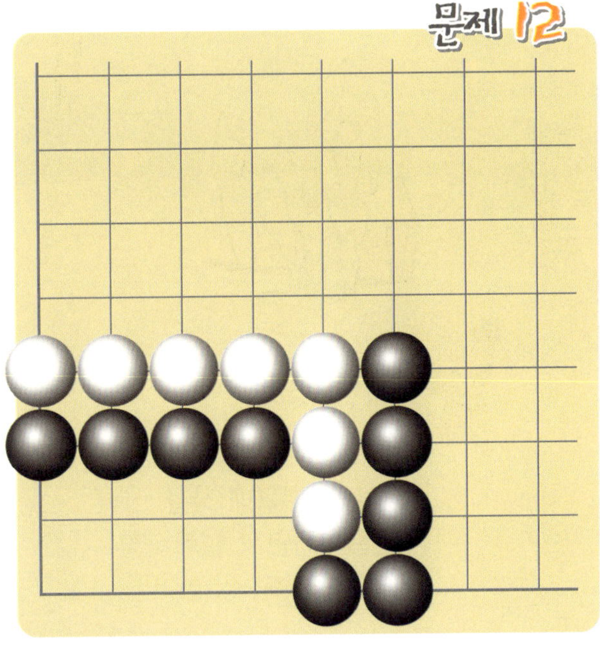

4. 울타리 지키기

또또가 울타리를 만들려고 하는데 꾸꾸가 방해를 해요,
어떤 방법으로 울타리를 완성시켜야 할까요?

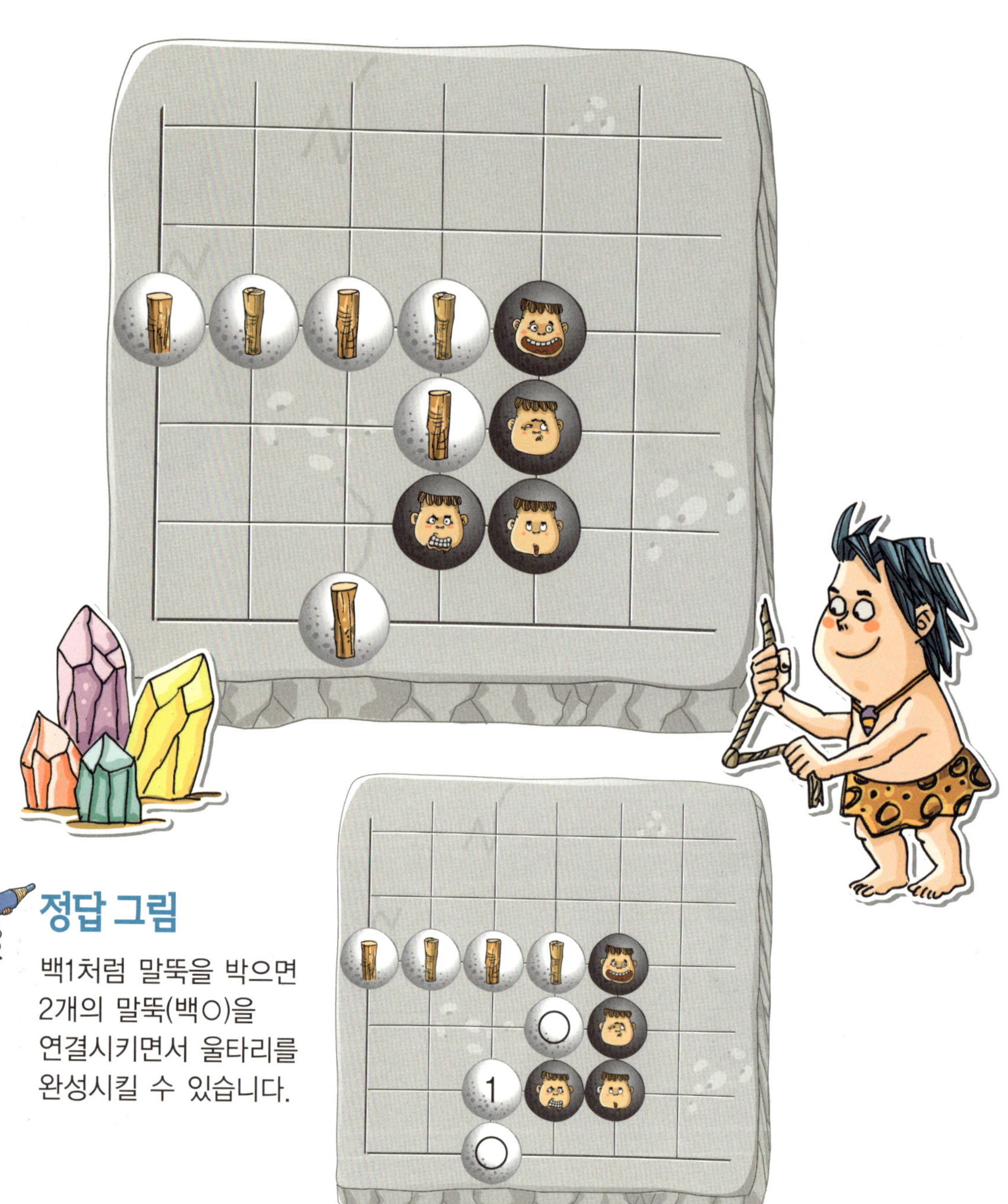

정답 그림

백1처럼 말뚝을 박으면
2개의 말뚝(백O)을
연결시키면서 울타리를
완성시킬 수 있습니다.

또또가 울타리를 만들려고 하는데 꾸꾸가 또 방해를 해요,
이번엔 어떤 방법으로 울타리를 완성시켜야 할까요?

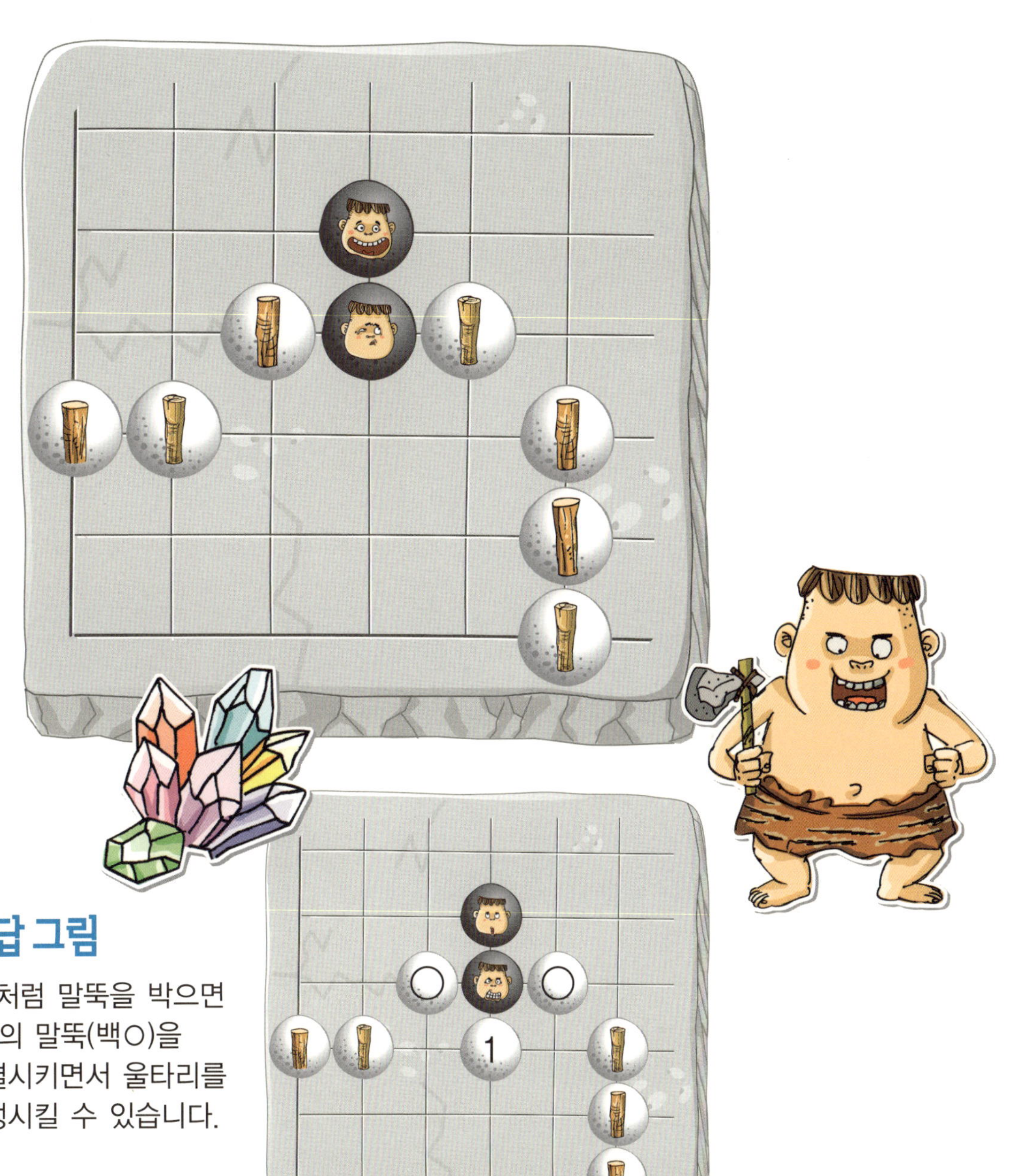

정답 그림

백1처럼 말뚝을 박으면
2개의 말뚝(백○)을
연결시키면서 울타리를
완성시킬 수 있습니다.

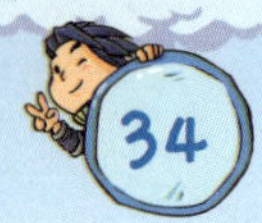

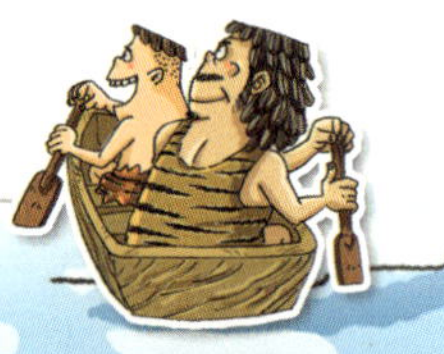

또또가 울타리를 만들려고 하는데 꾸꾸가 방해하고 있어요. 또또는 어떤 방법으로 울타리를 완성시켜야 할까요?

문제 01

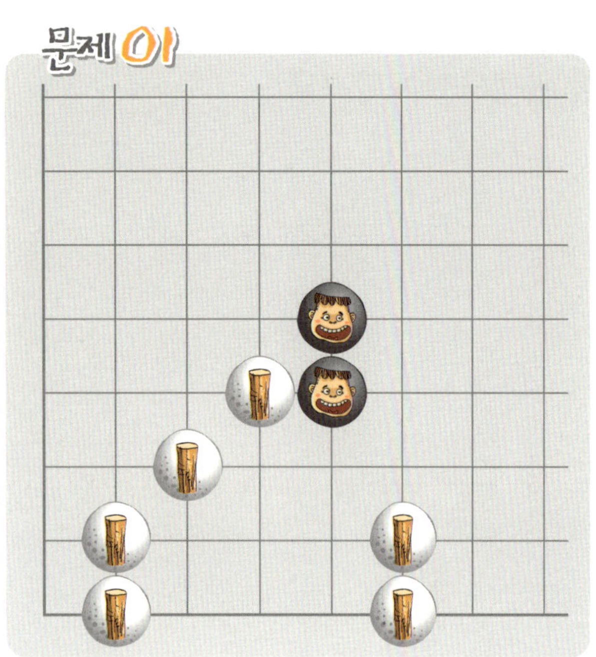

문제 02

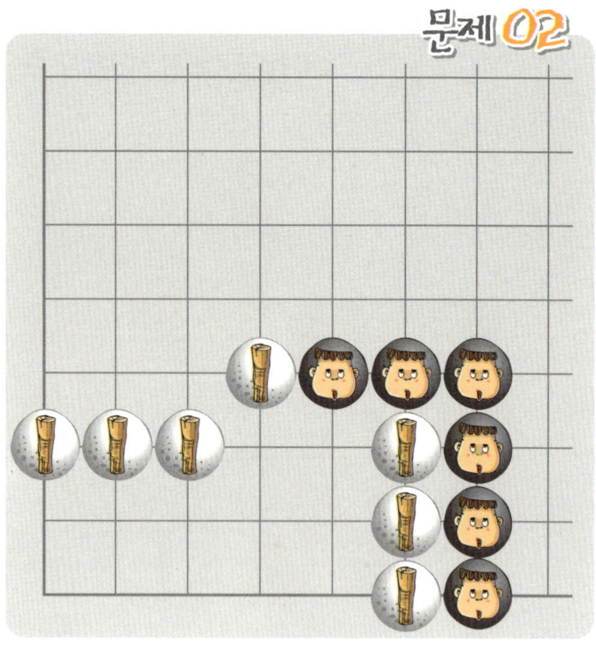

문제 03

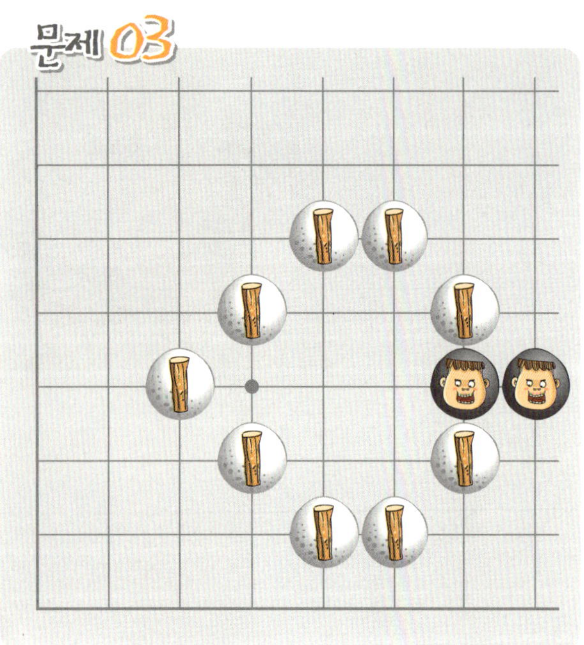

문제 04

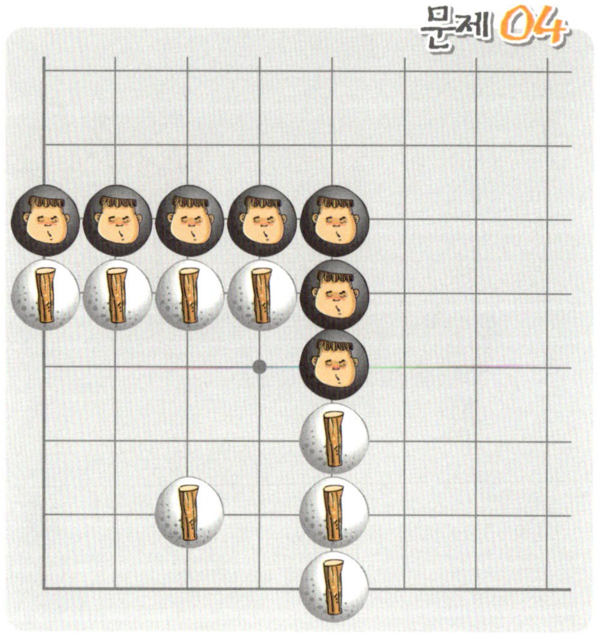

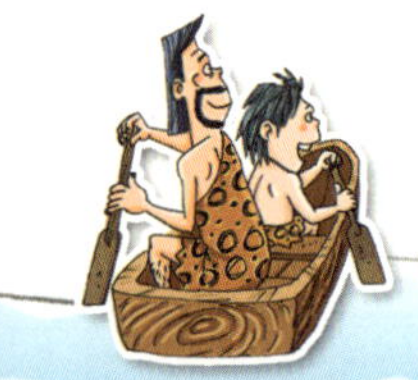

문제 **05**

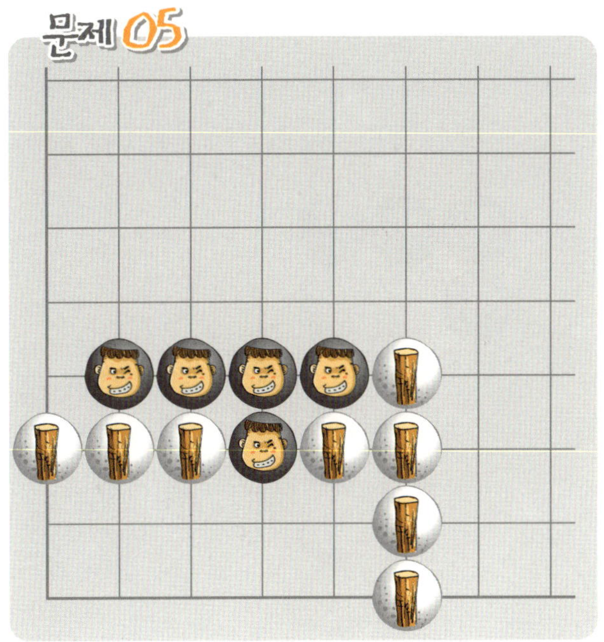

문제 **06**

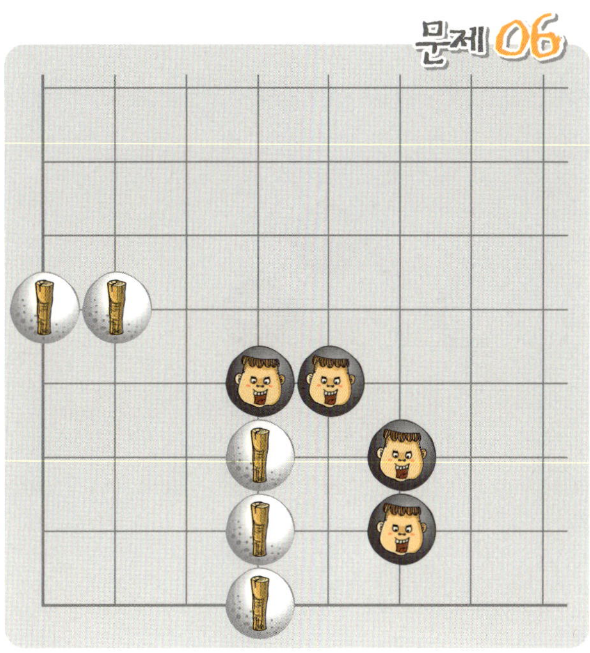

문제 **07**

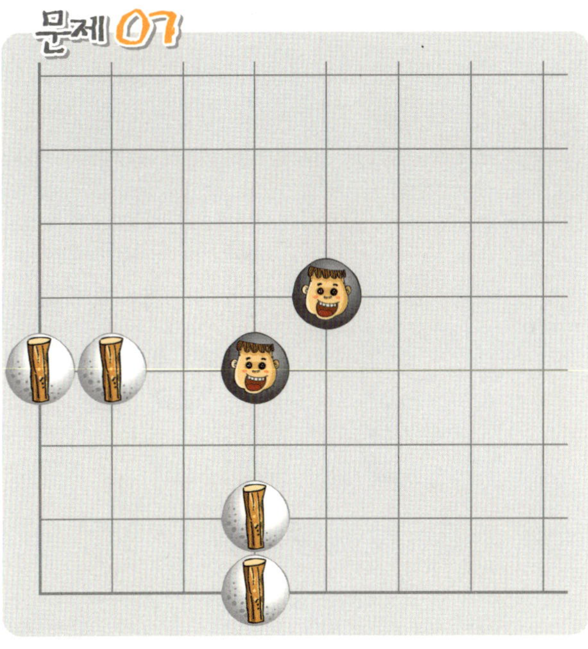

문제 **08**

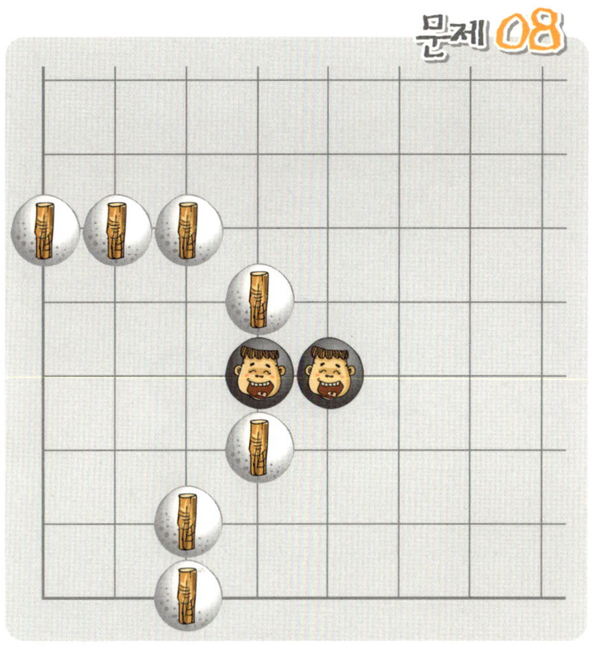

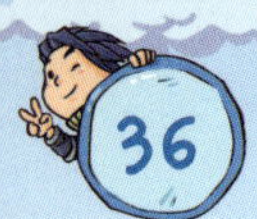

백돌이 울타리를 만들려고 하는데 흑돌이 방해하고 있어요. 백돌은 어떤 방법으로 울타리를 완성시켜야 할까요?

문제 **09**

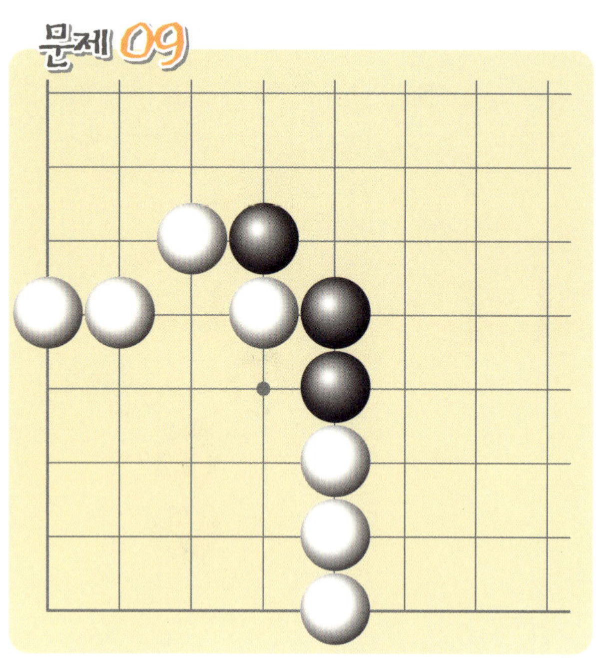

문제 **10**

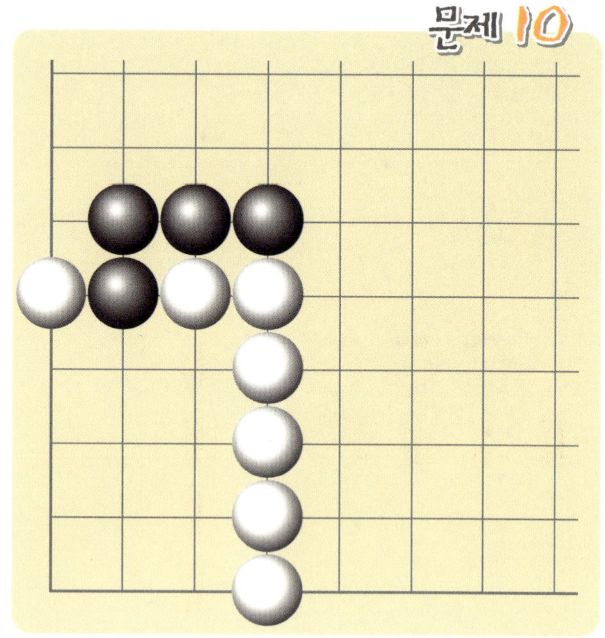

문제 **11**

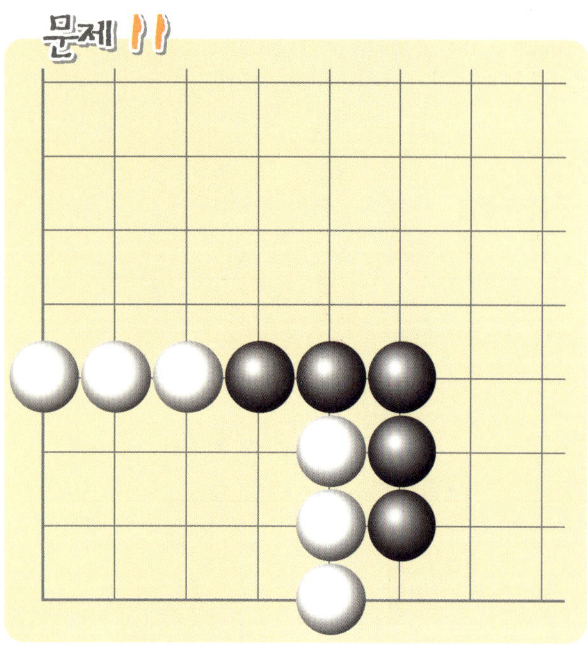

문제 **12**

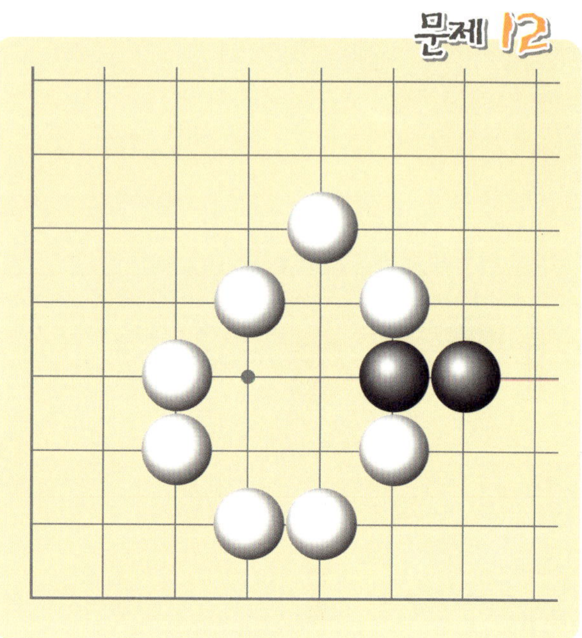

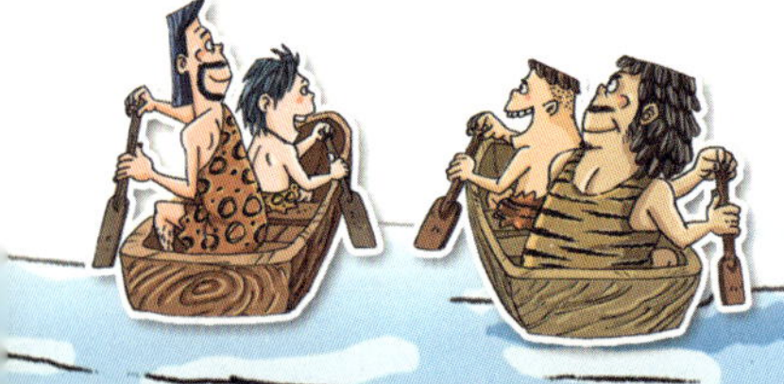

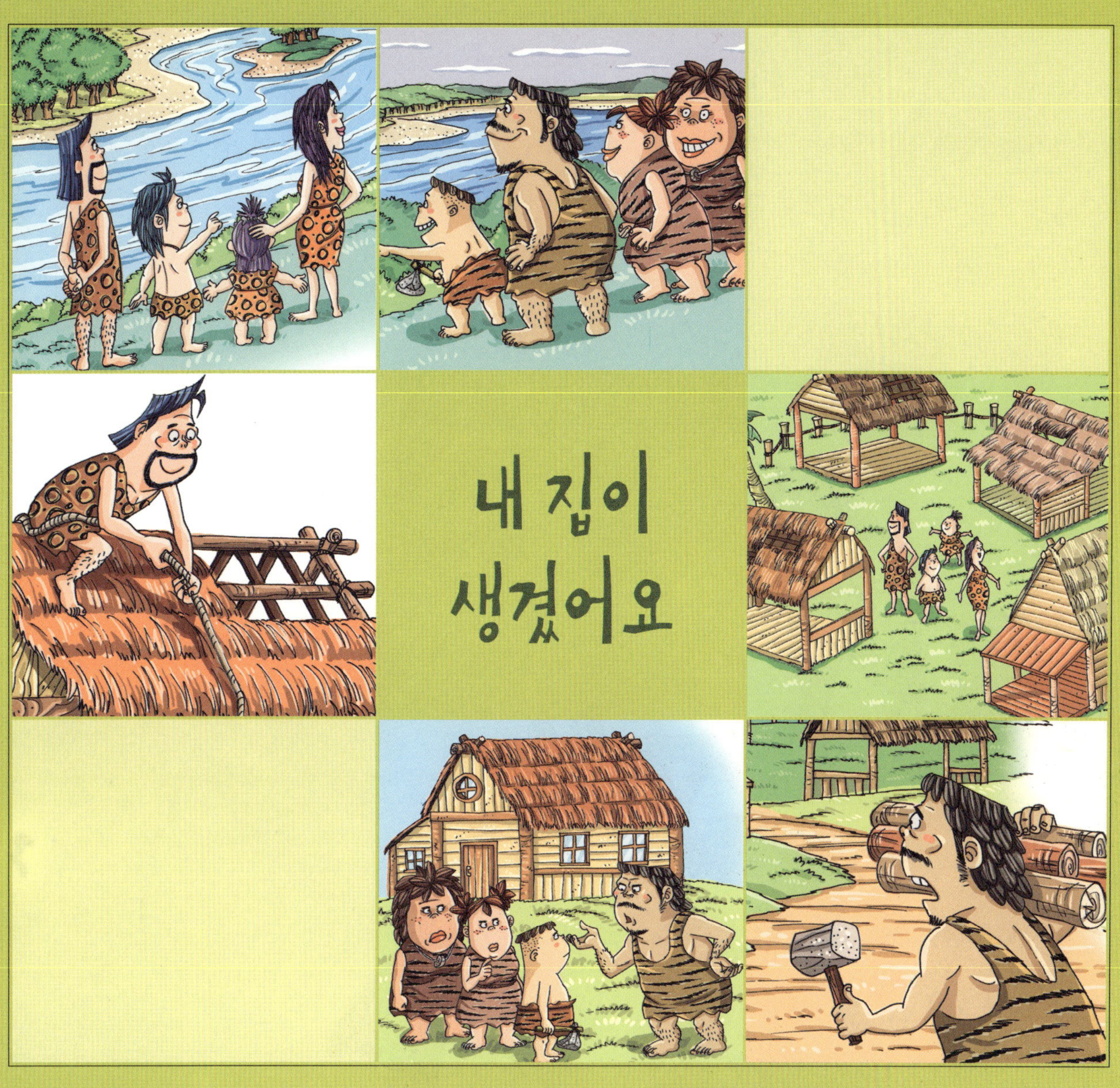

내 집이 생겼어요

또 또네 식구는 강이 내려다 보이는 언덕에 별장을 짓기로 했어요.

"경치가 참 좋구나. 강에서 고기도 잡을 수 있겠고."

"더우면 수영도 할 수 있고요."

"별장 짓기에 여기만큼 좋은 곳이 없겠는데요."

또또네 가족들은 저마다 한 마디씩하며 집 지을 장소를 물색했어요.

"여기는 아빠 집, 저기는 엄마 집, 나무 옆으로는 또리와 제 집을 지어 주세요."

"그래 또또야. 집을 되도록 많이 짓자구나. 먼저 아빠 집을 지어야겠다."

"뚝딱, 뚝딱, 쿵쾅, 쿵쾅!"

또또네 식구들은 모두 힘을 합쳐 집을 짓기 시작했어요.

먼저 기둥을 박고 밧줄을 연결하고 지붕을 얹었어요. 그럴싸한 집이 금세 만들어졌어요.

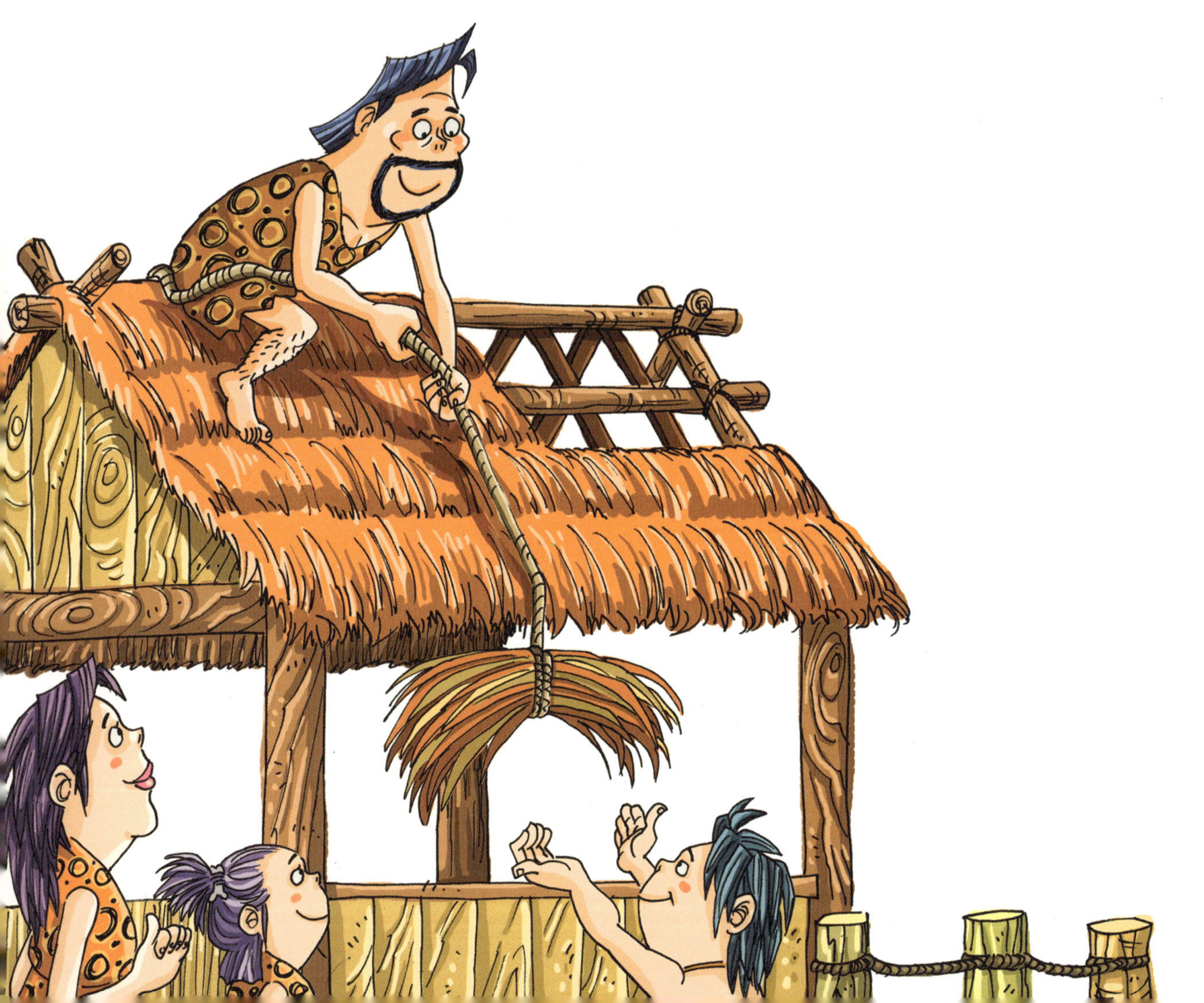

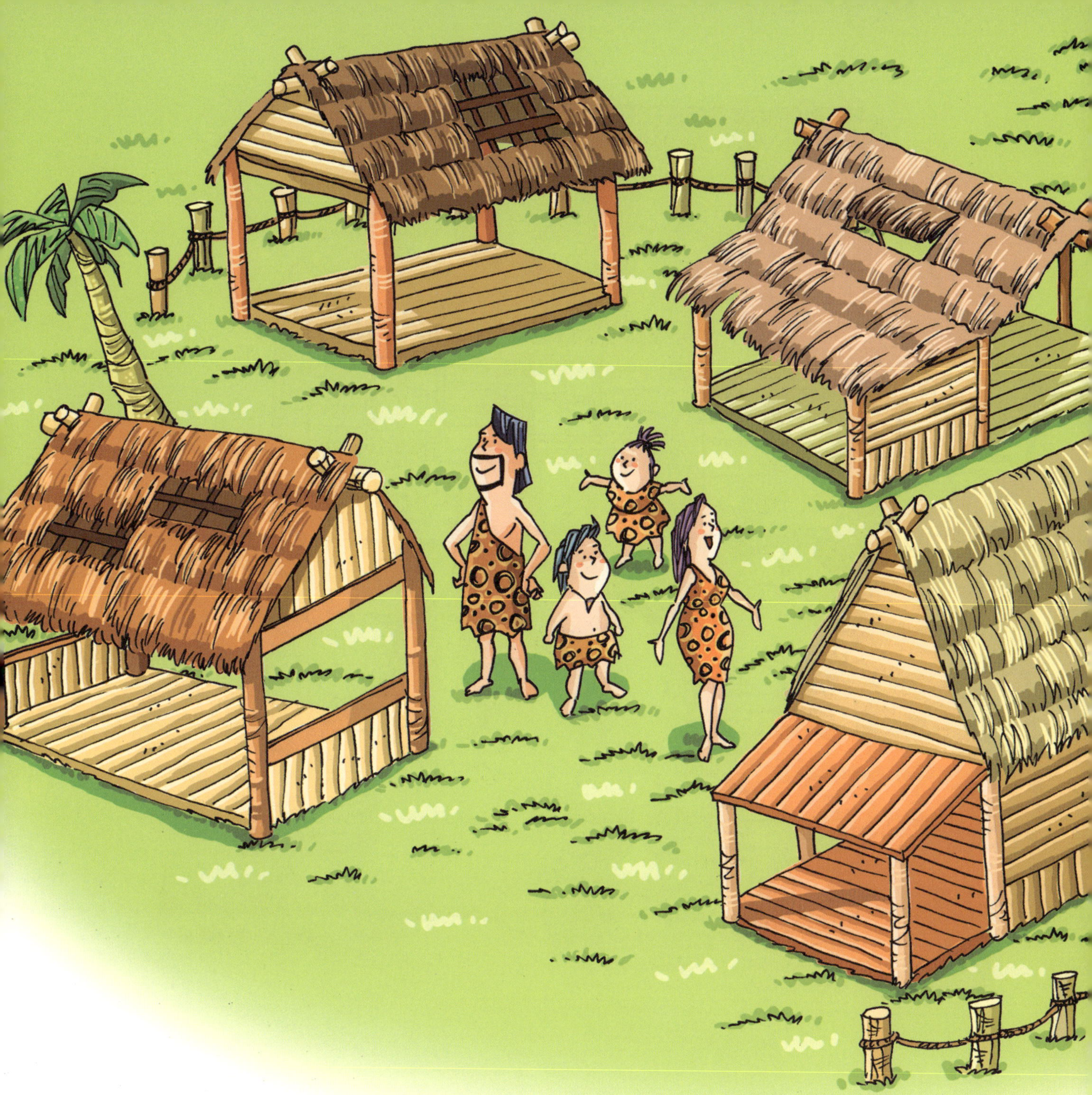

"아빠 집은 이만하면 된 것 같은데요. 웬만한 비바람에도 끄떡없겠어요."

"그래 이 정도면 되겠다. 집을 완벽하게 다듬는 것은 나중에 하고

빨리 다른 집을 지어야겠지?"

또또네 가족은 이렇게 해서 모두 4채의 집을 지었어요.

가족 모두 1채씩의 별장을 가질 수 있어서 매우 행복했답니다.

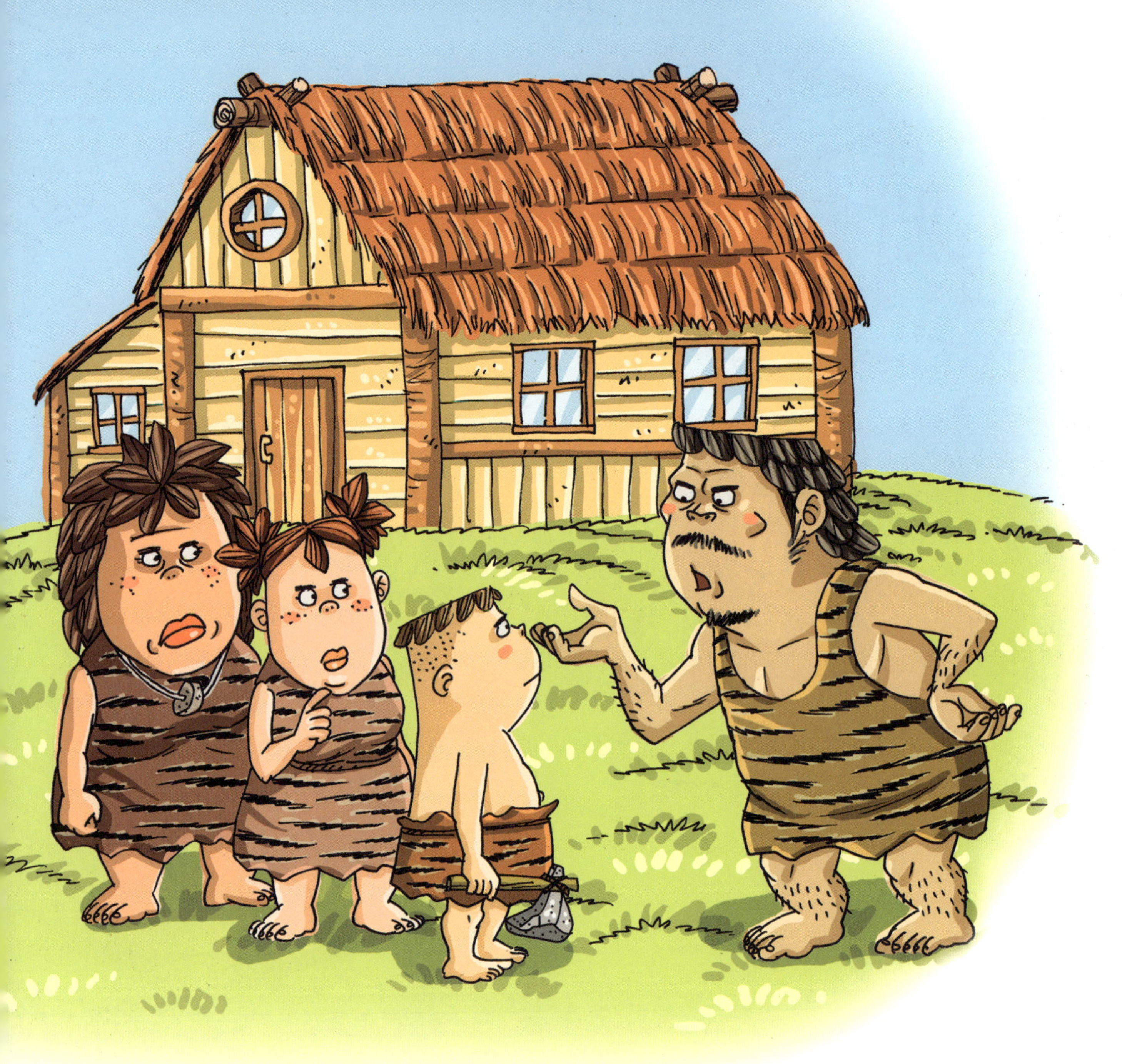

한편 꾸꾸네 가족도 언덕 위에 별장을 짓고 있었어요.

"쿵쾅, 쿵쾅, 뚝딱, 뚝딱!"

온 가족이 열심히 노력해서 집 1채를 완성했어요.

"아빠, 이 정도면 되지 않을까요?"

"무슨 소리. 집은 자고로 튼튼해야 한단다.

꾸꾸야 비바람에 날아가지 않도록 기둥을 좀 더 박아야겠다."

또다시 온 가족이 뚝딱뚝딱 더 튼튼한 집을 지었어요.

"아빠, 이젠 된 거 같은데요."

"음, 아직 창문에 틈이 보이는구나. 또 지붕도 좀 더 손 봐야겠다. 비가 새면 곤란하잖니."

또다시 꾸꾸네 가족은 더 더 튼튼한 집을 짓기 위해 쿵쾅쿵쾅 망치를 두드렸어요.

"아빠, 됐나요? 언제까지 아빠 집만 지을 거예요. 제 것이랑 누나 집, 엄마 집도 지어야지요."

"하하! 이 정도면 아주 튼튼한 집이 된 것 같구나. 이제 또 다른 집을 지으러 가 볼까?"

하지만 아주 튼튼한 집을 1채 완성했을 때 꾸꾸네는 더 이상 집을 지을 수가 없었답니다.

왜냐하면 이미 또또네 집이 대부분의 땅을

차지하고 있었기 때문이지요.

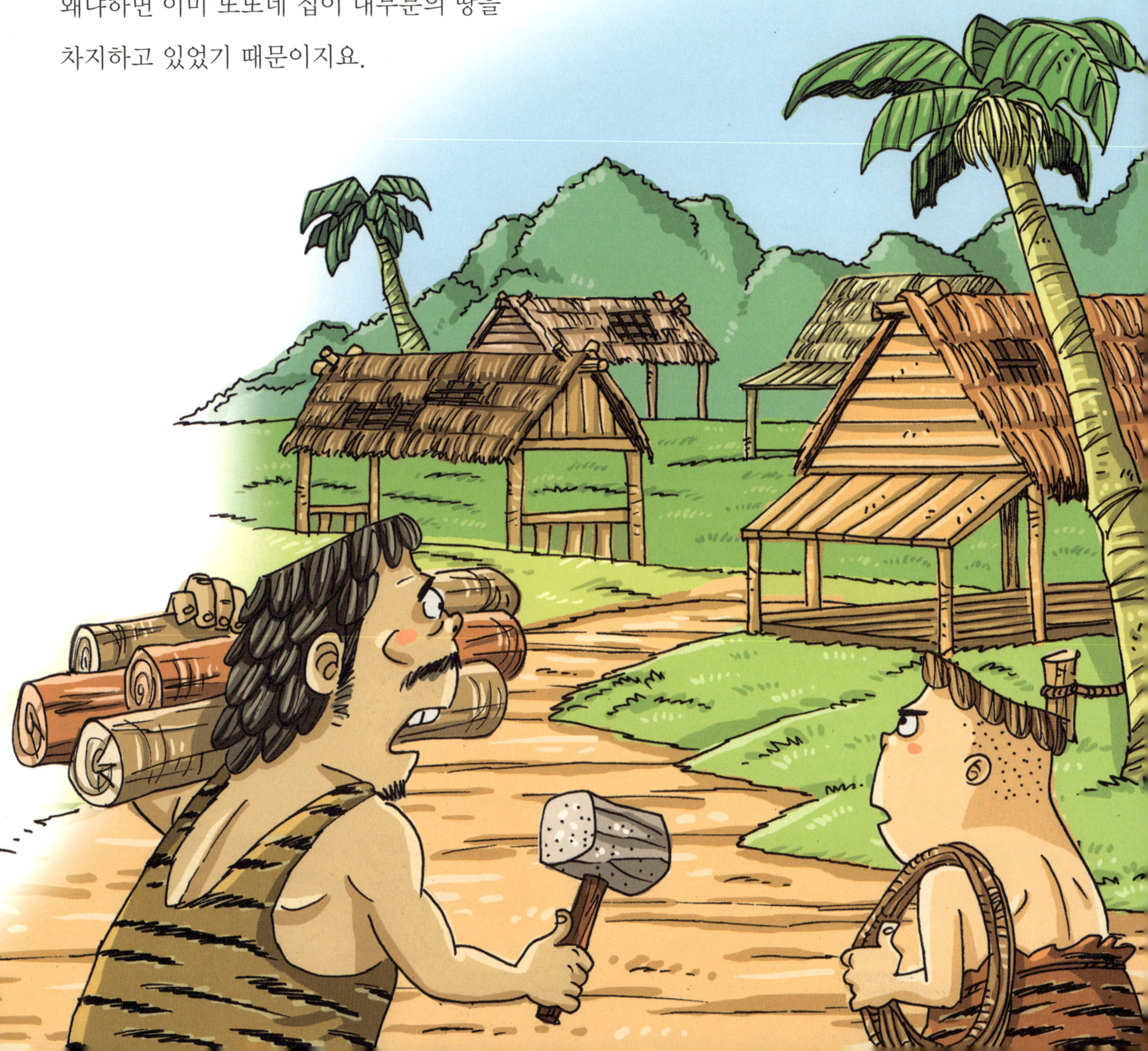

한 칸으로 떨어진 말뚝 연결시키기

또또가 만들고 있는 울타리가 아직 완성되지 않았어요.
한 칸으로 떨어진 말뚝(흑△)을 연결시켜서
울타리를 만드는 방법은 모두 몇 가지가 있을까요?

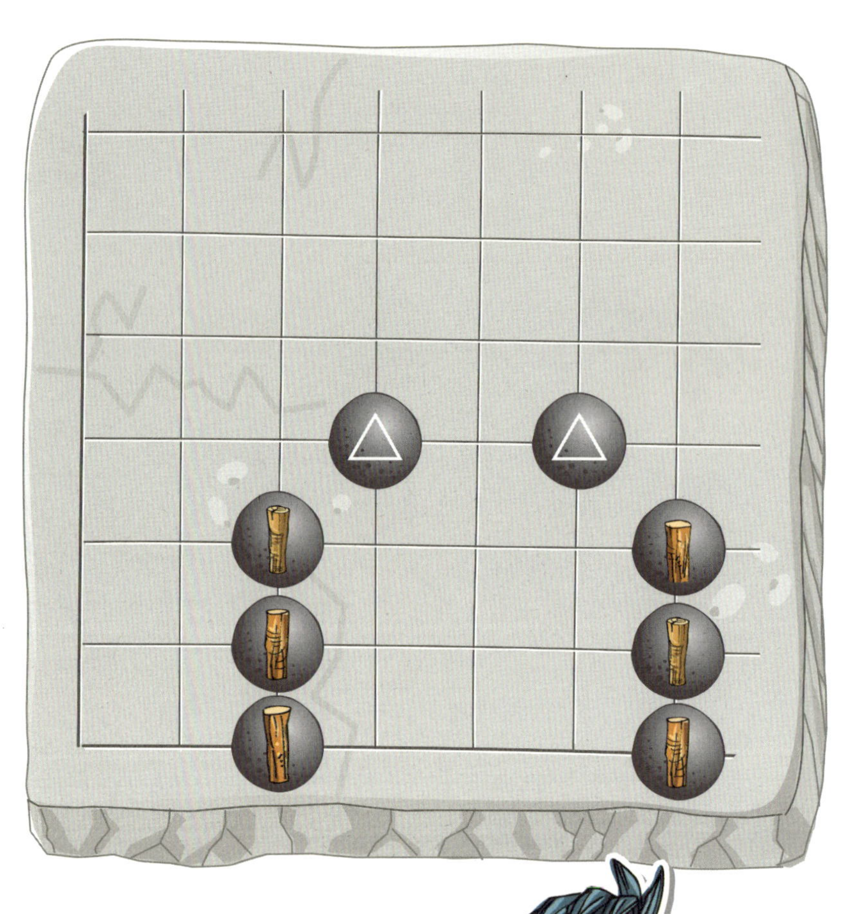

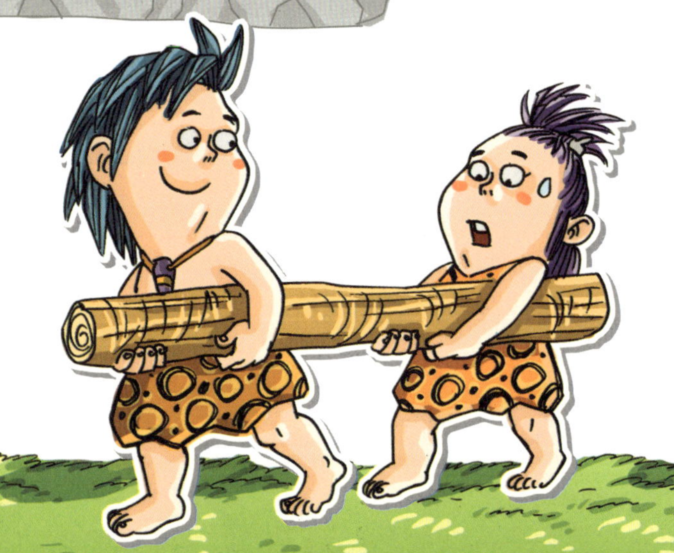

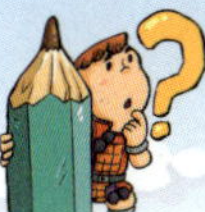 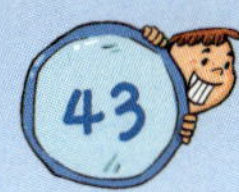

참고 그림 ❶

흑1처럼 대각선으로 연결하면
울타리를 완성시킬 수 있습니다.

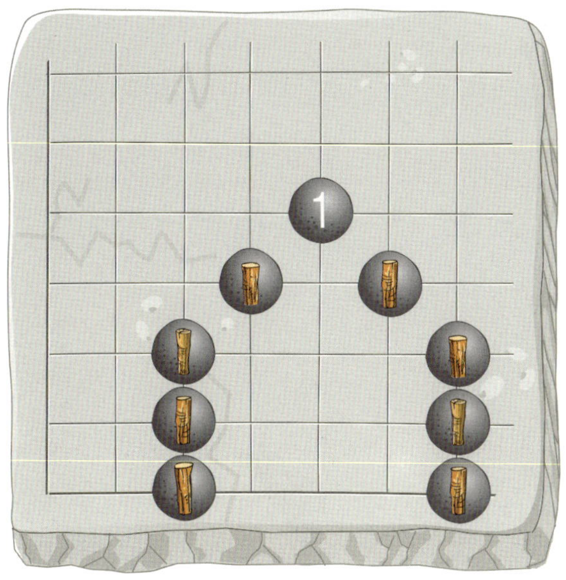

참고 그림 ❷

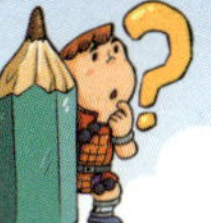

흑1처럼 튼튼하게 연결해도
울타리를 완성시킬 수 있습니다.

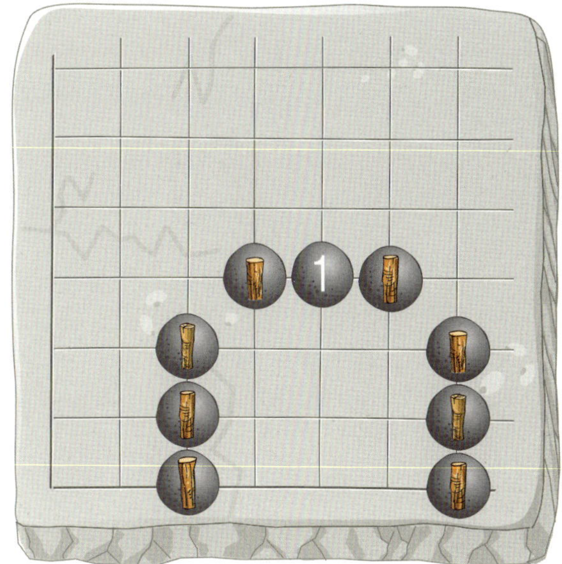

참고 그림 ❸

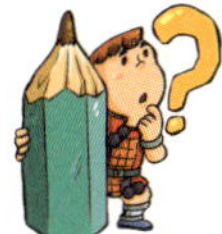

흑1처럼 대각선으로 연결해도
울타리가 완성됩니다.

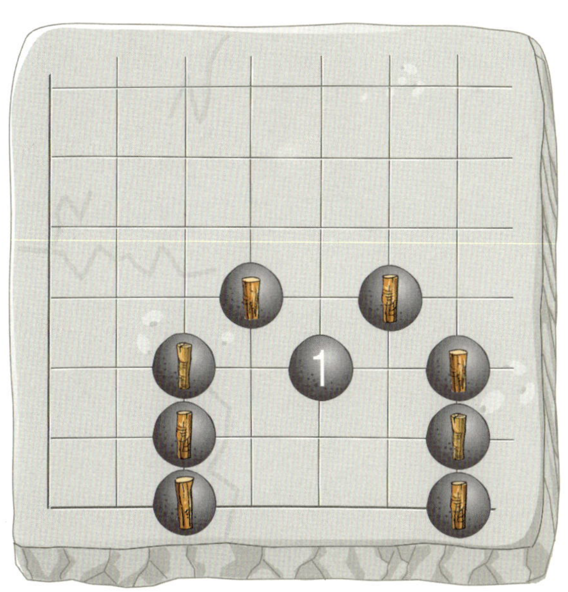

정답 그림

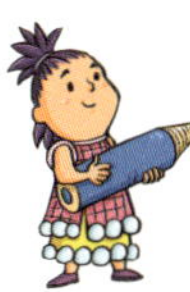

그러므로 한 칸으로 떨어진 말뚝은
A~C까지 모두 3가지 방법으로
울타리를 만들 수 있습니다.

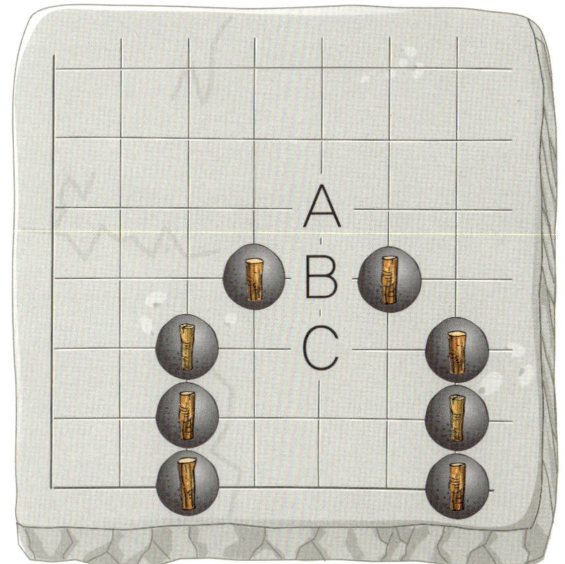

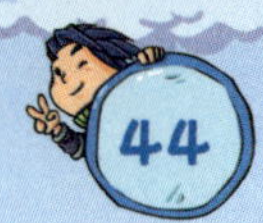
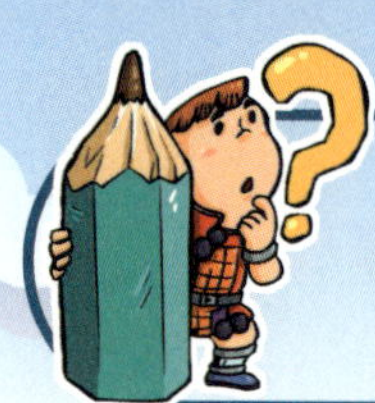

말뚝이 울타리를 완성시킬 수 있는 방법은
모두 몇 가지가 있을까요?

문제 01

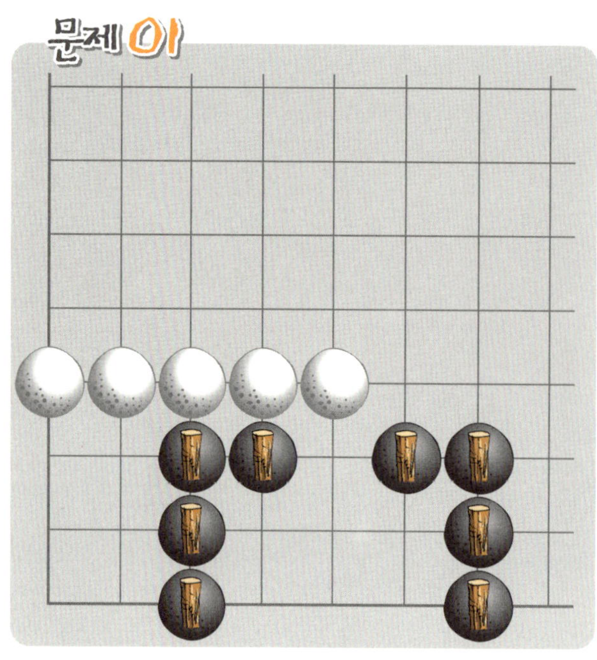

문제 02

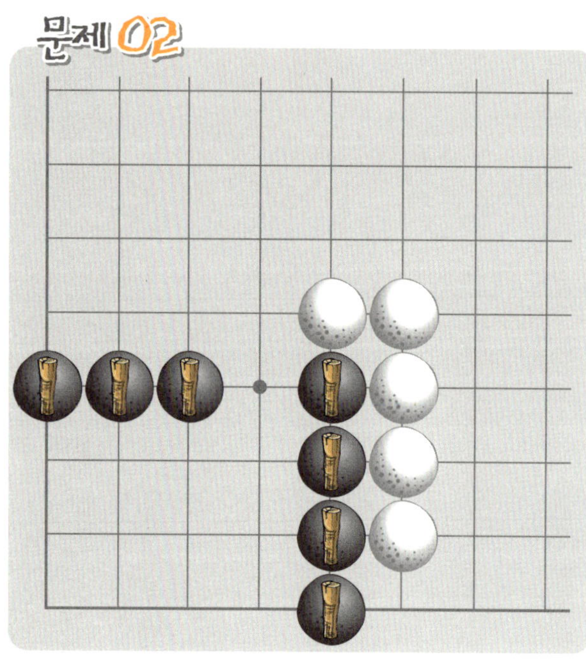

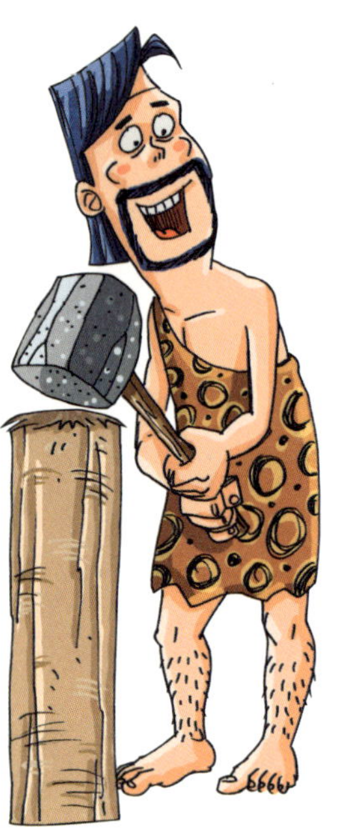

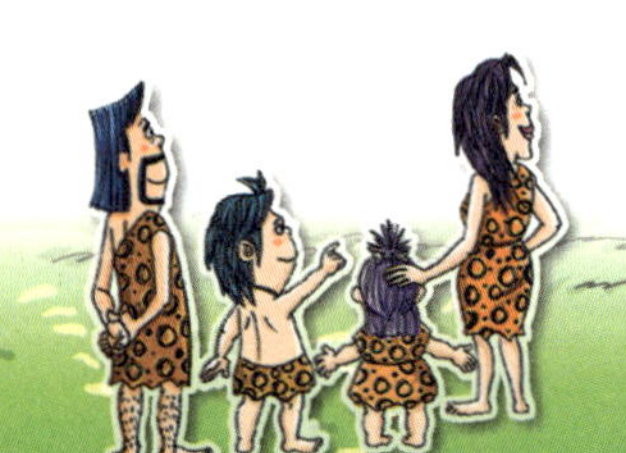

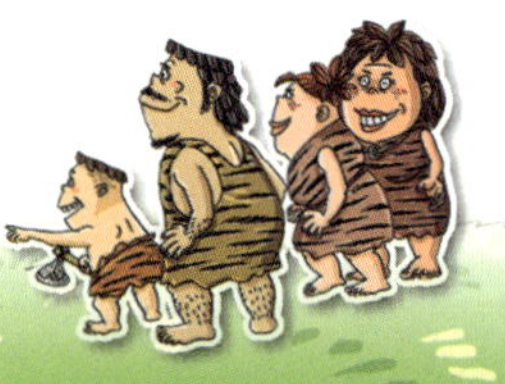

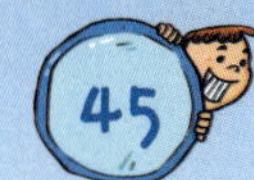
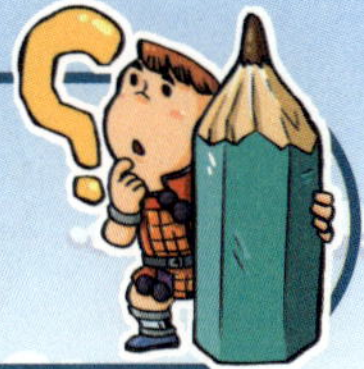

흑돌이 울타리를 완성시킬 수 있는 방법은
모두 몇 가지가 있을까요?

문제 03

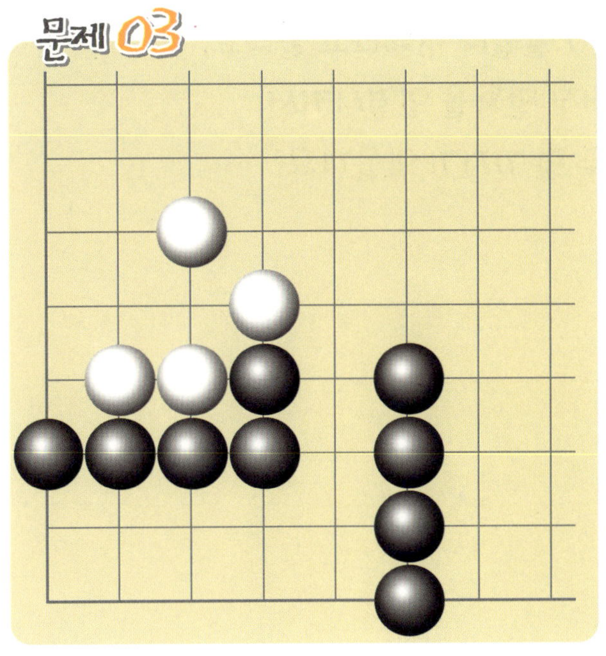

문제 04

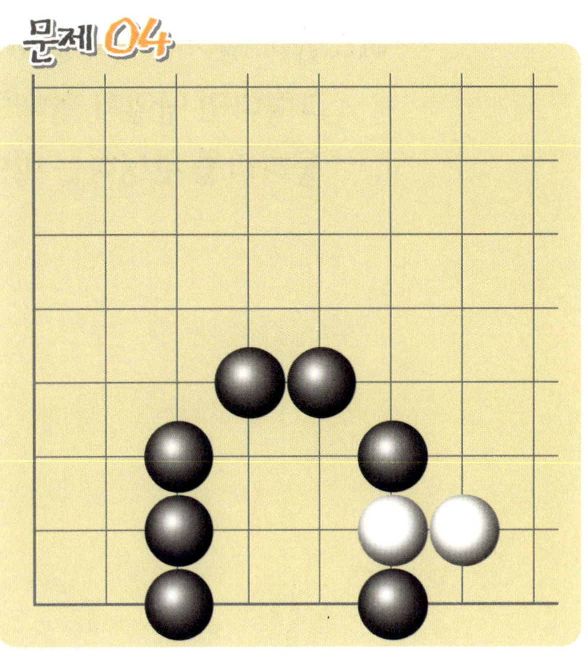

문제 05

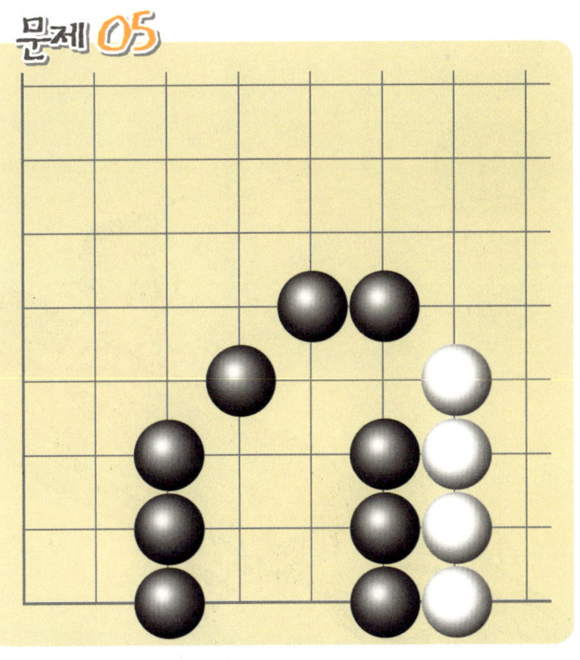

문제 06

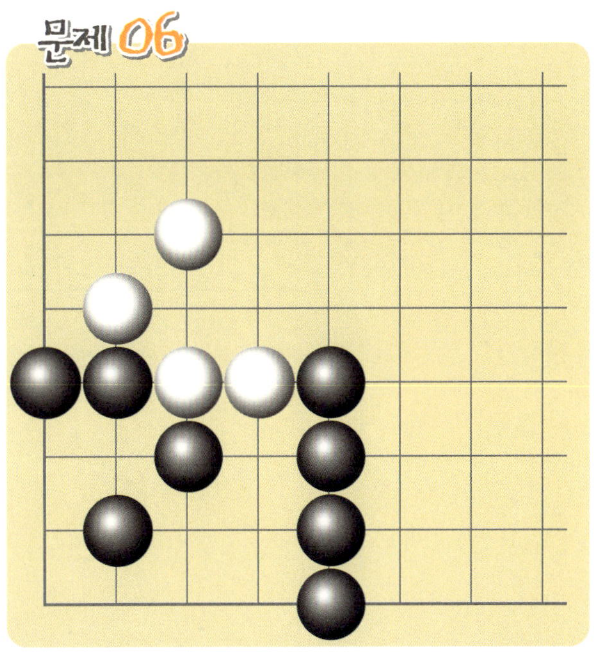

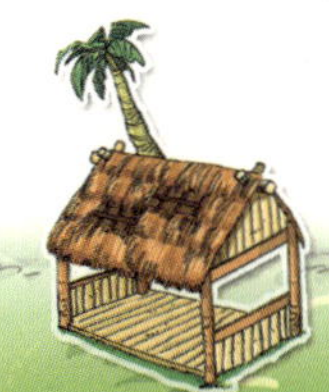
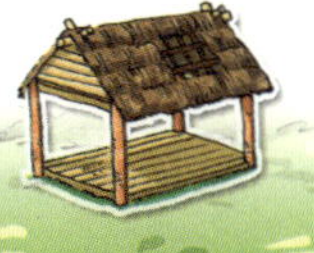
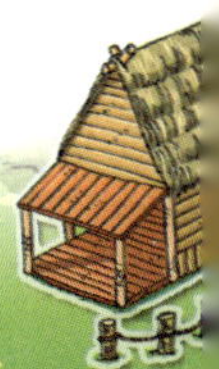

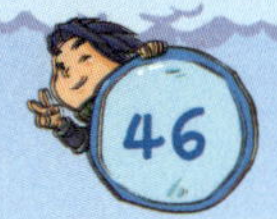

2차 날일자 모양으로 떨어진 말뚝 연결시키기

비스듬히 떨어진 형태를 가리켜(혹△) 날일자 형태라고 불러요,
그렇다면 날일자 형태로 이루어진 말뚝을 연결시켜서
울타리를 완성하는 방법은 모두 몇 가지가 있을까요?

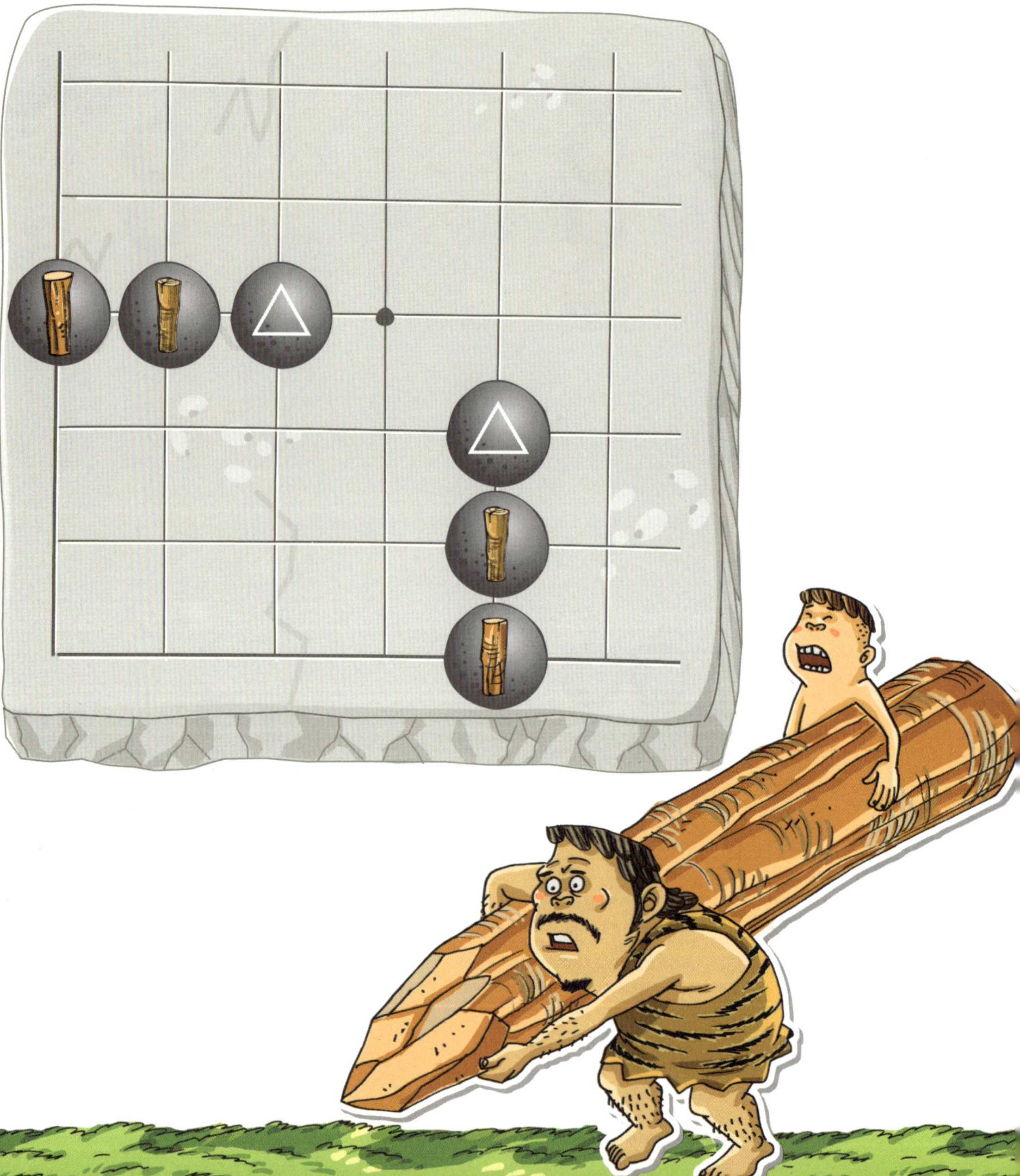

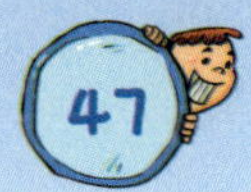

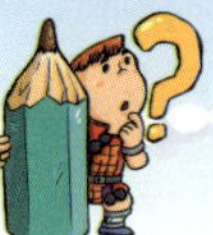
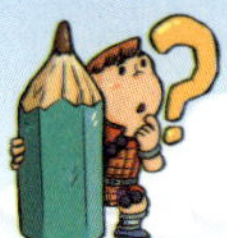

참고 그림 ❶

흑1처럼 연결하면 2개의 말뚝이
연결되면서 울타리가 완성됩니다.

참고 그림 ❷

흑1로 연결해도 2개의 말뚝이
연결되면서 울타리가 완성됩니다.

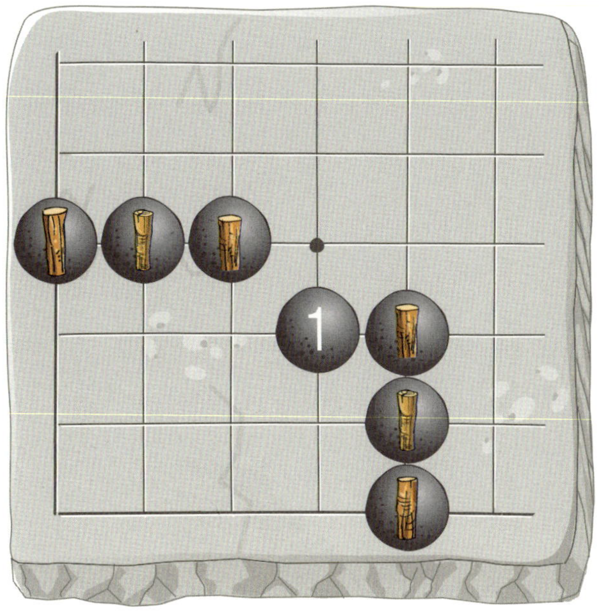

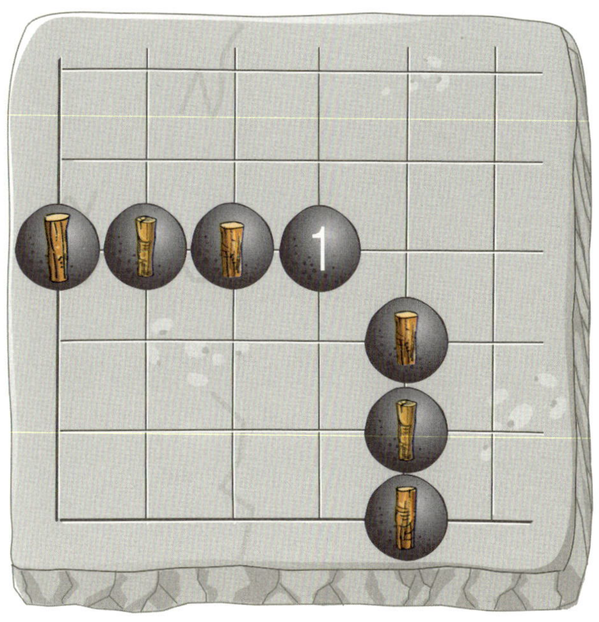

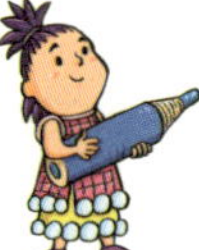

정답 그림

그러므로 날일자 형태로 떨어진
말뚝은 A와 B, 2가지 방법으로
울타리를 만들 수 있습니다.

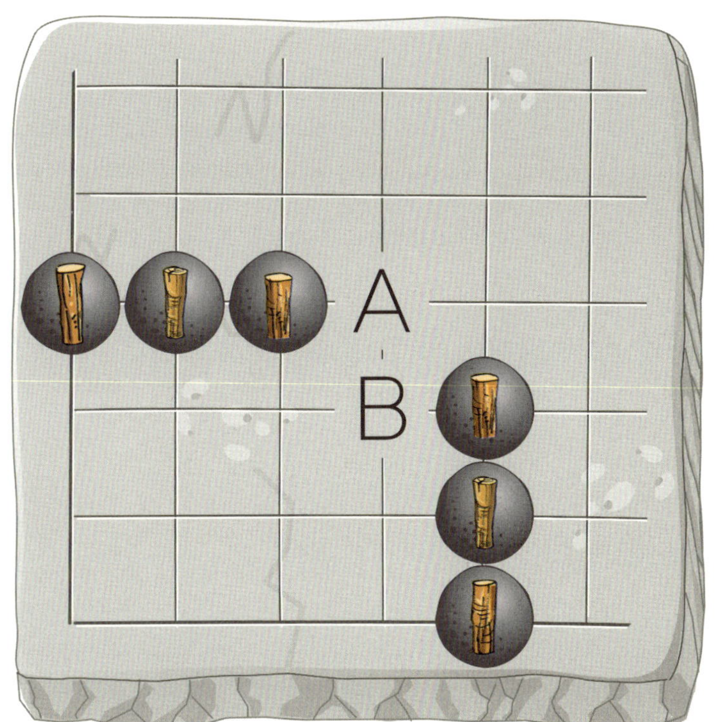

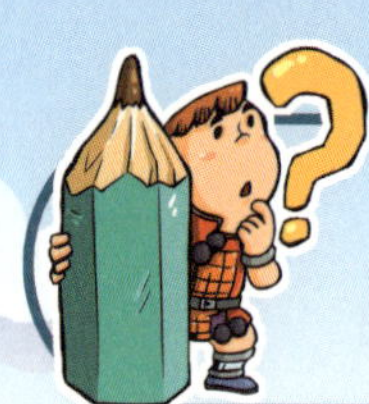

문제 **01**

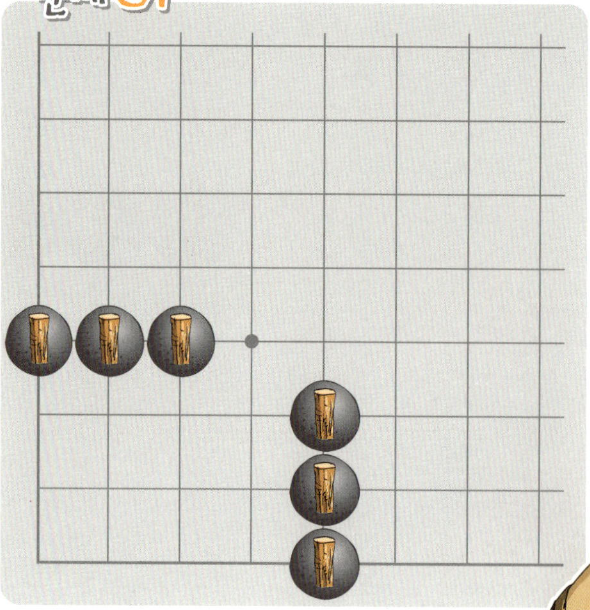

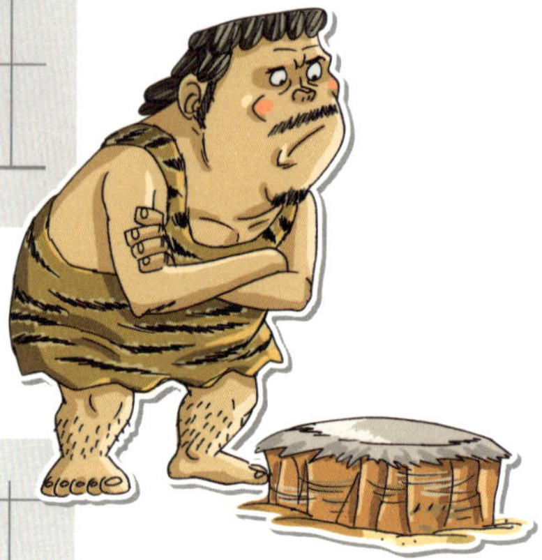

문제 **02**

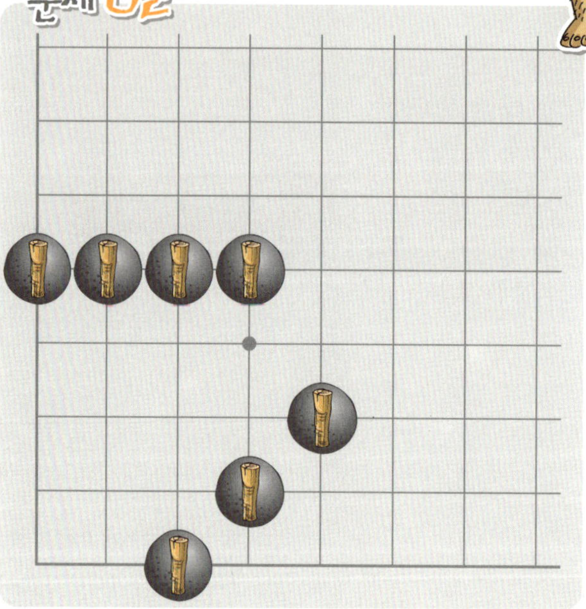

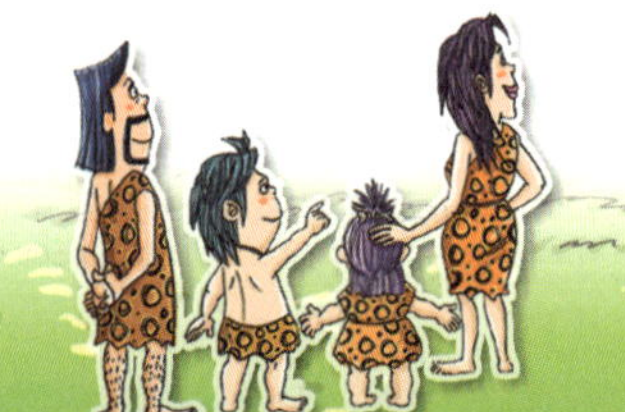

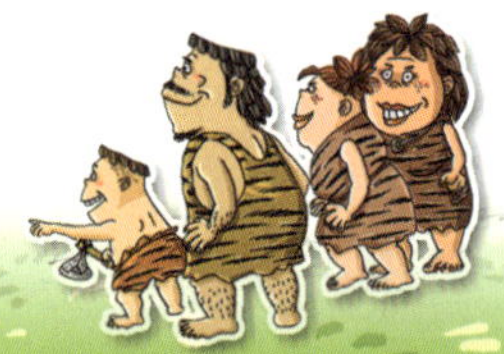

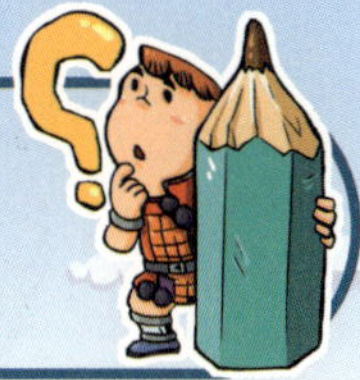

흑돌이 울타리를 완성시킬 수 있는 방법은
모두 몇 가지가 있을까요?

문제 03

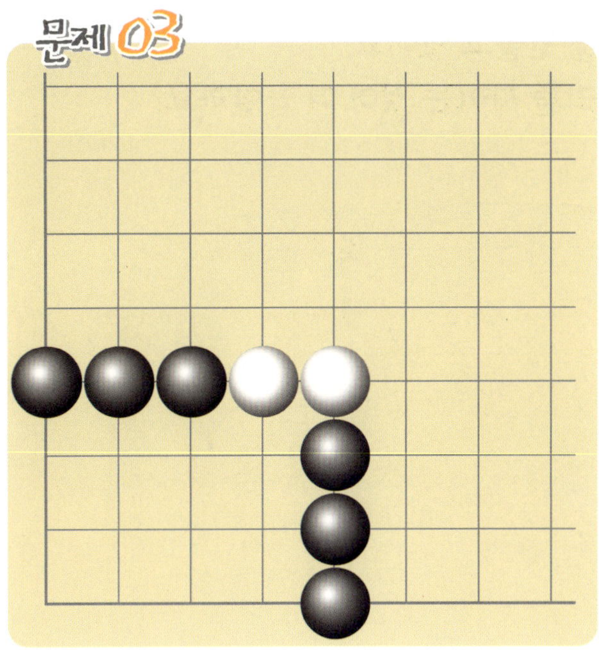

문제 04

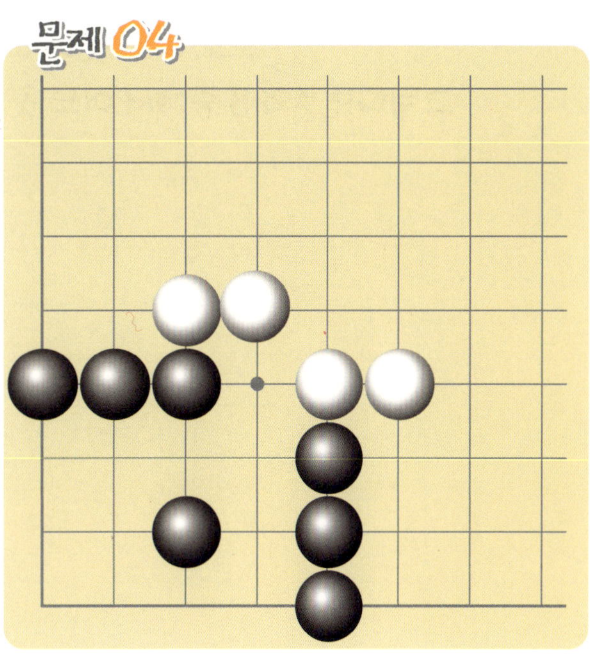

문제 05

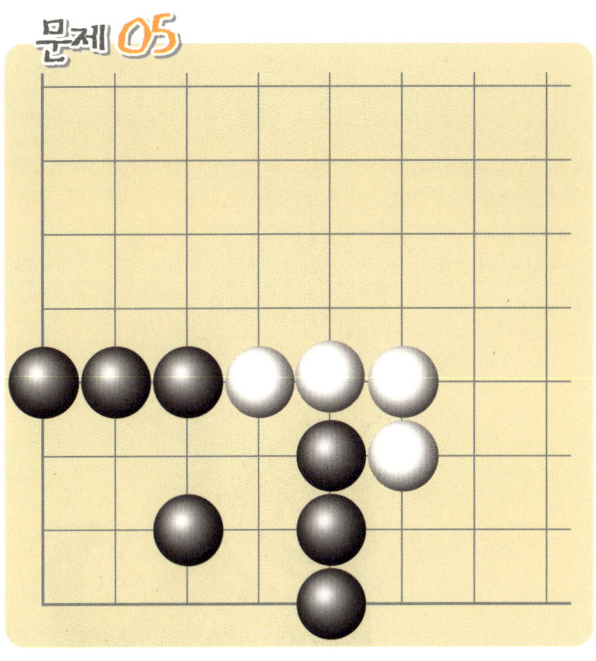

문제 06

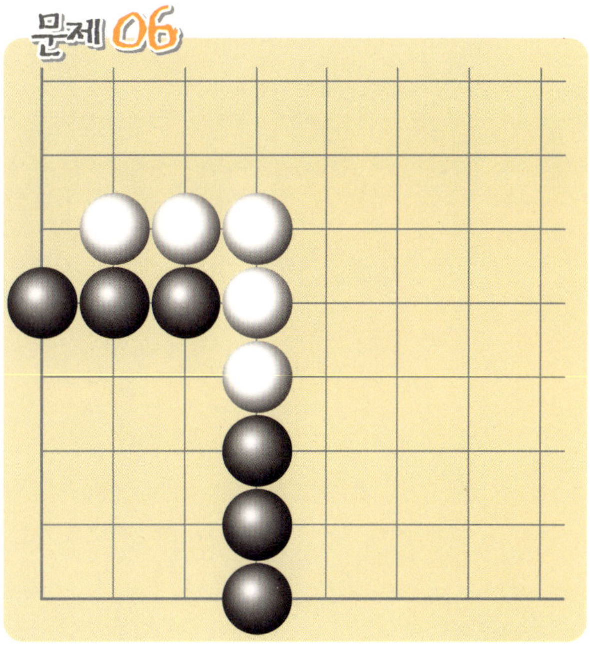

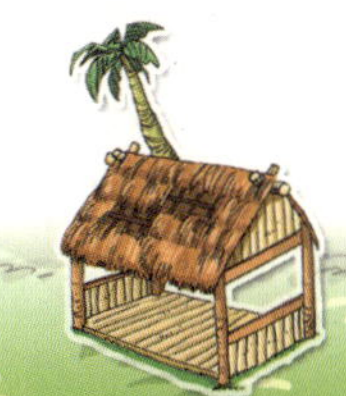
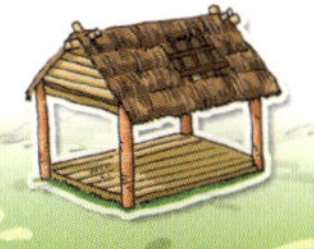
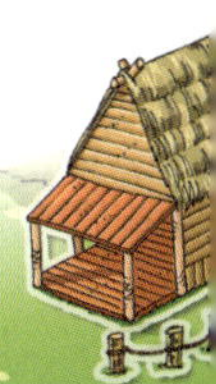

3. 어느 곳의 울타리를 지킬까?

또또가 두 곳에서 울타리를 만들고 있어요.
그렇다면 A와 B 중에서 어느 곳의 울타리를 지키는 것이 더 급할까요?

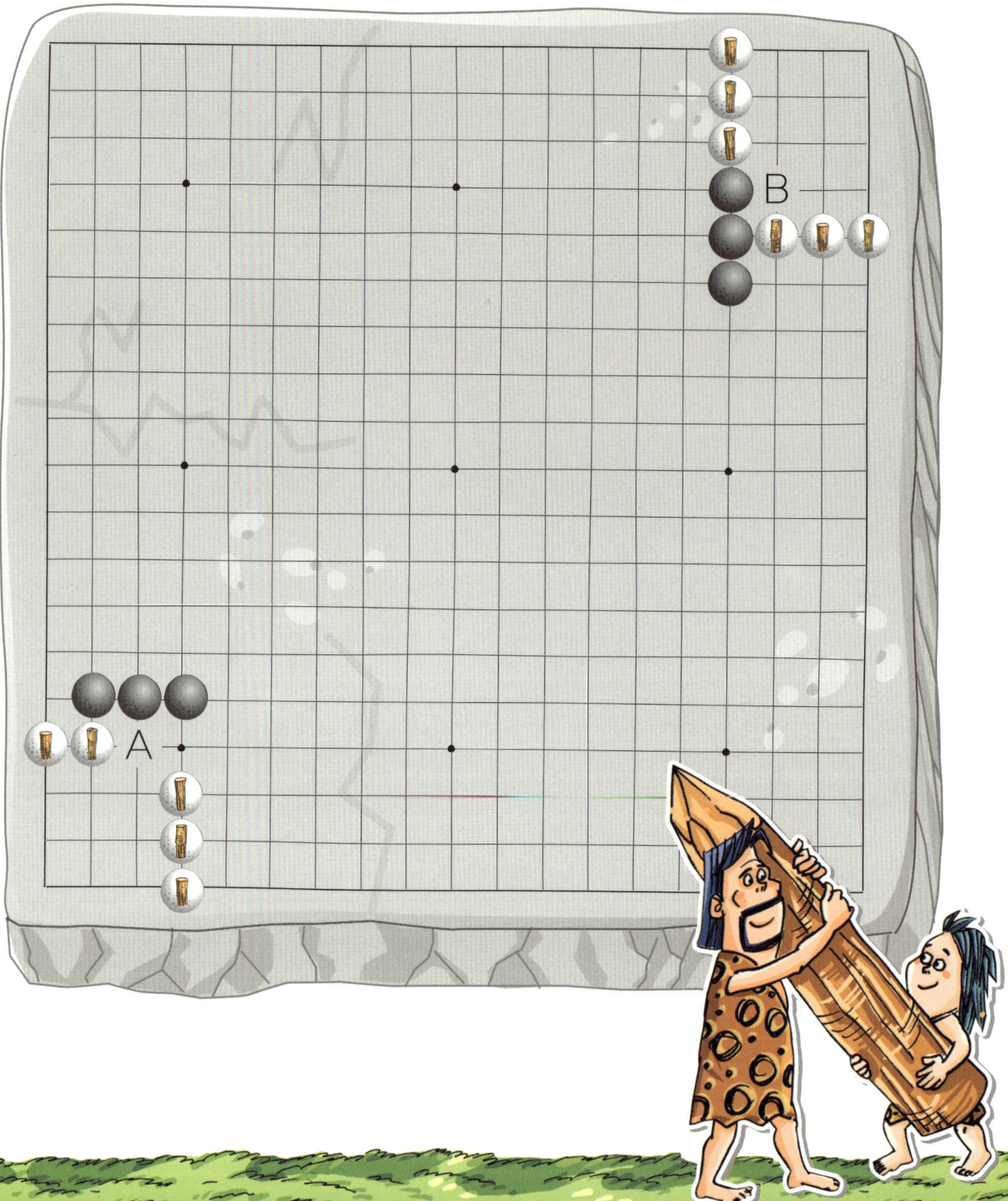

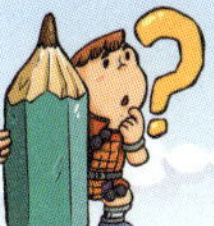
참고 그림 ❶

흑돌이 흑1로 울타리 만드는 것을
방해하면 어떻게 될까요?

백1로 연결하면 울타리를 완성시킬 수
있습니다.

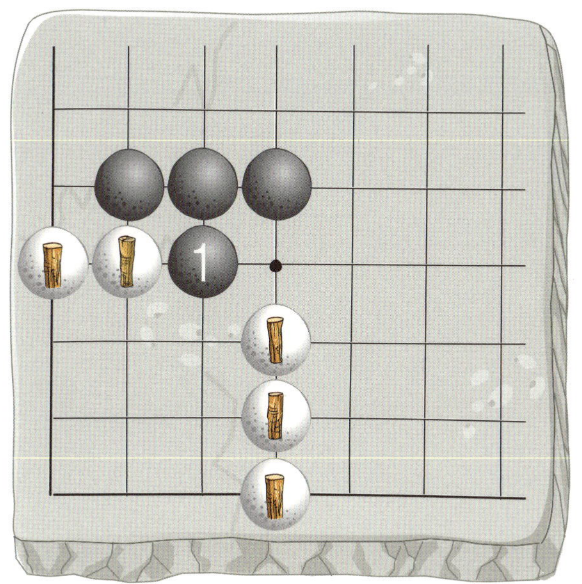

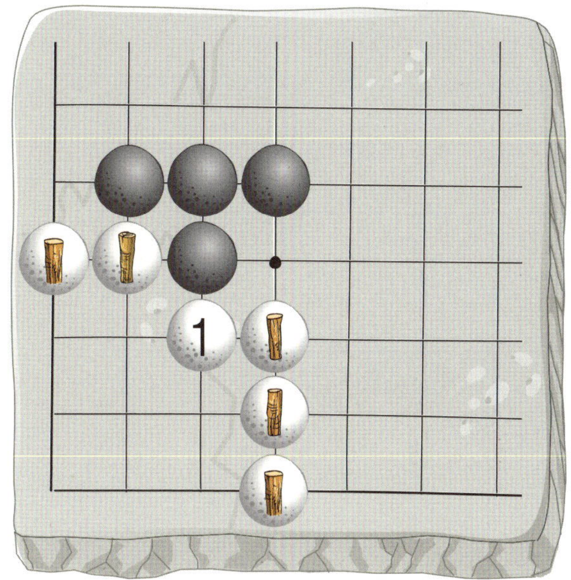

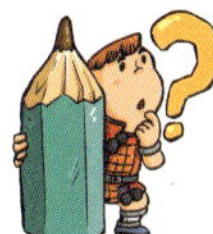
참고 그림 ❷

다음 흑1처럼 방해하면
말뚝을 연결시킬 수 있는
방법이 없습니다.

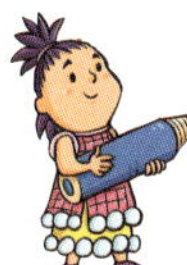
정답 그림

그러므로 또또는 한 번에
무너질 수 있는 위쪽을 먼저 백1로
지켜야 합니다.

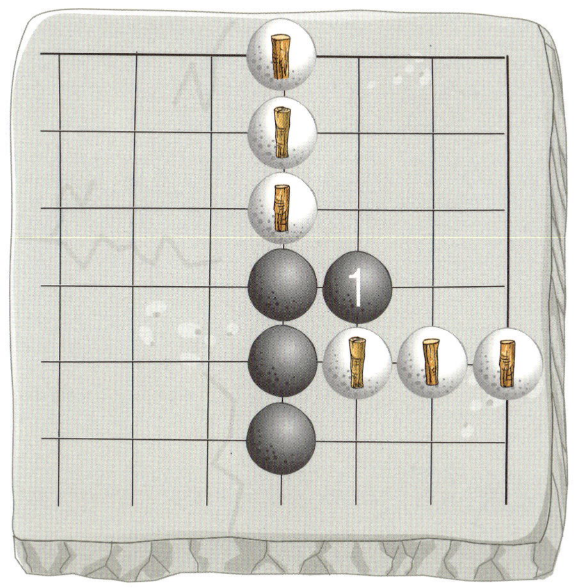

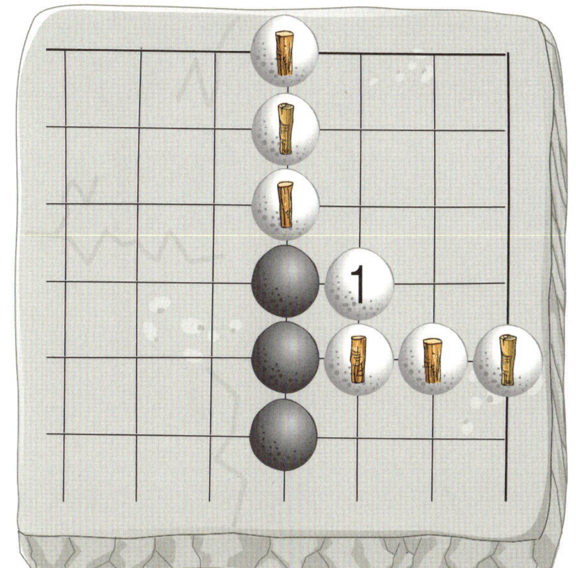

백돌이 두 곳에서 울타리를 만들고 있어요. 그렇다면
A와 B 중에서 어느 곳의 울타리를 지키는 것이 더 급할까요?

문제 01

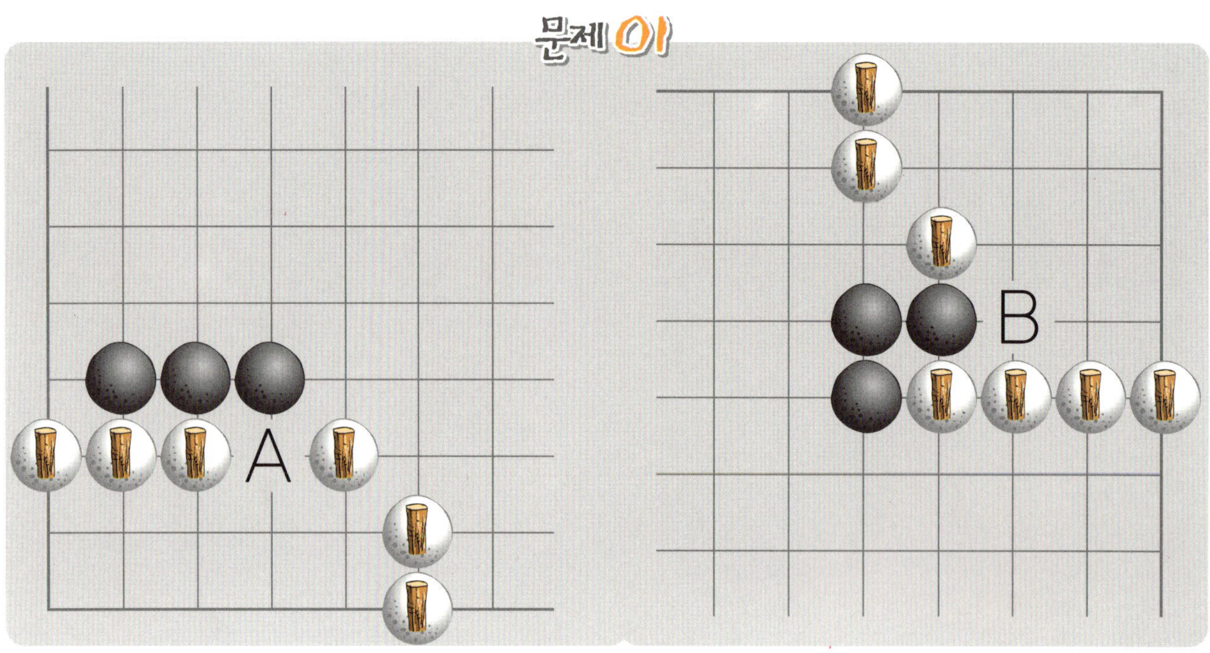

문제 02

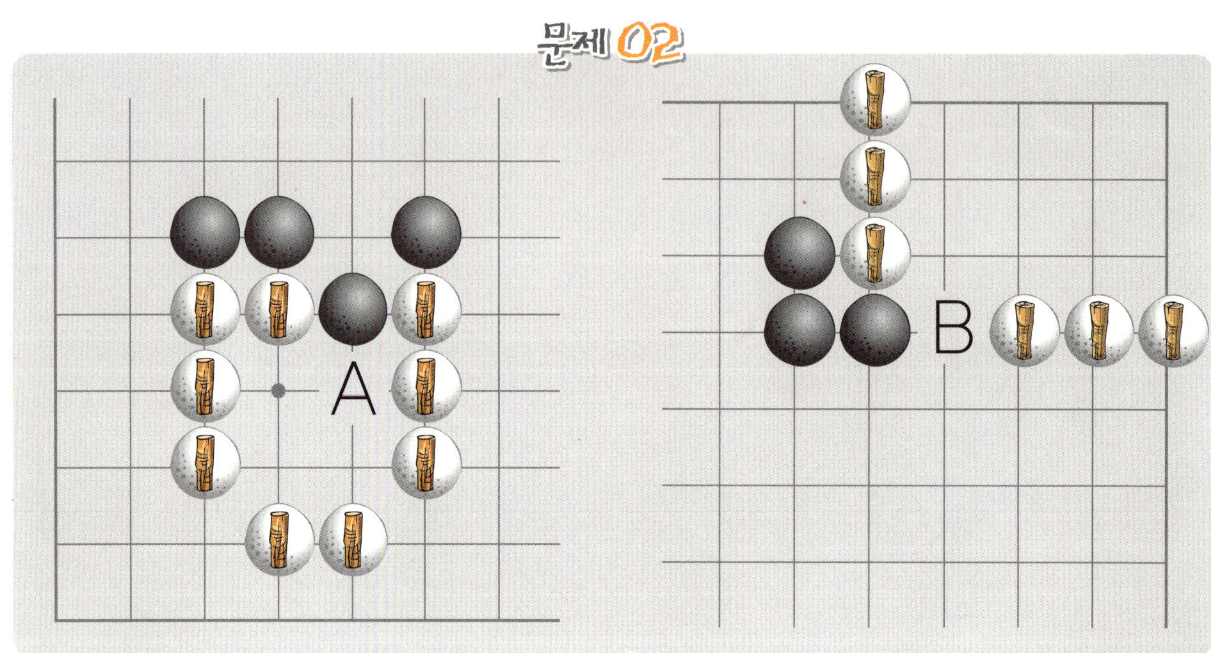

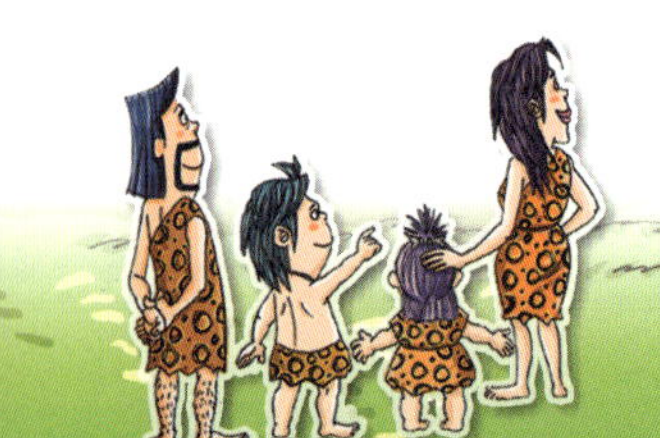

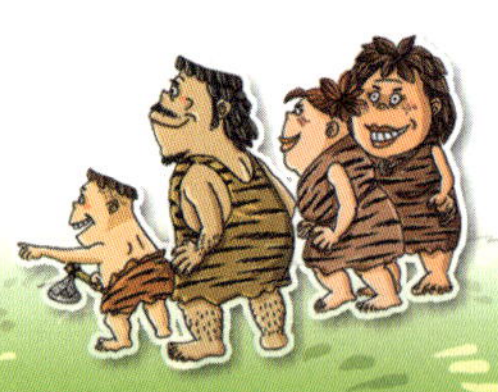

문제 03

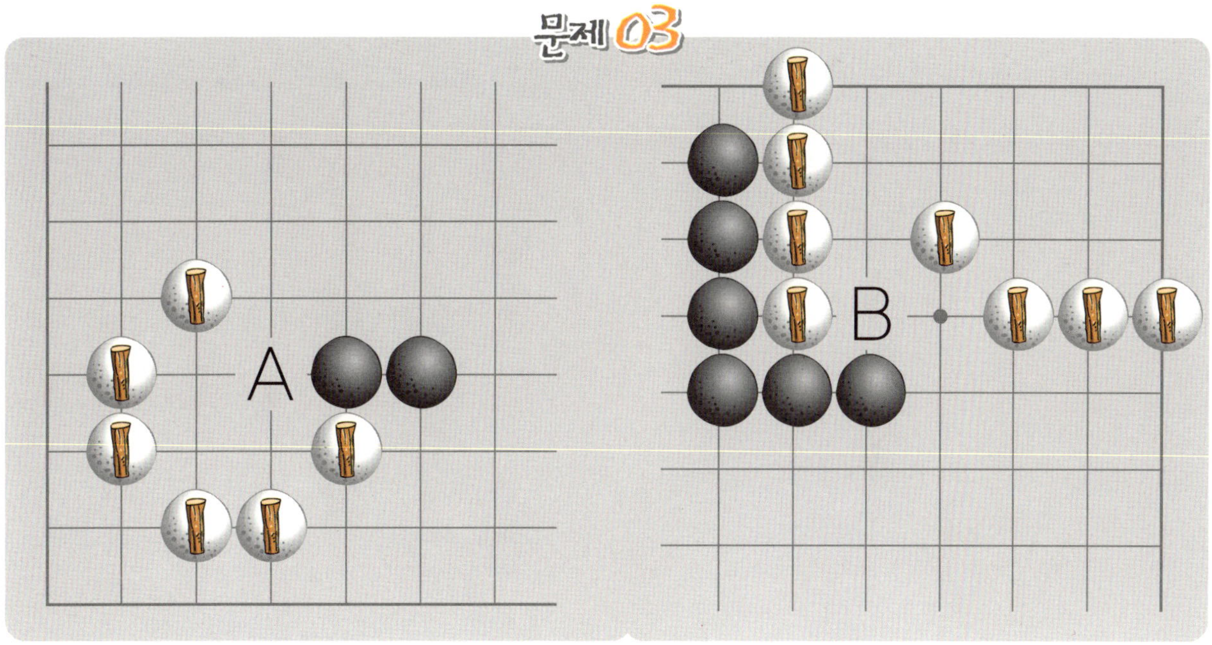

문제 04

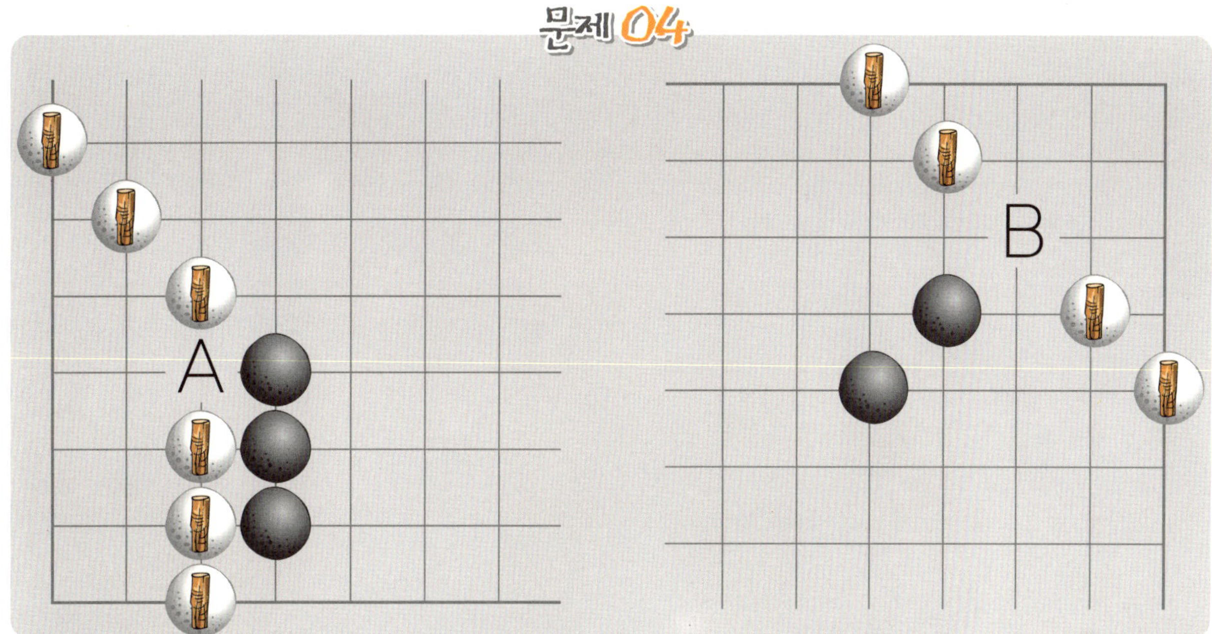

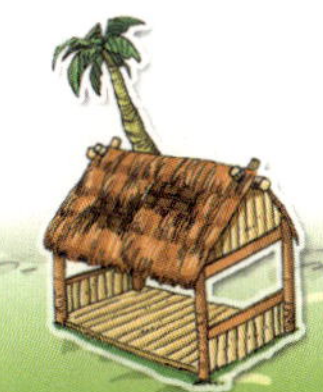
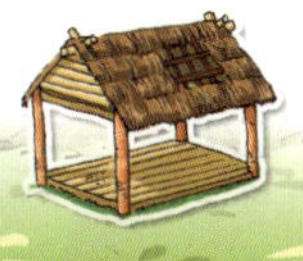
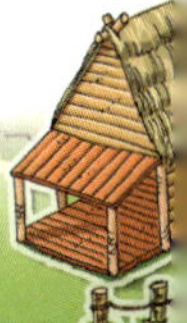

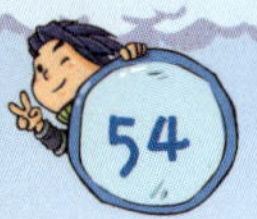

문제 05

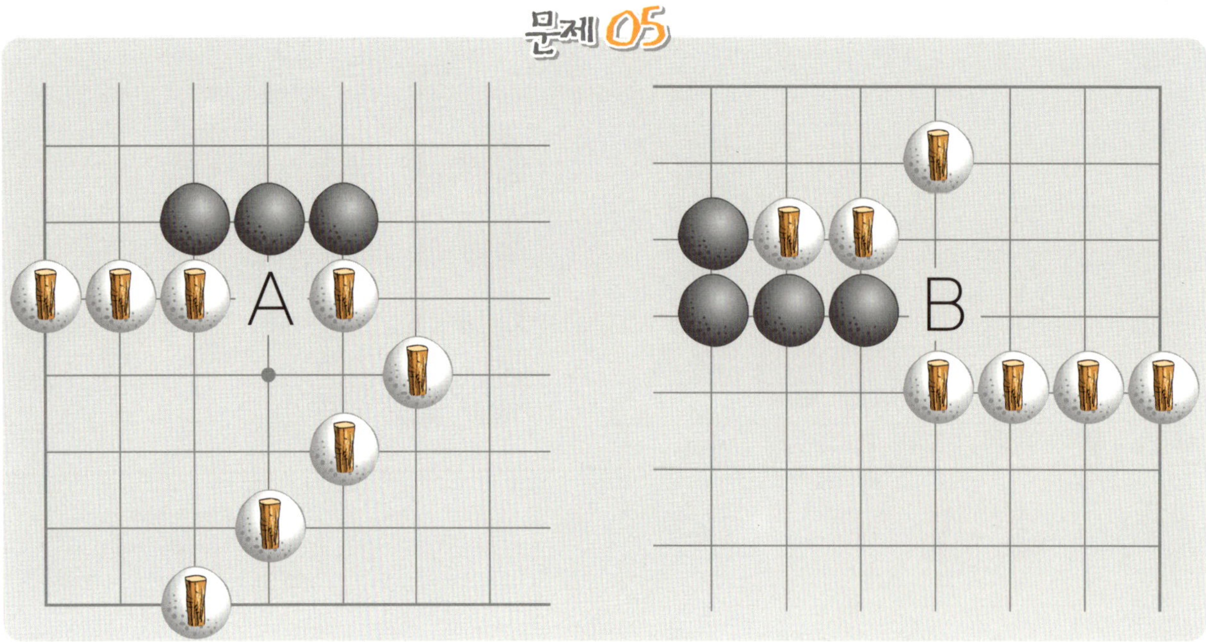

문제 06

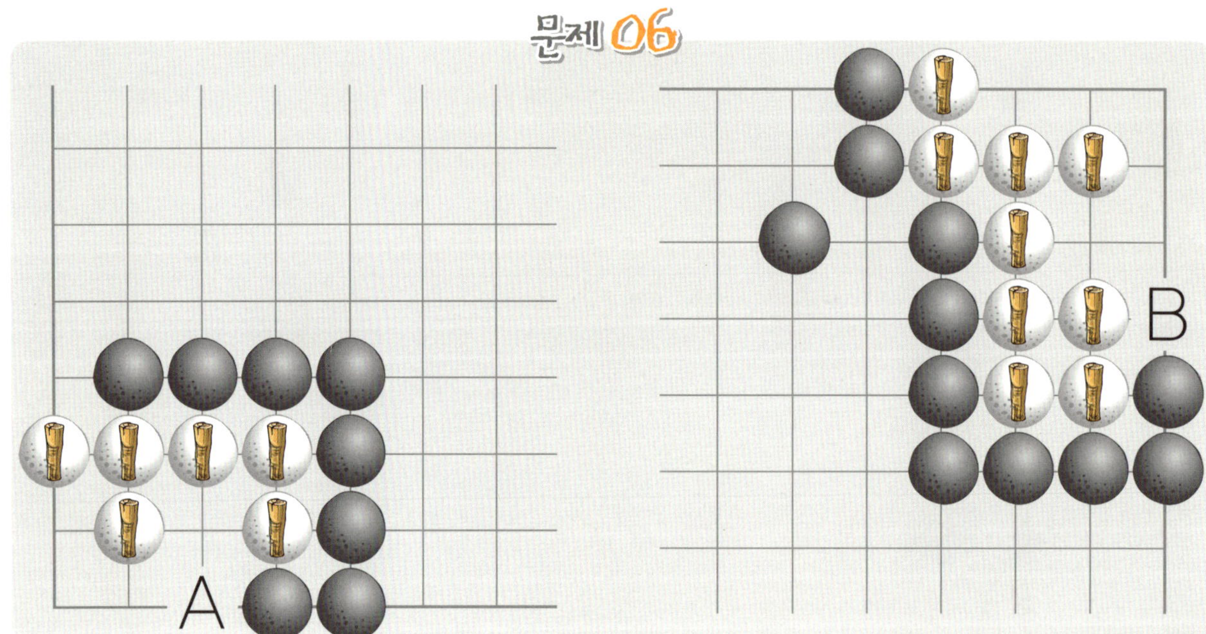

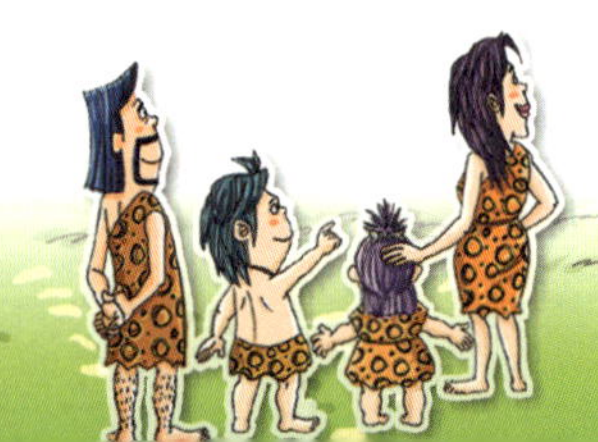

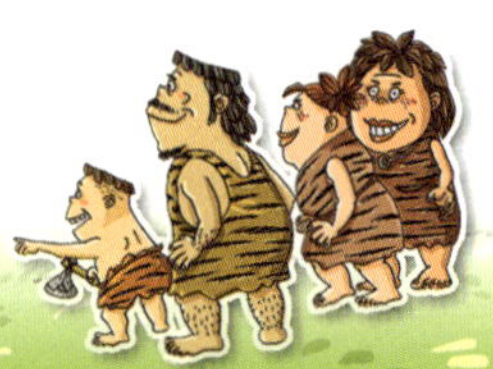

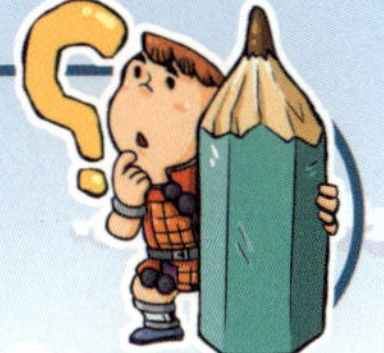

A와 B 중에서 백돌이 먼저 지켜야 할
곳을 찾아서 울타리를 완성시켜 보세요.

문제 **07**

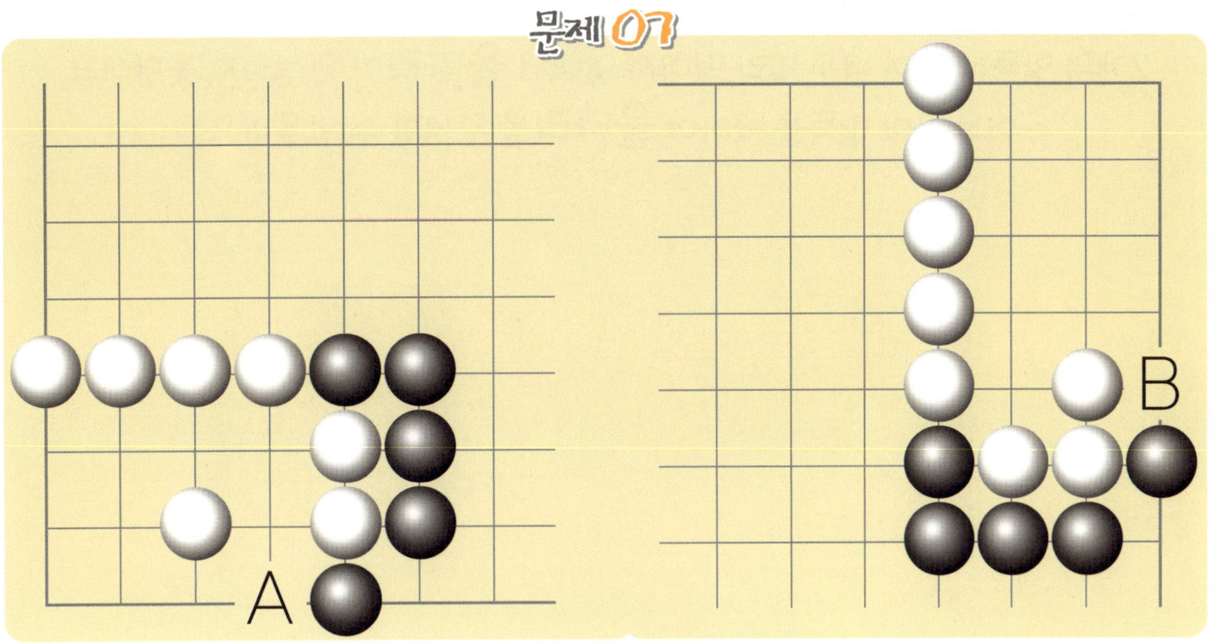

문제 **08**

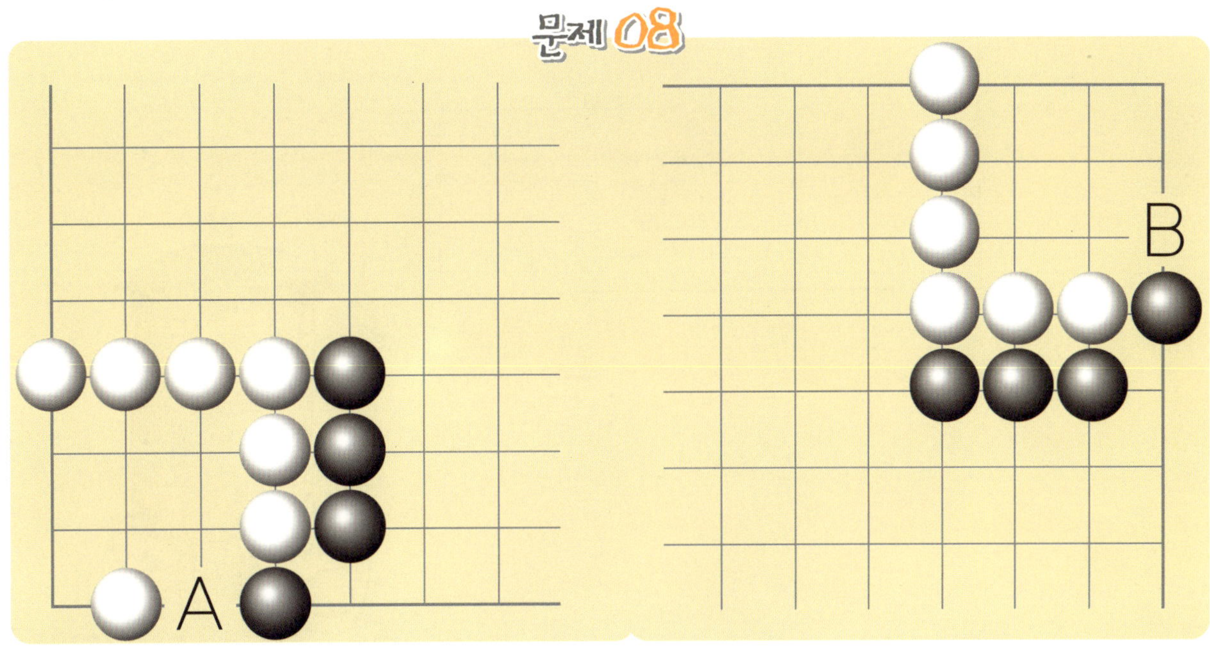

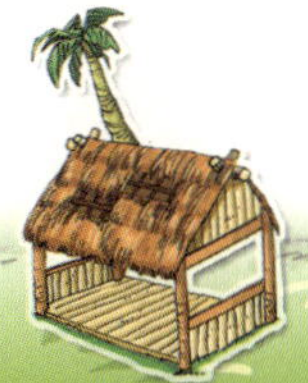

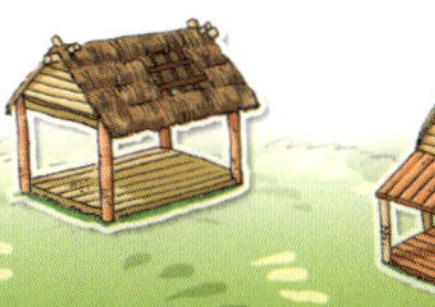

4. 떨어진 말뚝으로 울타리 만들기

2개의 말뚝(백△)이 너무 멀리 떨어져 있어서 울타리가 완성되지 못했어요.
어느 곳에 말뚝을 박아야 **울타리**를 완성할 수 있을까요?

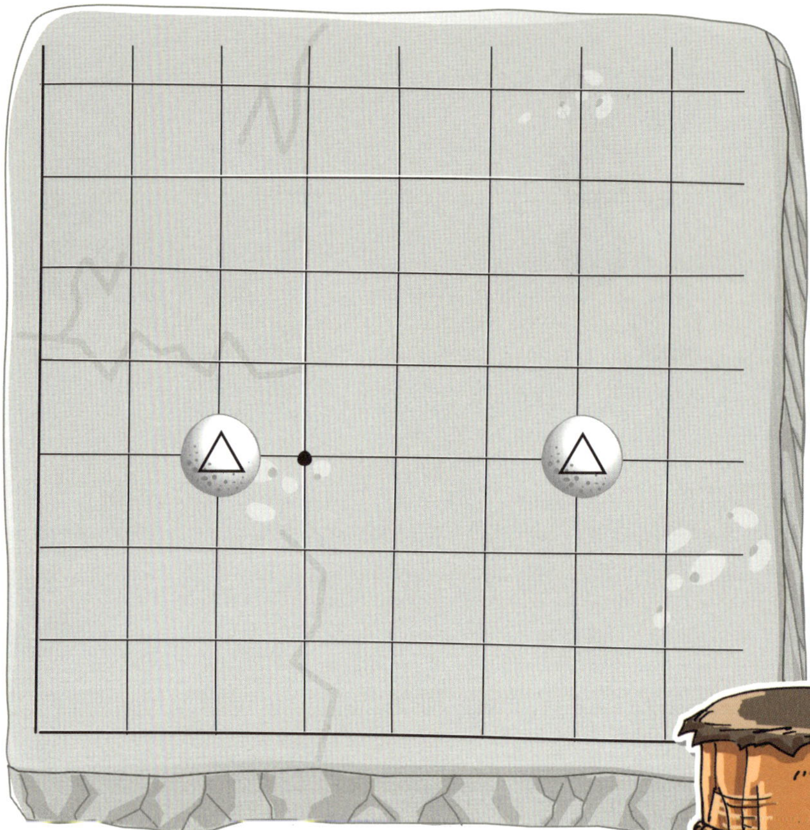

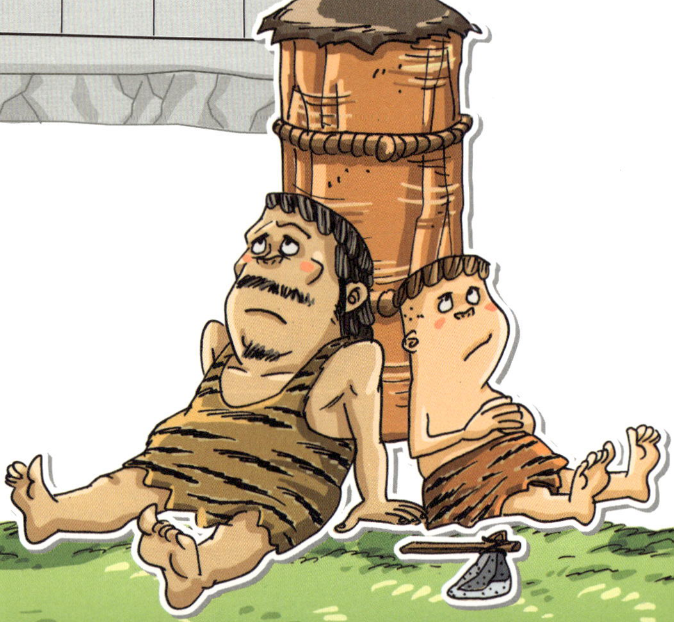

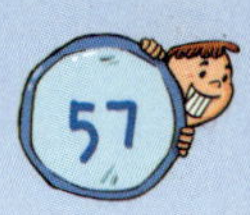

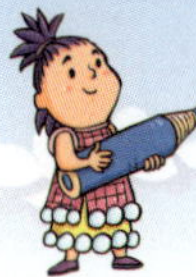

정답 그림 ❶

이렇게 말뚝을 박으면 멀리 떨어져 있던 2개의 말뚝이 한 칸 간격을 이루면서 울타리가 완성됩니다.

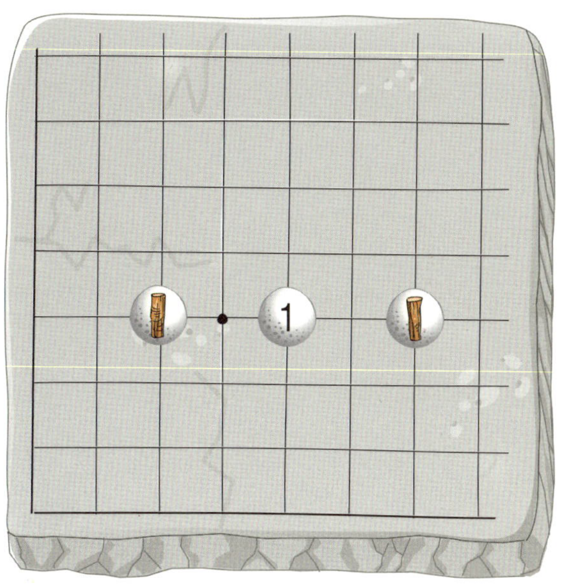

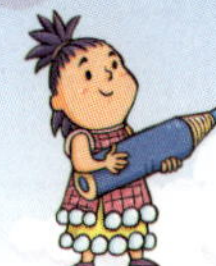

정답 그림 ❷

이렇게 말뚝을 박아도 멀리 떨어져 있던 2개의 말뚝이 날일자 형태를 이루면서 울타리가 완성됩니다.

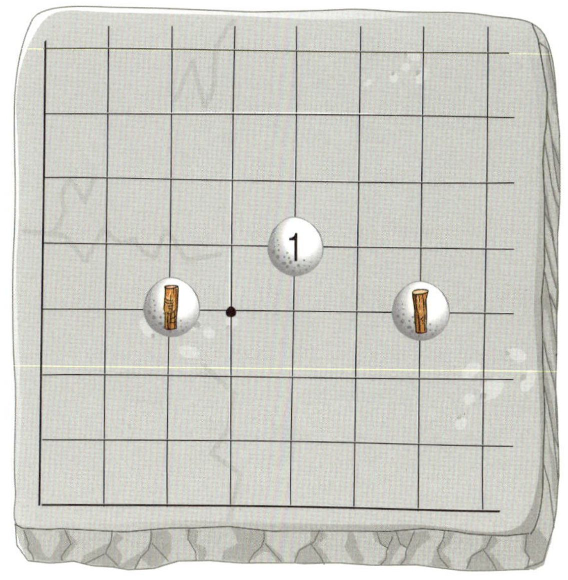

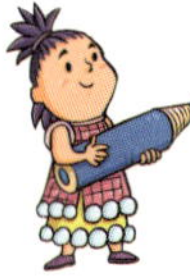

정답 그림 ❸

이렇게 말뚝을 박아도 멀리 떨어져 있던 2개의 말뚝이 날일자 형태를 이루면서 울타리가 완성됩니다.

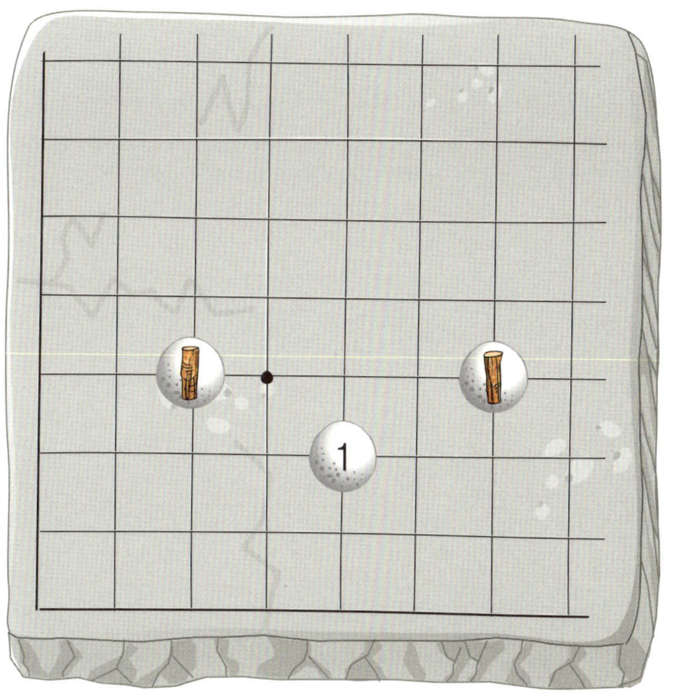

멀리 떨어져 있는 2개의 말뚝을 연결시키면서 한 칸이나 날일자 형태로 이루어진 울타리를 만들어 보세요.

문제 01

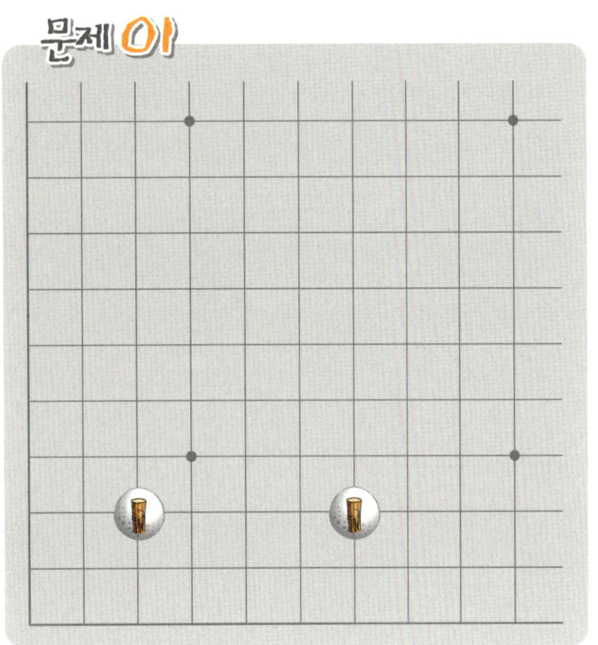

문제 02

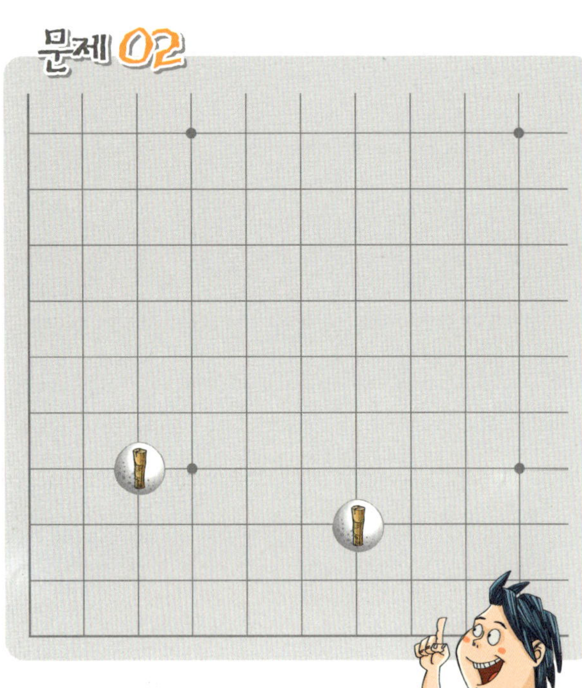

문제 03

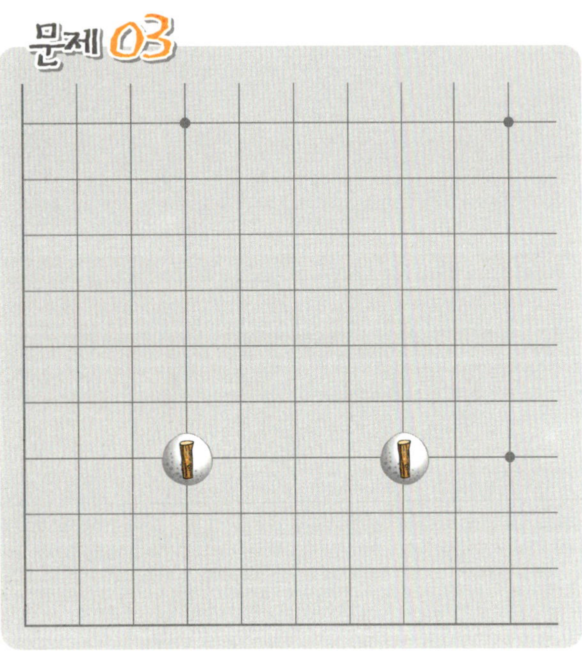

문제 04

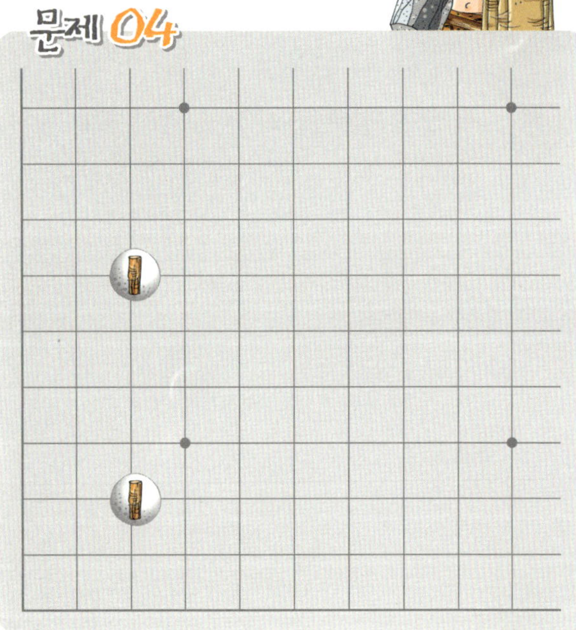

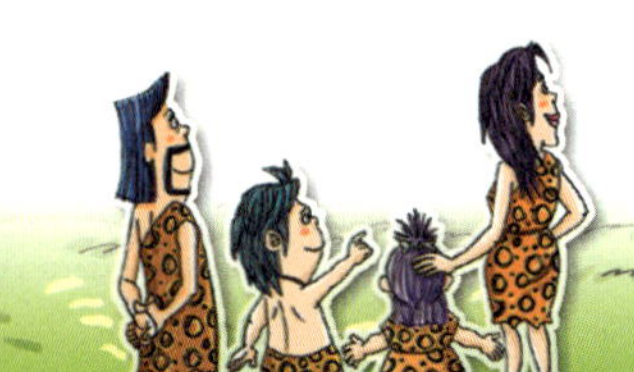

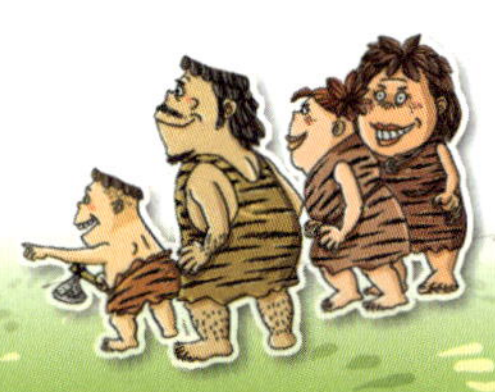

문제 05

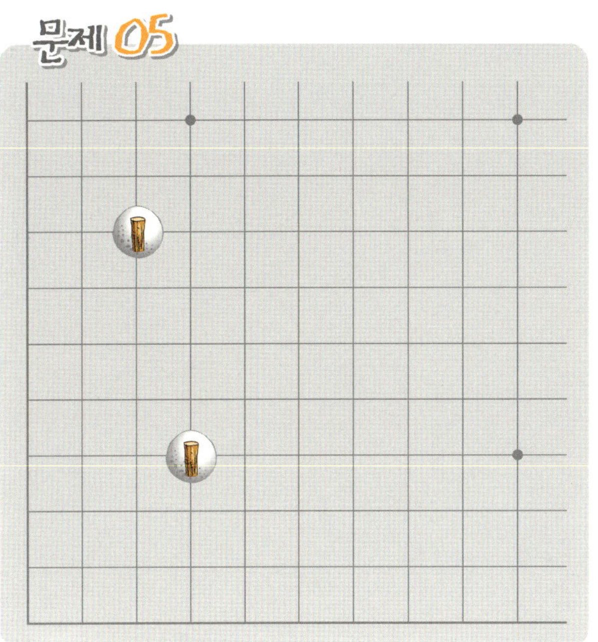

문제 06

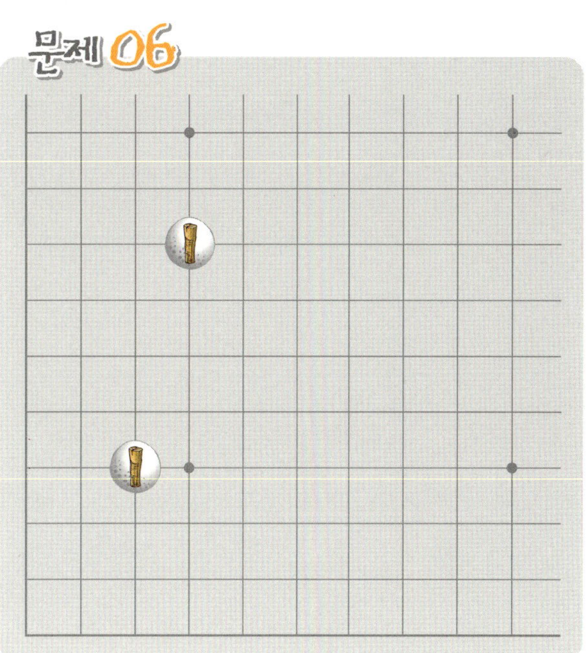

문제 07

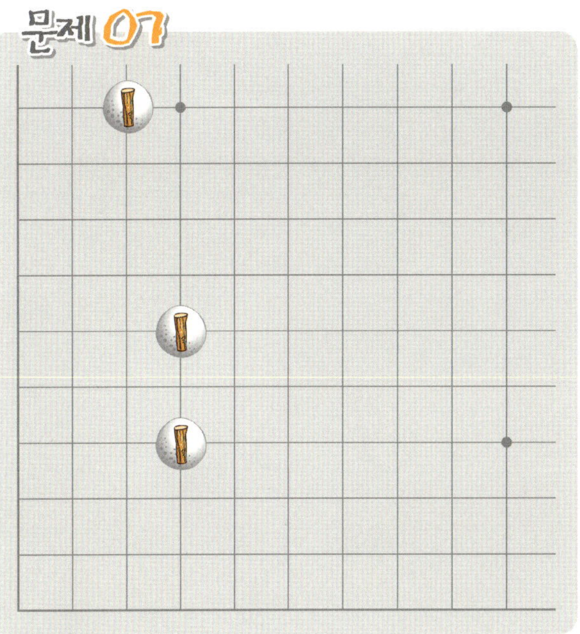

문제 08

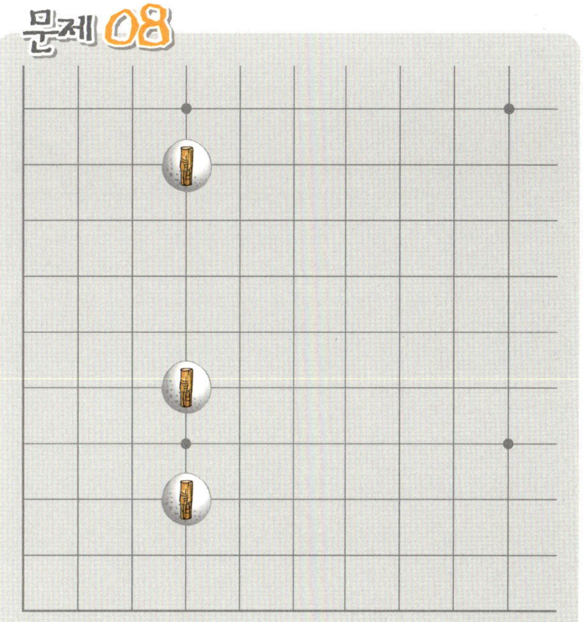

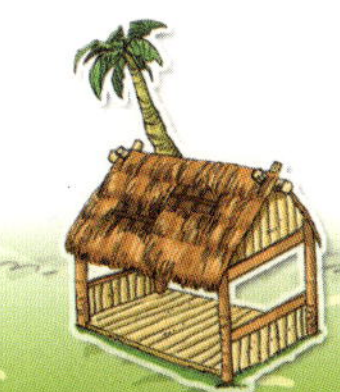
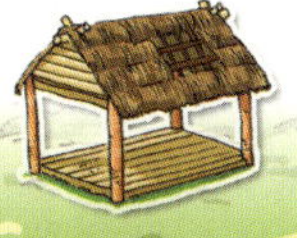
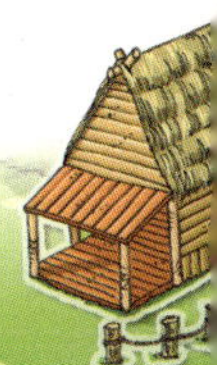

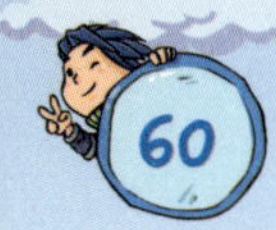

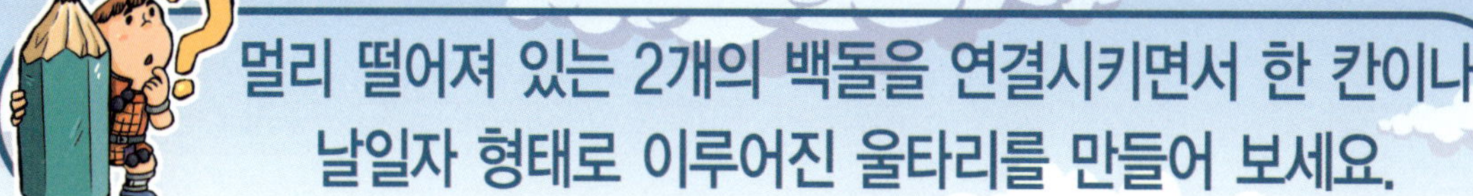

문제 **09**

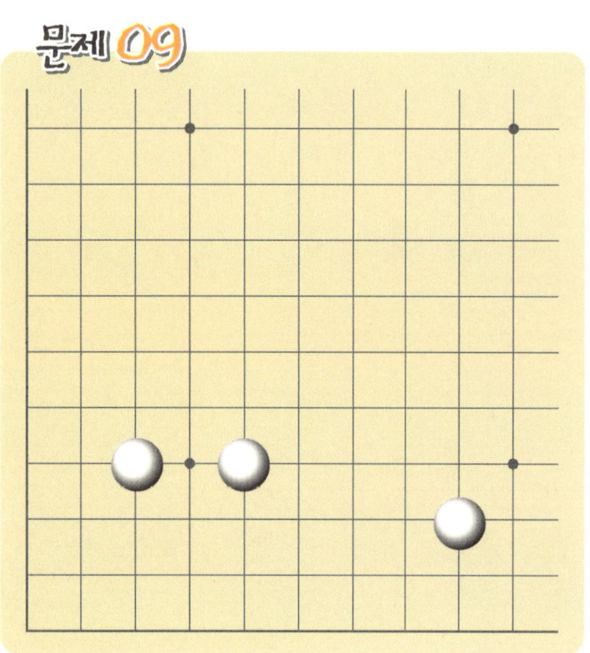

문제 **10**

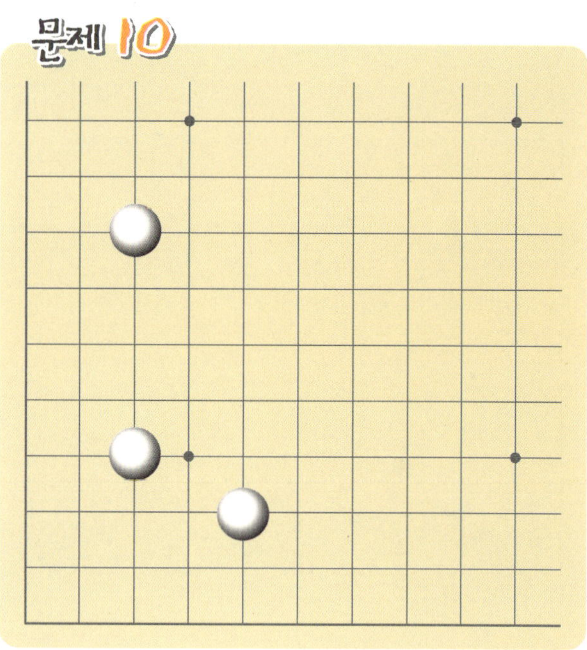

문제 **11**

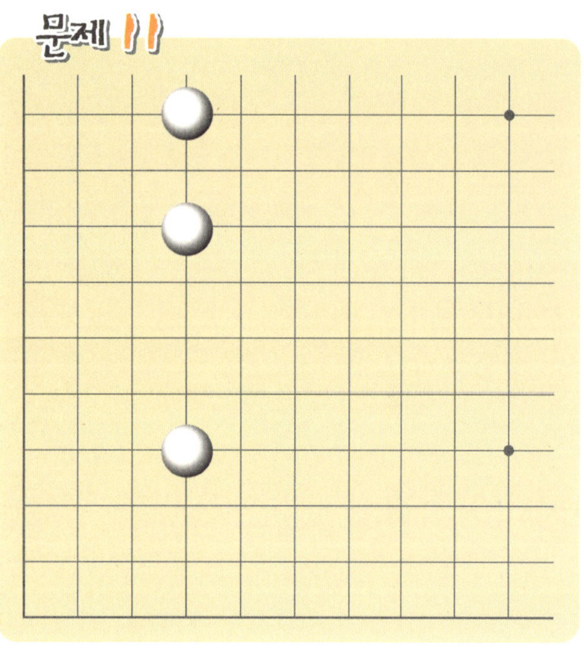

문제 **12**

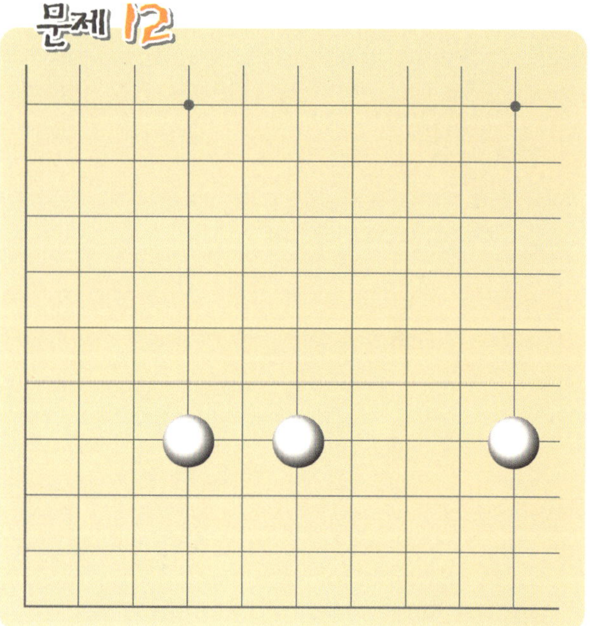

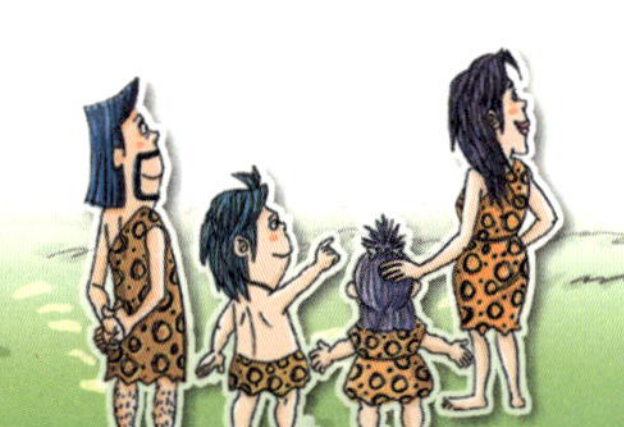

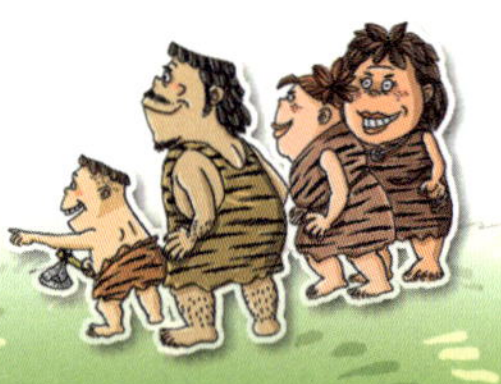

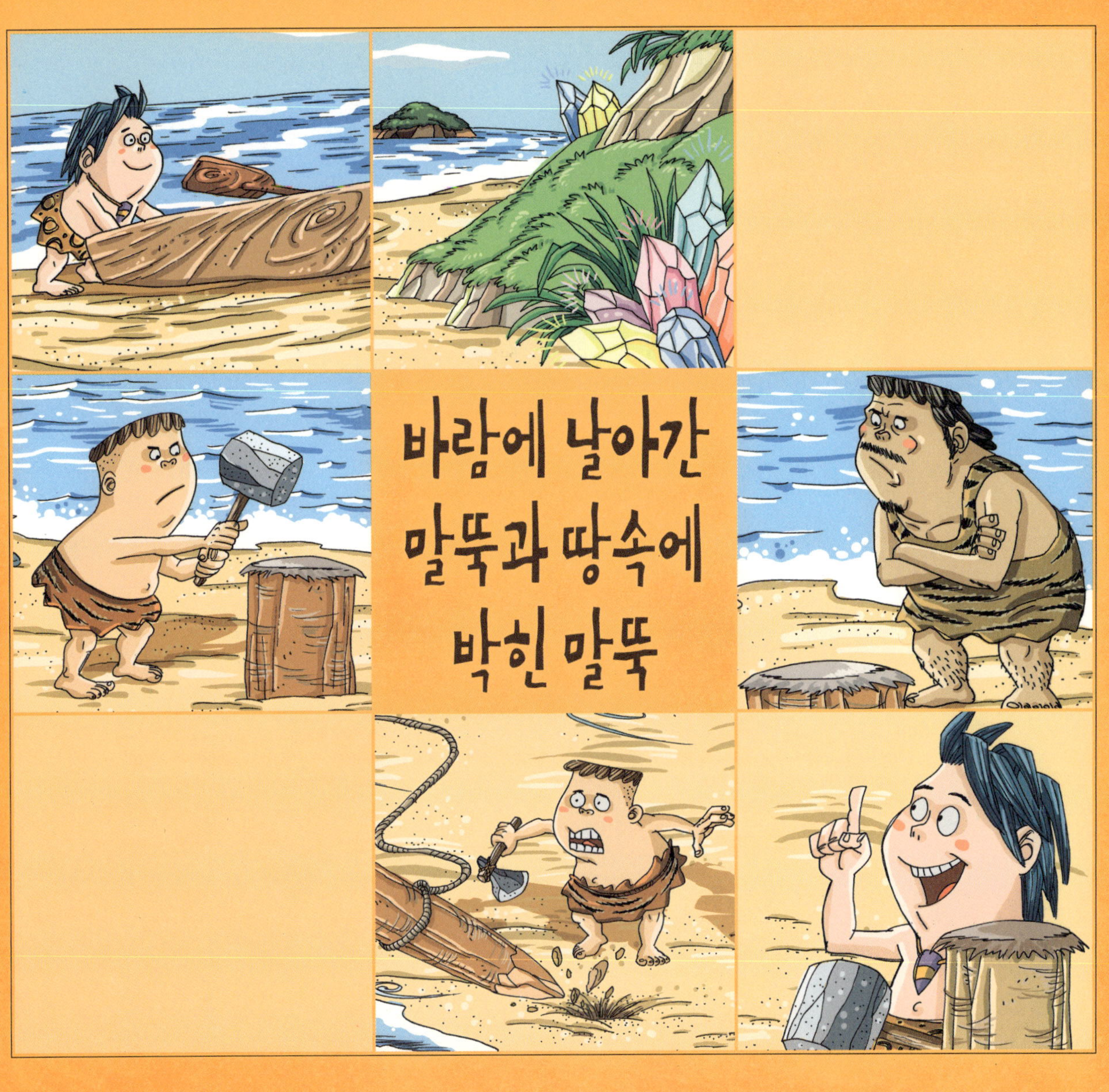
바람에 날아간
말뚝과 땅속에
박힌 말뚝

또 또와 또또아빠, 꾸꾸와 꾸꾸아빠는 또 다른 보물섬을 발견했어요.
지난번에 보물을 자루에만 담아 또또네보다 적은 보물을 차지했던 꾸꾸네는
이번에는 많은 보물을 차지하기 위해 또또네처럼 말뚝을 박기로 했어요.

"아빠, 빨리 말뚝을 박아 보물을 차지해요."

"그래, 이번엔 꼭 또또네보다 많은 보물을 가져가자."

꾸꾸아빠는 뚝딱뚝딱 힘 좋게 말뚝을 박았어요.

"아빠 말뚝을 너무 깊게 박아서 밧줄을 연결하기 힘들어요."

"저런, 그럼 조금 얕게 박아야겠는걸."

이번에 꾸꾸아빠는 콩콩콩 살짝살짝 말뚝을 박았어요.

말뚝을 여러 개 박고 밧줄을 연결해 울타리를 완성했지요.

"우와, 이젠 됐어요."

꾸꾸는 완성된 울타리를 바라보며 기뻐서 깡충깡충 뛰었어요.

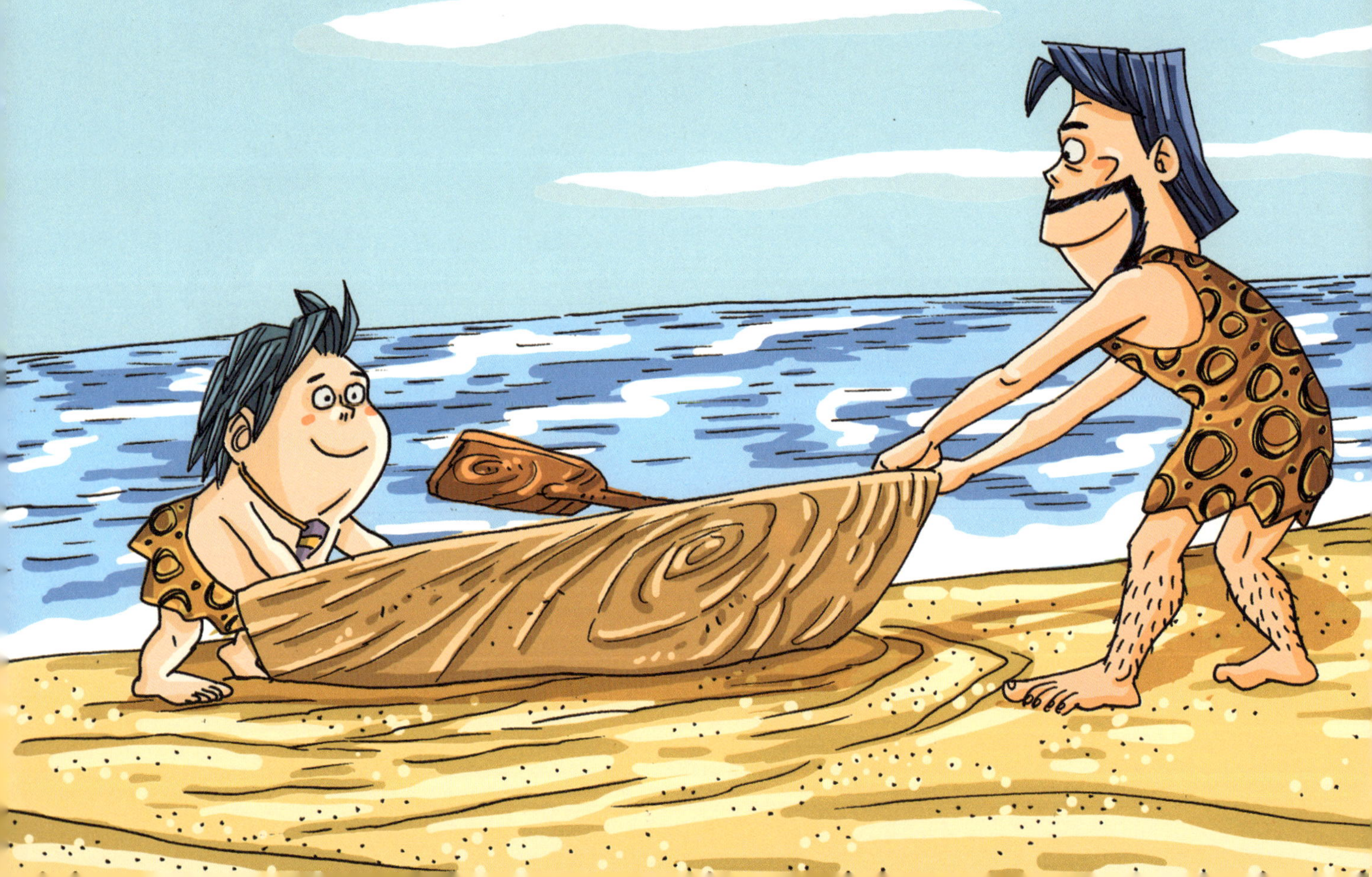

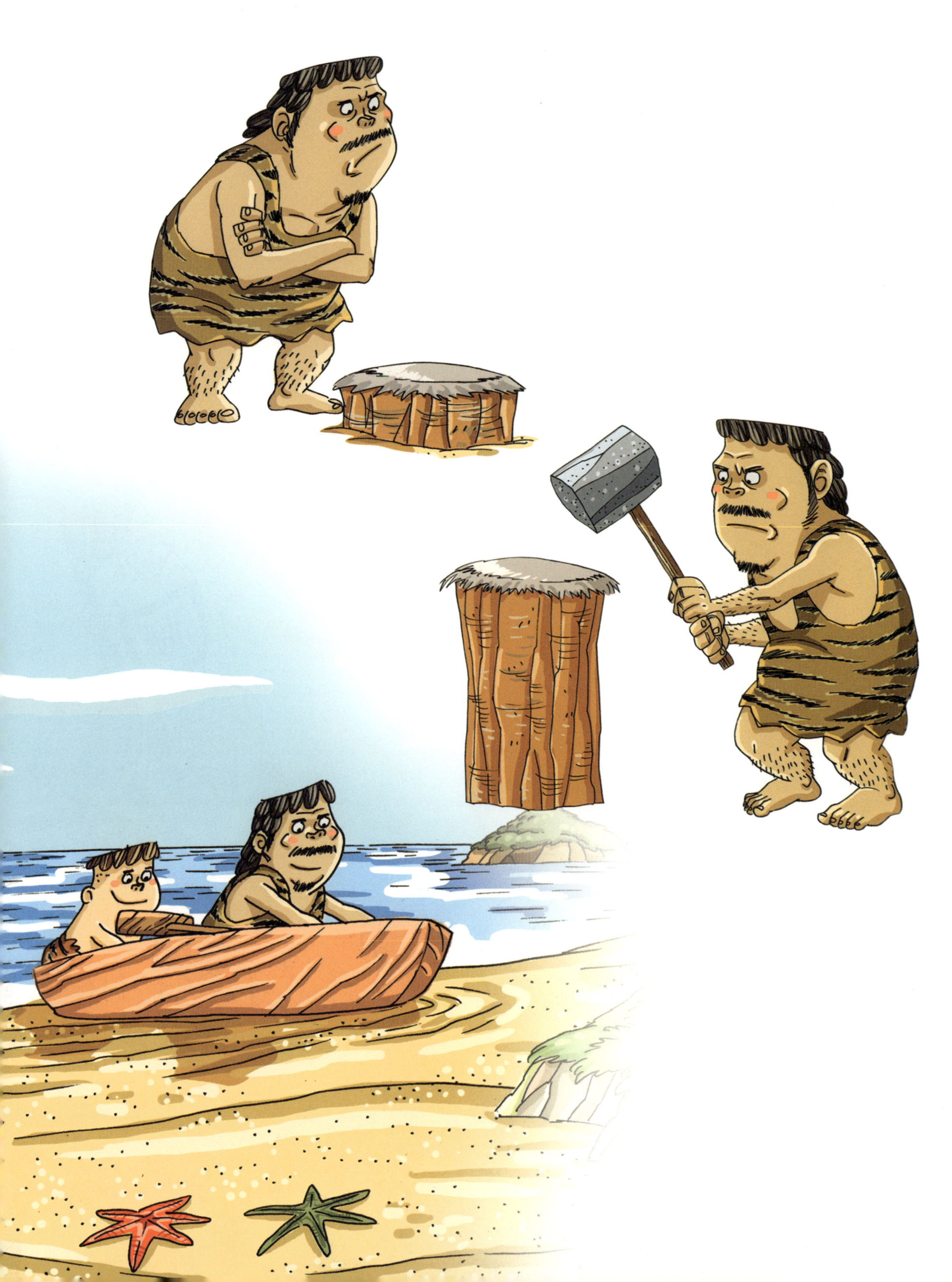

다른 한쪽에선 또또네도 열심히 말뚝을 박아 울타리를 만들고 있었어요.
"아빠 튼튼하게 말뚝을 박아야겠죠?"
"그렇지. 그런데 밧줄을 묶을 수 없을 만큼 너무 깊게 박으면 안 된단다."
또또와 또또아빠는 밧줄을 묶을 수는 있지만 바람이 불었을 때 말뚝이 뽑히지
않을 만큼 튼튼하게 말뚝을 박았어요. 쿵쿵쾅쾅 열심히 말뚝을 박고 밧줄을
연결했어요. 열심히 일한 덕분에 꾸꾸네가 울타리를 완성할 즈음에 또또네도
모든 말뚝을 박아 울타리를 완성했지요.
그런데 그때였어요.
갑자기 거센 바람이 휘잉 불지 뭐예요.
또또네의 튼튼한 울타리는 멀쩡했지만 꾸꾸네의 약한 울타리는
거센 바람을 견디지 못하고 뽑혀 나가기 시작했어요.

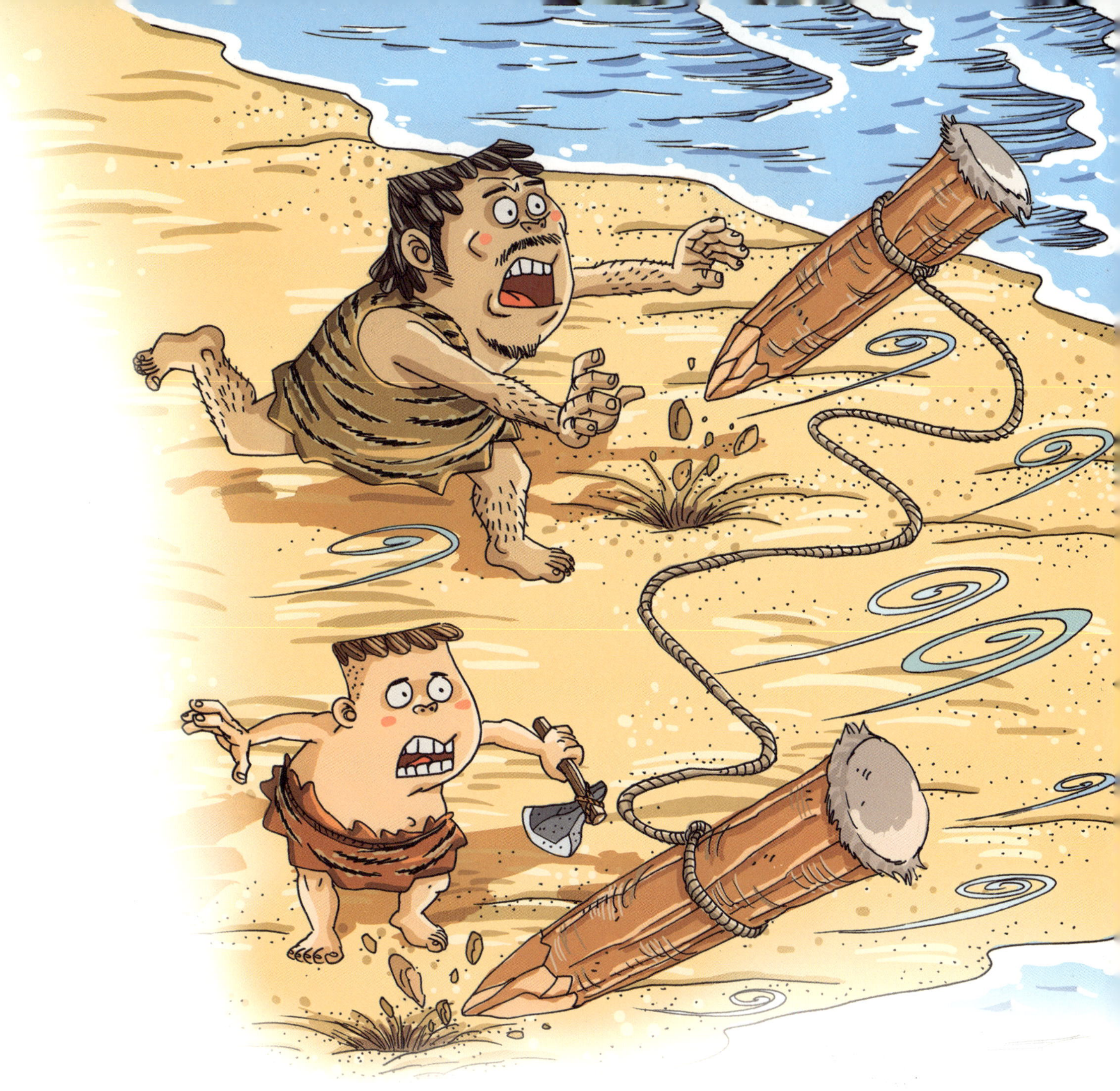

"으악, 아빠 우리가 박은 말뚝이 뽑혀서 날아가요."

꾸꾸가 외치며 말뚝을 잡으려 했어요. 하지만 때는 이미 늦었어요.

너무 얕게 박은 꾸꾸네의 말뚝은 거센 바람을 견디지 못하고 모두 날아가 버렸어요.

"흐응, 이런 이번에도 또또네보다 적은 보물을 갖게 되겠구나!"

꾸꾸와 꾸꾸아빠는 울타리가 있던 빈자리를 쳐다보며 울상을 지었답니다.

1. 잘못 박힌 말뚝 찾기

울타리를 만들기 위해 말뚝을 박았어요.
이 중에서 잘못 박힌 말뚝은 무엇일까요?

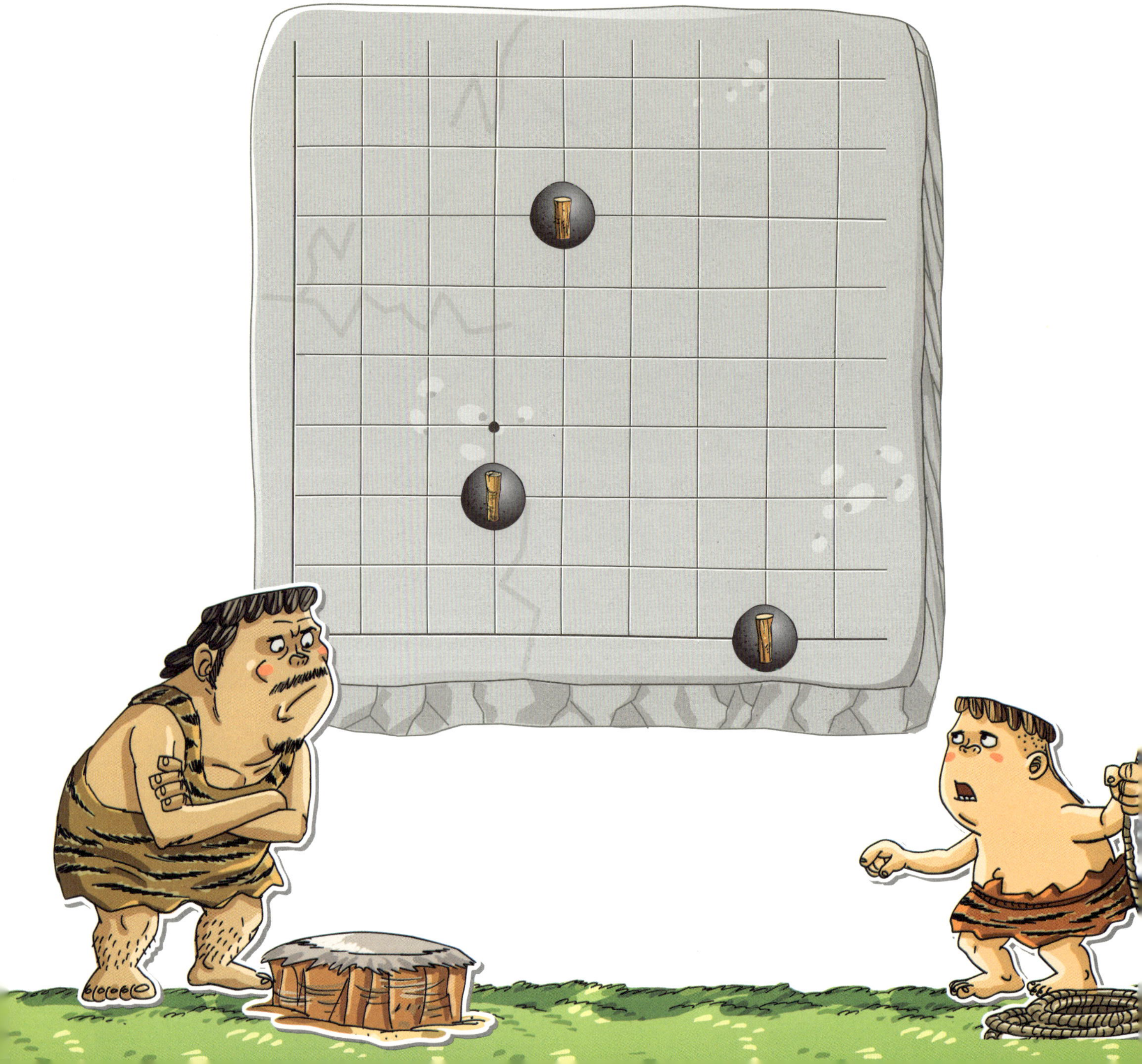

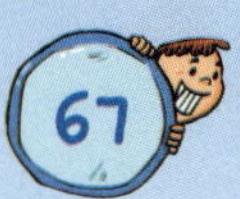

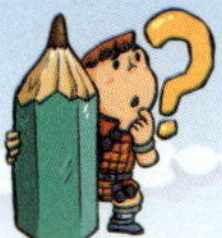

참고 그림 ❶

땅속(바둑판에서 맨 끝의 선)으로부터 한 칸이나 두 칸 간격으로 떨어져서 박힌 말뚝이 적당한 간격으로 박힌 말뚝입니다.
그런데 이 말뚝(흑△)은 땅속에 너무 깊게 박힌 말뚝이므로 잘못 박힌 말뚝입니다.

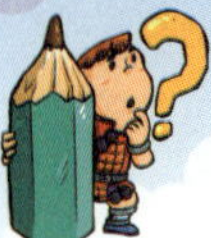

참고 그림 ❷

이곳에 박힌 말뚝(흑△)도 잘못 박힌 말뚝입니다.
그 이유는 땅속으로부터 너무 멀리 떨어져 있기 때문입니다.

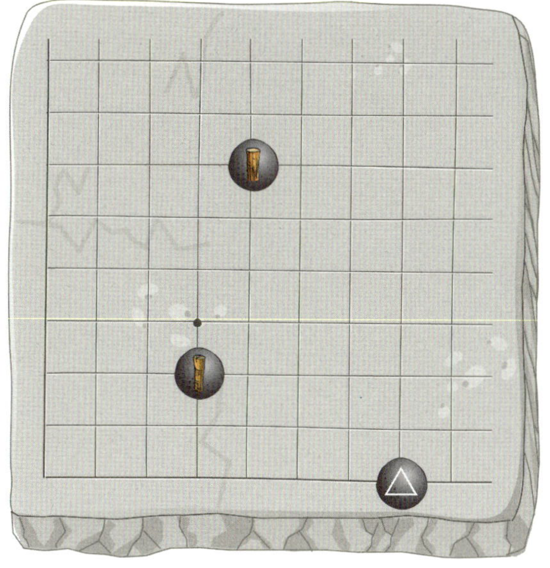

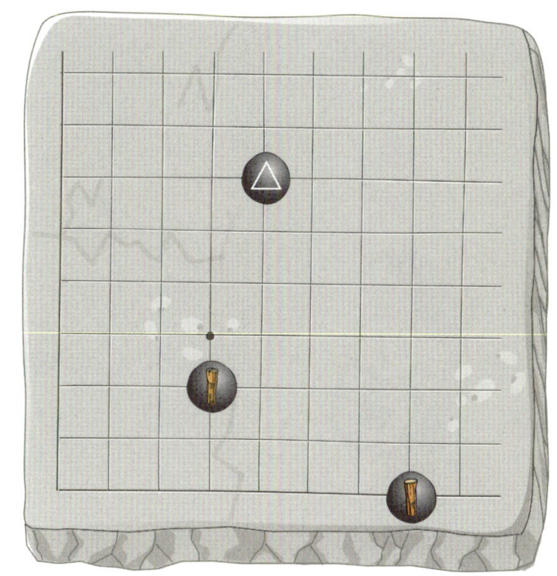

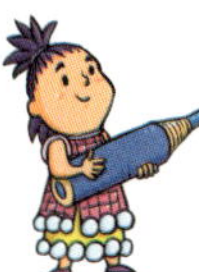

정답 그림

이 말뚝(흑○)이 땅속으로부터 한 칸이나 두 칸 간격으로 박힌 말뚝이므로 잘 박힌 말뚝들입니다.

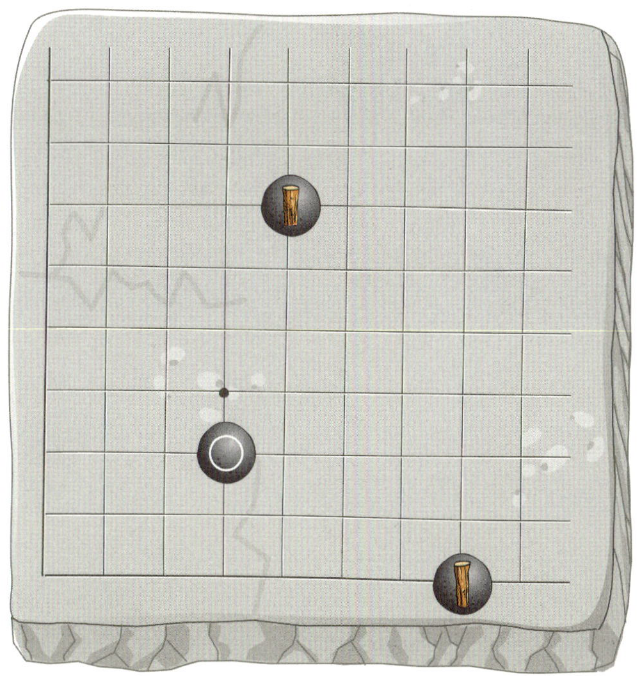

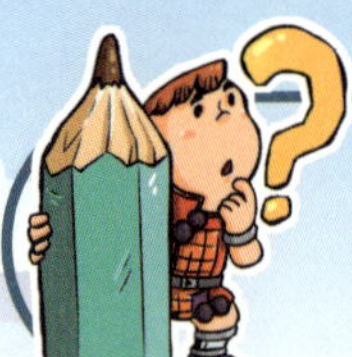

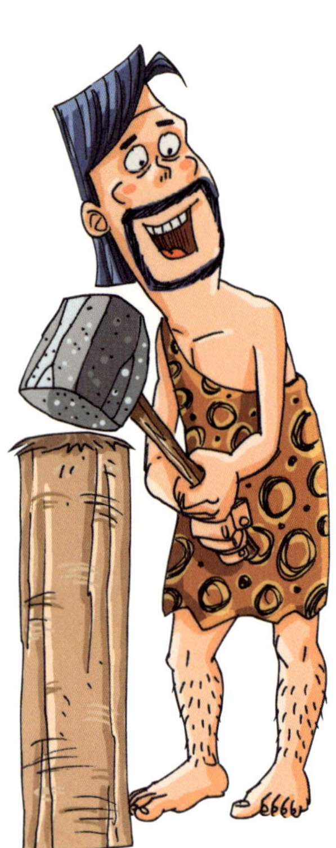

문제 01

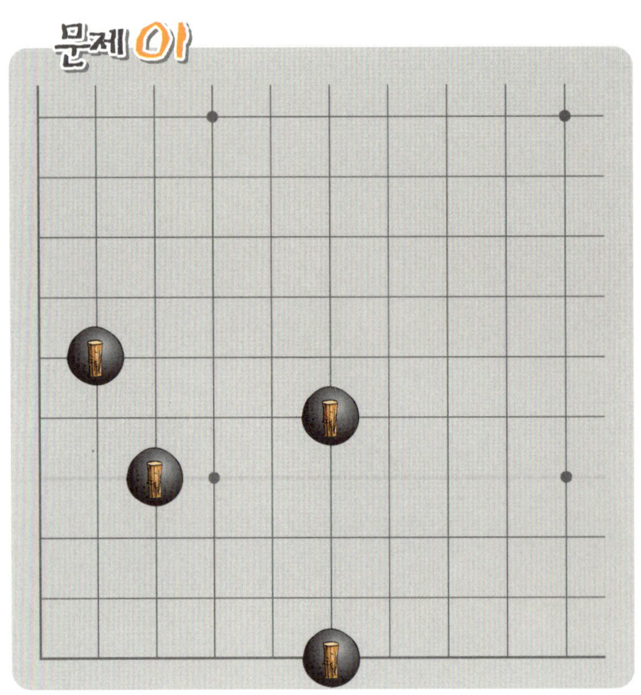

문제 02

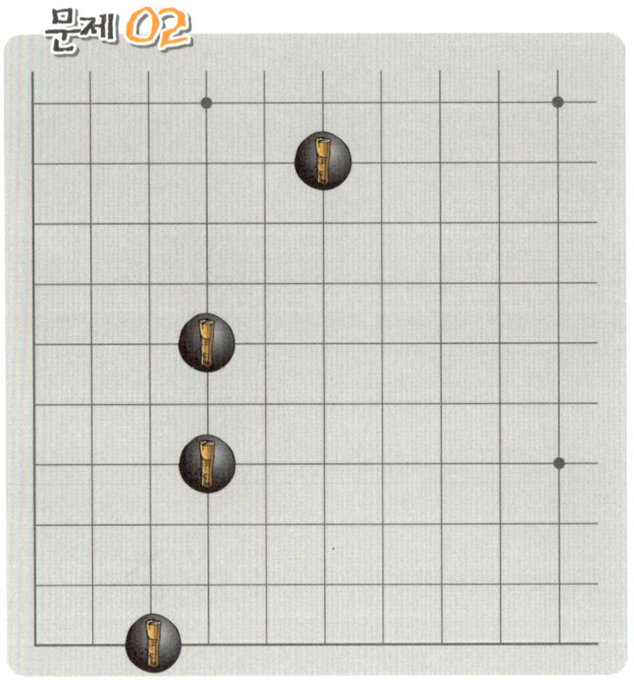

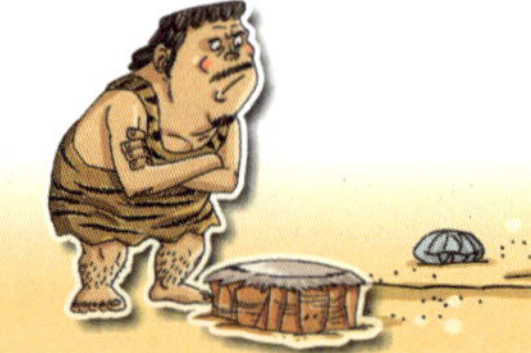
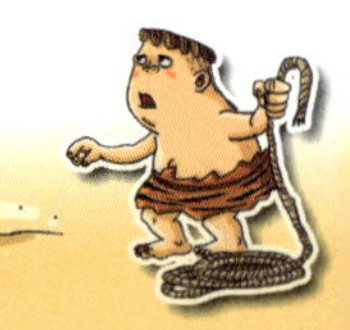

문제 03

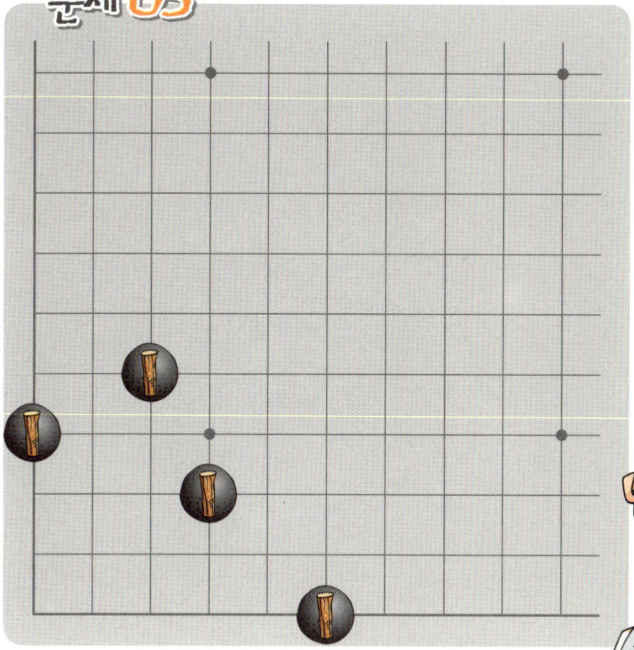

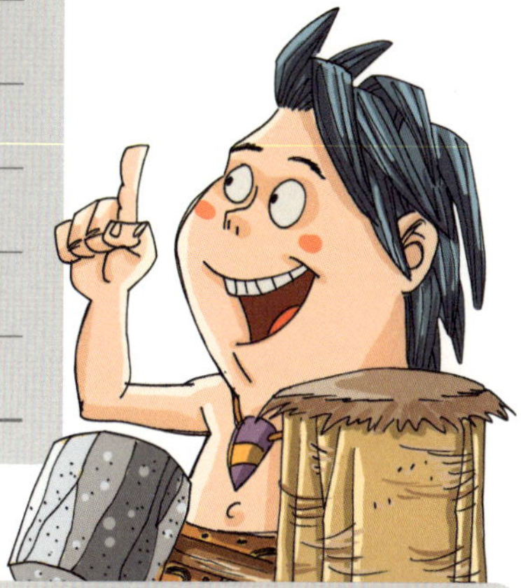

문제 04

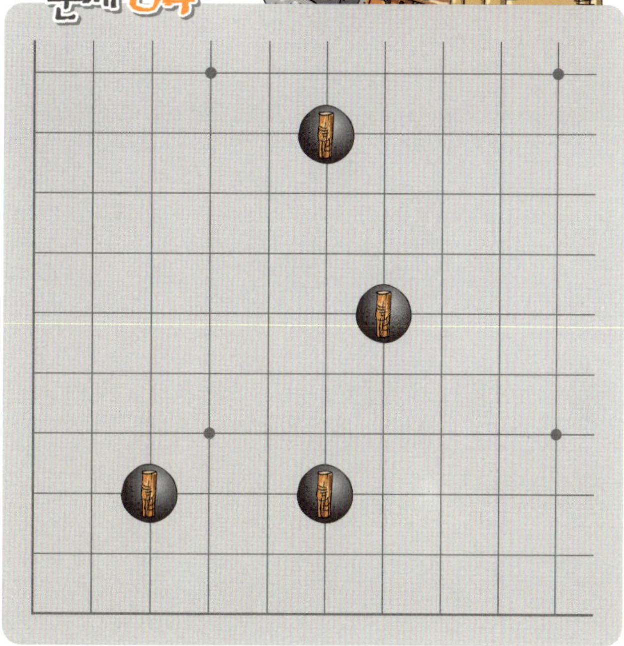

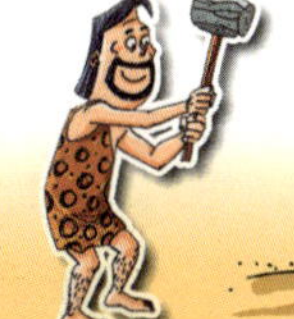
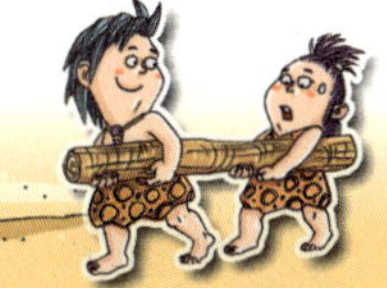

문제 05

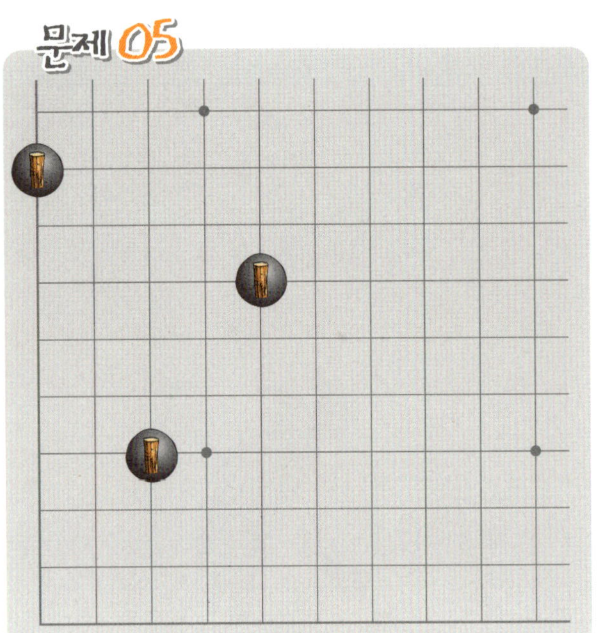

문제 06

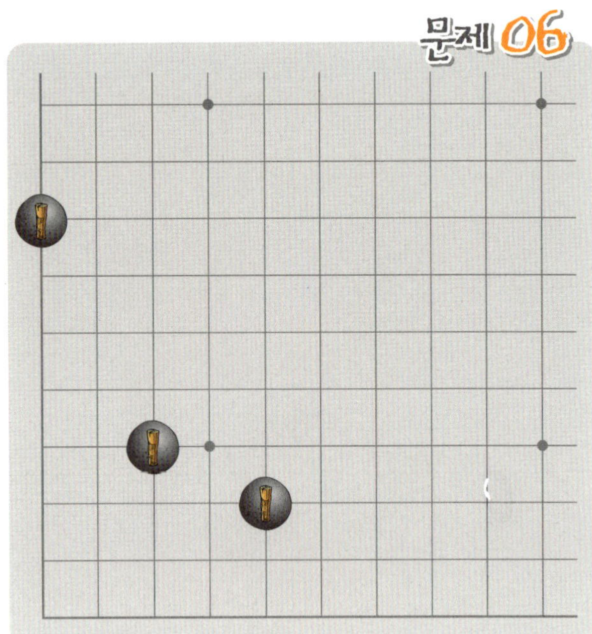

문제 07

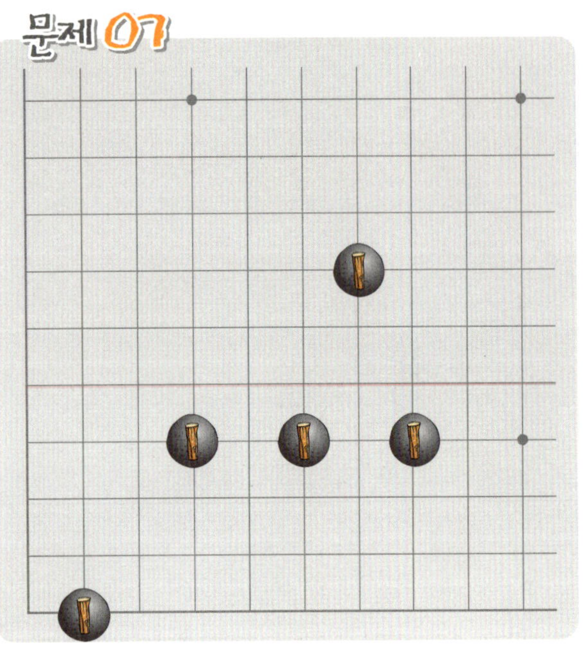

문제 08

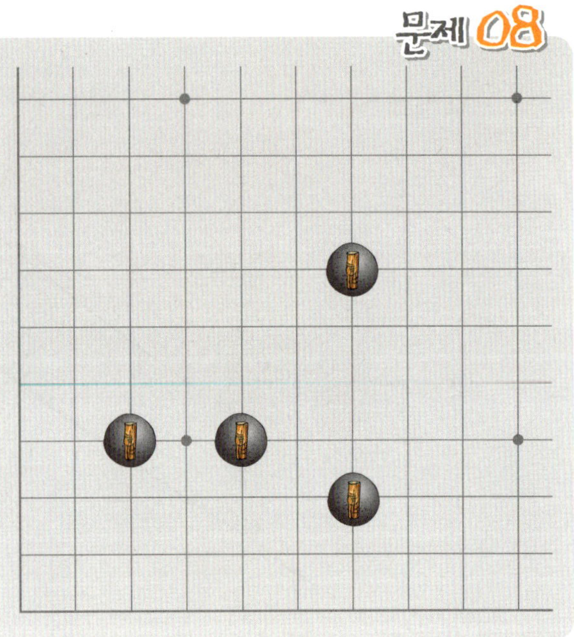

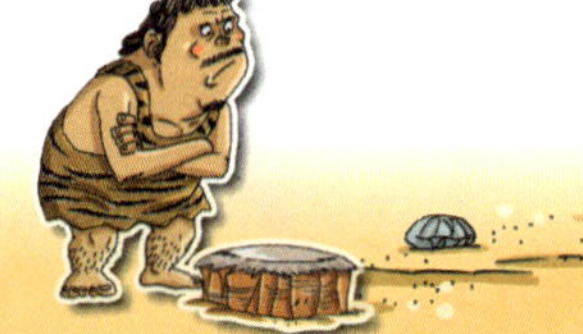
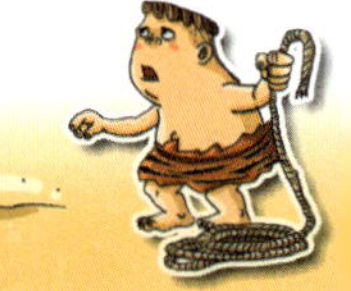

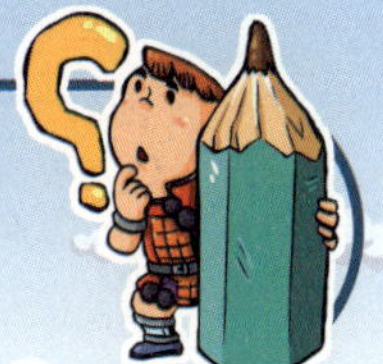

흑돌이 울타리를 만들기 위해 말뚝을 박았어요. 이 중에서
잘못 놓인 돌을 모두 찾아서 동그라미해 보세요.

문제 **09**

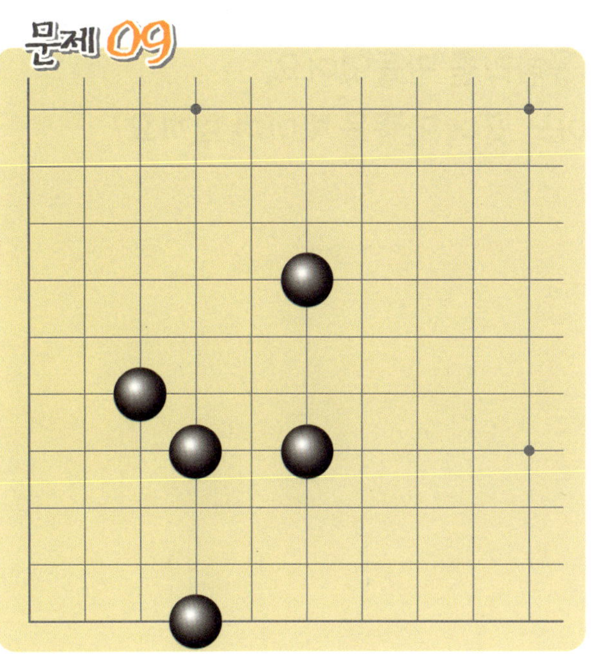

문제 **10**

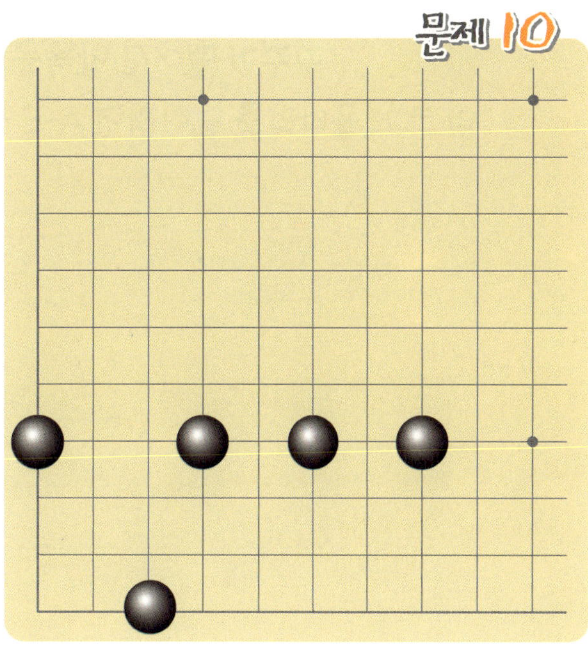

문제 **11**

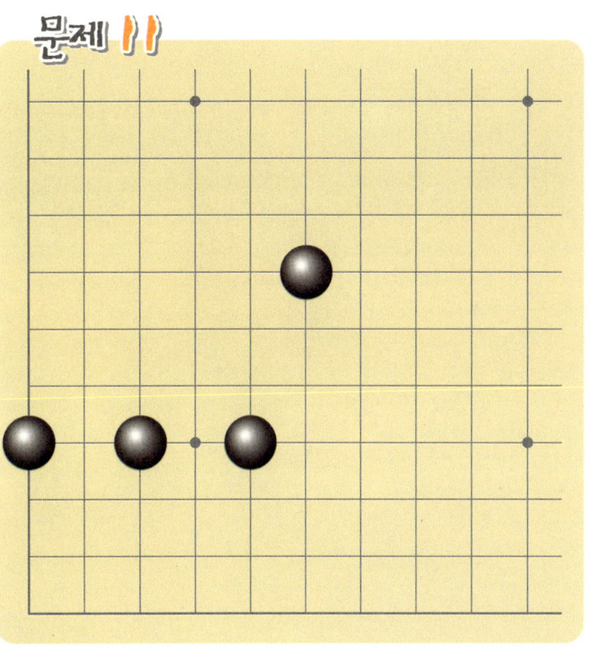

문제 **12**

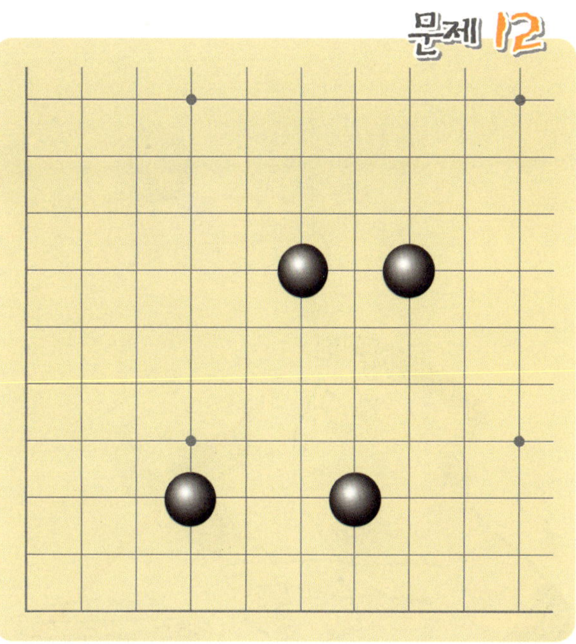

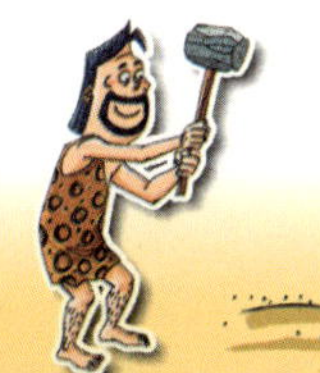

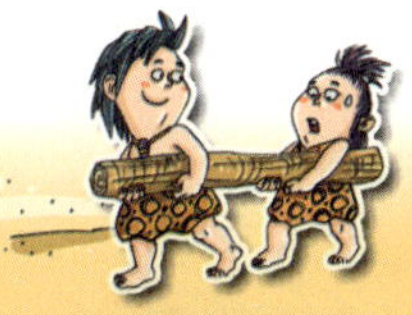

2. 떨어진 말뚝으로 울타리 넓히기

꾸꾸가 떨어진 말뚝을 박아서 울타리를 만들었어요.
더 크게 울타리를 넓히려면 A~C 중에서 어느 곳에 말뚝을 박아야 할까요?

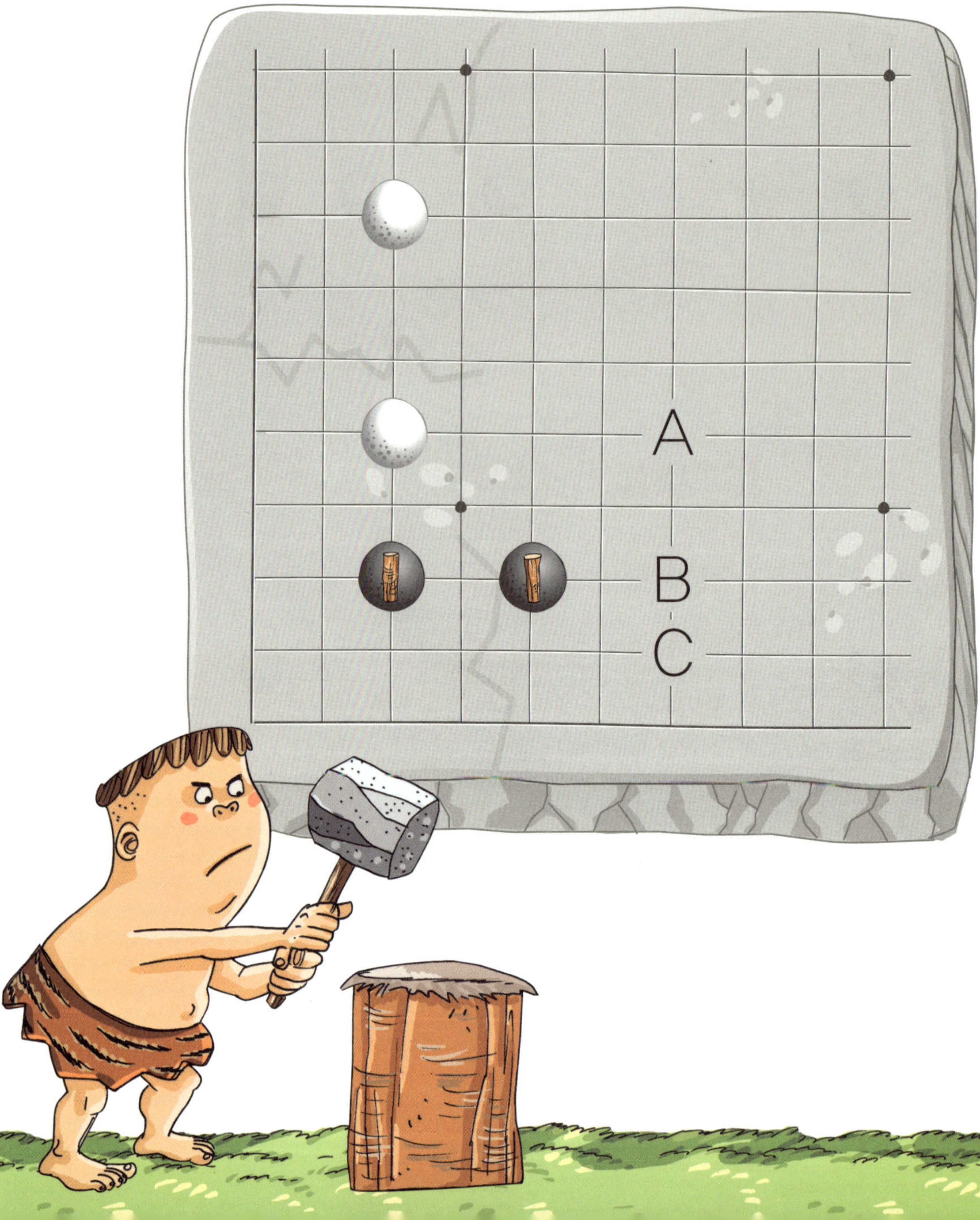

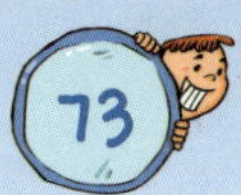

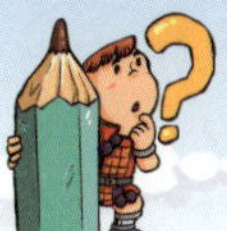

참고 그림 ❶

이곳(흑△)은 땅속에
너무 깊숙하게
박힌 말뚝이므로 실패입니다.

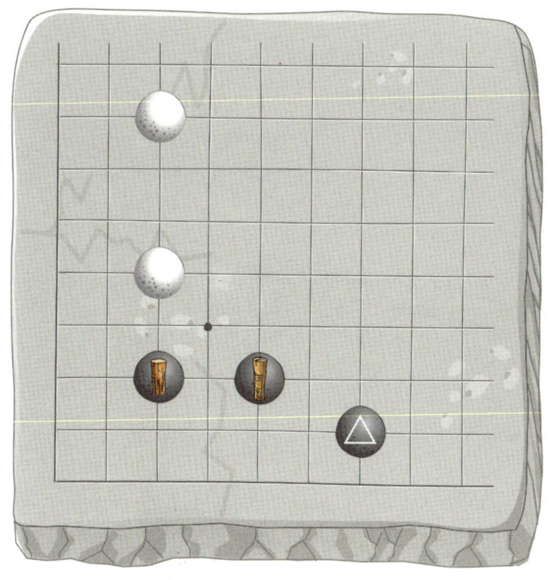

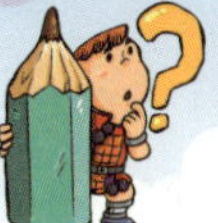

참고 그림 ❷

이곳(흑△)은 땅속으로부터 너무 멀리
떨어진 말뚝이므로 실패입니다.

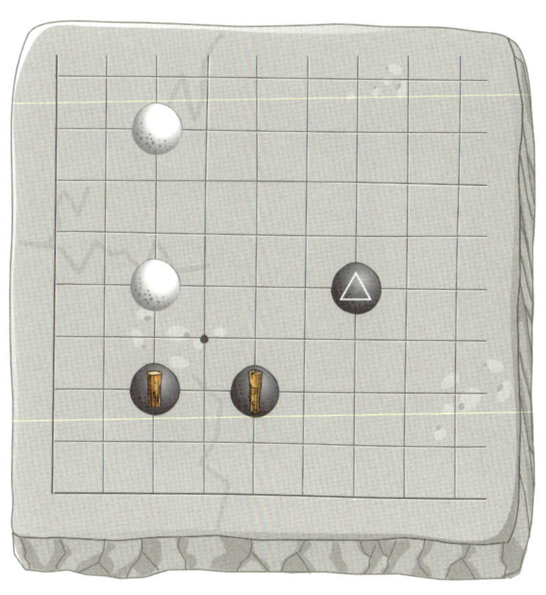

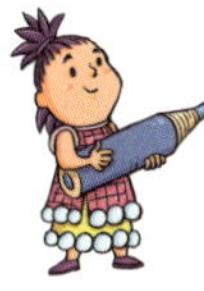

정답 그림

이곳(흑○)이 정답입니다.
이 말뚝은 다른 말뚝(흑△)과 한 칸
간격으로 연결되어 있고
땅속으로부터도 한 칸 간격으로
연결되어 있으므로
적절하게 박힌 말뚝입니다.

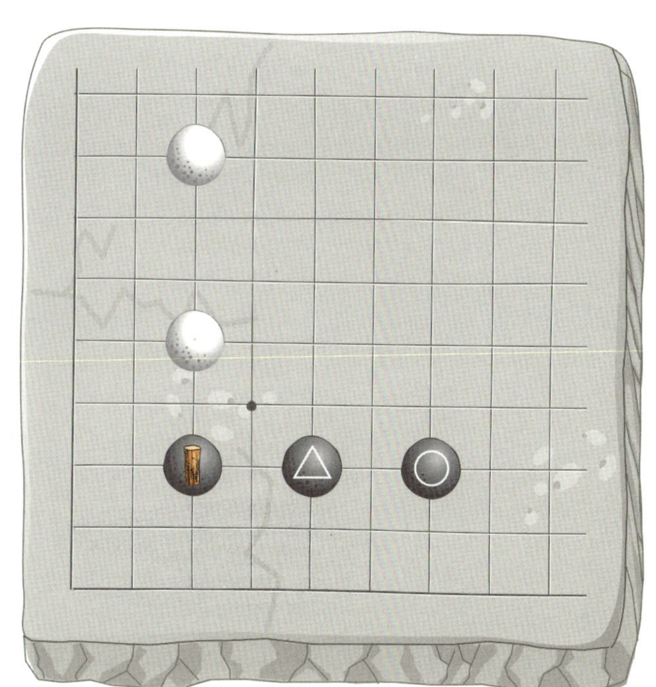

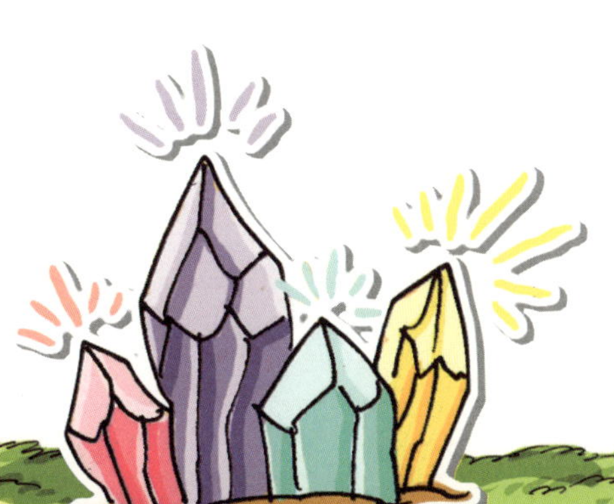

흑돌이 떨어진 말뚝을 박아서 울타리를 만들었어요. 더 크게
울타리를 넓히려면 A~C 중에서 어느 곳에 말뚝을 박아야 할까요?

문제 01

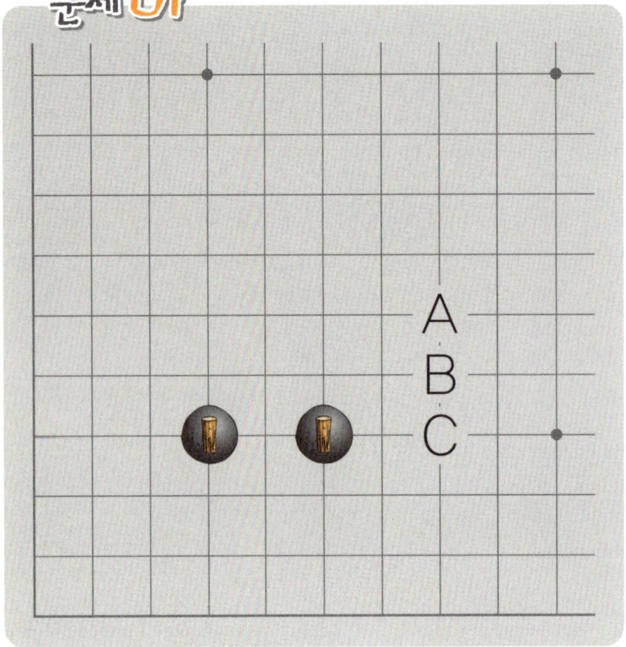

A
B
C

문제 02

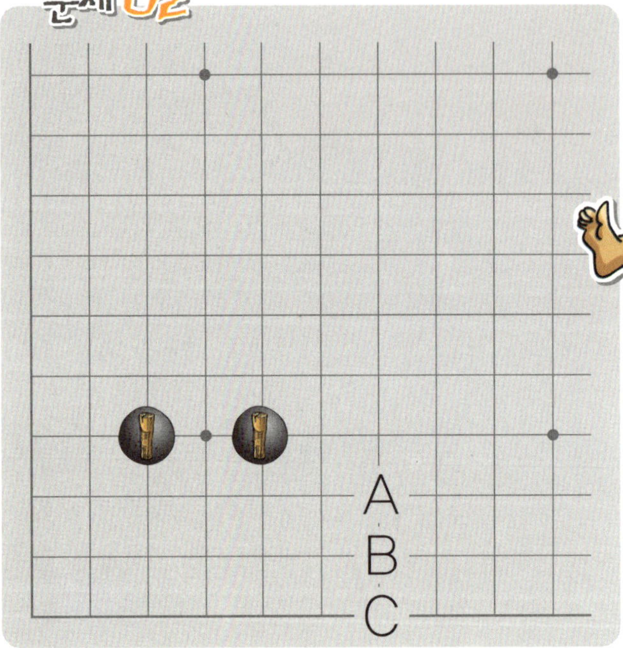

A
B
C

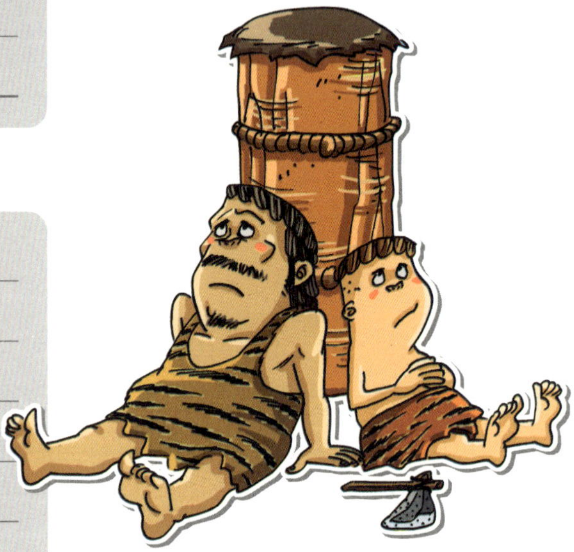

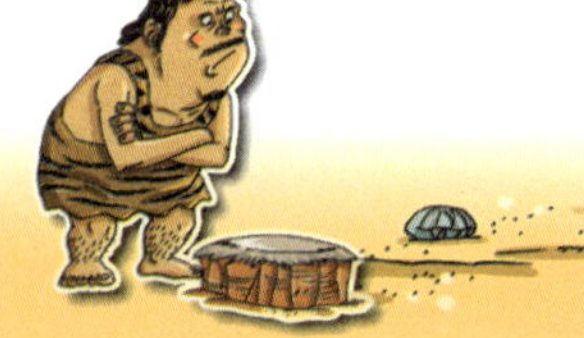

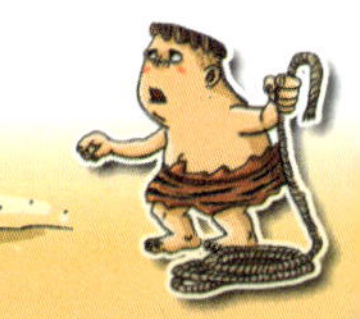

문제 03

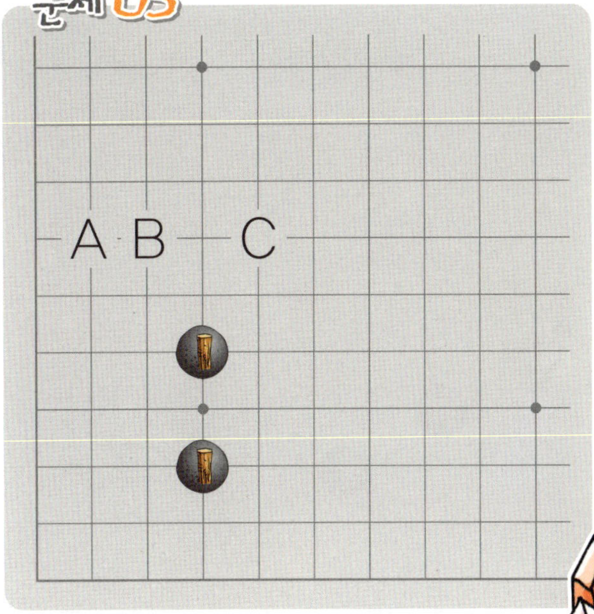

A B C

문제 04

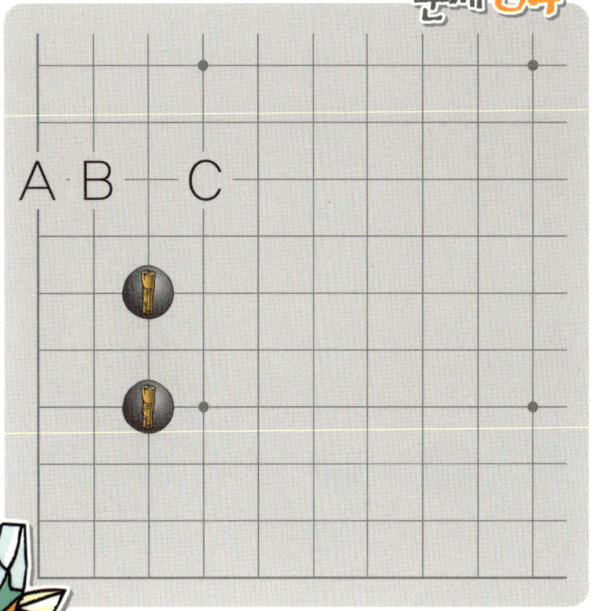

A B C

문제 05

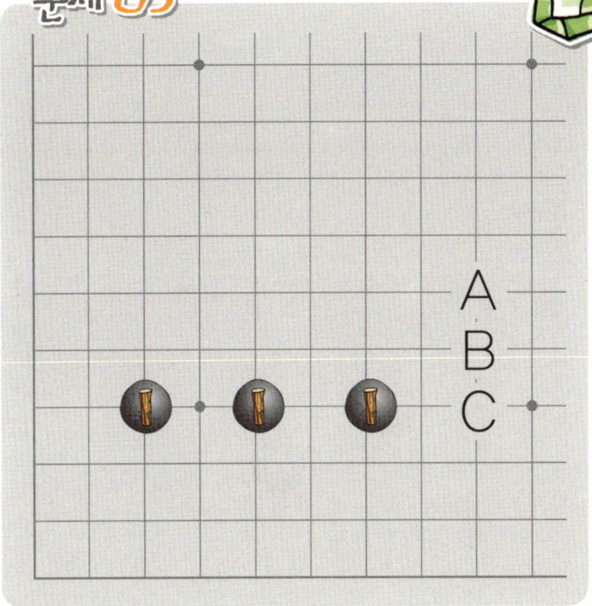

A B C

문제 06

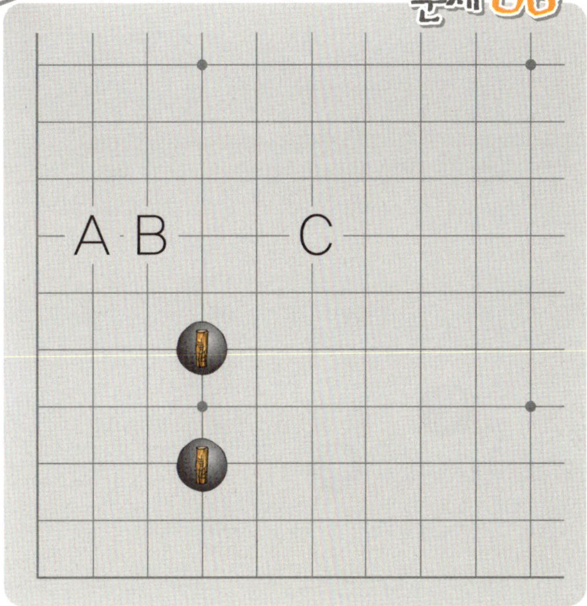

A B C

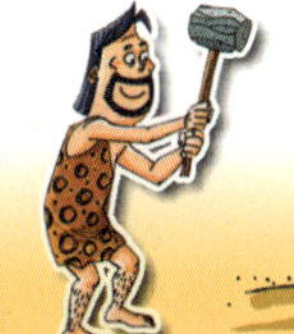
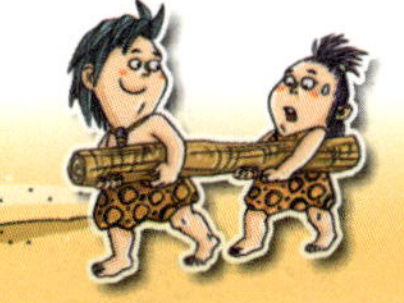

흑돌이 울타리를 만들었어요. 더 크게 울타리를
넓히려면 A~C 중에서 어느 곳에 돌을 놓아야 할까요?

문제 **07**

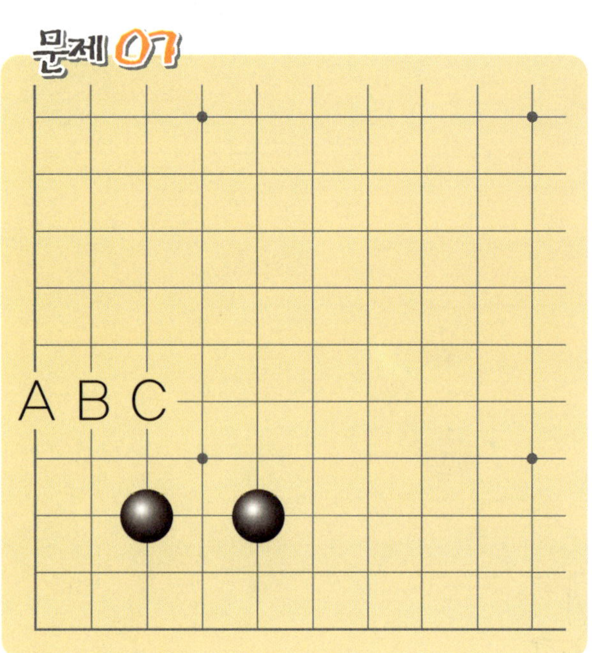

문제 **08**

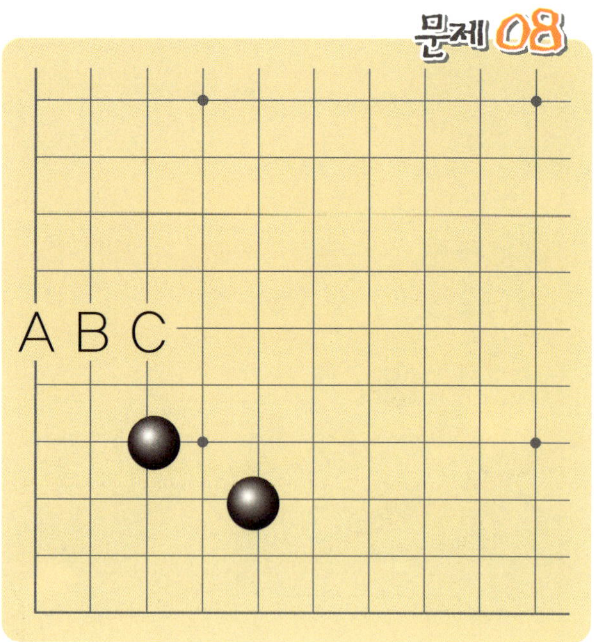

문제 **09**

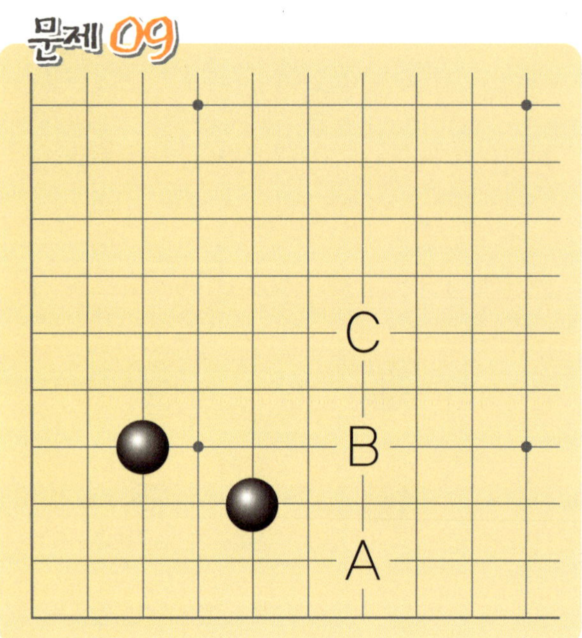

문제 **10**

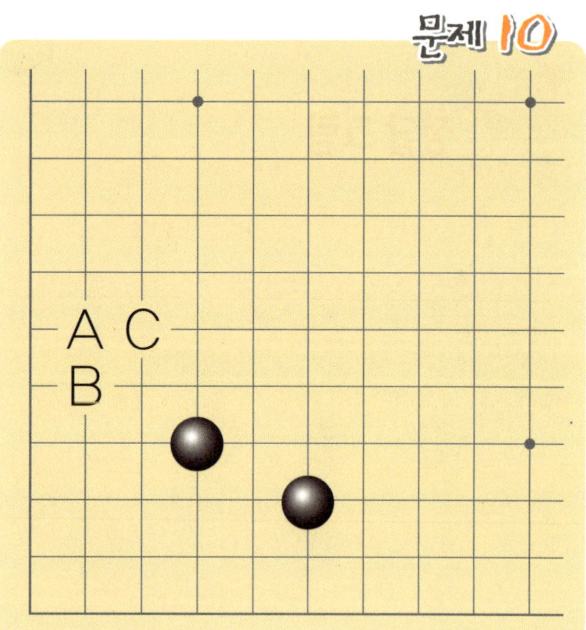

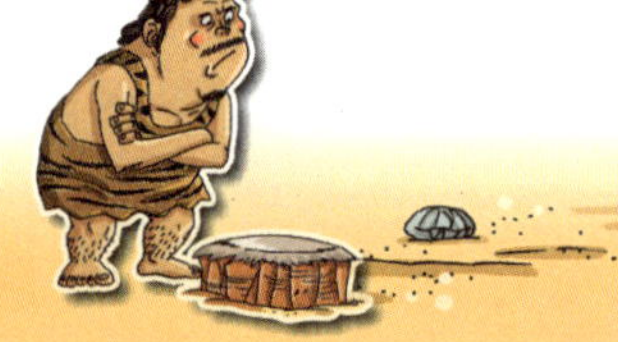
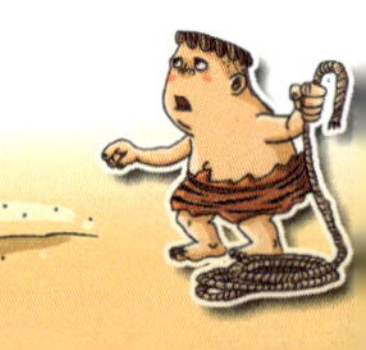

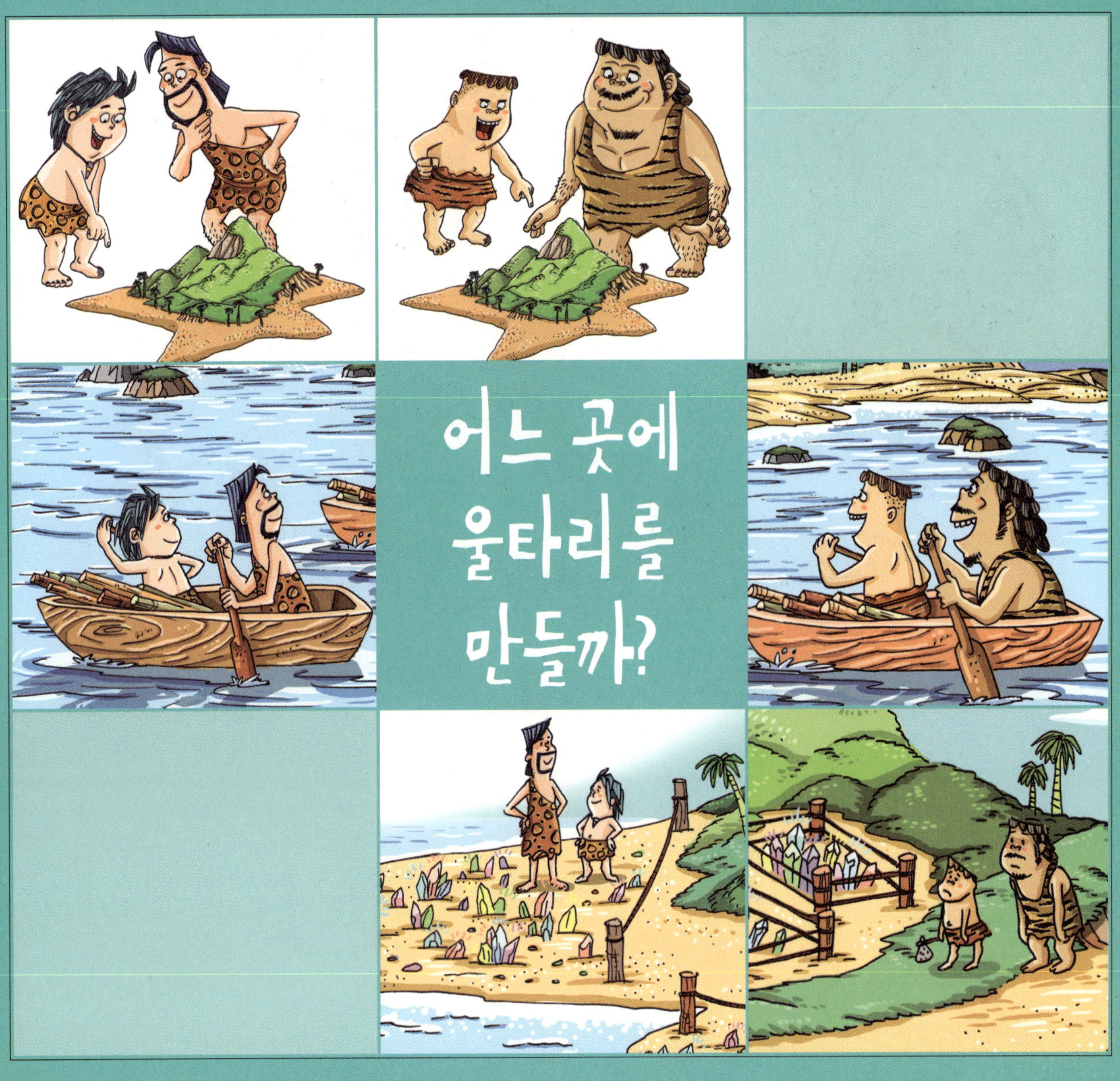

어느 곳에
울타리를
만들까?

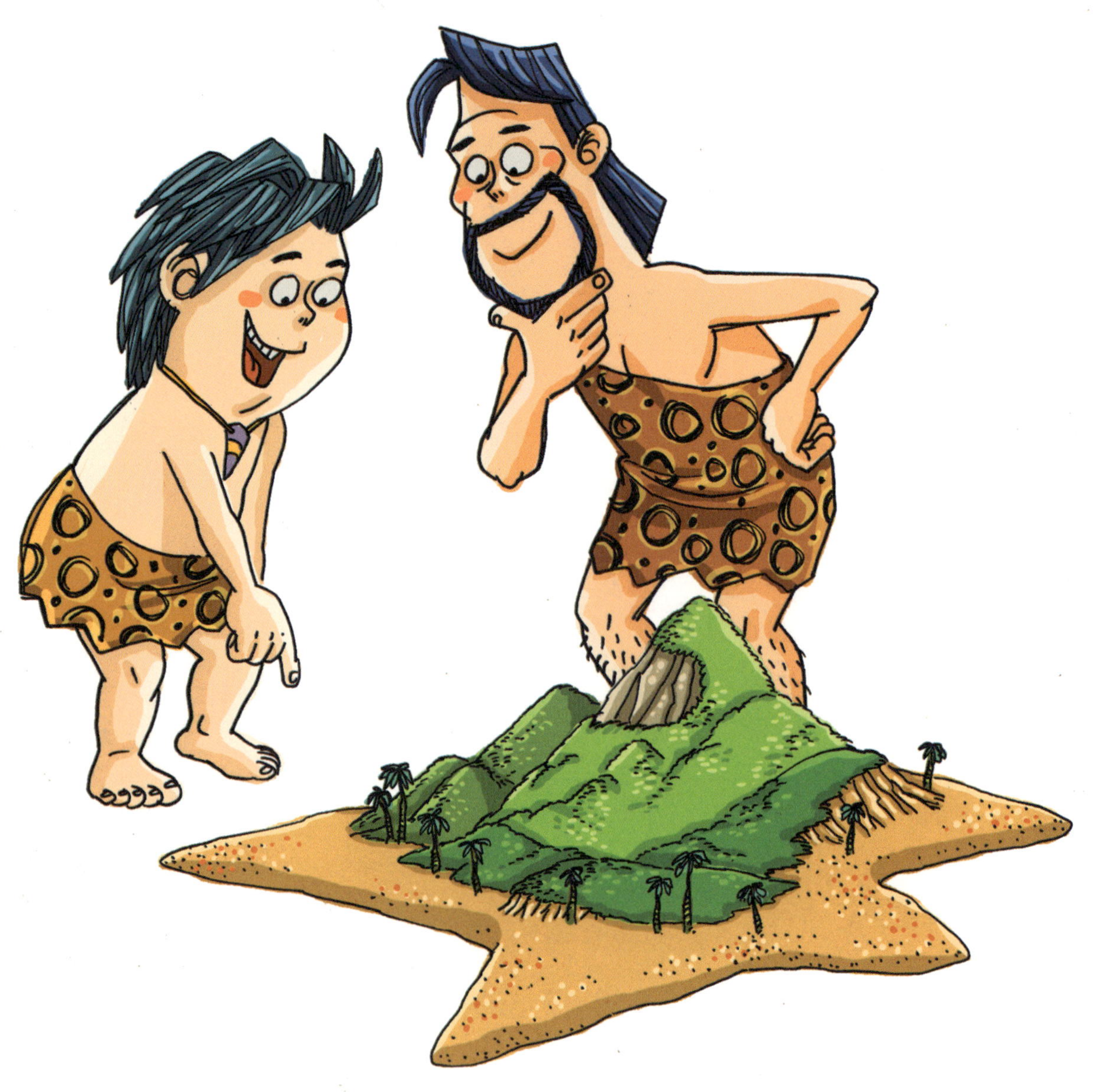

또또네와 꾸꾸네는 또 다른 보물섬을 찾아 떠났어요.

얼마 가다 보니 반짝반짝 빛나는 섬이 보였어요.

섬에 내린 또또네와 꾸꾸네는 보물이 많은 것을 보며 기뻐했어요.

그런데 곧 고민에 빠졌어요.

"아빠, 어떻게 해야 더 많은 보물을 가질 수 있을까요?"

또또가 아빠께 여쭈어 보았어요.

"우리에겐 말뚝이 8개밖에 없으니 신중하게 사용해야겠구나.

섬의 모습을 보니 귀퉁이에 울타리를 만드는 것이 좋겠는걸."

또또아빠가 대답했어요.

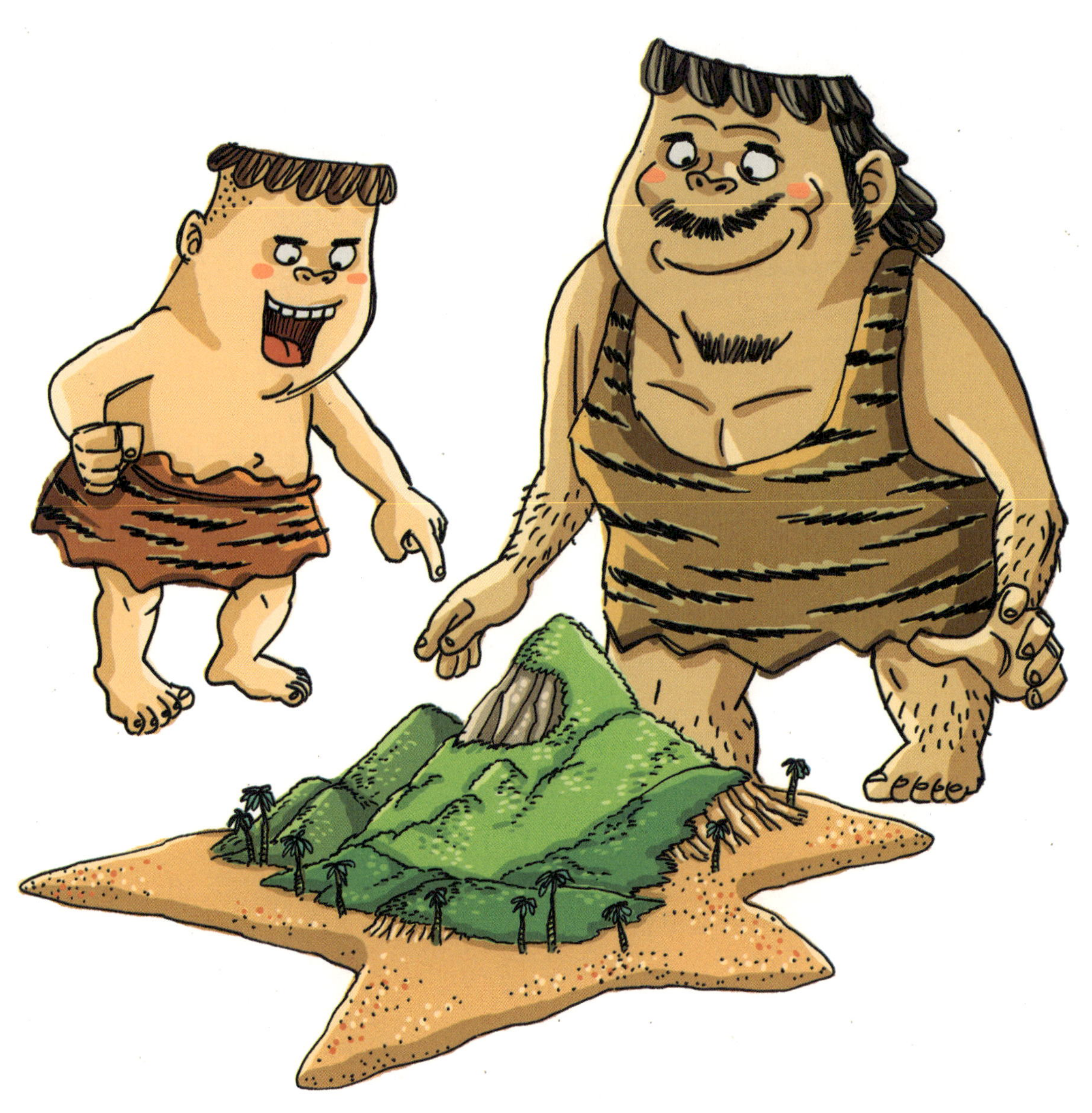

"아빠, 저쪽 섬 중앙에 보물이 가장 많던데요."
꾸꾸가 아빠에게 말했어요.
"우리 꾸꾸 눈이 역시 예리하구나. 이번에야말로 또또네보다 많은 보물을 차지할 수 있
겠는걸. 얼른 보물이 제일 많은 중앙으로 가서 울타리를 만들자."
꾸꾸아빠가 신이 나서 외쳤어요.

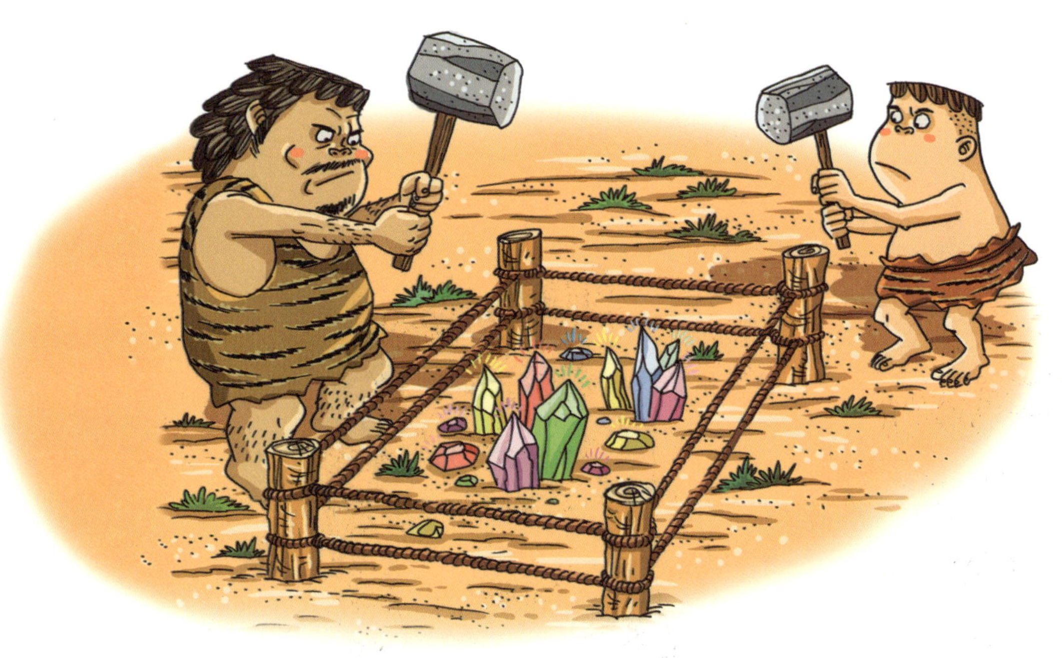

또또와 또또아빠는 섬의 귀퉁이에 울타리를 만들기 시작했어요.
꾸꾸와 꾸꾸아빠는 섬의 중앙에 울타리를 만들기 시작했고요.

"뚝딱뚝딱!"

섬에서는 한동안 또또네와 꾸꾸네의 망치질 소리만 울려 퍼졌어요.

"아빠 말뚝 2개만 썼는데도 귀퉁이에 만드니까 넓은 울타리가 만들어지네요."

"그래 또또야. 보물도 많이 들어 있고 말이야."

이렇게 해서 또또네는 8개의 말뚝을 이용해서

섬의 귀퉁이에 모두 4개의 울타리를 만들었어요.

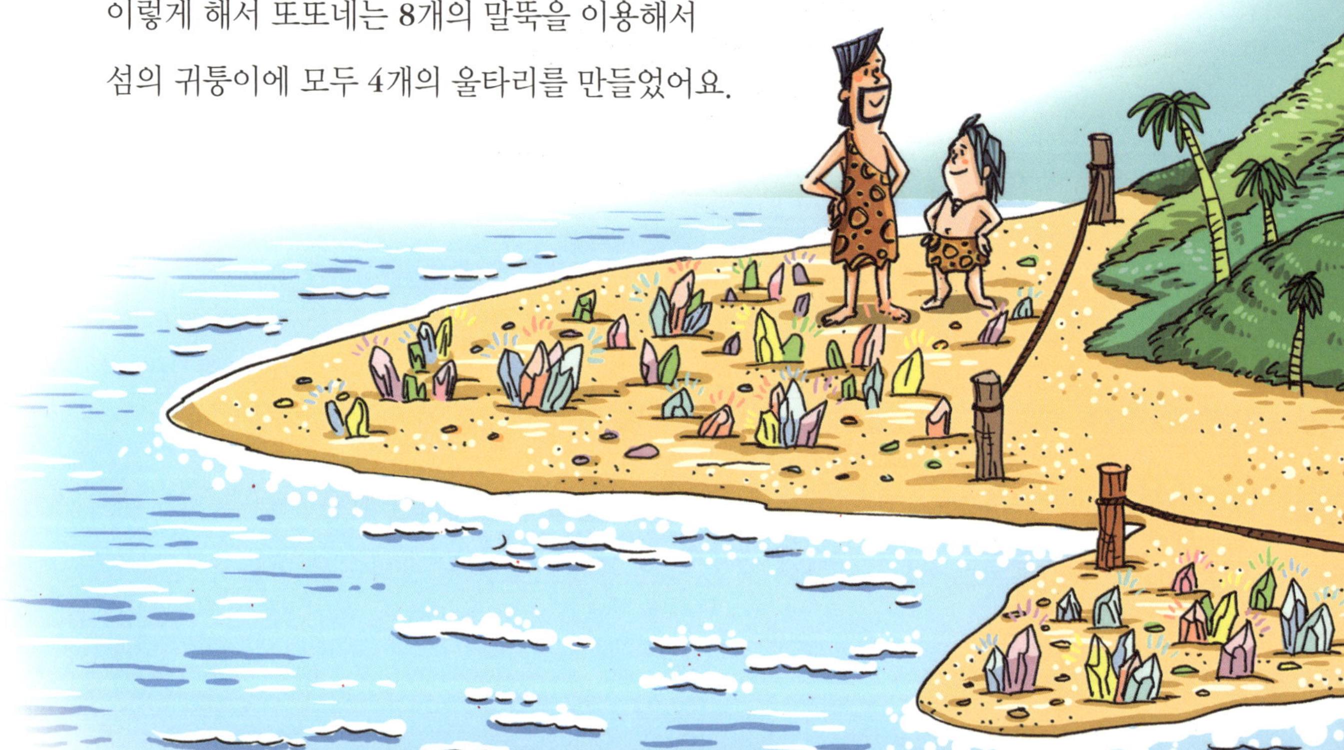

"아빠, 이 많은 보물을 담으려니 말뚝이 4개나 필요해요."
"그렇구나 꾸꾸야. 울타리 하나에 말뚝이 많이 쓰이는걸."
이렇게 해서 꾸꾸네는 8개의 말뚝을 이용해서 섬 중앙에 2개의 울타리를 만들 수
밖에 없었지요.
결국 더 많은 보물을 차지할 수 있었던 가족은 또또네였어요.
섬 중앙에는 보물은 많았지만 말뚝이 너무 많이 필요해서 모든 보물을 담을 수 없
었거든요. 그에 비해 귀퉁이는 적은 말뚝으로 넓은 울타리를 만들 수 있었고 많은
보물을 차지할 수 있었답니다.

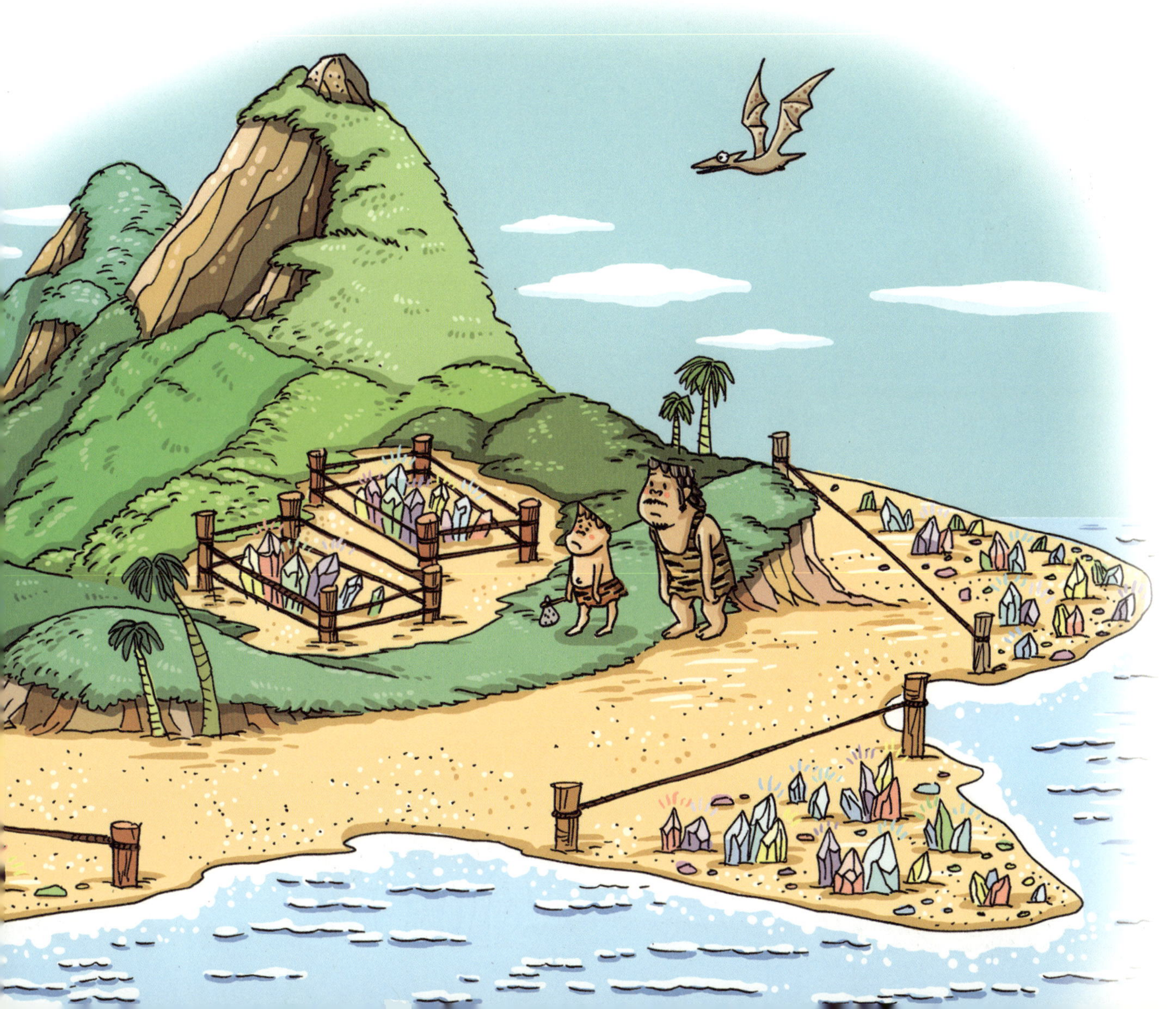

누가 더 많은 보물을 차지했을까?

또또는 귀퉁이에 4개의 보물을 담을 수 있는 완벽한 울타리(백○)를 만들었고
꾸꾸는 변 쪽에 4개의 보물을 담을 수 있는 완벽한 울타리(흑△)를 만들었어요.
그렇다면 또또와 꾸꾸 중에서 누가 더 울타리를 잘 만들었을까요?

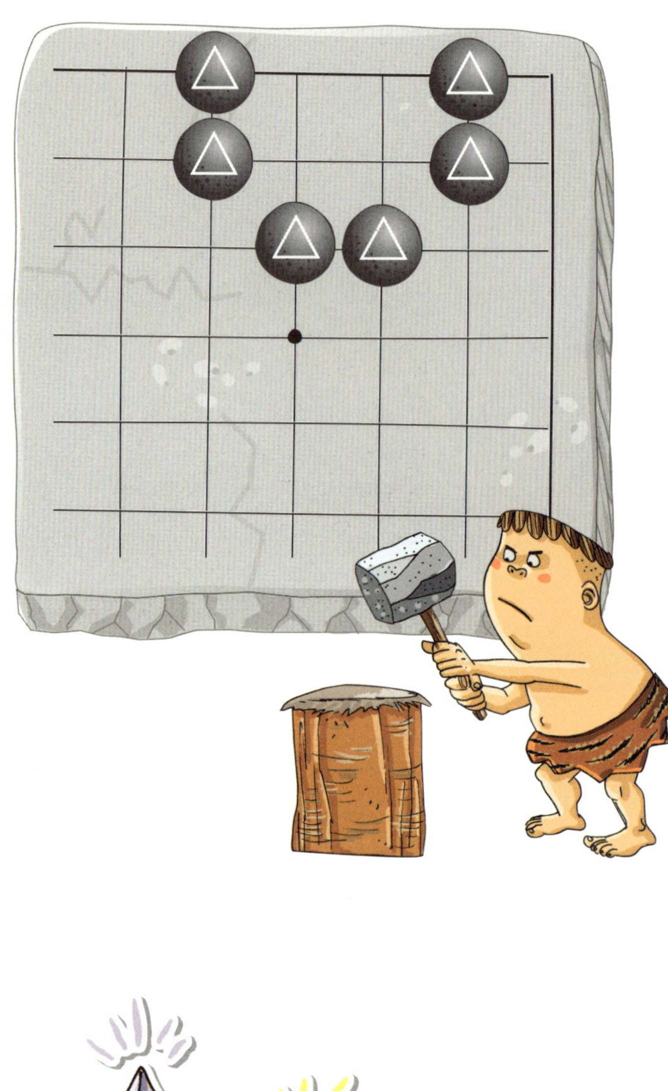

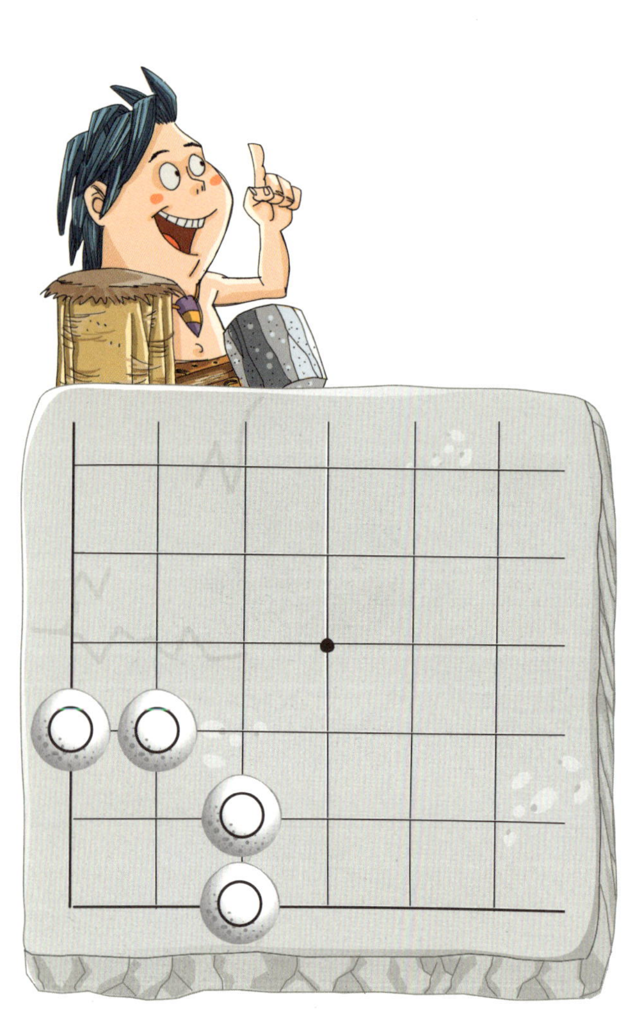

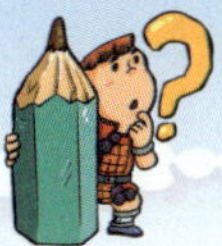

참고 그림 ❶

또또는 완벽한 울타리를 만들기 위해
모두 4개의 말뚝을 사용했습니다.

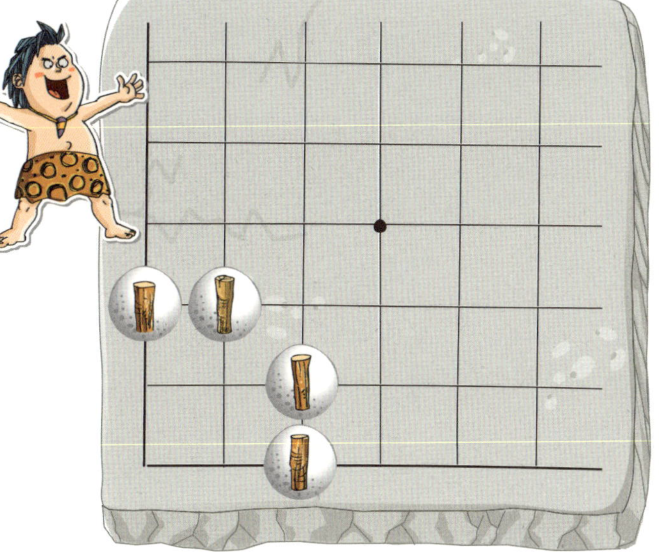

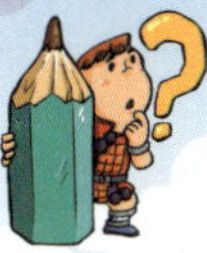

참고 그림 ❷

꾸꾸는 완벽한 울타리를 만들기 위해
모두 6개의 말뚝을 사용했습니다.

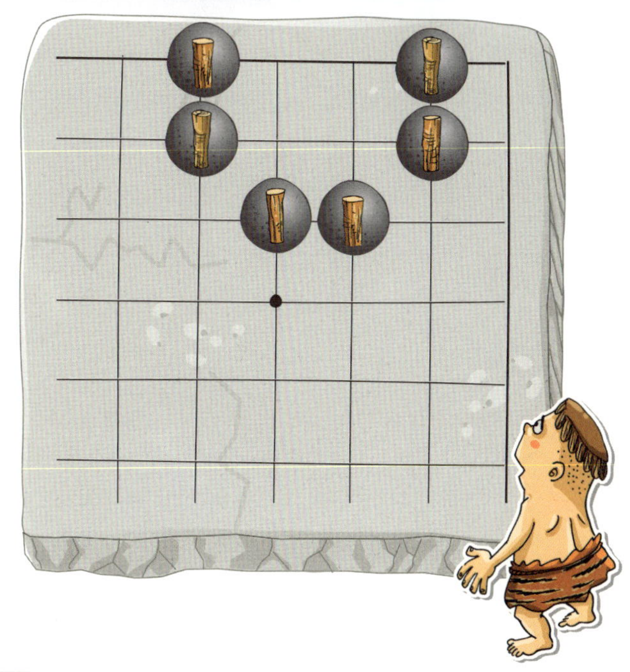

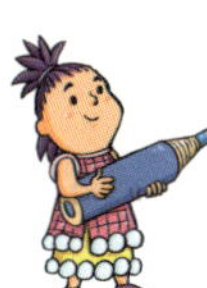

정답 그림

울타리를 더 잘 만든 사람은
4개의 말뚝을 가지고
4개의 보물을 담을 수 있는
울타리를 만든 또또입니다.

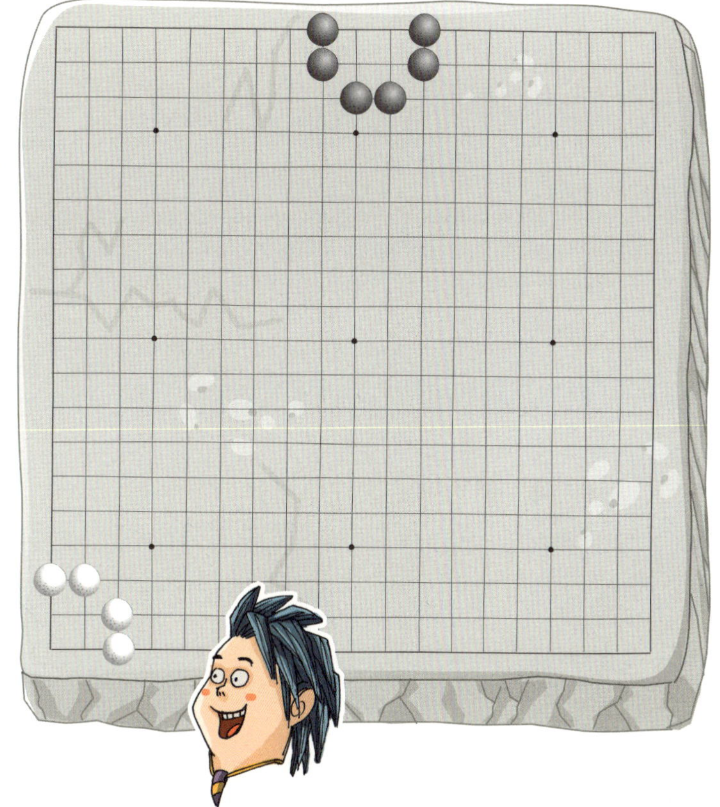

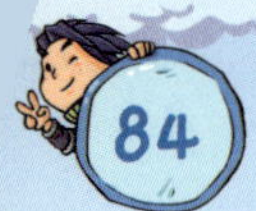
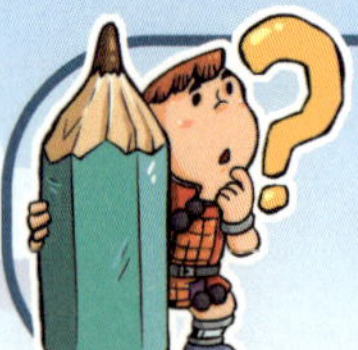

또또는 하얀 말뚝(백○)으로 울타리를 만들었고 꾸꾸는 검은 말뚝(흑△)으로 울타리를 만들었어요. 둘 다 똑같은 크기의 울타리를 만들었는데 누가 더 잘 만들었을까요?

문제 01

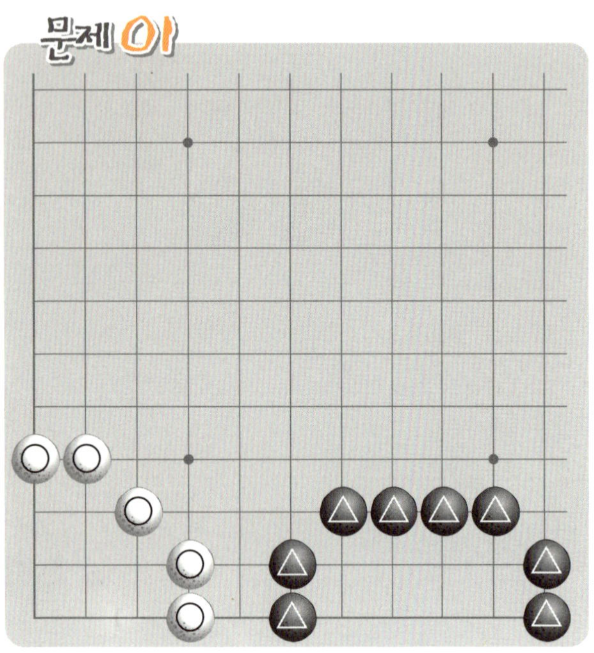

문제 02

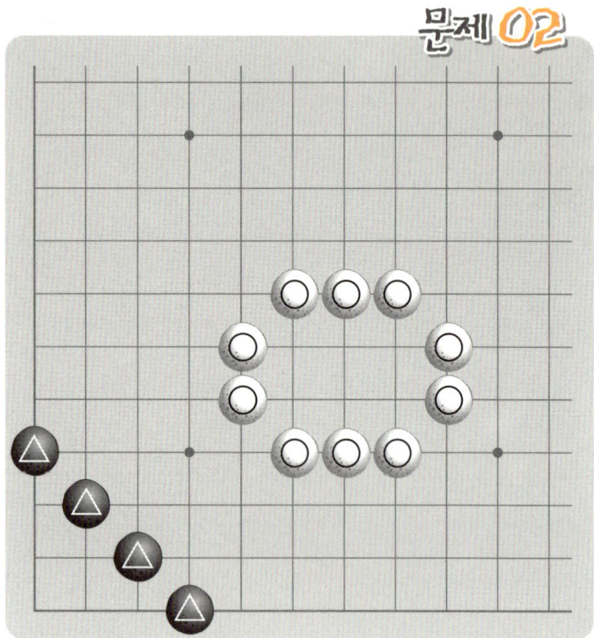

문제 03

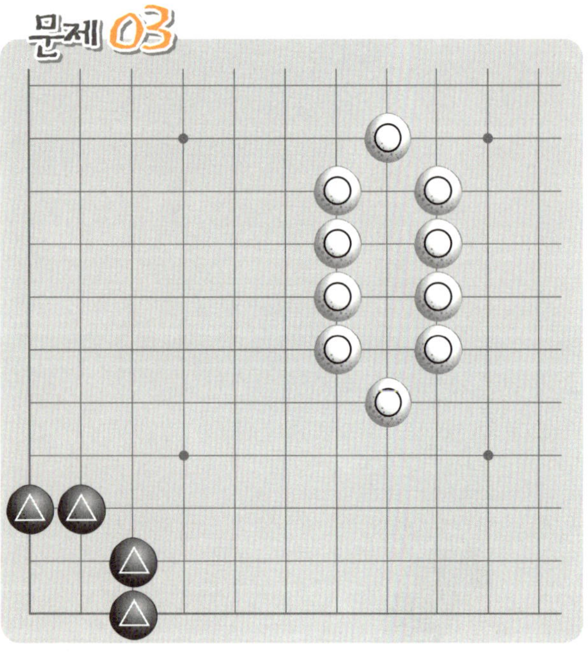

문제 04

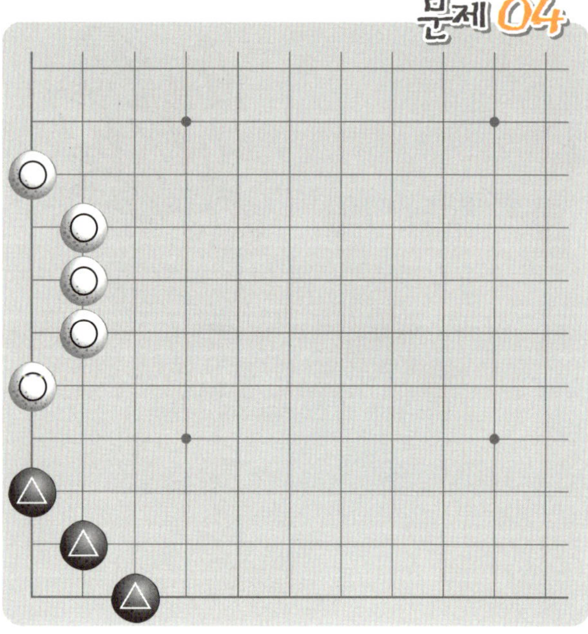

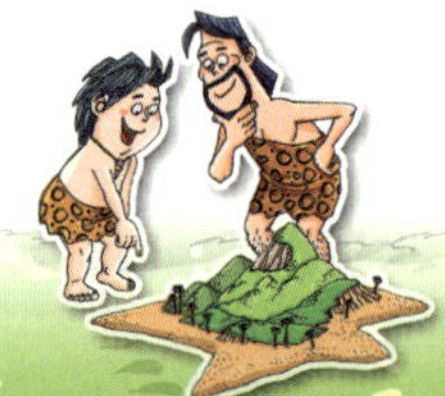

문제 **05**

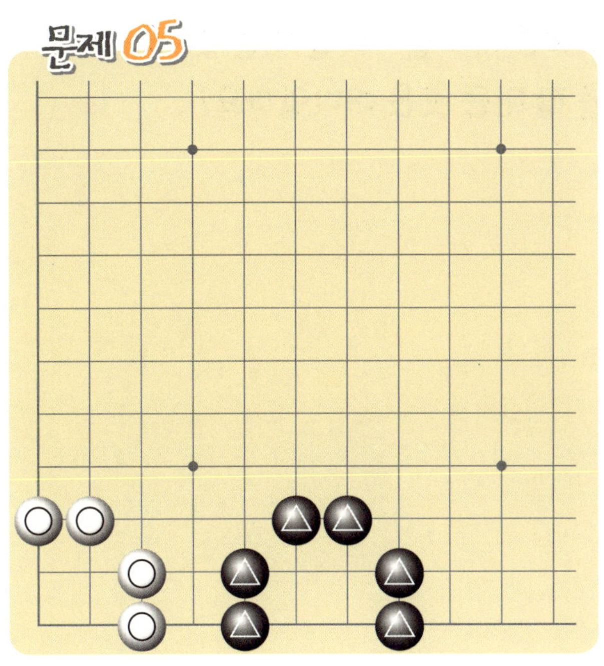

문제 **06**

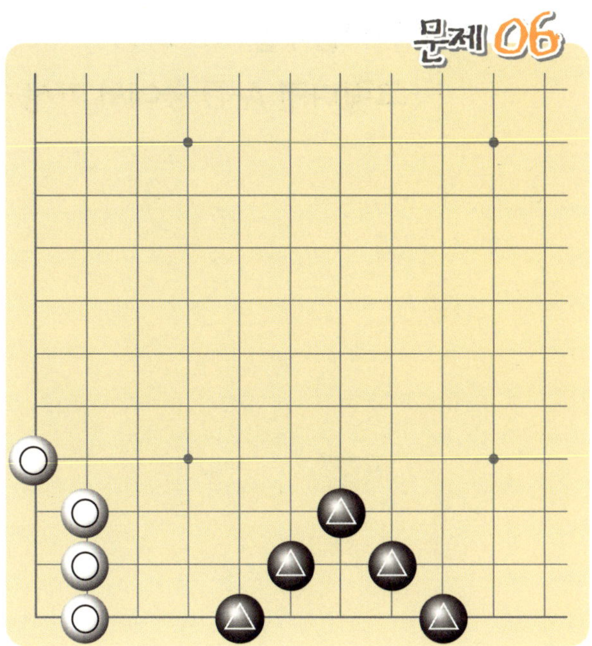

문제 **07**

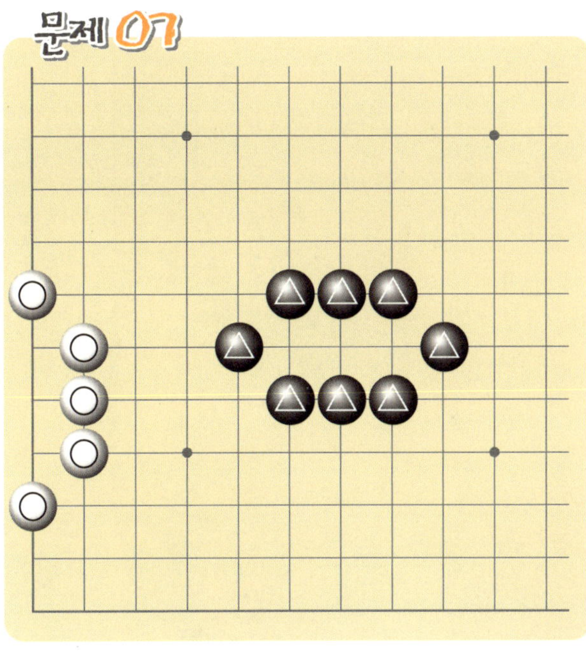

문제 **08**

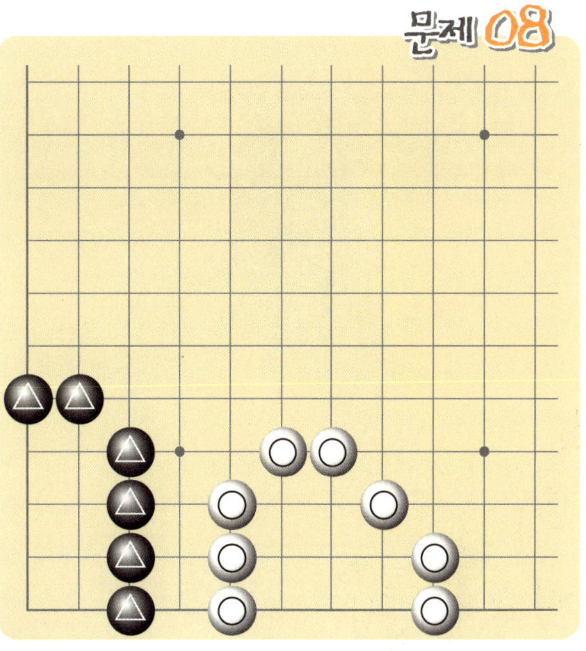

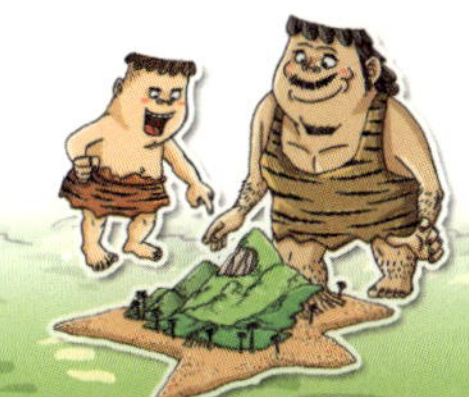

2. 귀퉁이에 울타리 완성하기

2개씩의 말뚝을 가지고 A~D까지 네 군데 귀퉁이에 울타리를 만들었어요.
그렇다면 A~D 중에서 가장 울타리를 잘 만든 곳은 어디일까요?

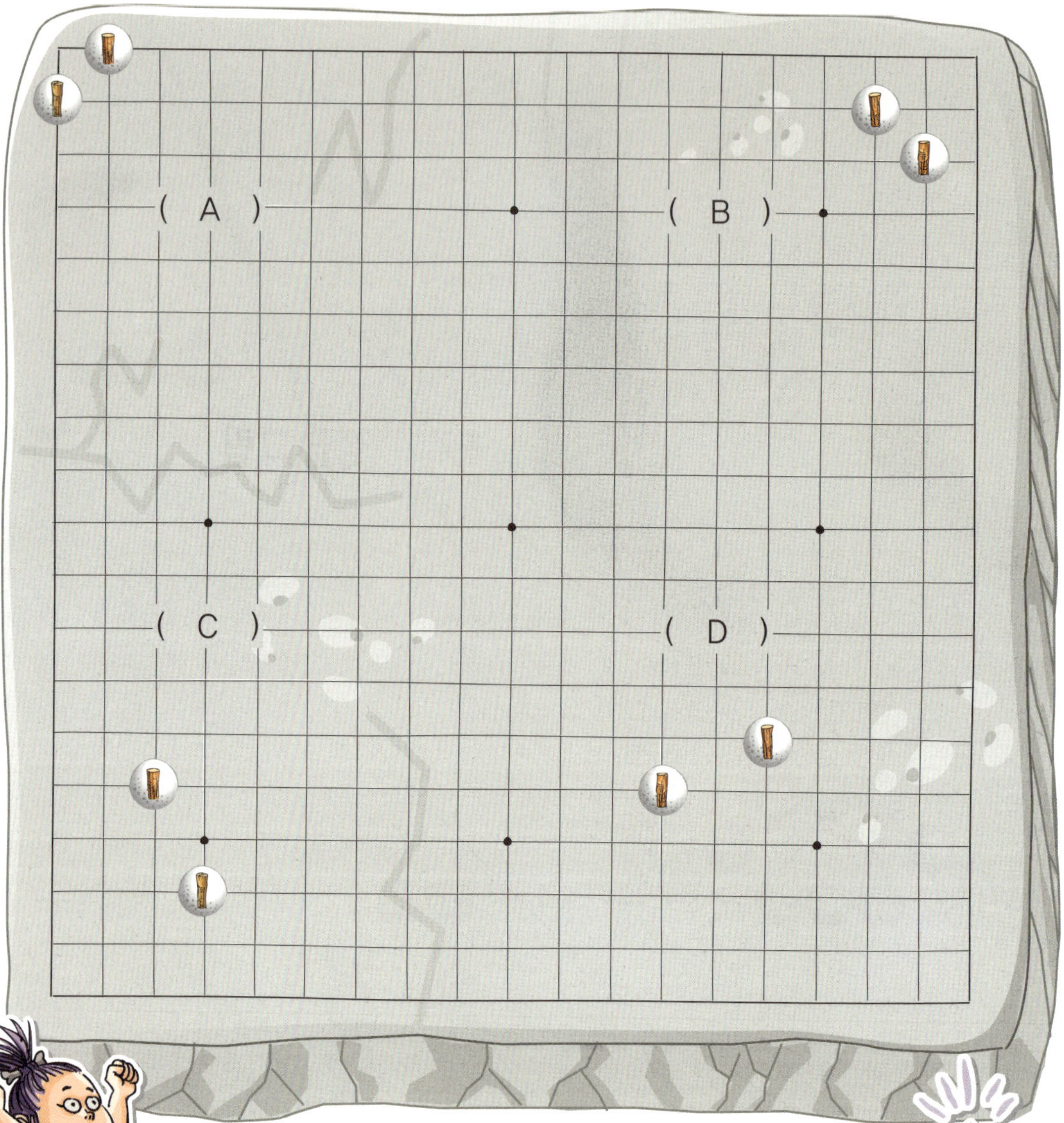

(A) (B) (C) (D)

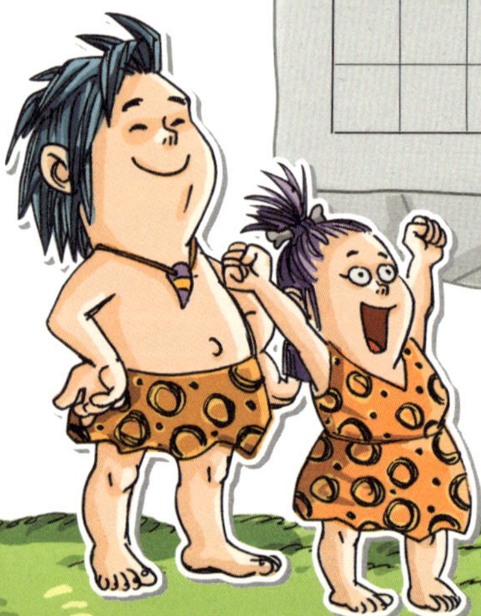

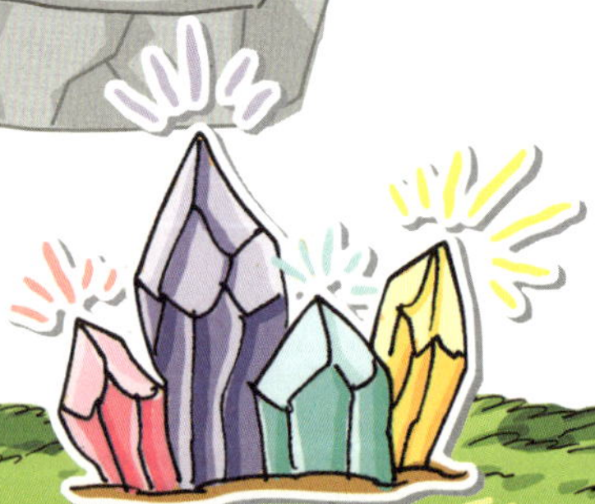

참고 그림 ❶

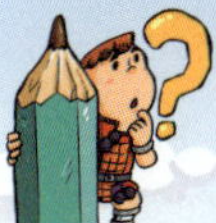

이곳은 완벽하게 울타리를 만들긴 했지만 겨우 1개의 보물밖에 담을 수 없습니다.

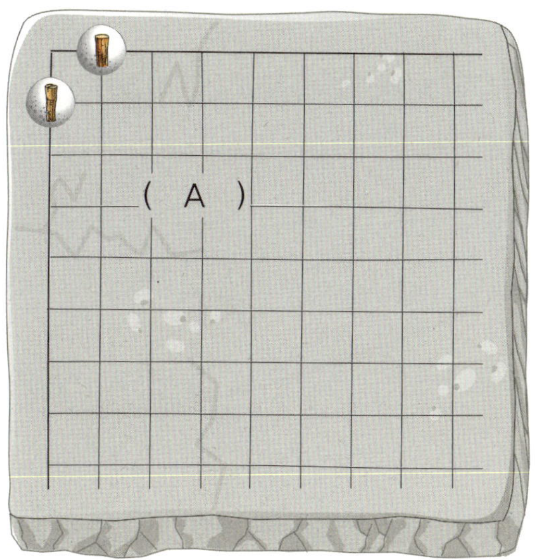

참고 그림 ❷

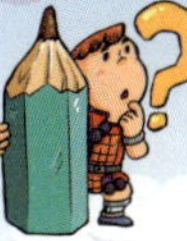

이곳은 2개의 말뚝이 대각선으로 튼튼하게 연결되어 있지만 땅속으로부터 너무 깊숙하게 박혀 있는 모습이라 실패입니다.

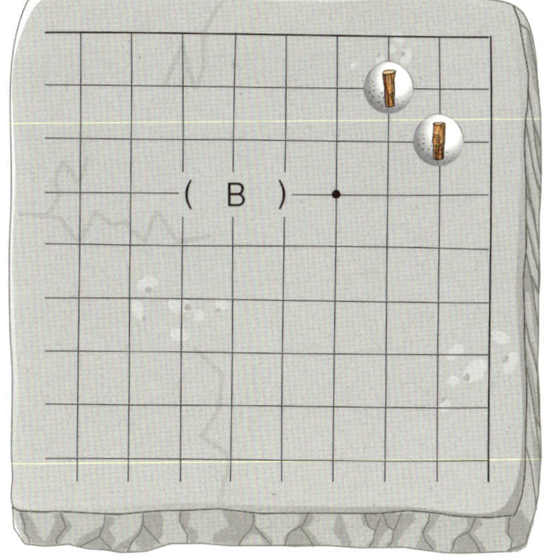

참고 그림 ❸

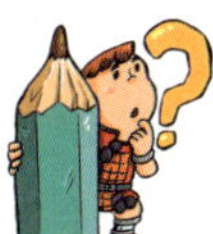

이곳은 2개의 말뚝이 날일자 형태를 이루고 있으므로 튼튼하게 연결되어 있습니다. 그렇지만 땅속으로부터 너무 멀리 떨어져 있다는 것이 약점입니다.

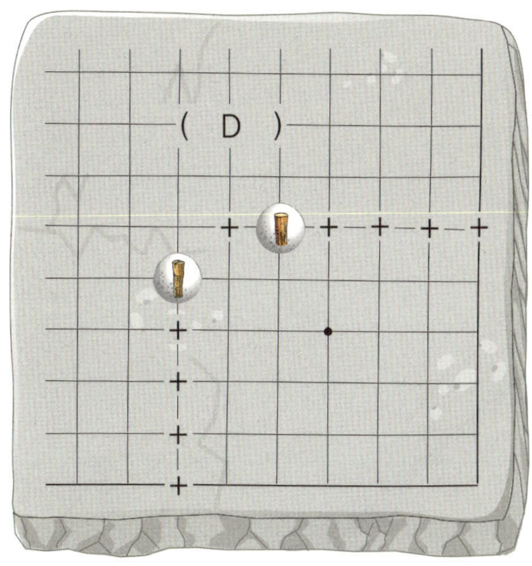

정답 그림

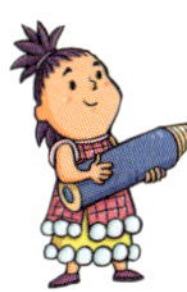

이곳은 떨어진 말뚝을 이용해서 적절하게 울타리를 만든 모습입니다. 2개의 말뚝이 날일자 형태를 이루고 있을 뿐 아니라 땅속으로부터도 한 칸 간격을 유지하고 있으므로 튼튼하게 연결된 모습입니다.

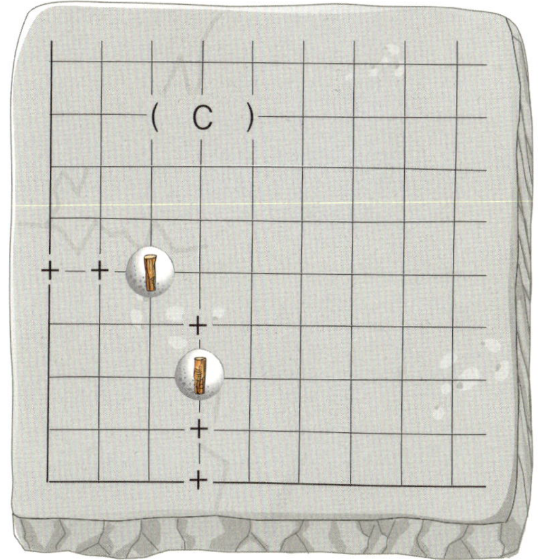

귀퉁이에 울타리를 만들려고 해요. A, B 중에서
어떤 방법으로 울타리를 완성하는 것이 좋을까요?
한 칸이나 날일자 형태로 떨어진 말뚝을 이용하세요.

문제 01

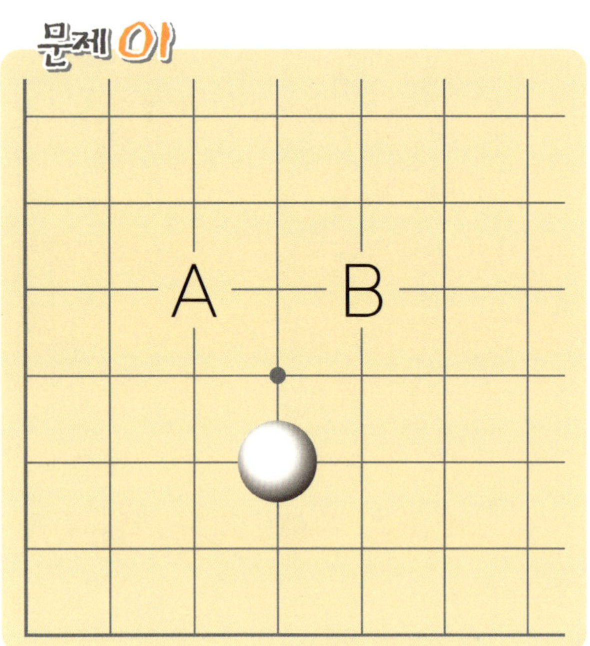

문제 02

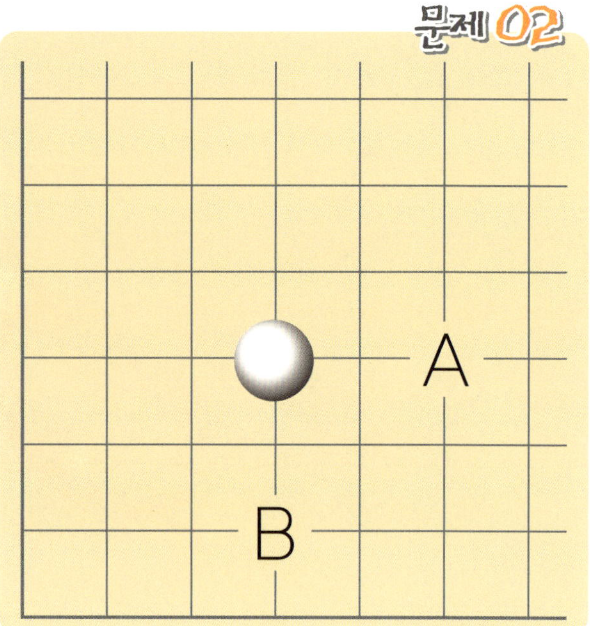

문제 03

문제 04

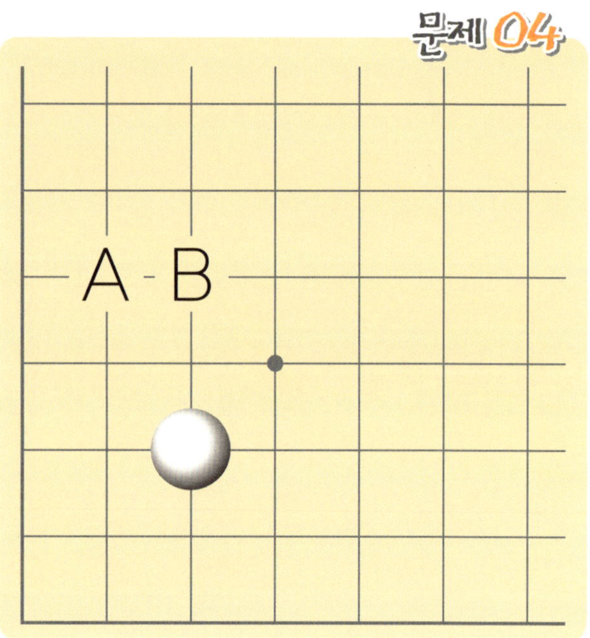

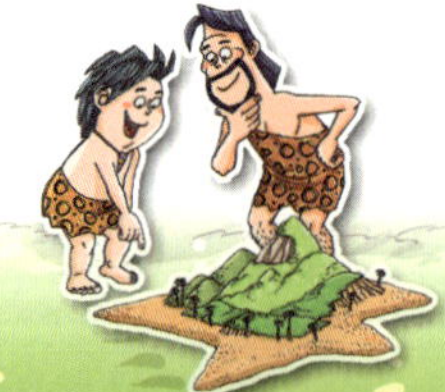

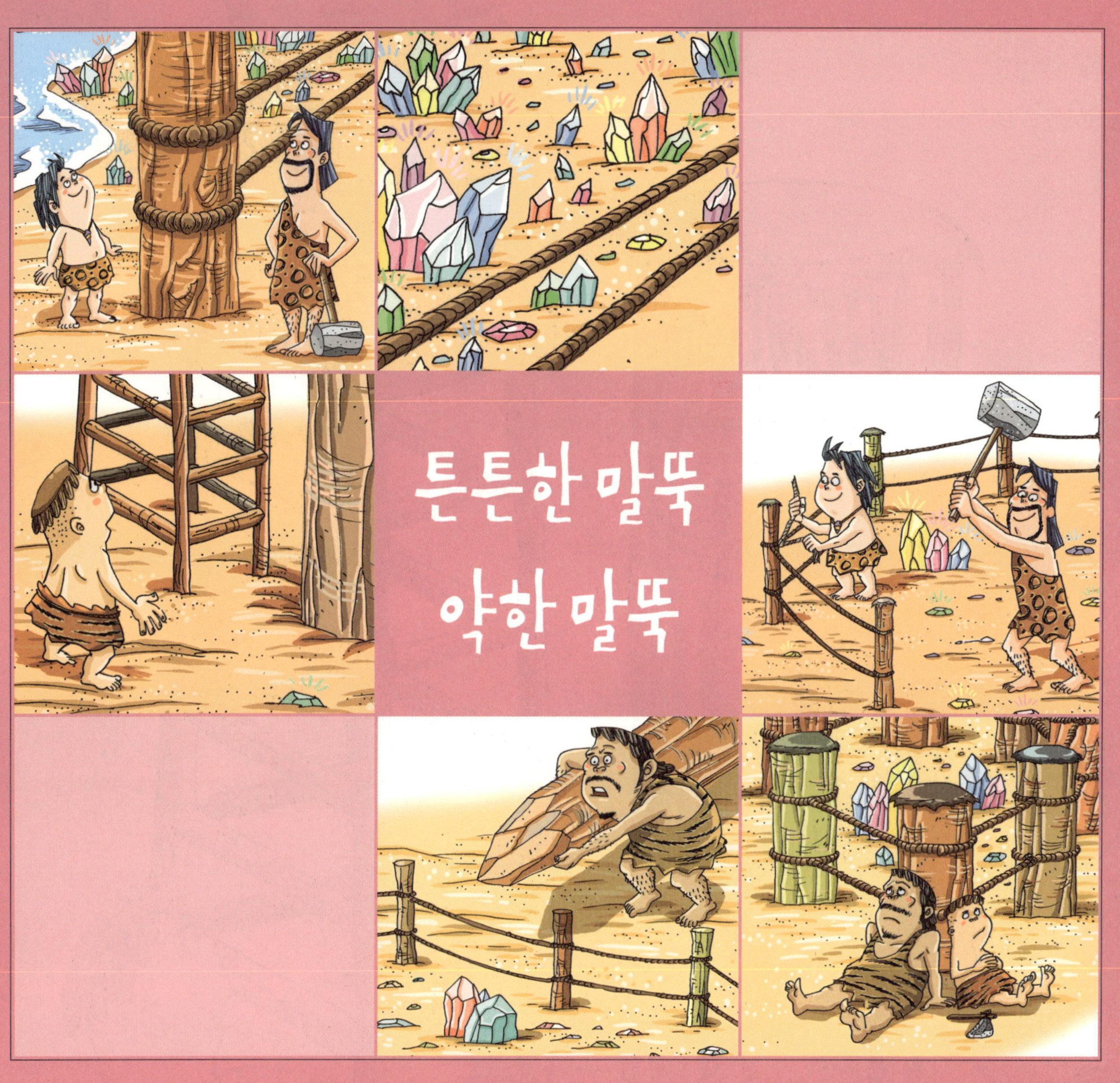
튼튼한 말뚝
약한 말뚝

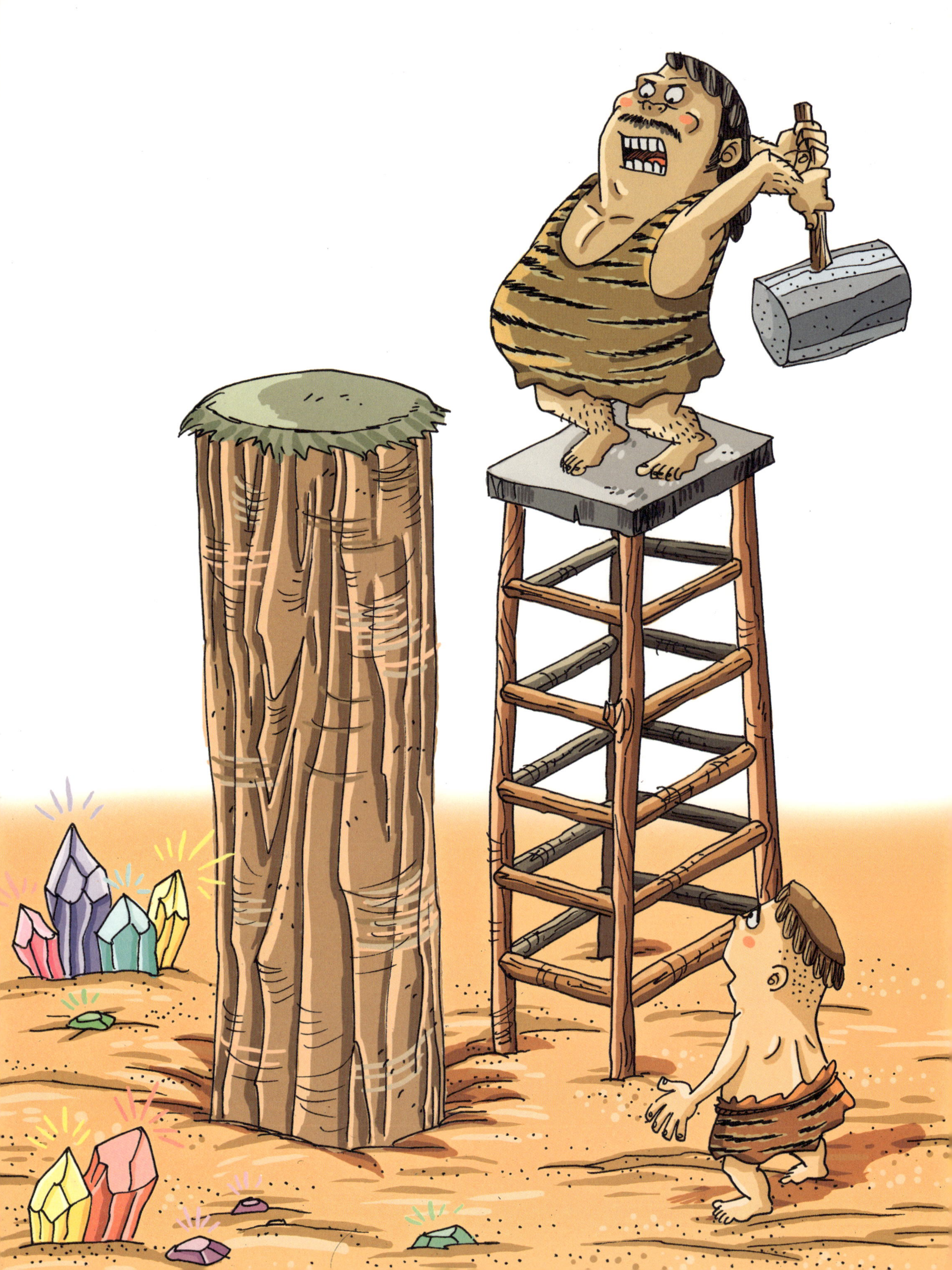

항상 적은 보물을 차지하는 꾸꾸네는 약이 올랐어요.
그래서 이번엔 꼭 더 많은 보물을 차지해야겠다고 결심했어요.
"꾸꾸야, 커다랗고 튼튼한 말뚝을 사용해서 절대 무너지지 않는 울타리를 만들자."
"네 아빠. 이번엔 꼭 많은 보물을 가져갔으면 좋겠어요."
꾸꾸와 꾸꾸아빠는 커다랗고 튼튼한 말뚝만 골랐어요.
말뚝이 워낙 커서 옮기는 것만도 시간이 많이 걸렸지요.

한편 또또와 또또아빠는 적당한 말뚝을 골라 울타리를 만들었어요.
"아빠, 이 정도면 될까요? 너무 작은 말뚝 아닌가요?"
"아니란다. 이 정도면 어떤 바람에도 끄덕없을게다. 울타리 만들기도 손쉽고."
또또와 또또아빠도 열심히 말뚝을 박아 울타리를 만들었어요.
말뚝의 크기가 작아 좀 더 쉽고 빠르게 일할 수 있었지요.

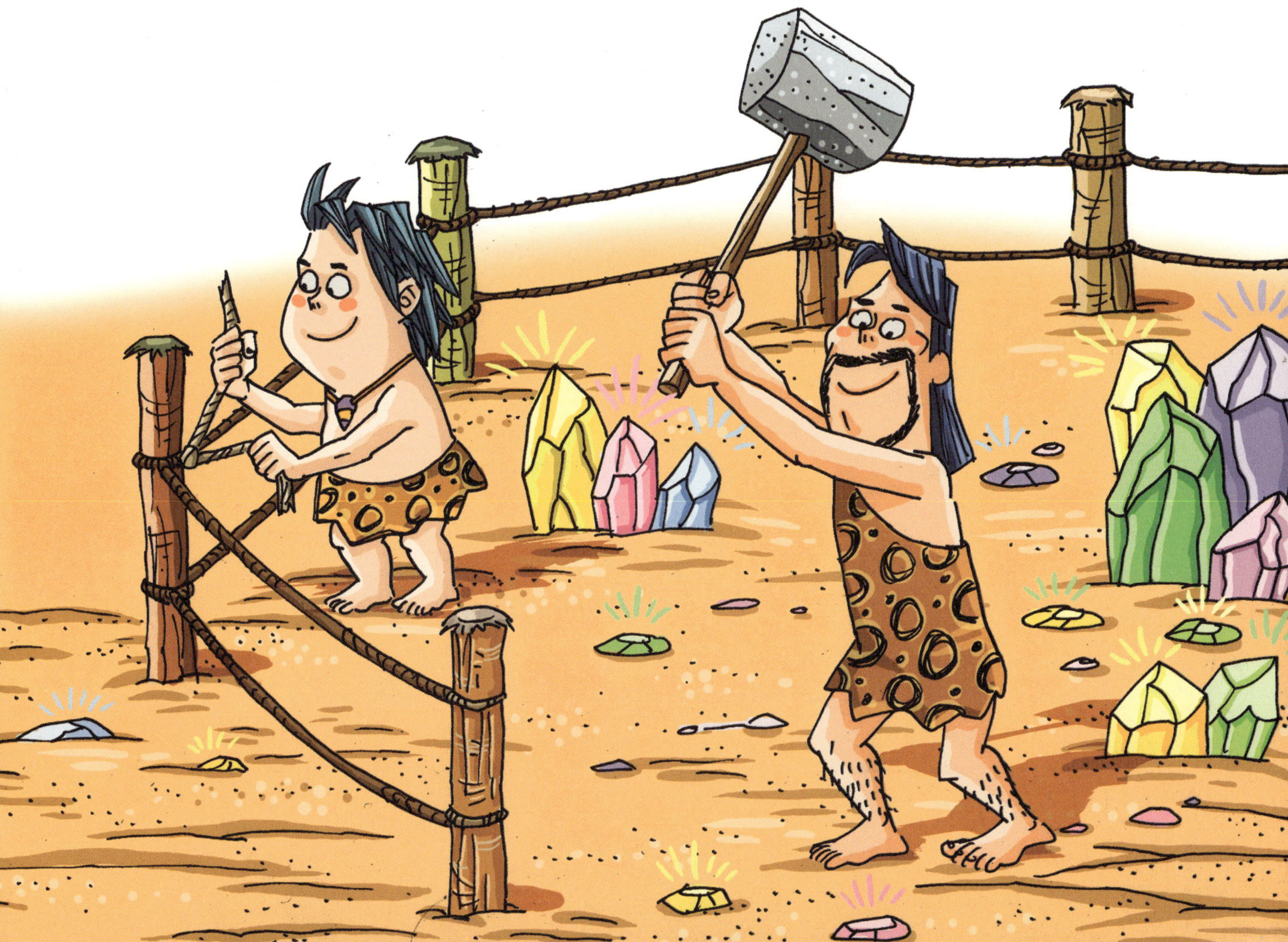

"아이고, 말뚝 하나 박는 데도 시간이 오래 걸리는구나."
"그러게요. 하지만 튼튼하니 마음이 놓여요."
꾸꾸와 꾸꾸아빠는 정말 열심히 망치를 두드렸지만 말뚝 하나 박는 데 오랜 시간이 걸렸어요.
그래서 울타리 한 개를 만들었을 때 이미 지쳐 버렸지요.
"아빠. 이젠 힘이 다 빠져 버렸어요."
"그렇구나 꾸꾸야, 아빠도 힘들단다. 그래도 어서 울타리를 더
만들어야겠지."
꾸꾸아빠는 말뚝 하나를 들고 울타리 만들 자리를 찾아
주위를 둘러보았어요.

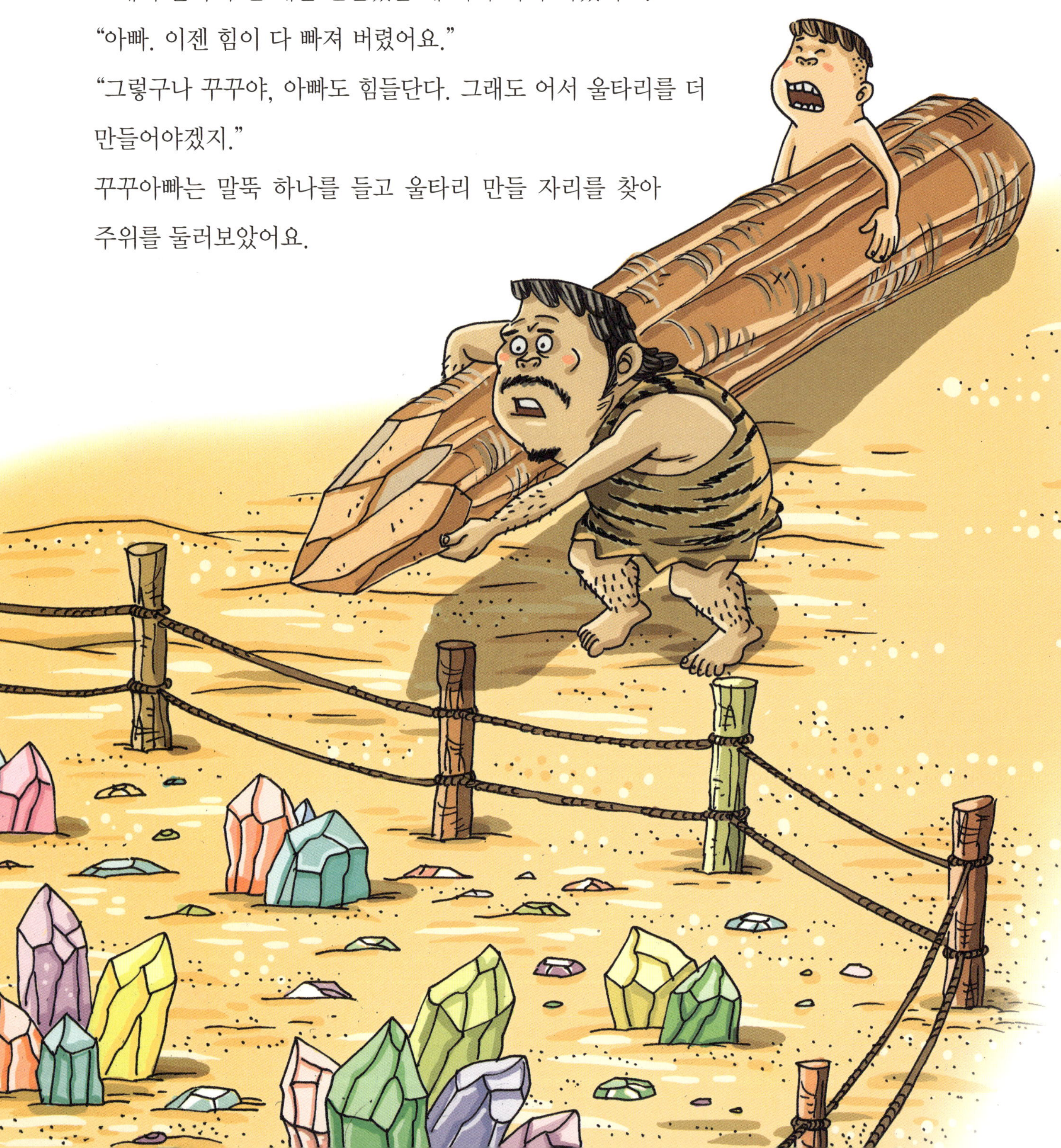

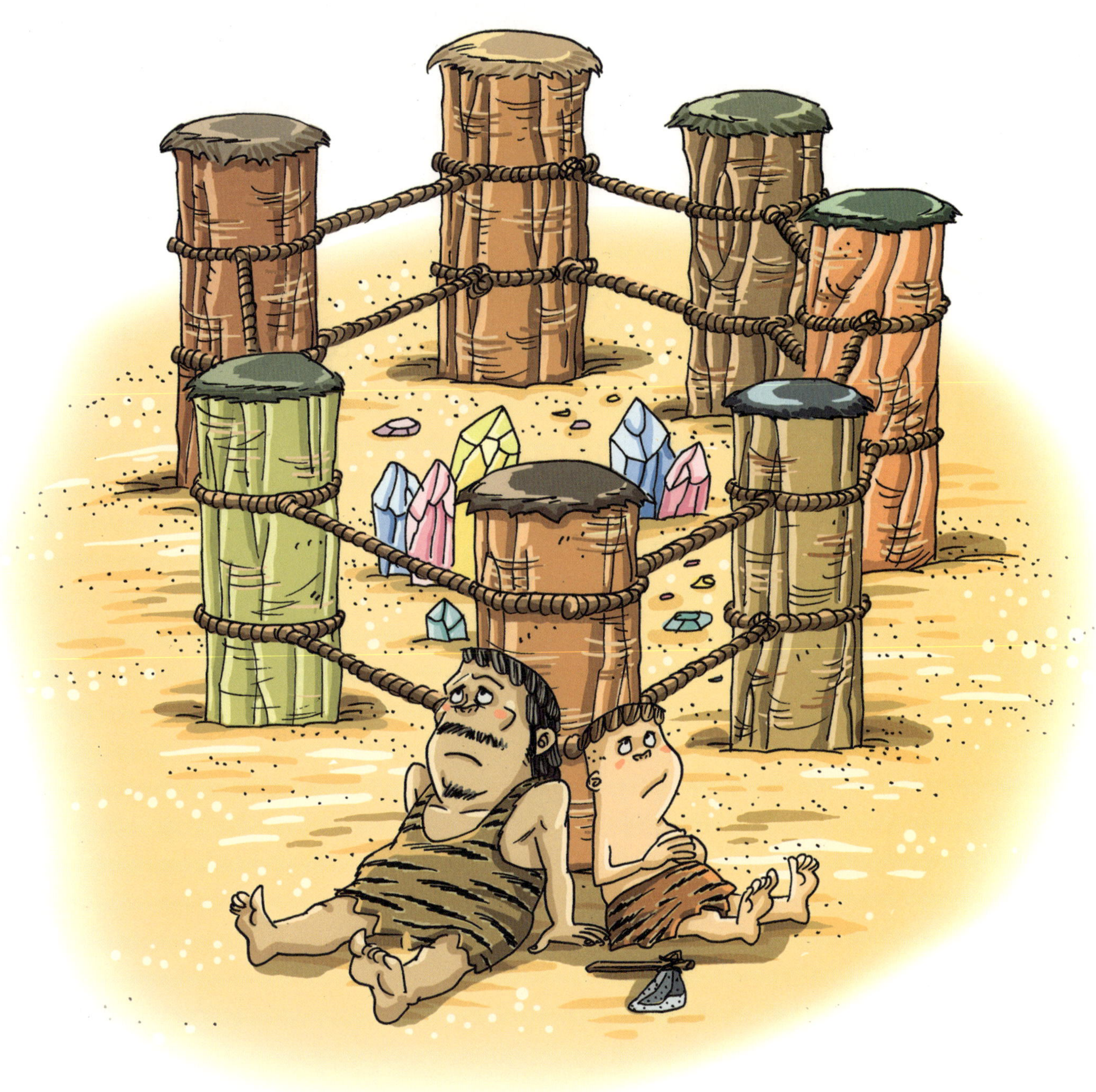

그런데 이게 웬일이에요. 꾸꾸네 울타리 주변으로 벌써 수많은 울타리가 쳐져 있는 거예요.

"아, 아니. 또또네가 언제 여기까지 울타리를 친 거야?"

꾸꾸네가 울타리 하나를 만드는 데 너무 오랜 시간을 써 버린 탓에

또또네가 이미 꾸꾸네 울타리 근처까지 울타리를 만들었던 거예요.

꾸꾸와 꾸꾸아빠는 큰 말뚝을 가지고 조그만 울타리 한 개밖에 만들 수 없었답니다.

"잉, 아빤 순 엉터리예요. 말뚝만 크면 뭐해요. 울타리는 요만한데."

꾸꾸는 너무 속이 상했어요.

4. 어느 곳까지 넓힐 수 있을까?

귀퉁이에 강한 말뚝이 완성되었어요.

백돌은 A, B, C 중 어느 곳까지 울타리를 넓혀야 할까요?

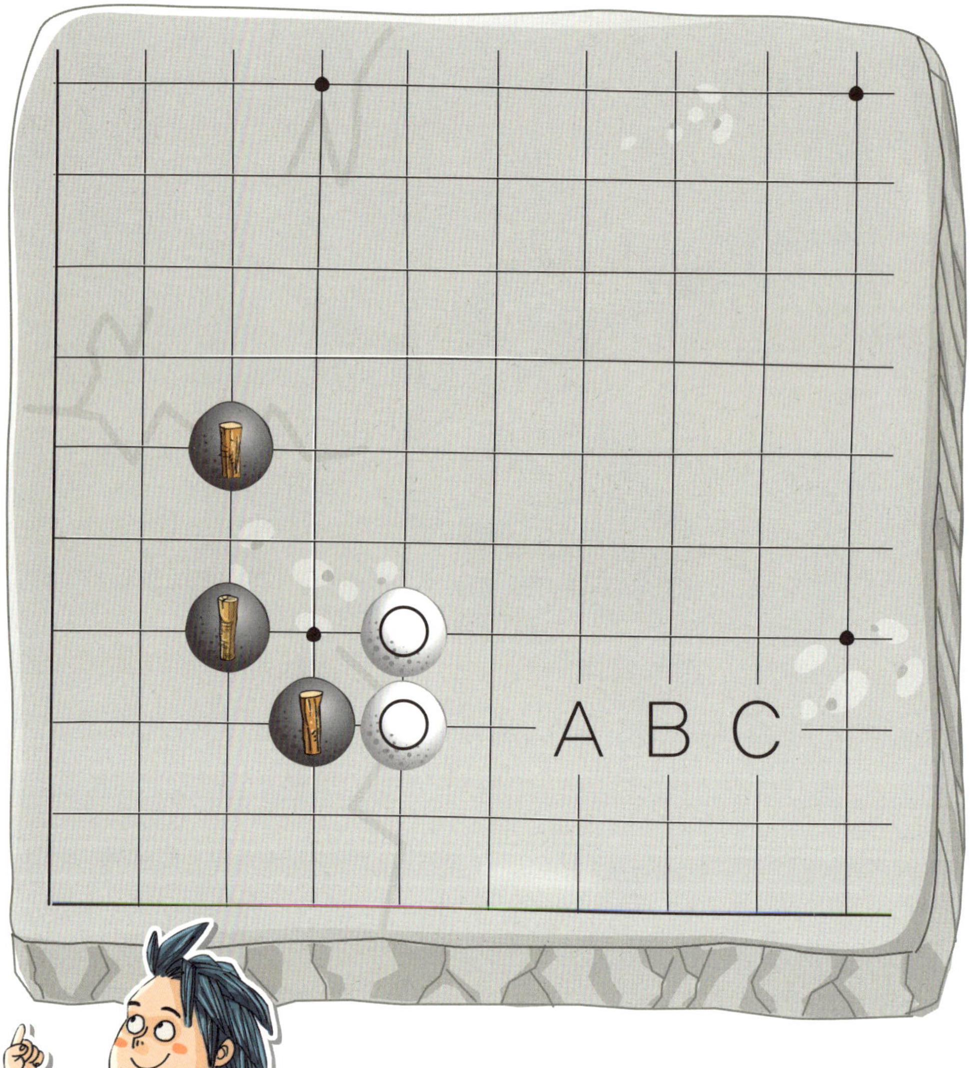

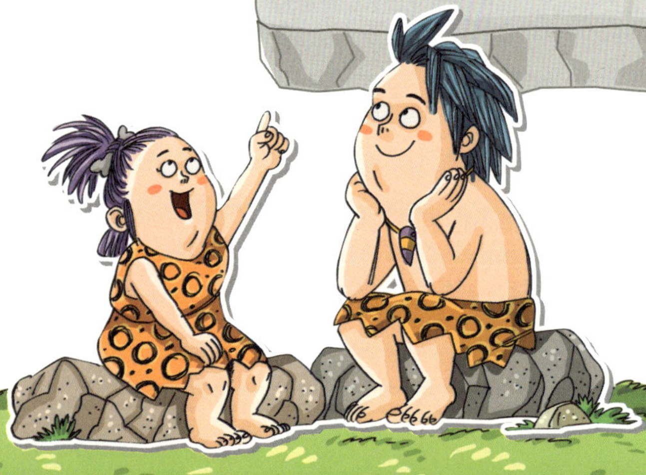

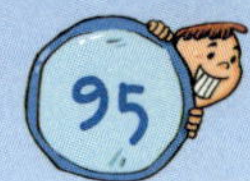

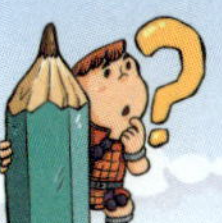

참고 그림 ❶

울타리를 넓힐 때는 +1의 원리를 적용
해야 합니다. 말뚝이 1개 박혀 있으면
+1을 해서 이렇게(백1) 2칸을 벌리는
것이 좋습니다.

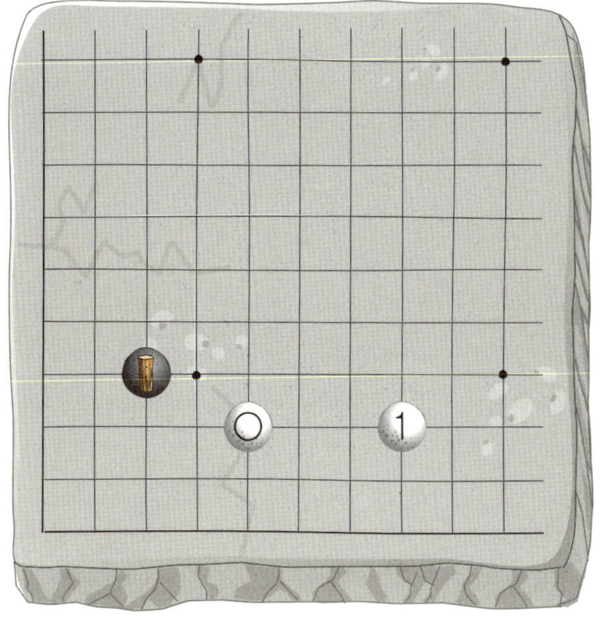

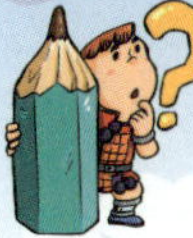

참고 그림 ❷

백○처럼 2개의 말뚝이 있는데도
불구하고 백1처럼 2칸만 벌리는 것은
실패입니다.

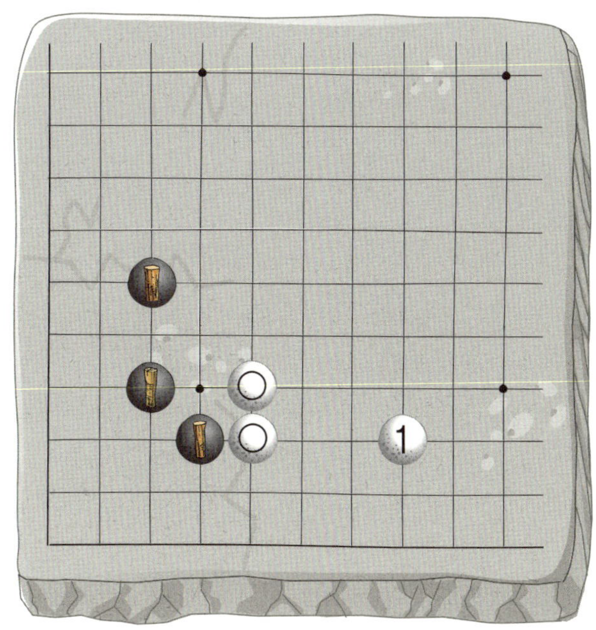

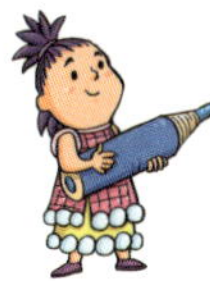

정답 그림

이럴 땐 +1을 해서
백1처럼 3칸을
벌리는 것이 정답입니다.

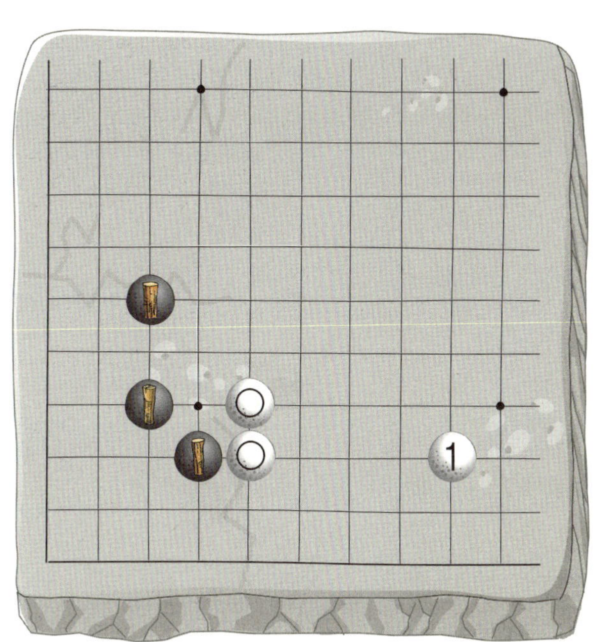

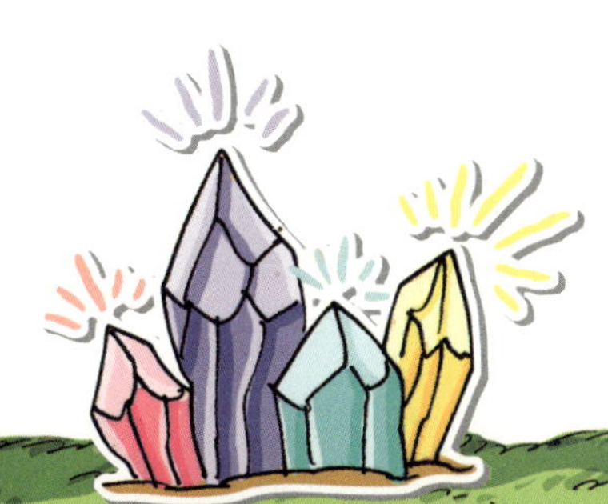

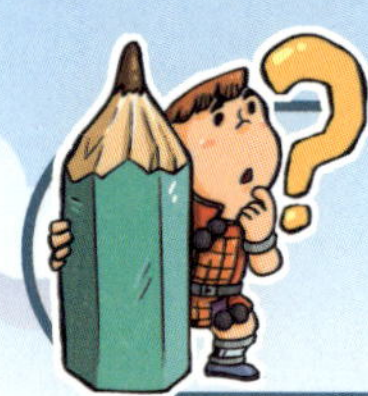

백돌은 A, B, C 중에서 어느 곳까지
울타리를 넓혀야 할까요?

문제 **01**

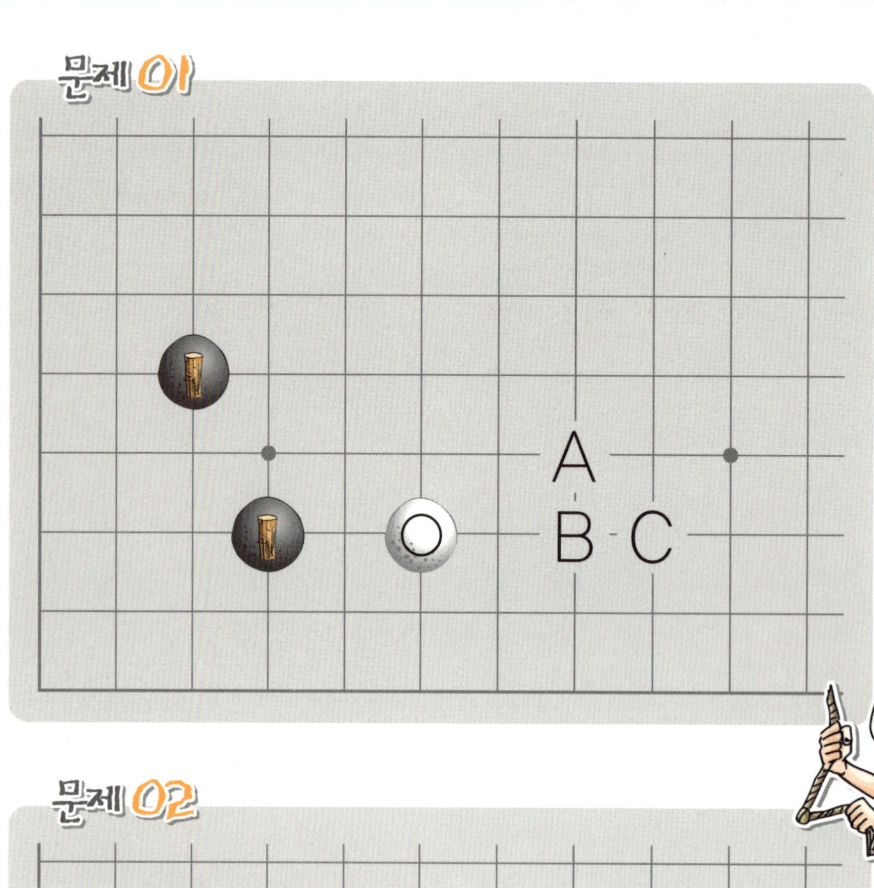

문제 **02**

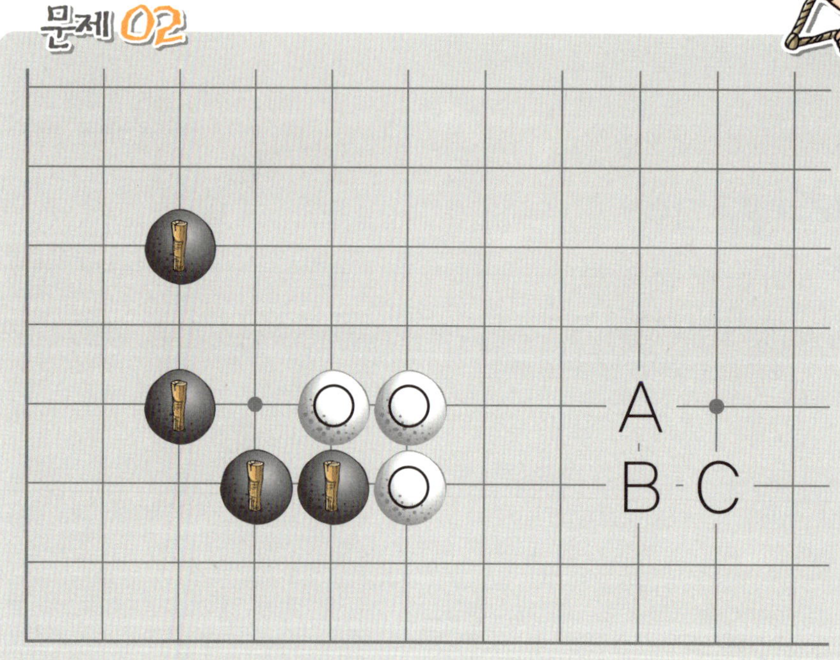

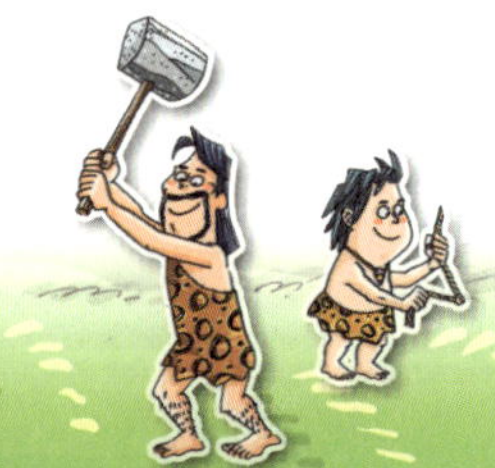
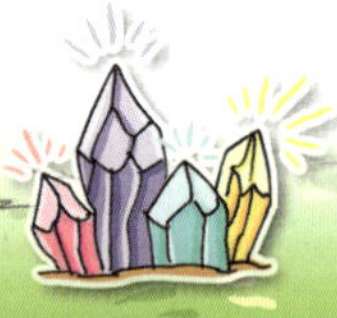

문제 **03**

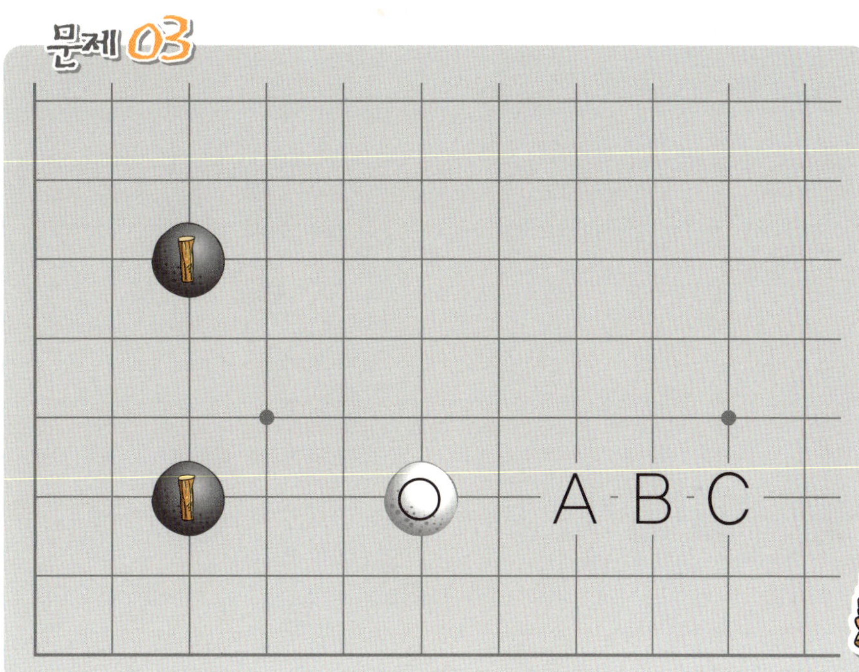

문제 **04**

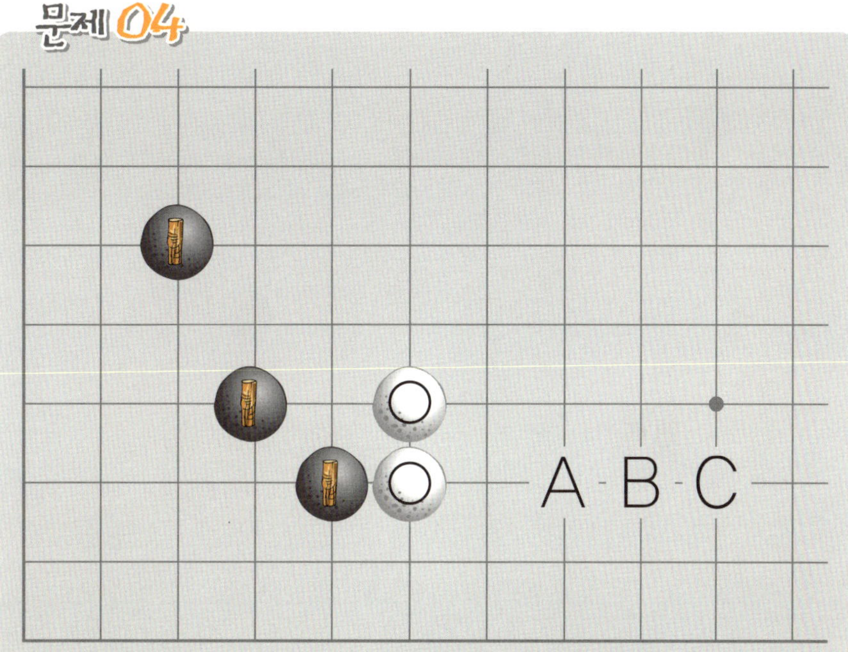

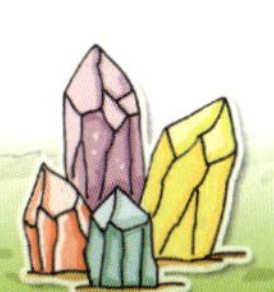
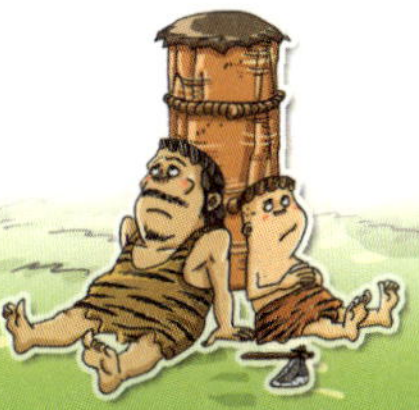

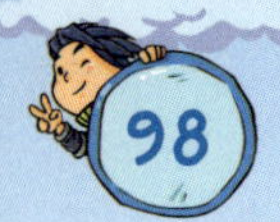

문제 05

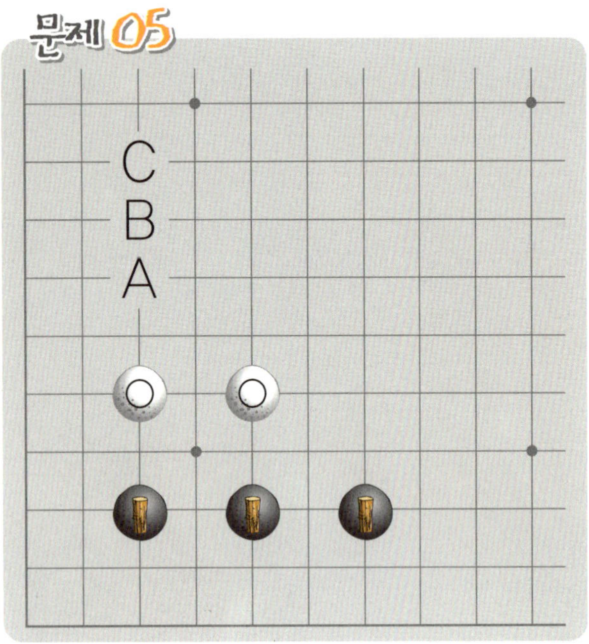

문제 06

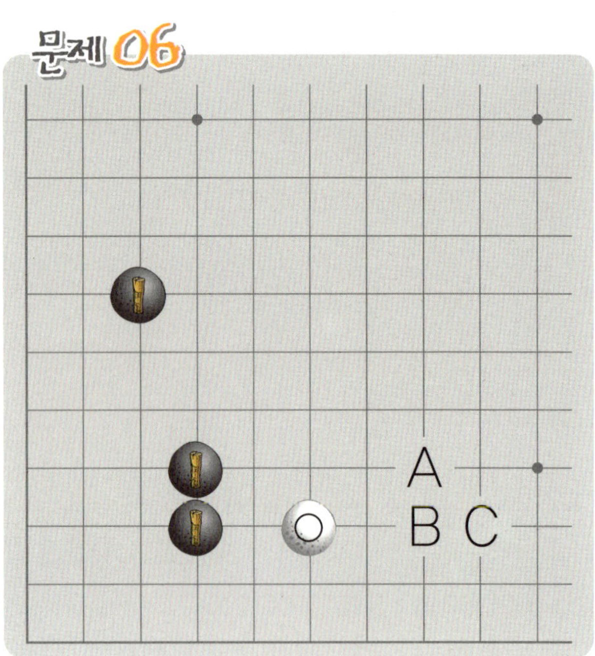

문제 07

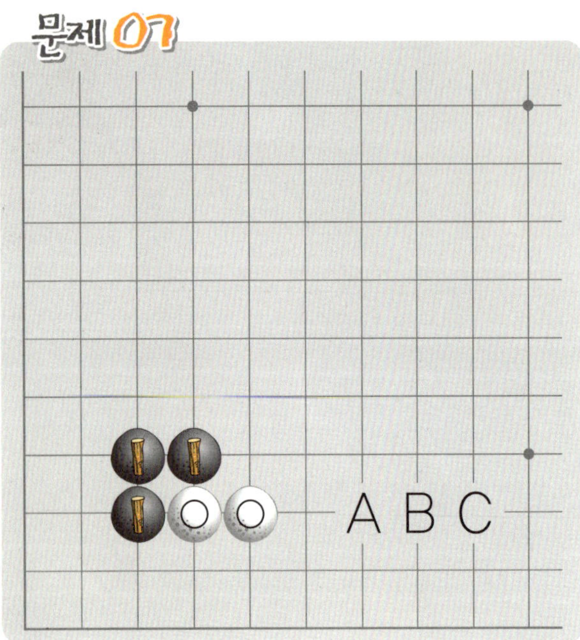

문제 08

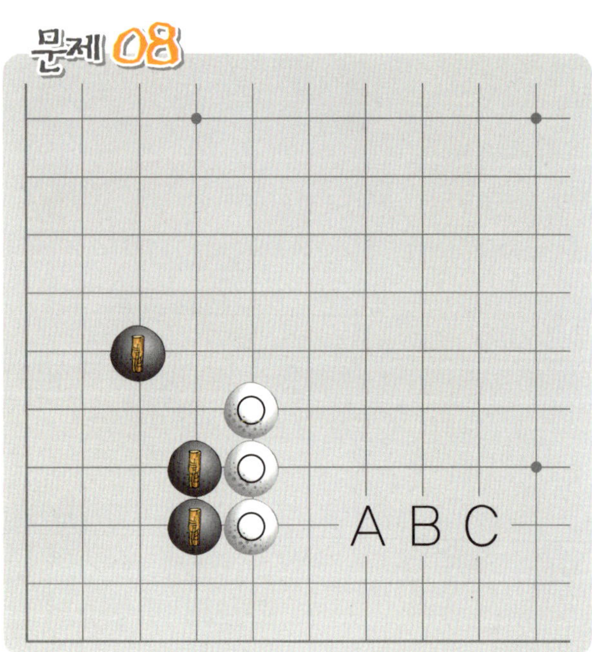

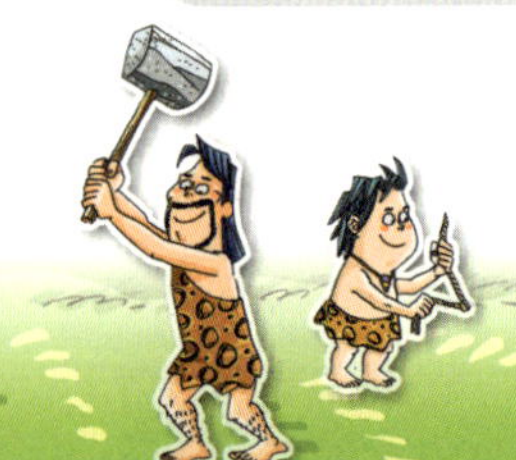

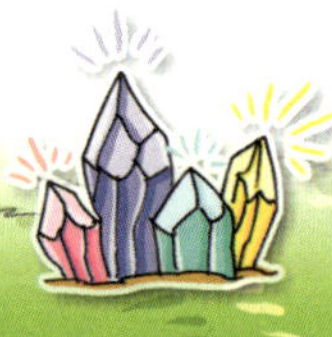

백돌은 A, B, C 중에서 어느 곳까지
울타리를 넓혀야 할까요?

문제 09

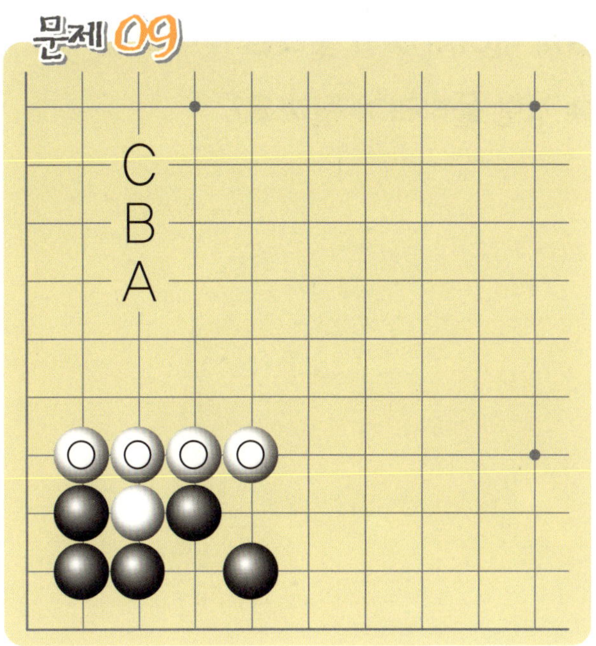

문제 10

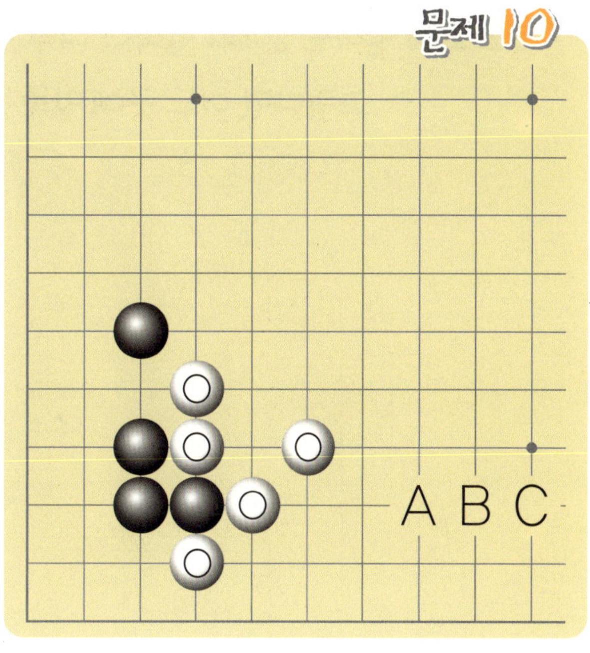

문제 11

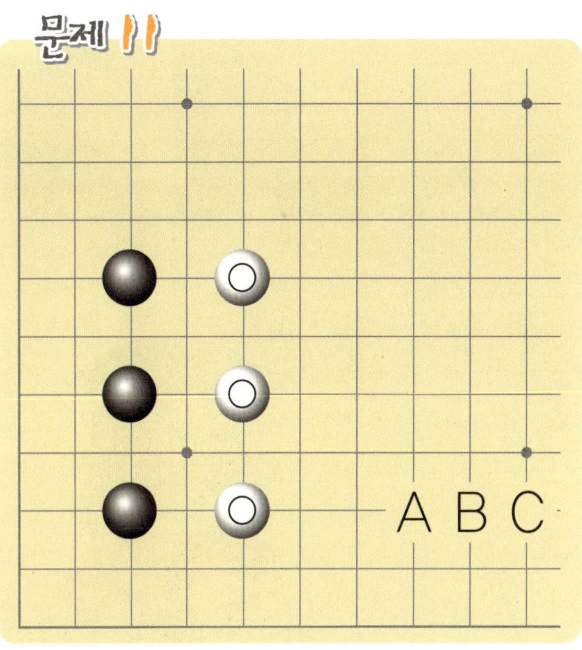

문제 12

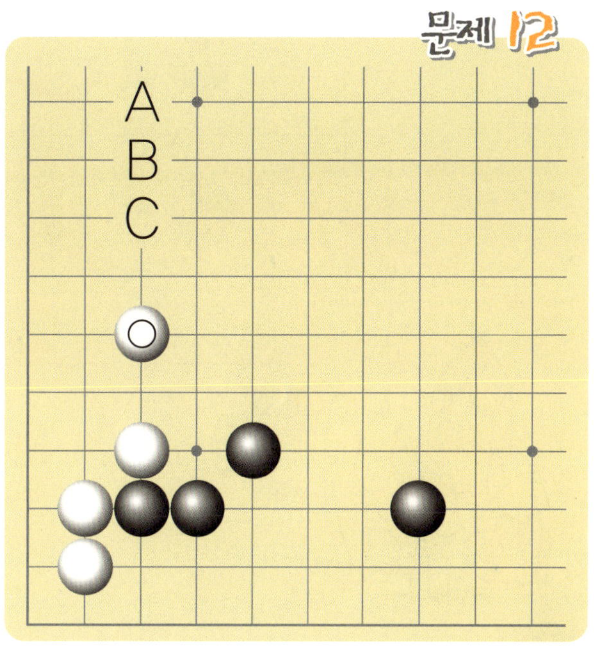

2. 약한 울타리 지키기

또또네 말뚝은 2개의 말뚝이 너무 멀리 떨어져 있어서 아직 울타리가 약해요.

그렇다면 어느 곳에 말뚝을 박아야 강한 울타리가 될까요?

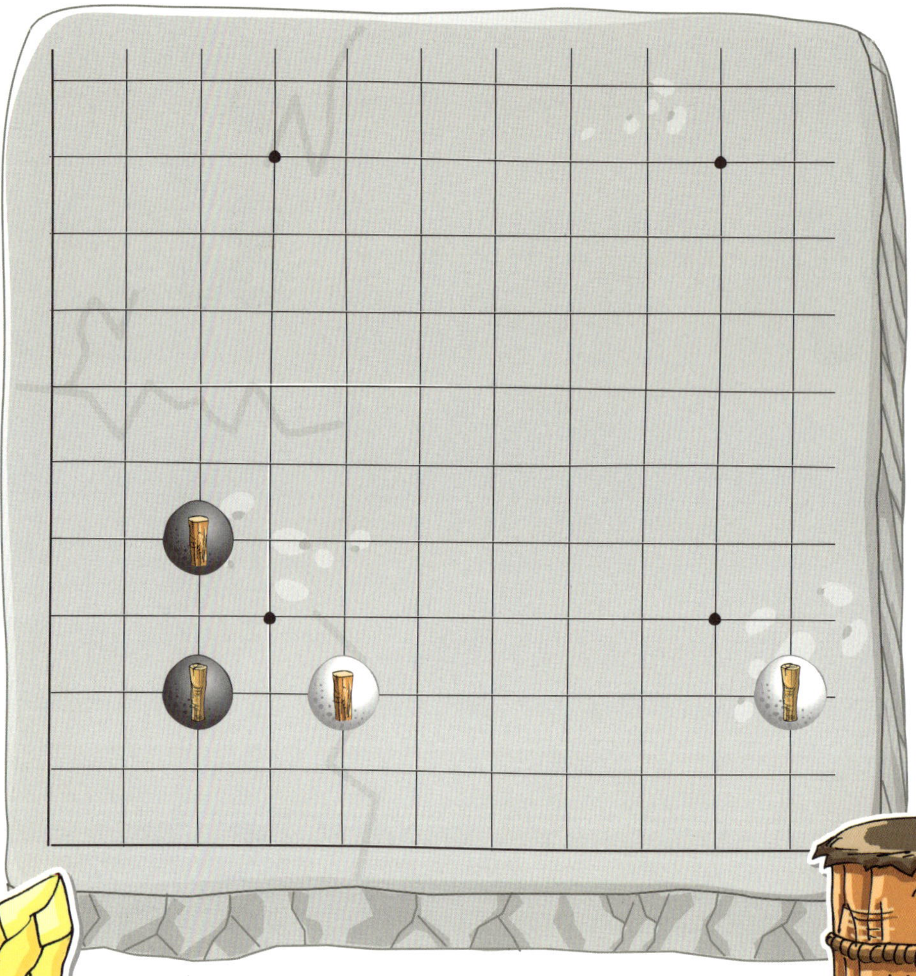

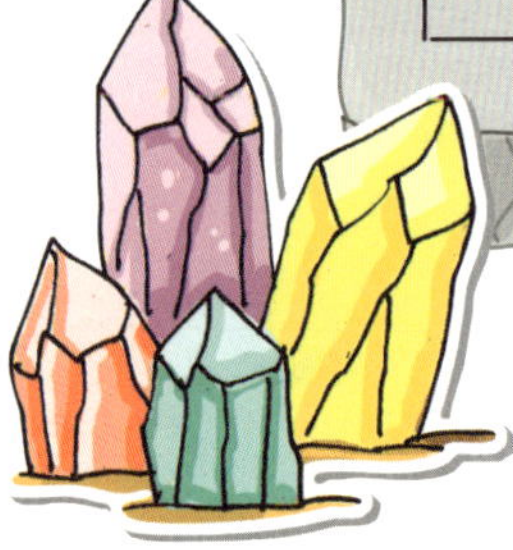

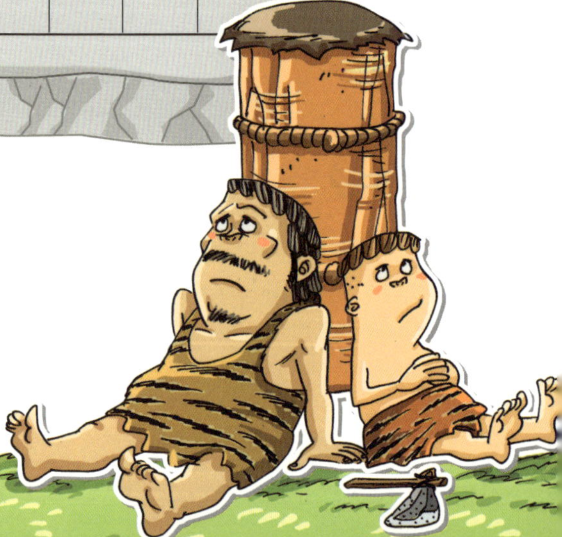

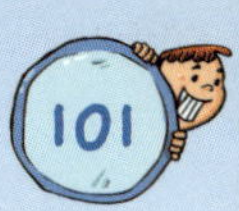

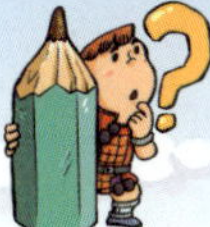

참고 그림 ❶

백1은 백△로부터는 튼튼하지만
백○와 너무 멀리 떨어져 있습니다.

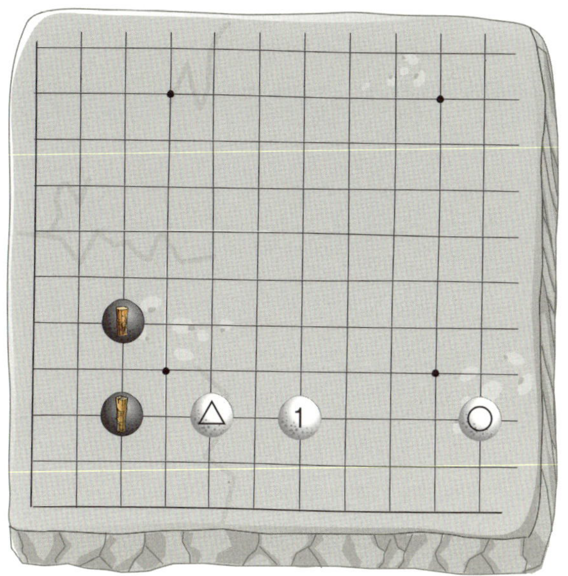

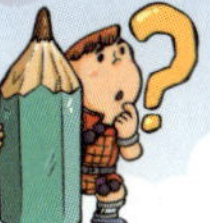

참고 그림 ❷

백1은 백○로부터는 튼튼하지만
백△와 너무 멀리 떨어져 있습니다.

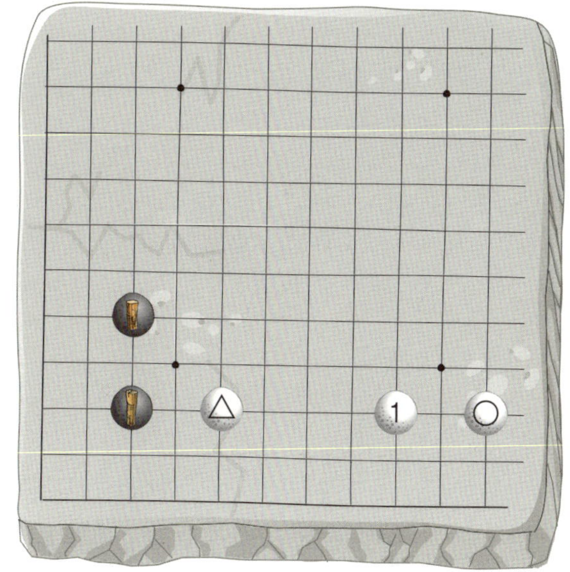

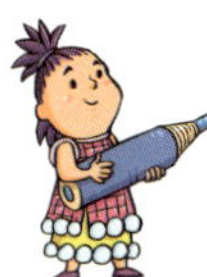

정답 그림

백1이 정답입니다.

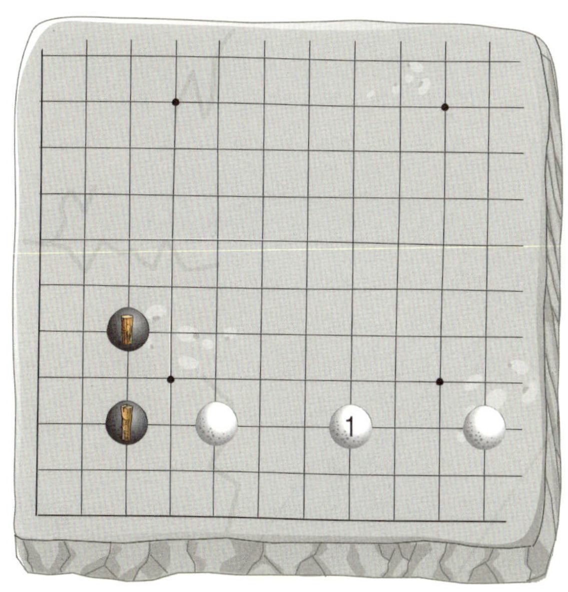

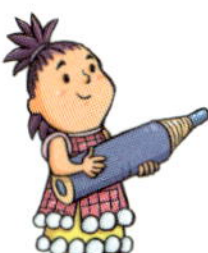

정답 설명

백1은 백○와 백△로부터 모두 2칸
간격을 유지하고 있습니다.

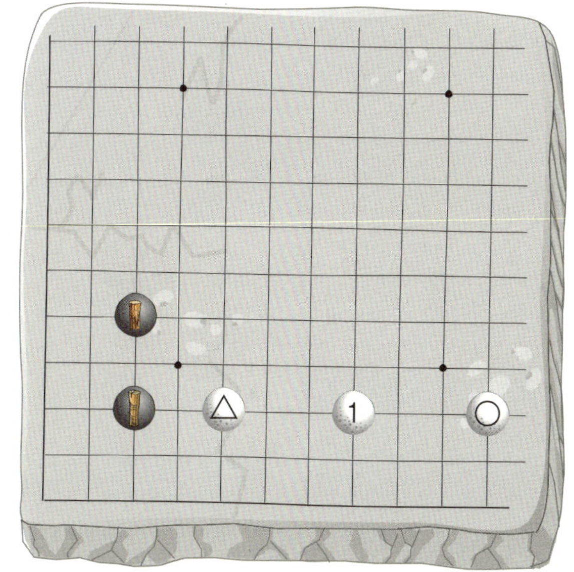

백돌이 약한 울타리를 강한 울타리로 만들려면
A, B, C 중에서 어느 곳에 말뚝을 박아야 할까요?

문제 01

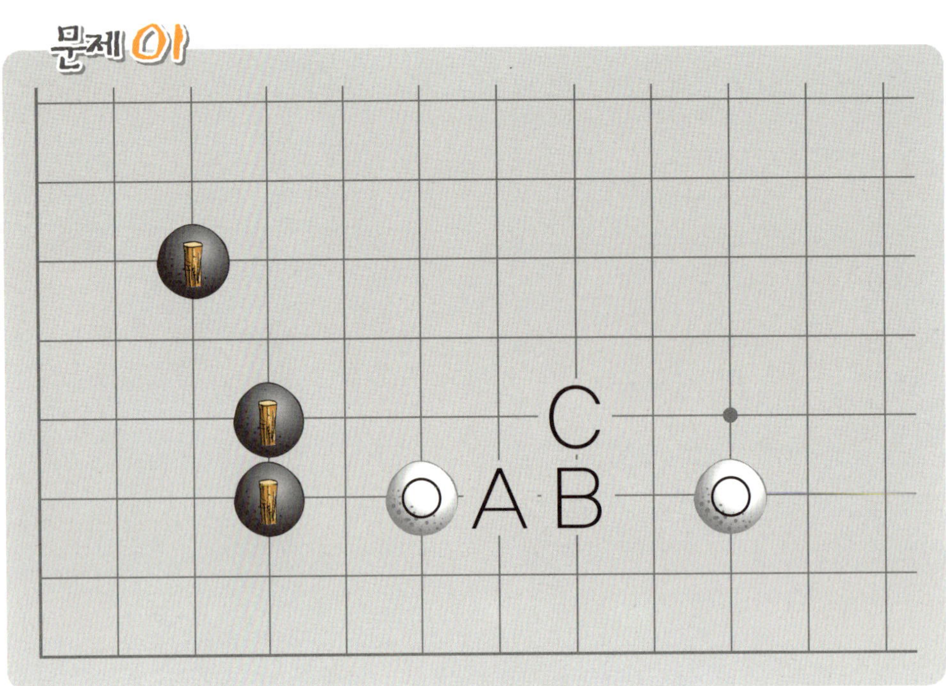

문제 02

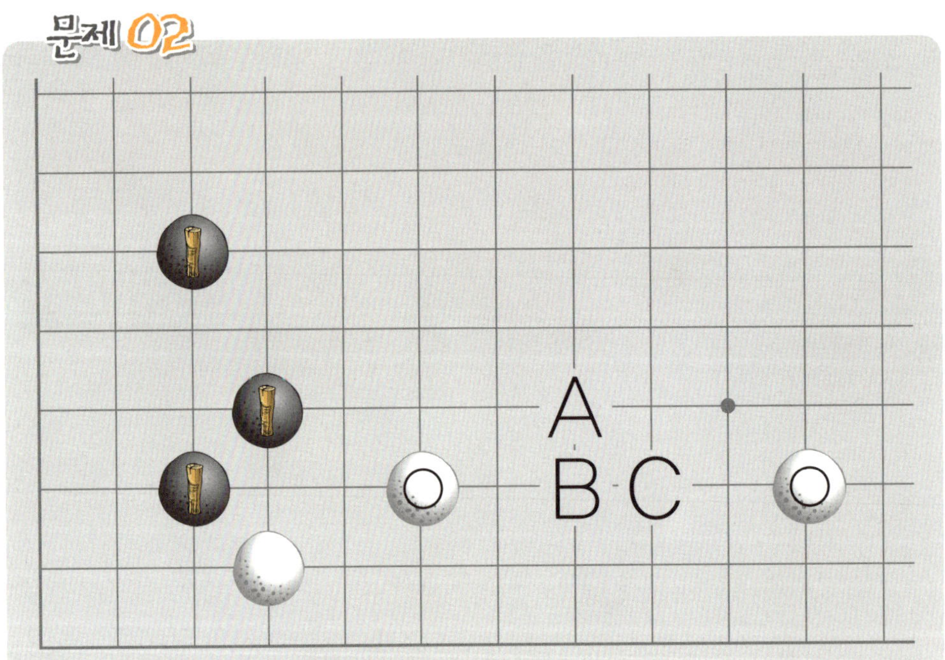

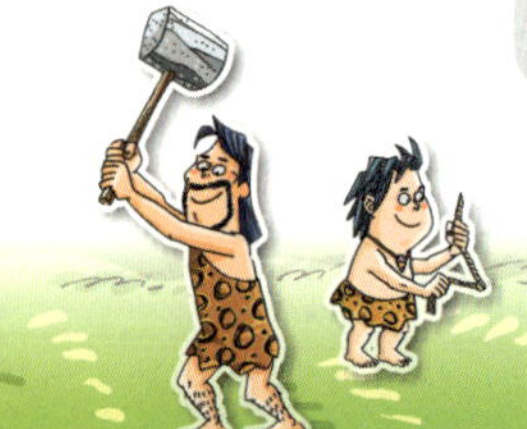

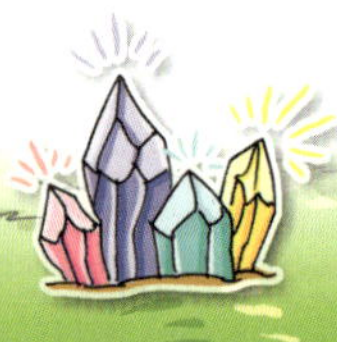

문제 03

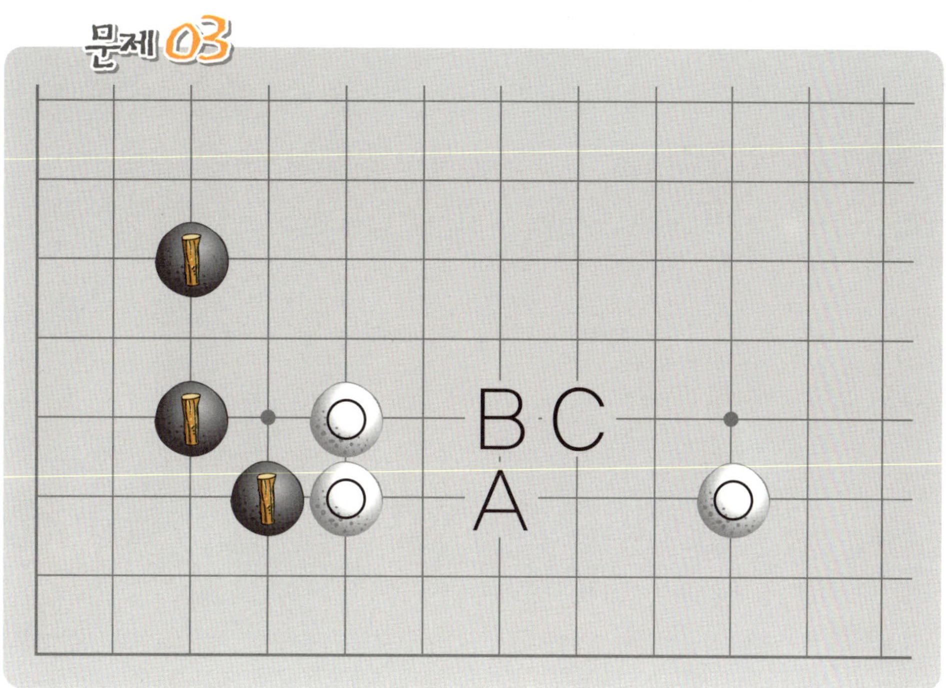

문제 04

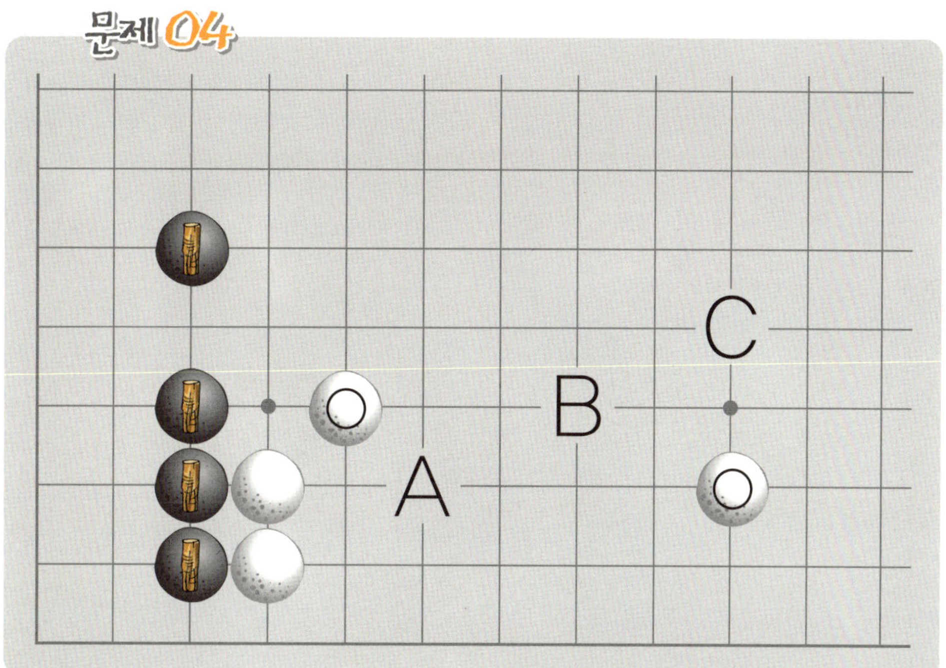

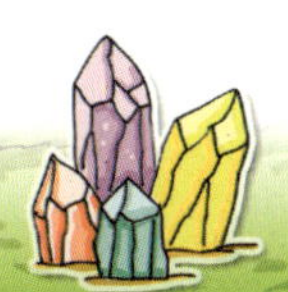

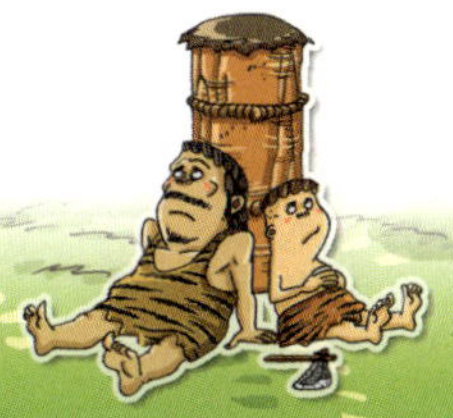

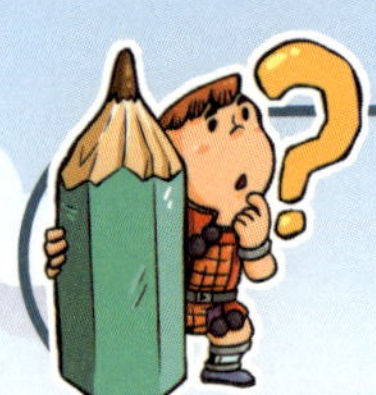

백돌이 약한 울타리를 강하게 만들려면
어느 곳에 말뚝을 박아야 할까요?

문제 05

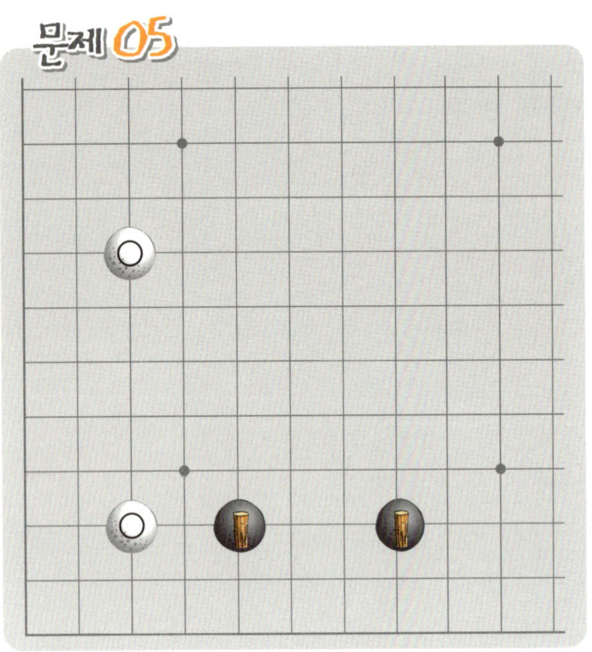

문제 06

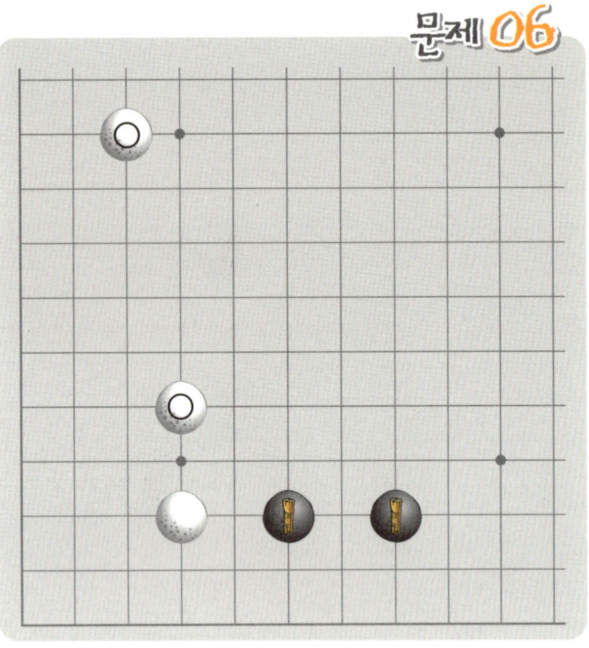

문제 07

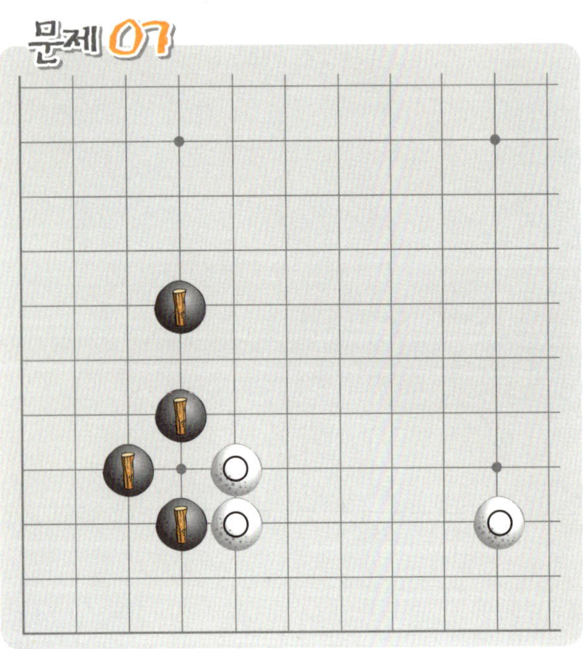

문제 08

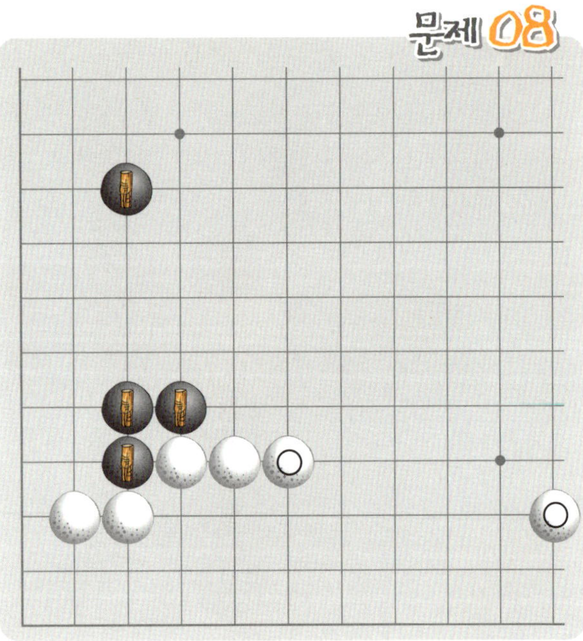

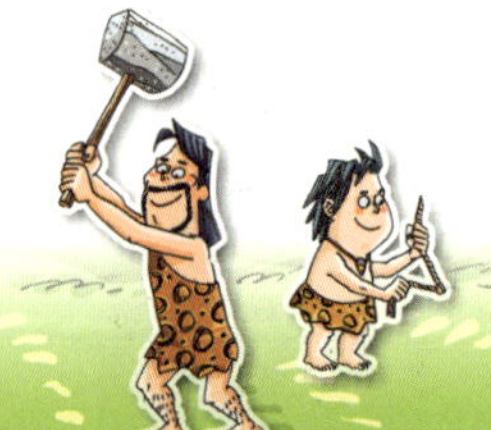
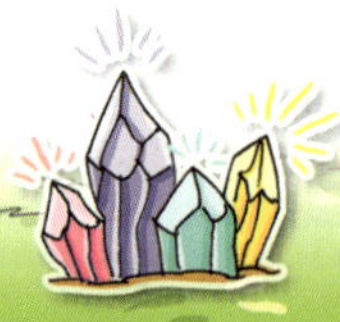

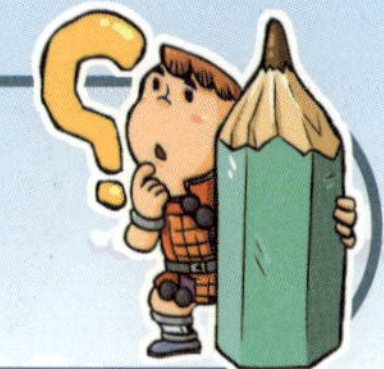

백돌이 강한 울타리를 만들려면
어디에 돌을 두어야 할까요?

문제 **09**

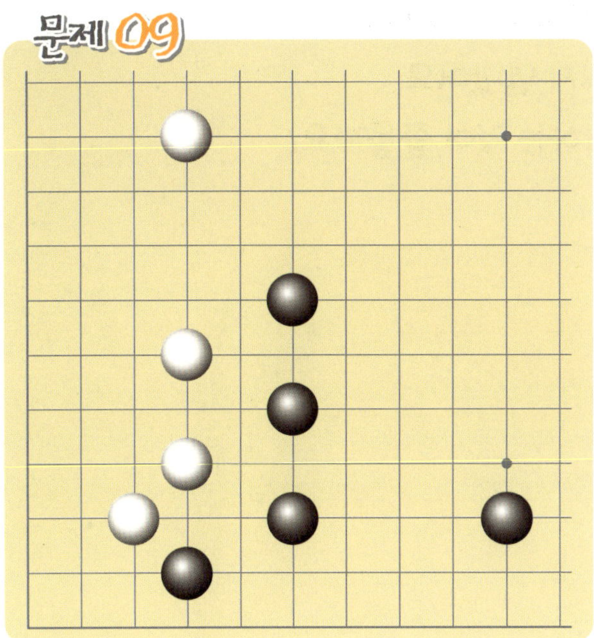

문제 **10**

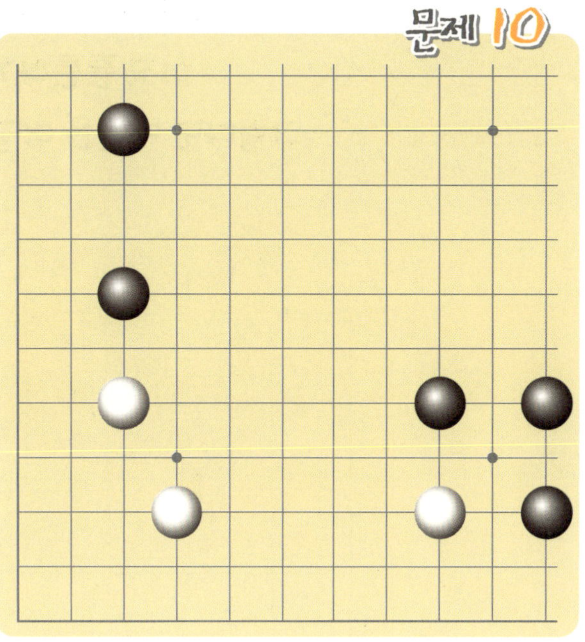

문제 **11**

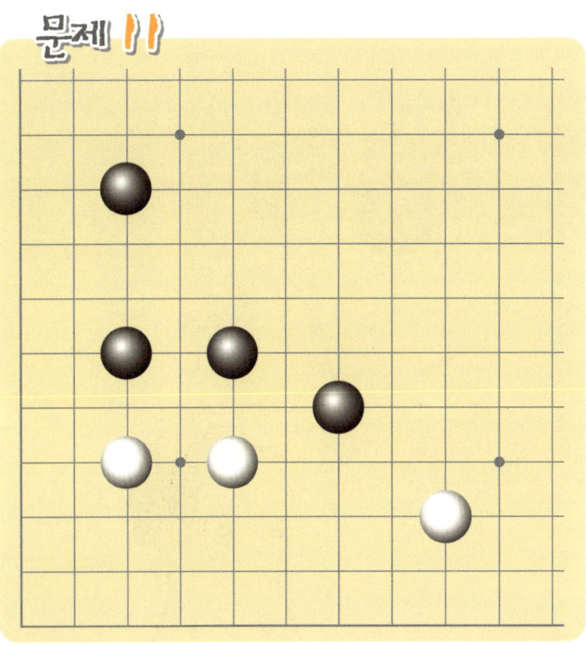

문제 **12**

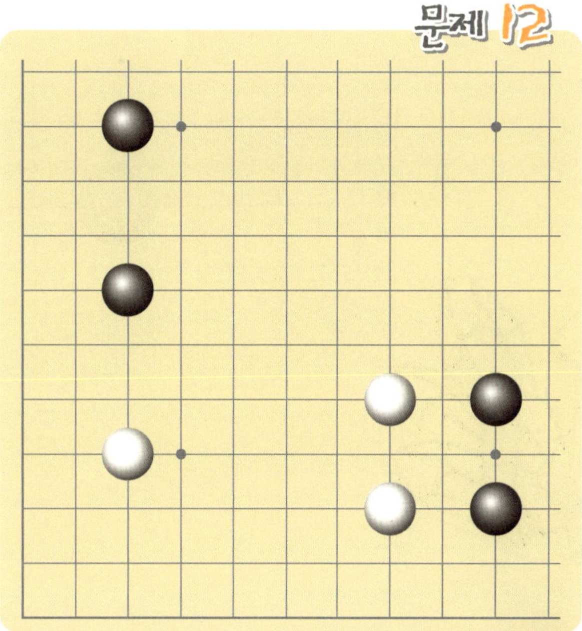

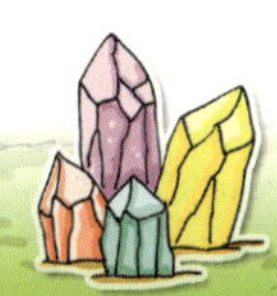
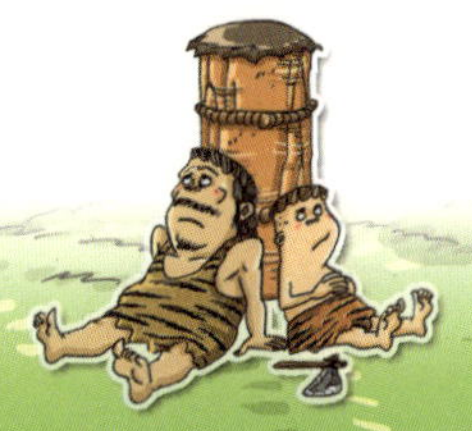

3. 약한 울타리 공격하기

2개의 말뚝으로 만들어진 흑돌 울타리가
아직 튼튼하게 연결되지 않았어요.
그렇다면 백돌은 어떻게 공격하는 것이 좋을까요?

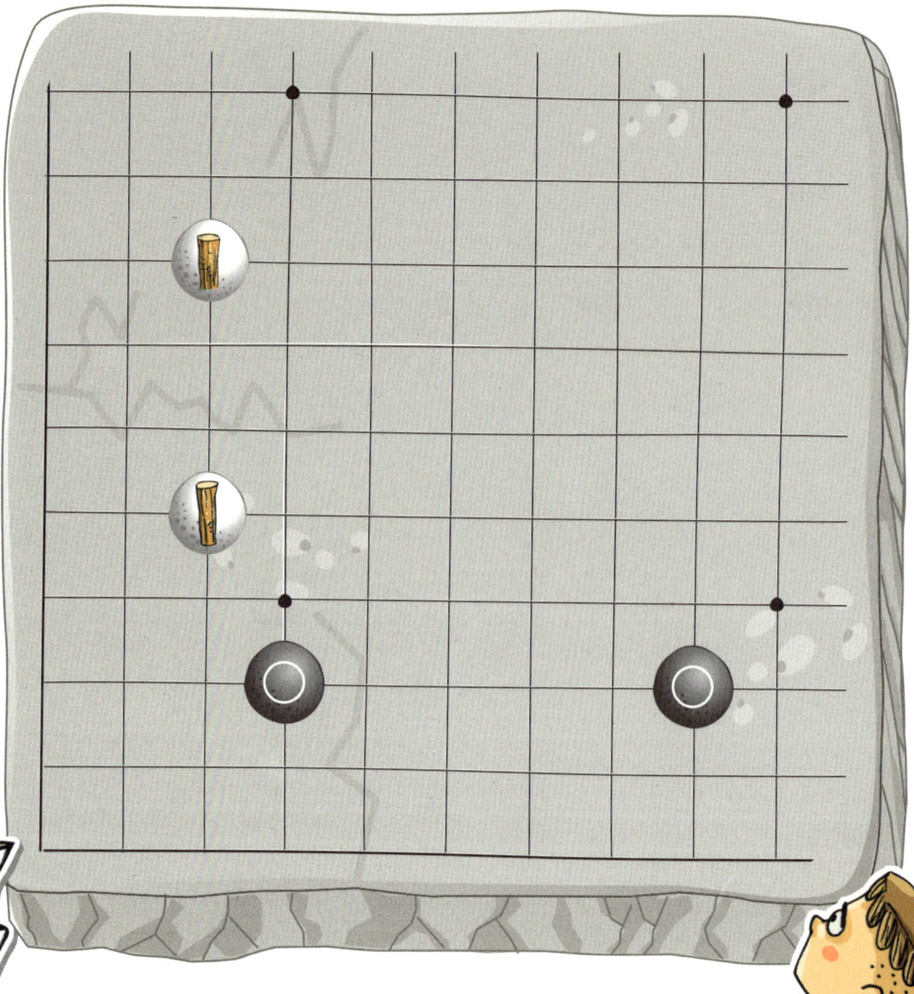

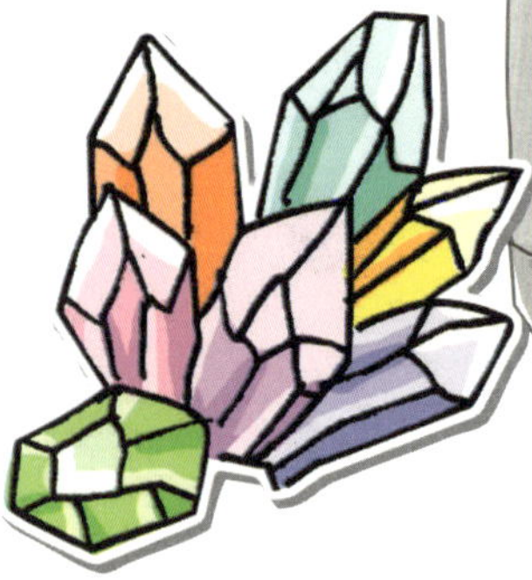

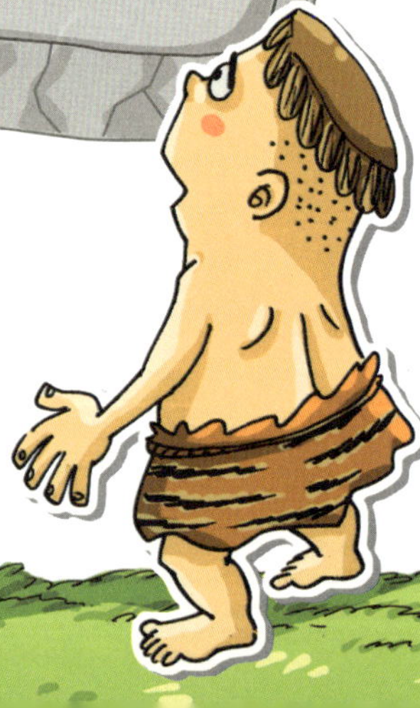

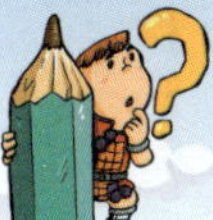

참고 그림

백1로 공격하면 흑돌은 흑2로
방어하게 됩니다.

그러면 흑△와 1칸, 흑○와 2칸 간격을 유지
하게 되므로 튼튼한 울타리가 완성됩니다.

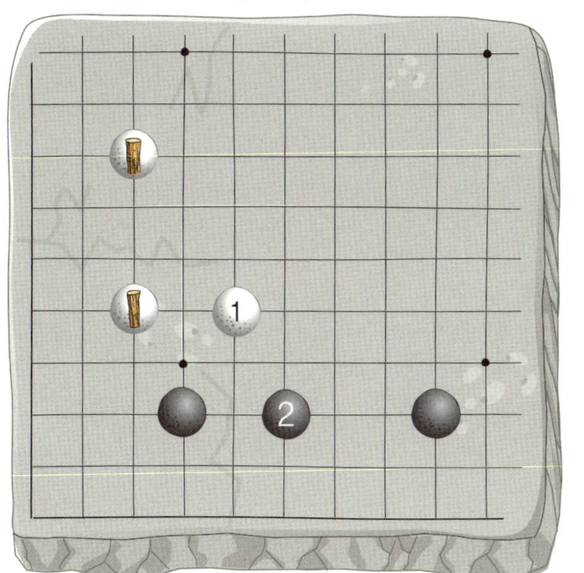

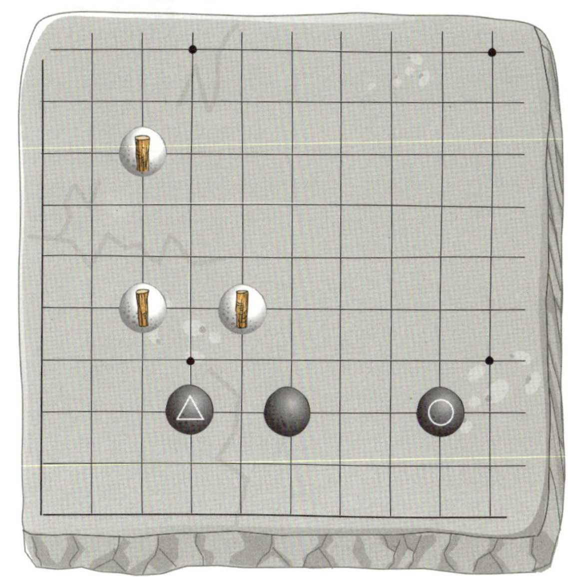

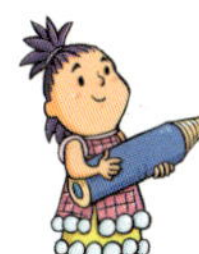

정답 그림 ❶

백1이 정답입니다. 백1로 두면 흑△와
흑○를 연결시키기가 어려워집니다.

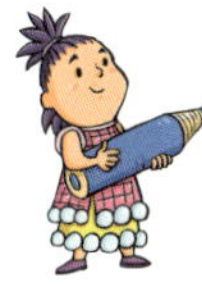

정답 그림 ❷

백2도 정답입니다. 백2로 두어도 흑△와
흑○를 연결시키기가 어려워집니다.

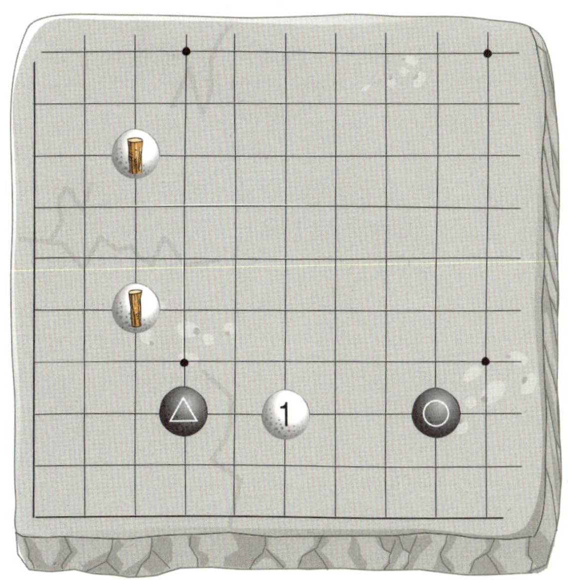

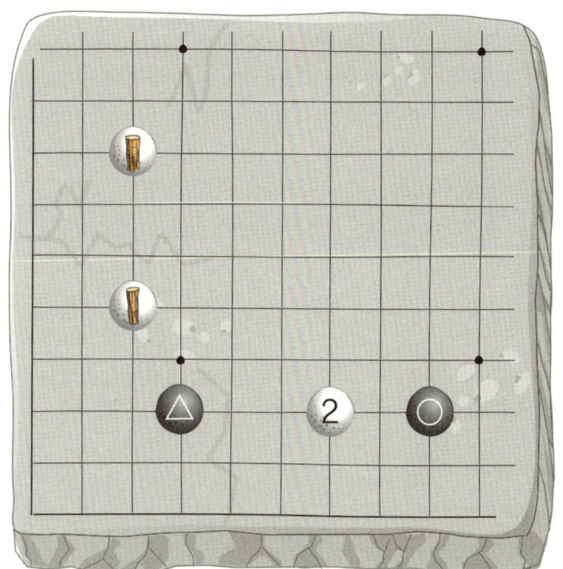

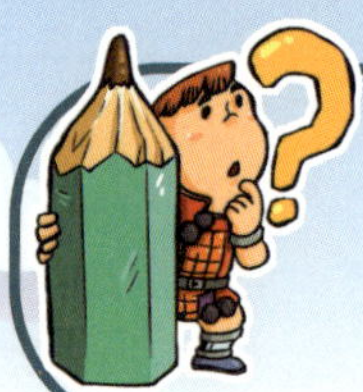

2개의 말뚝으로 만들어진 흑돌 울타리가
아직 튼튼하게 연결되지 않았어요. 그렇다면
백돌은 어떻게 공격하는 것이 좋을까요?

문제 01

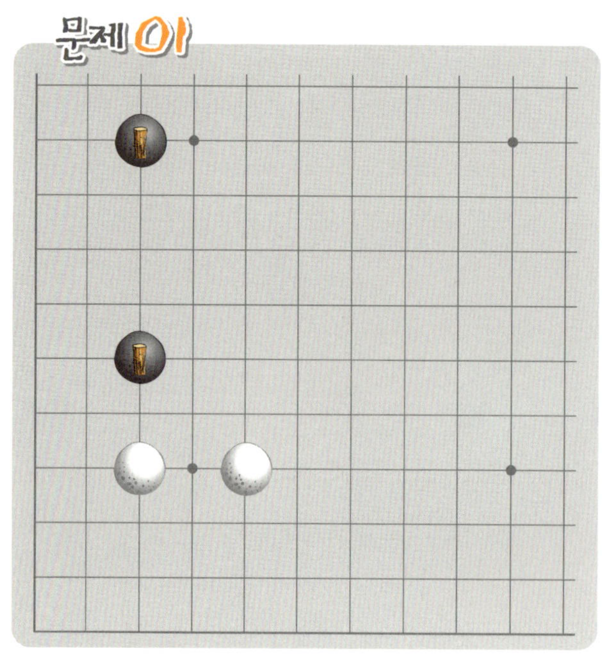

문제 02

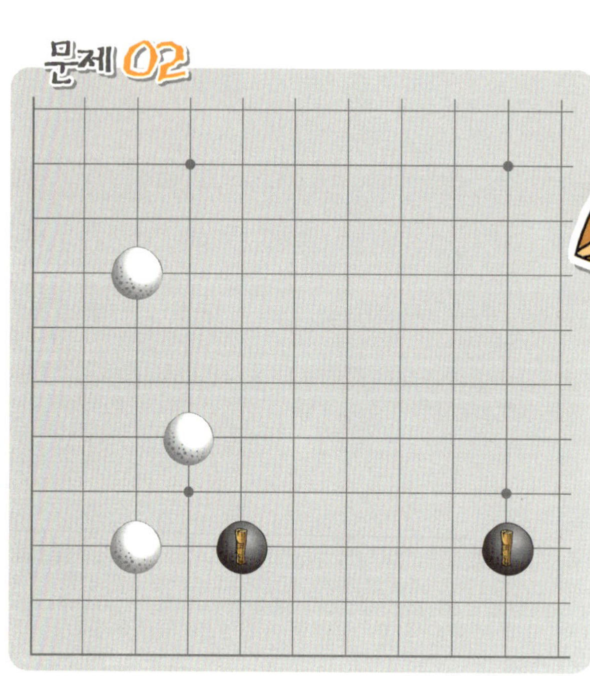

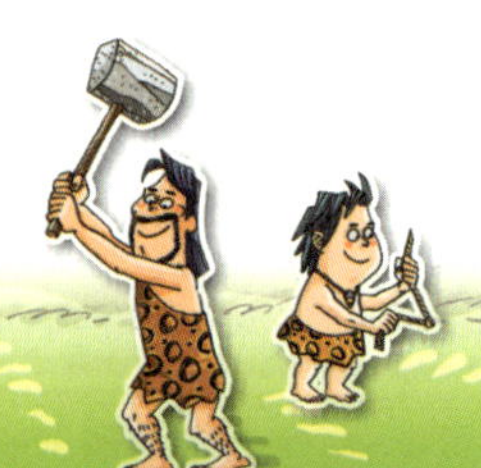

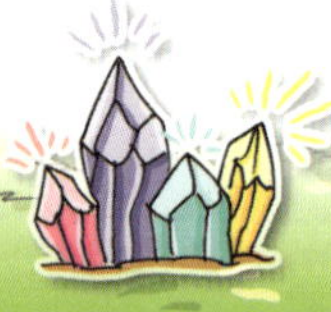

문제 **03**

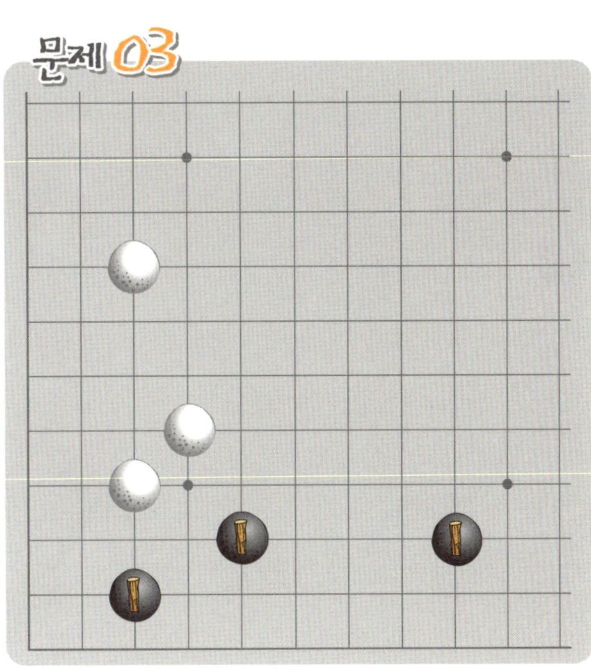

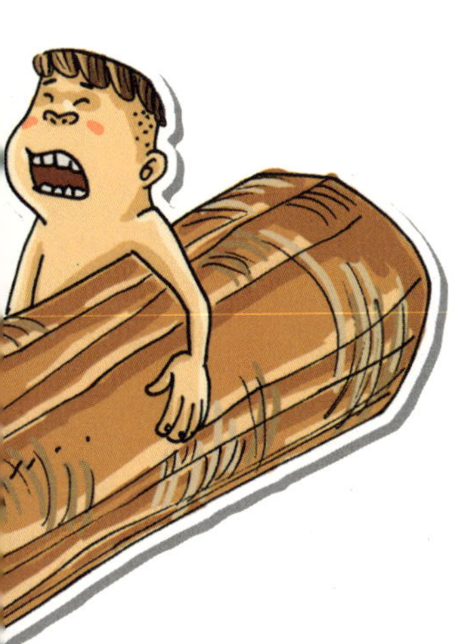

문제 **04**

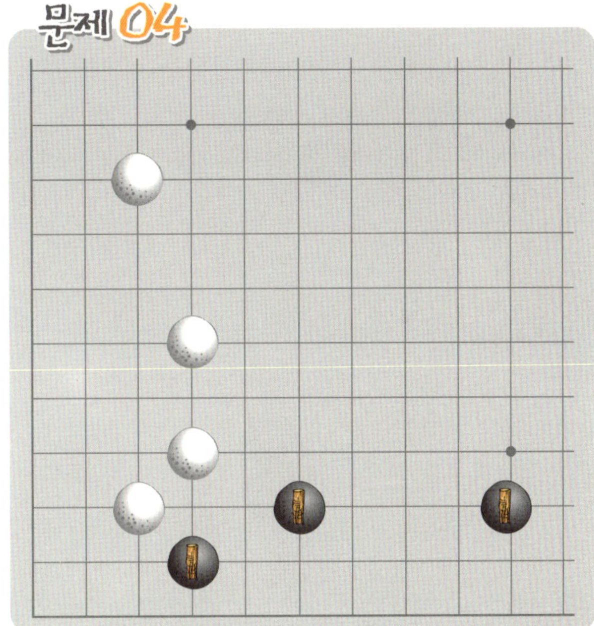

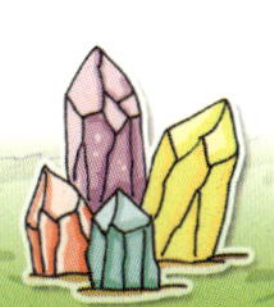

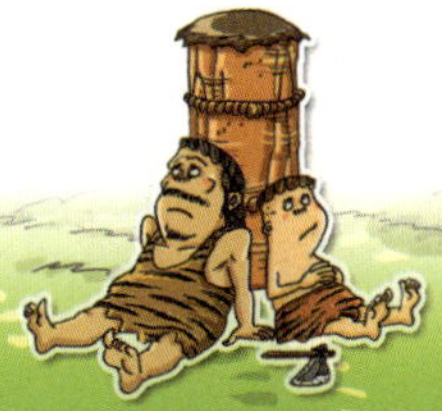

2개의 흑돌이 아직 튼튼하게 연결되지 않았어요.
그렇다면 백돌은 어떻게 공격하는 것이 좋을까요?

문제 05

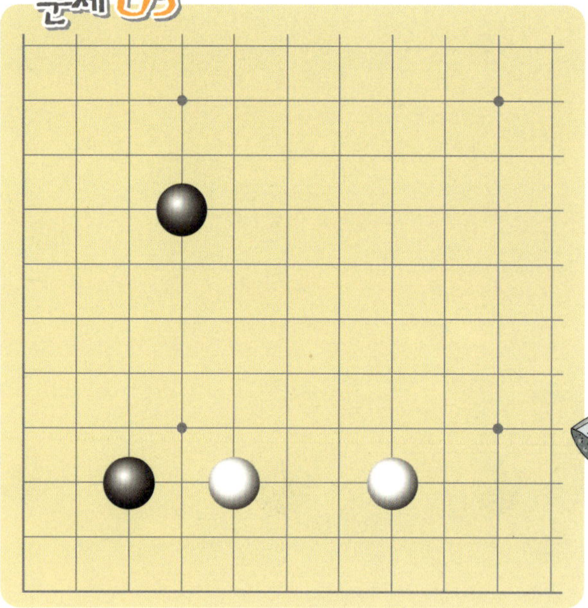

문제 06

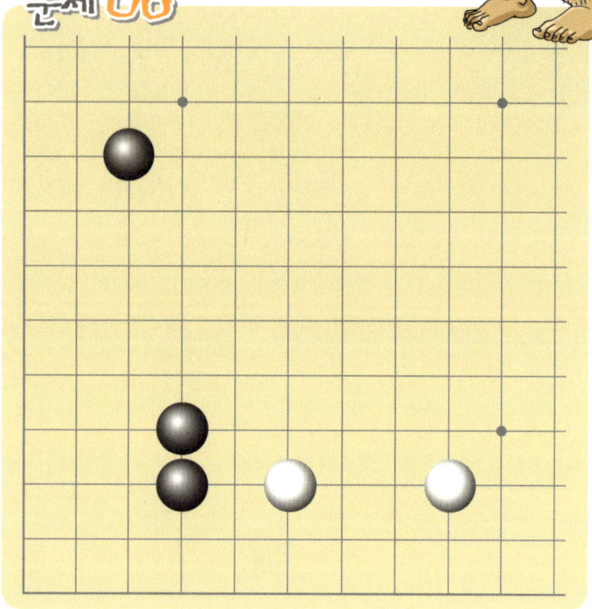

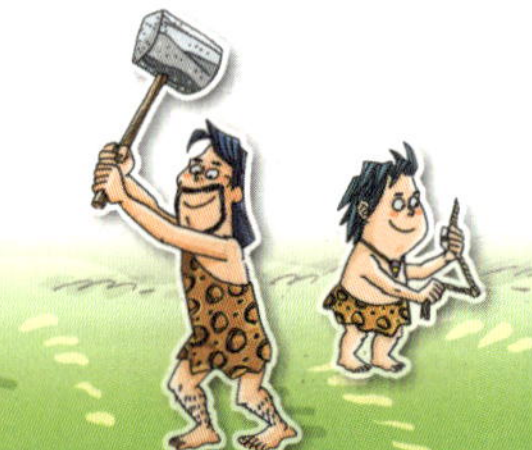

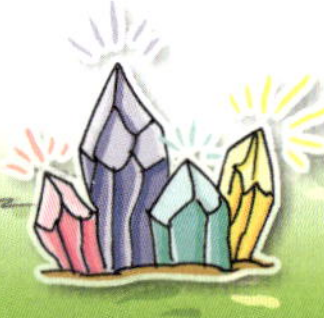

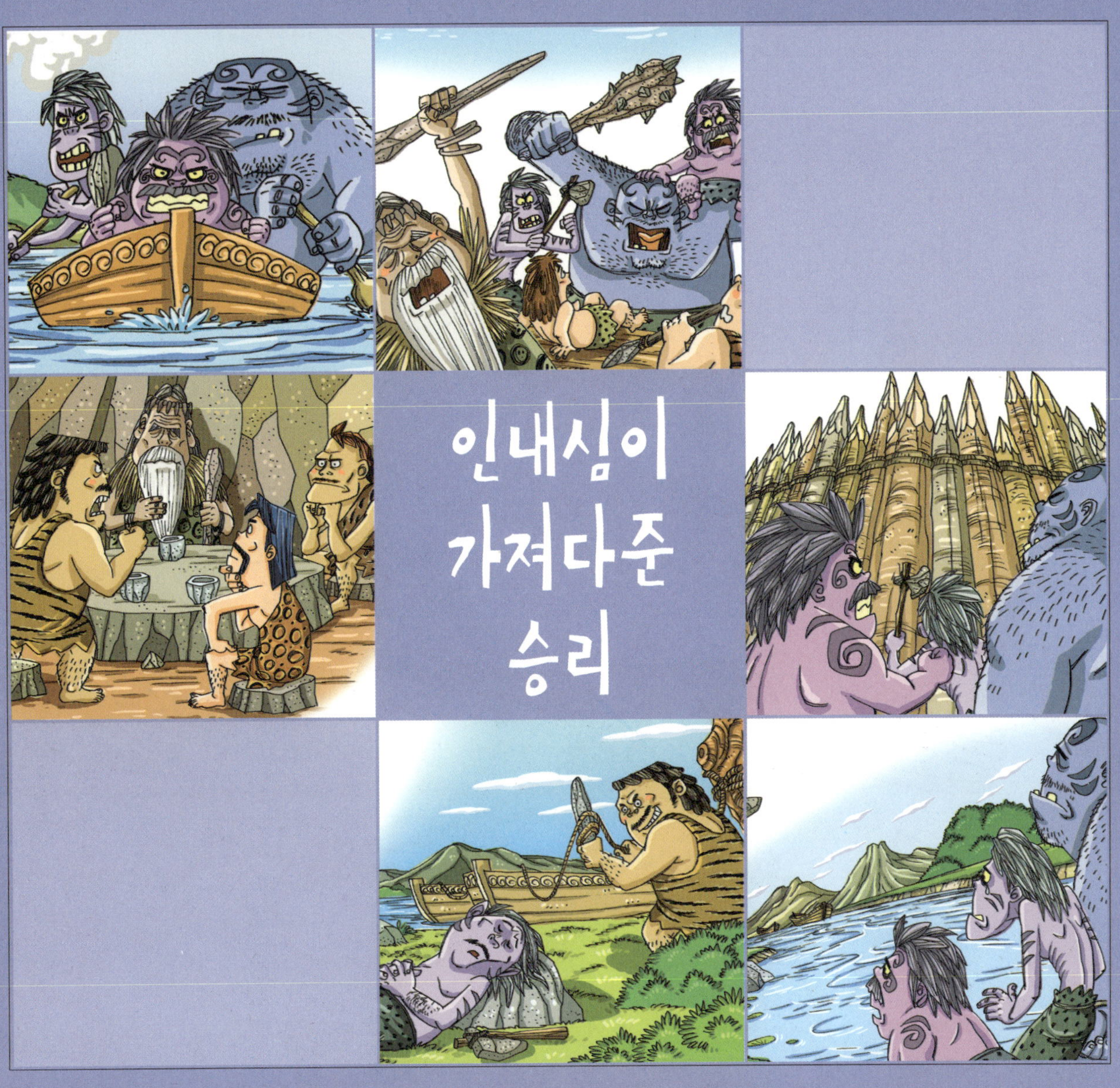

인내심이
가져다준
승리

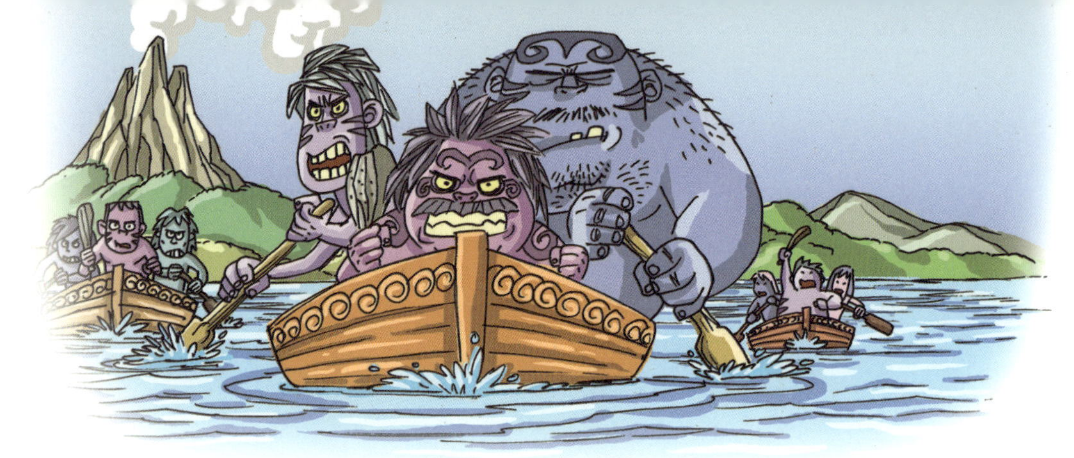

강 건너에 사는 마사키 부족은 호시탐탐 또또네 마을을 침략할 기회만 노렸어요.

또또네 마을 사람들은 혹시 모를 침입에 대비해 방어망을 만들었지요.

그러던 어느 날 망루에 올라가 보초를 서던 사람이 외쳤어요.

"큰일 났어요. 마사키 부족이 배를 타고 쳐들어오고 있어요."

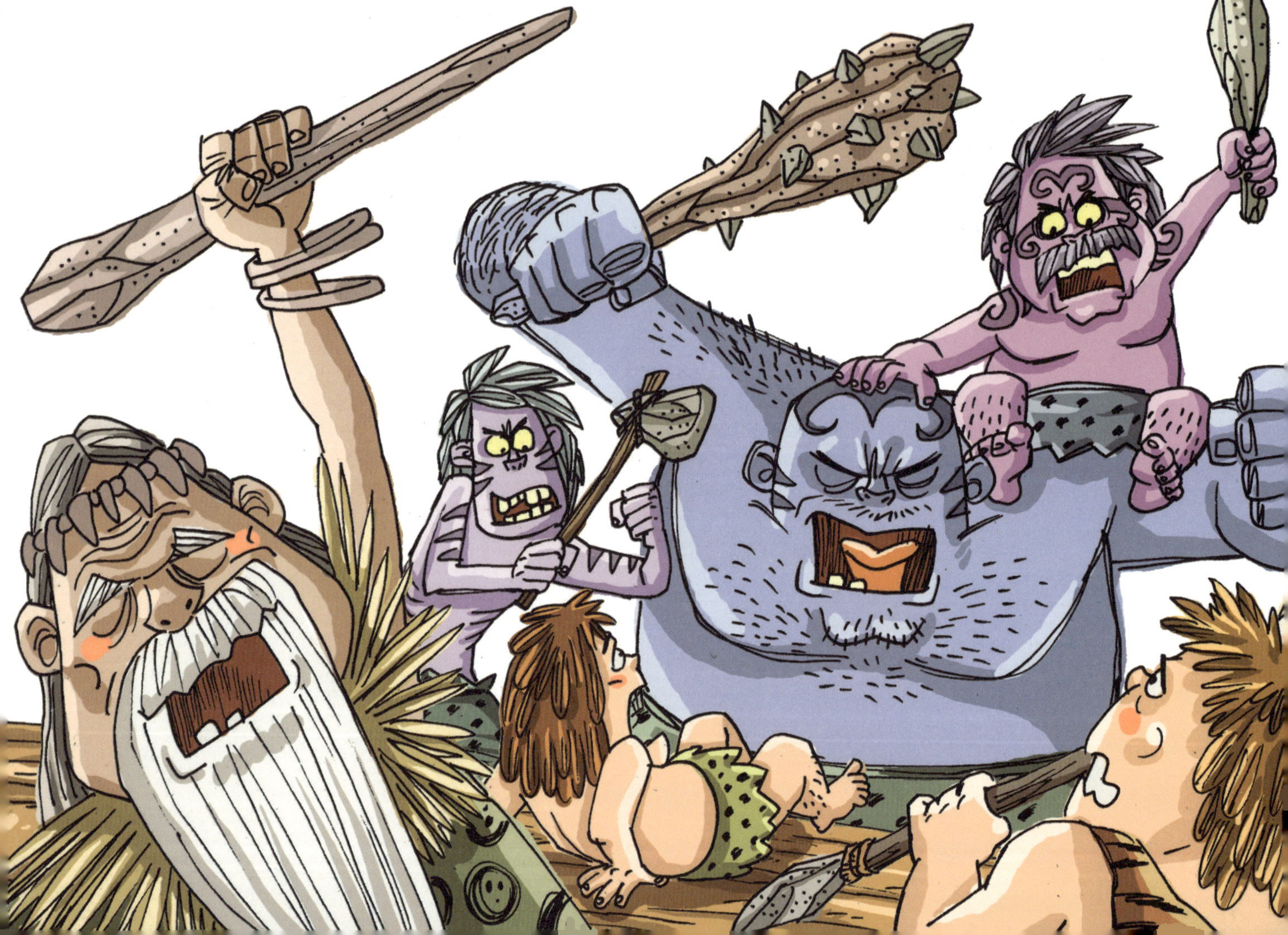

마을 촌장님은 재빨리 마을 사람들을 불러 모아 모두 방어망 뒤로 숨게 했어요.

배에서 내려 또또네 마을로 쳐들어오던 마사키 부족 사람들은 높은 방어망 앞에서 주춤할 수밖에 없었지요.

"에잇, 높은 방어망 때문에 더 이상 앞으로 나아가기 어렵겠네."

마사키 부족 사람들은 일단 방어망 근처에서 멈추었어요.

그사이 방어망 뒤에서는 또또네 마을 사람들이 긴급 대책 회의를 열었지요.

"다시는 마사키 부족 사람들이 우리 마을을 넘보지 못하도록 맞서 싸워야 합니다."

꾸꾸아빠가 의견을 내었어요.

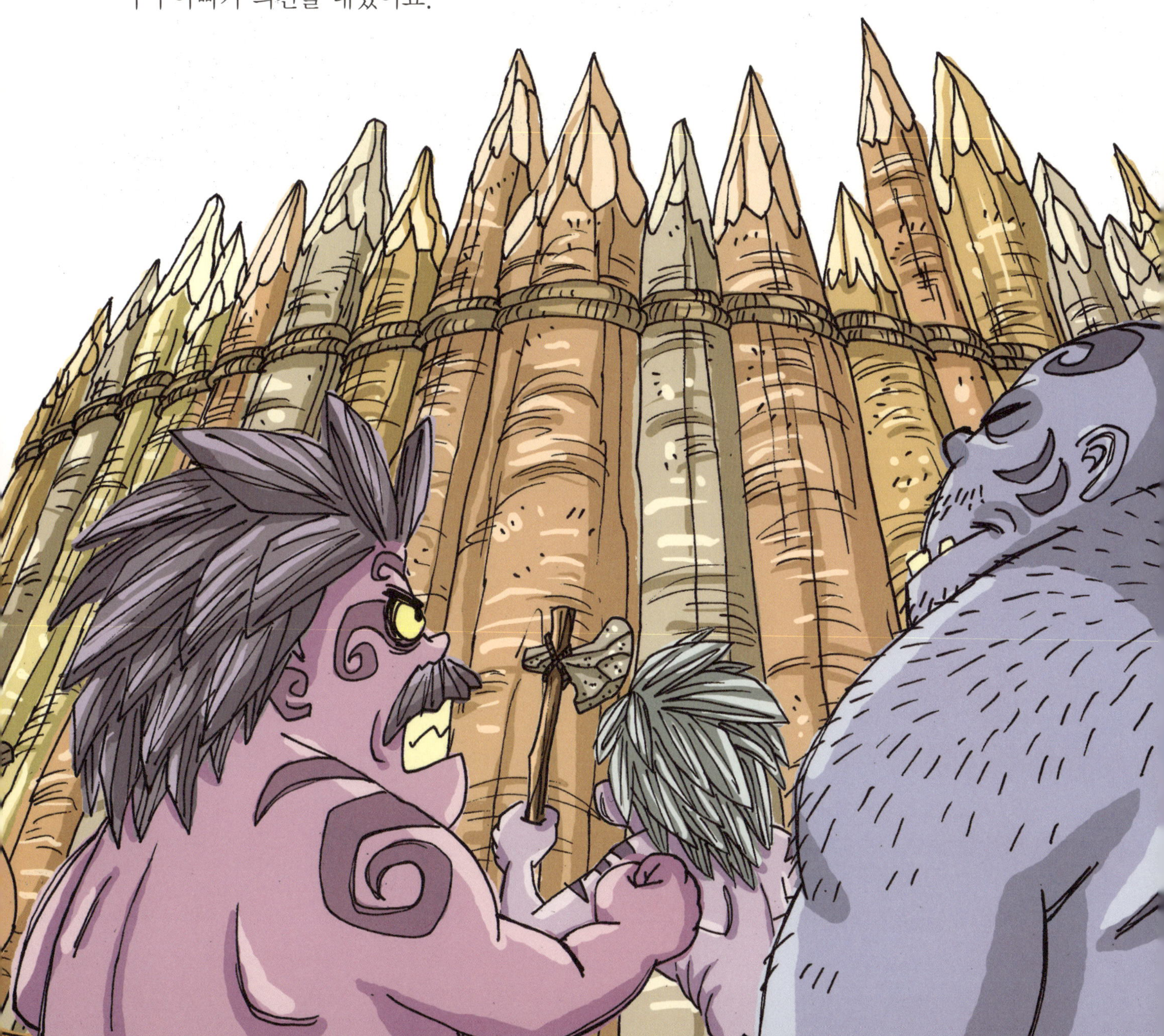

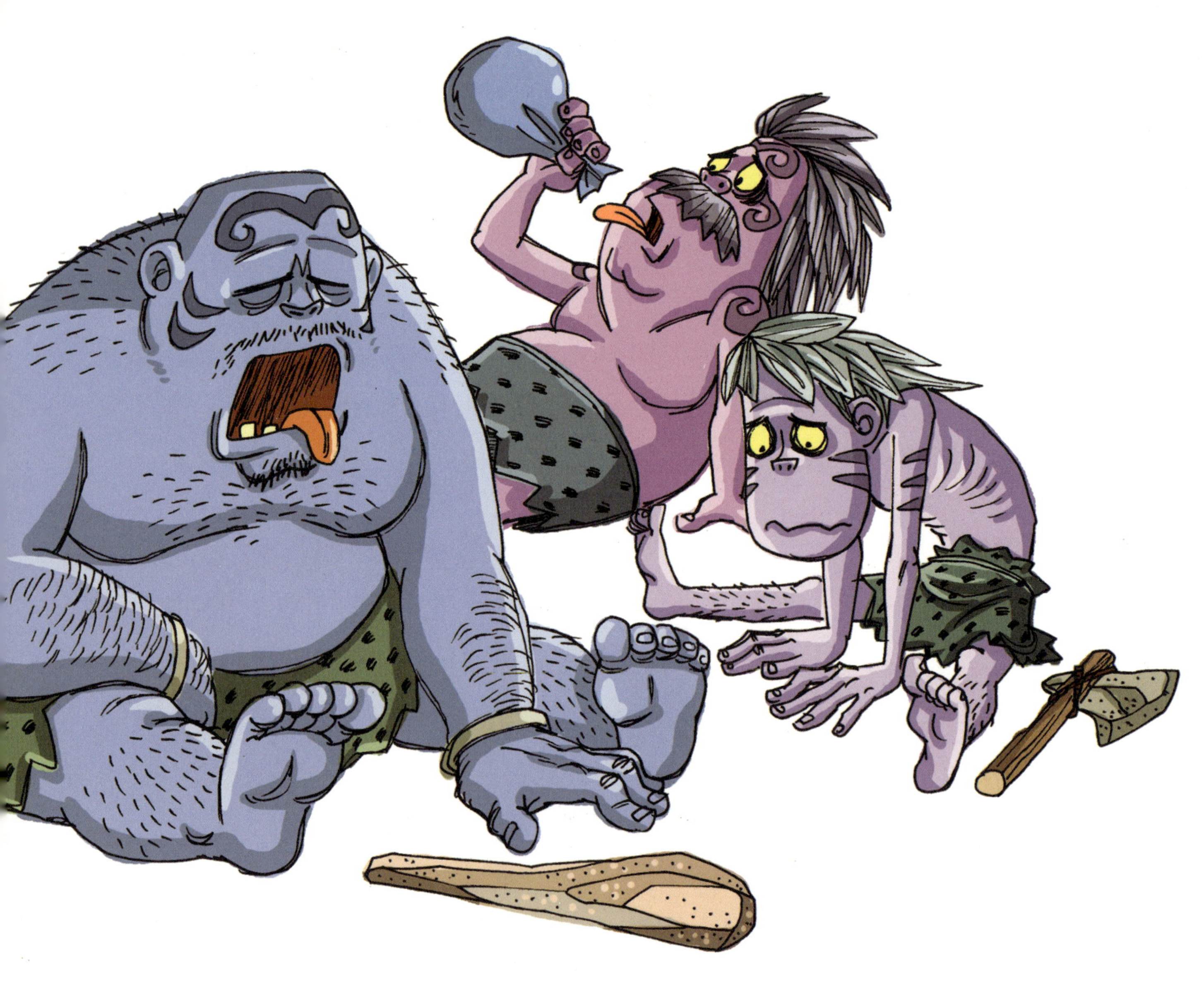

"아닙니다. 마사키 부족은 힘이 세기 때문에 무조건 정면으로 맞서 싸우다 보면
우리가 더 다치게 됩니다. 다른 좋은 꾀를 생각해 내야 합니다."
또또아빠가 반대 의견을 내었지요.

어른들의 근심거리를 듣던 또또에게 좋은 생각이 떠올랐어요.
"우리는 굳이 싸우지 않아도 될 것 같아요. 방어망 뒤에 숨어서 길목만 잘 지키면
마사키 부족이 쳐들어오지 못하잖아요. 그사이에 몰래 마사키 부족의 배를 없애
버리는 거예요. 시간이 지나 식량이 떨어지면 마사키 부족은 점점 약해지면서
스스로 쓰러질 테니 말이에요."

또또의 의견을 들은 어른들은 그대로 따르기로 했어요.

배를 없애는 일은 꾸꾸아빠가 맡았지요. 꾸꾸아빠는 마사키 부족 뒤편으로 몰래 숨어들어

배를 묶고 있던 밧줄을 끊었어요. 그러자 배가 강 아래로 떠내려가 버렸어요. 그 사실도 모른

채 마사키 부족 사람들은 연일 또또네 마을 사람들에게 맞서 싸우자며 소리를 질렀어요.

"이 겁쟁이들아, 나와서 우리와 싸우자."

겁쟁이란 소리를 들은 마을 사람들은 화가 치밀었지만 참았어요.

그렇게 하루가 지나고, 이틀이 지나고 시간이 계속해서 흘렀어요.

마사키 부족은 할 일이 없자 힘이 빠지기 시작했어요.

배가 떠내려간 뒤엔 식량조차 구할 수 없어서 나날이 약해졌지요.

다시 제 마을로 돌아가고 싶어도 배가 없어 돌아갈 수도 없었고요.

마사키 부족은 아무런 힘도 쓰지 못하고 스스로 쓰러져 버렸답니다.

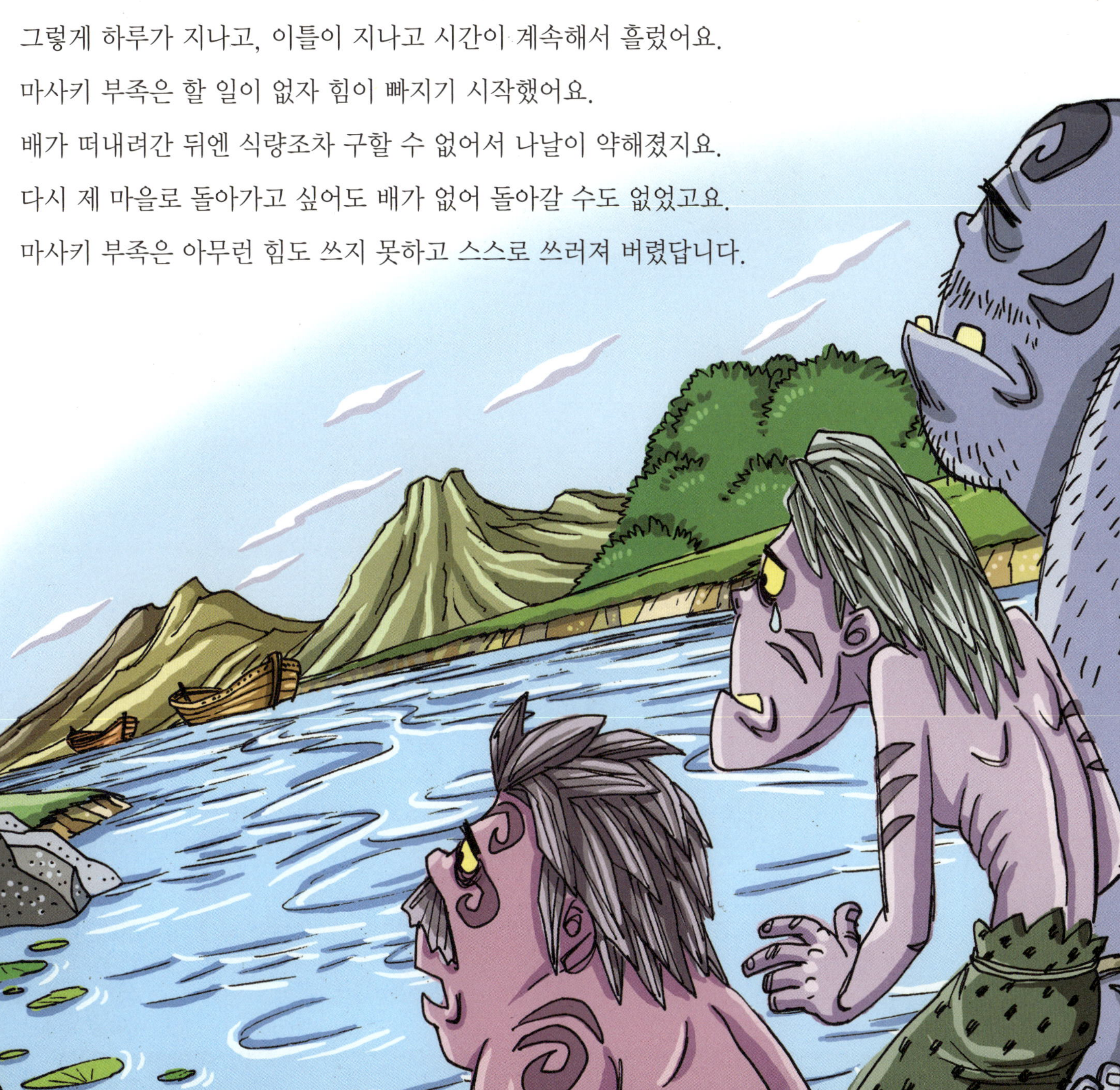

1. 공격할 수 있을까?

마사키 부족이 공격해 오고 있어요. 또또네는 어떻게 해야 할까요?
A는 공격하는 수이고 B는 수비하는 수예요.

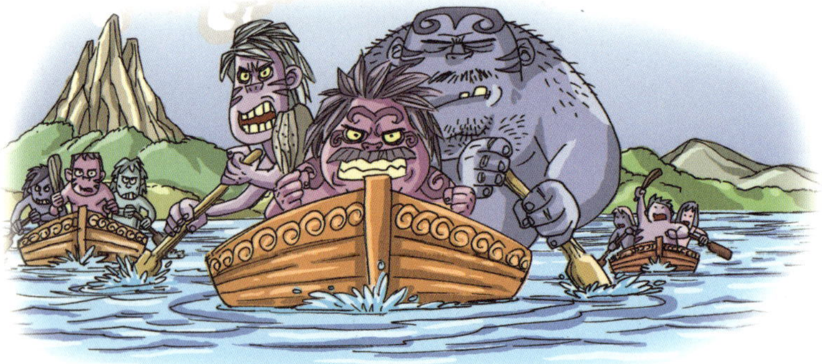

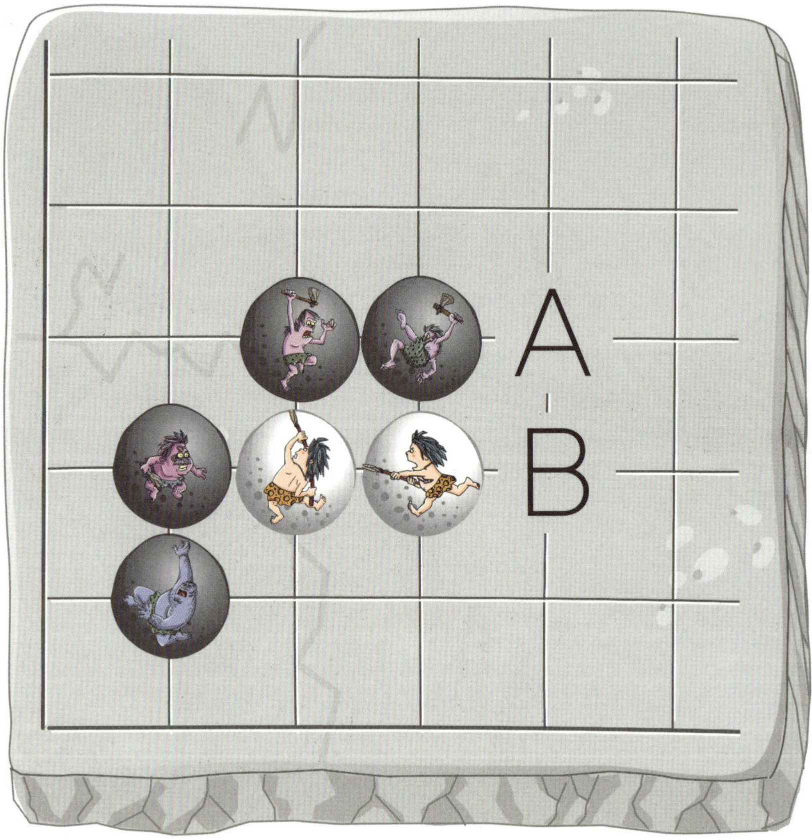

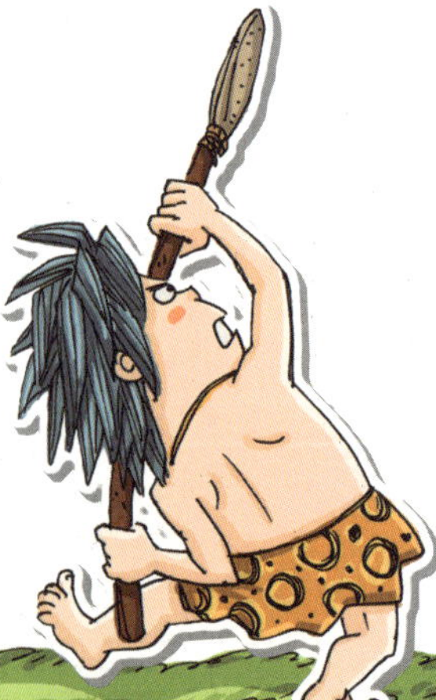

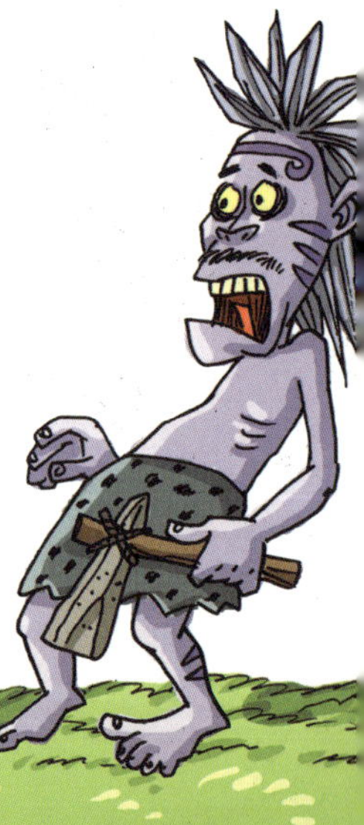

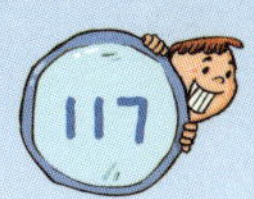

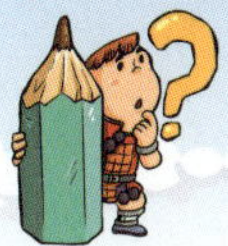
참고 그림

지금은 또또네 부족(백○) 사람들보다 마사키 부족(흑○) 사람들이 더 많고 힘이 강합니다. 그러므로 지금 공격하면 실패합니다.

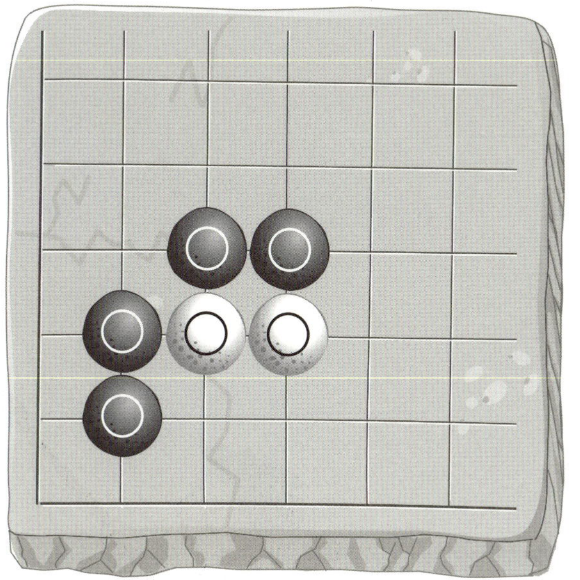

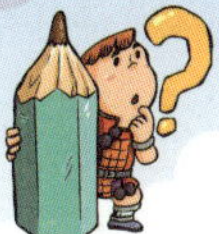
실패 그림 ❶

백1로 공격하면 위험합니다.

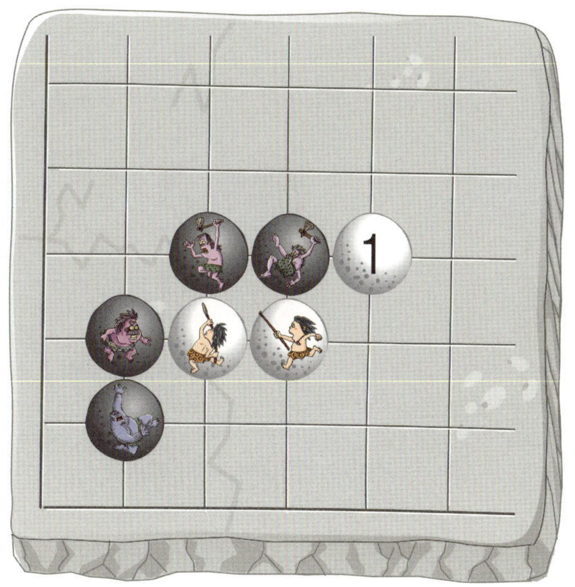

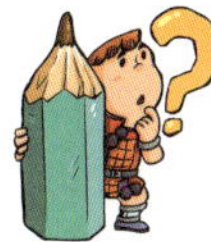
실패 그림 ❷

마사키 부족이 흑1로 공격하면 또또네 부족이 위험해지기 때문입니다.

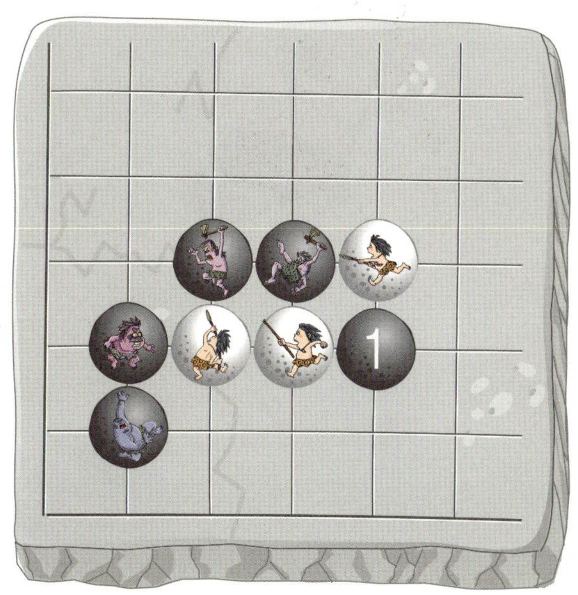

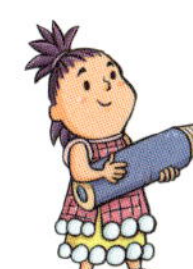
정답 그림

상대방이 강하므로 백1로 수비하는 것이 현명한 선택입니다.

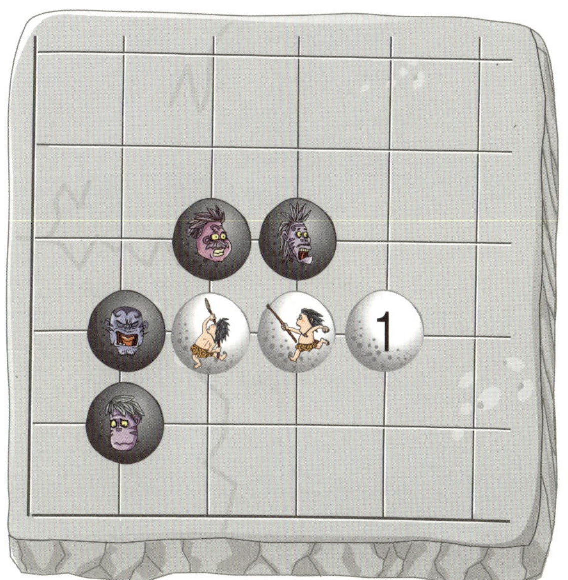

또또네 부족과 마사키 부족 중 누가 더 강할까요?
강한 쪽에 동그라미해 보세요.

문제 01

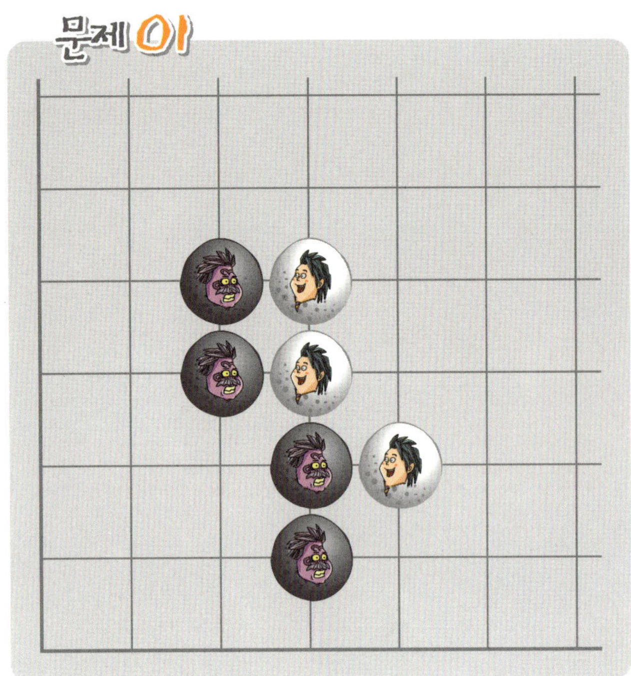

문제 02

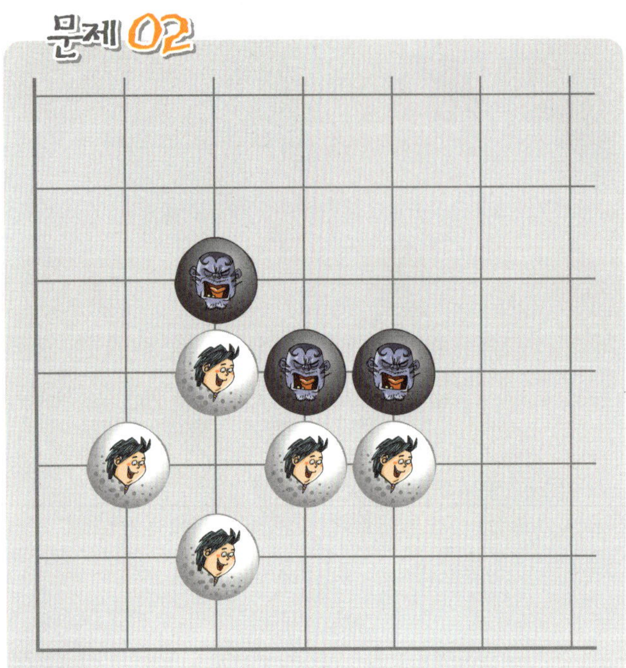

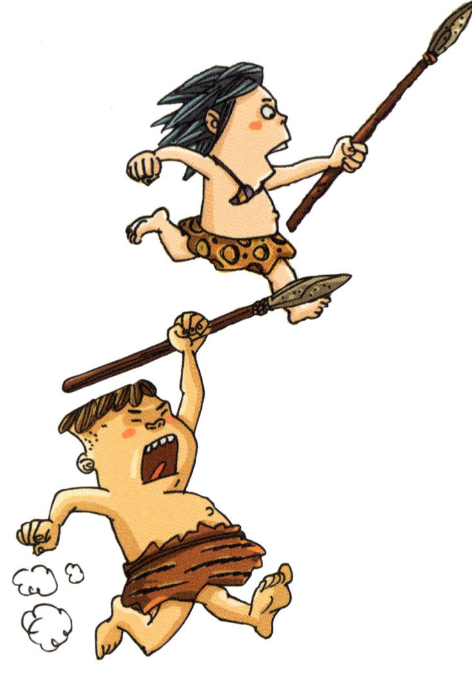

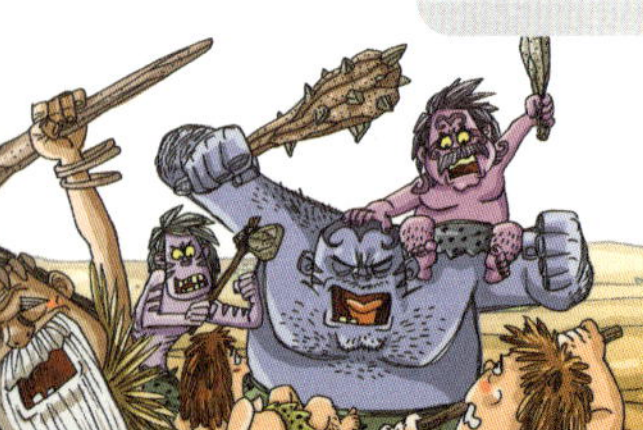

문제 03

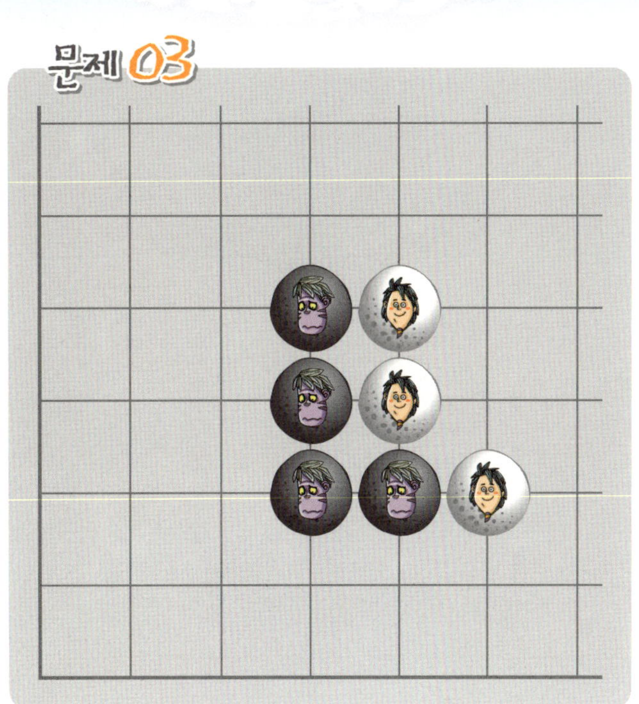

문제 04

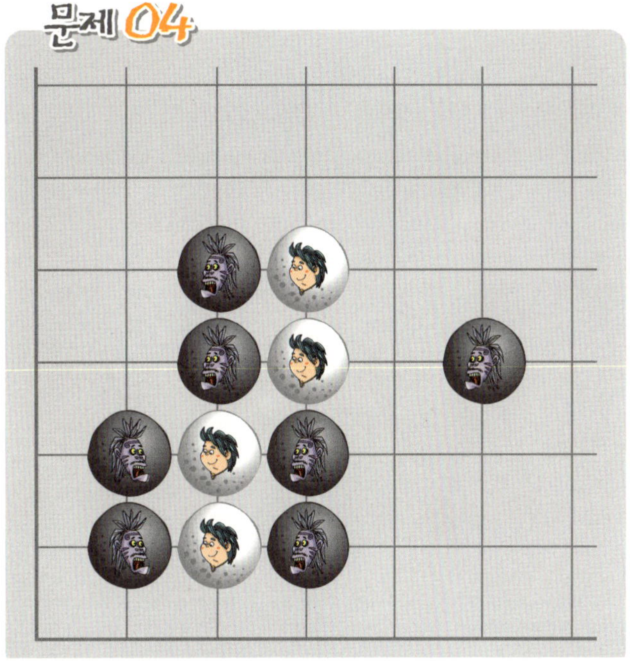

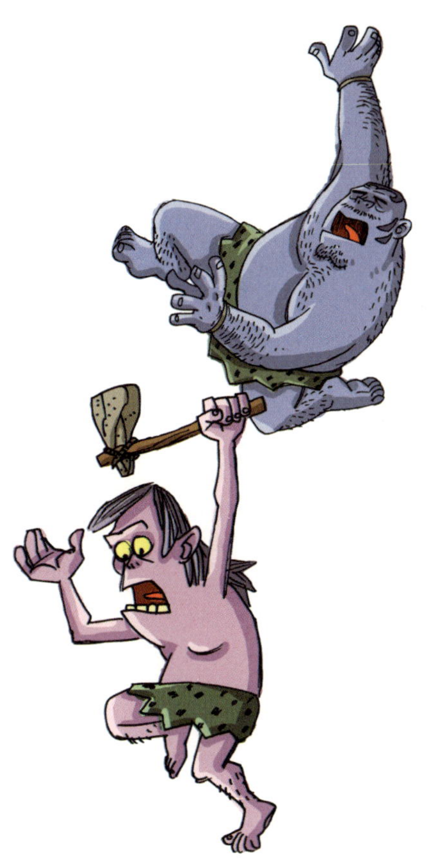

문제 05

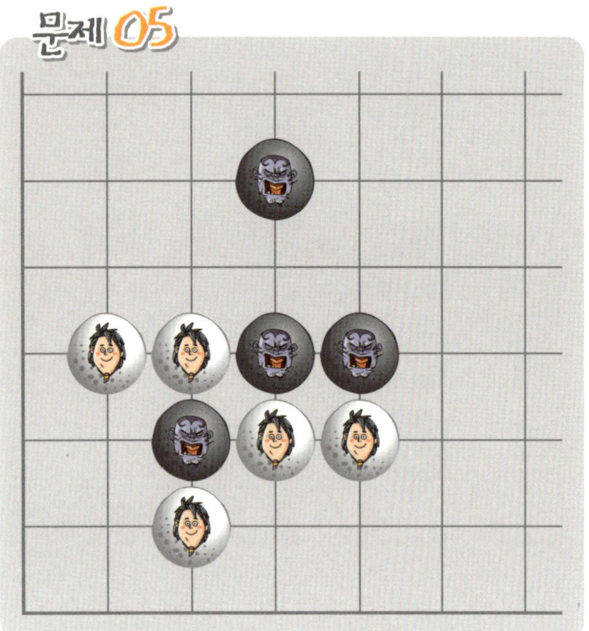

문제 06

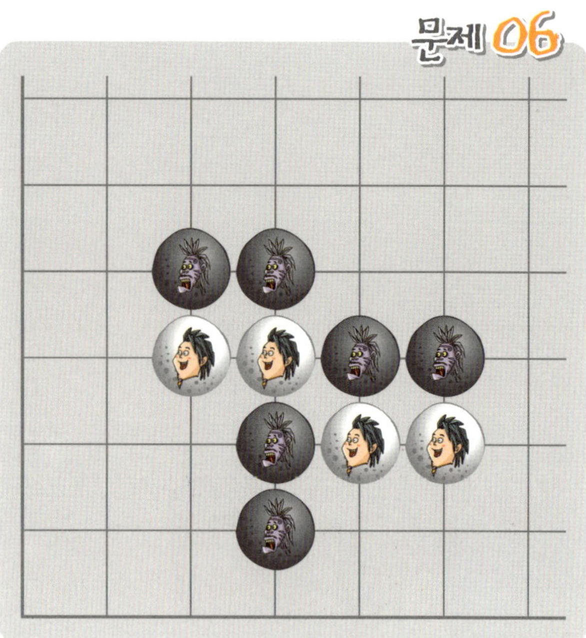

문제 07

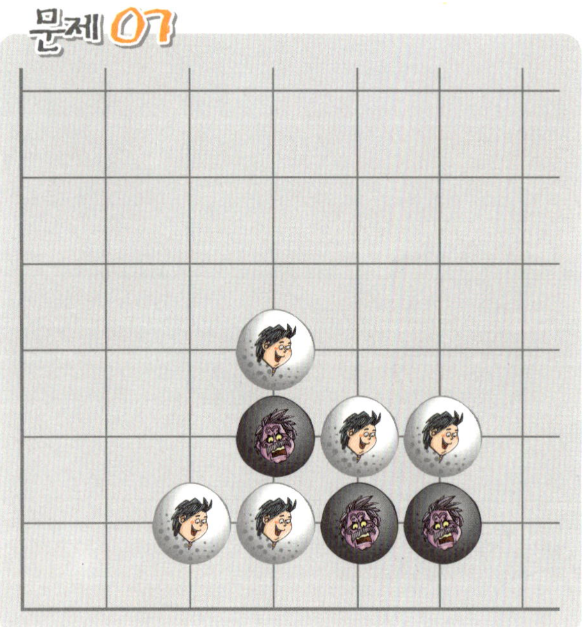

문제 08

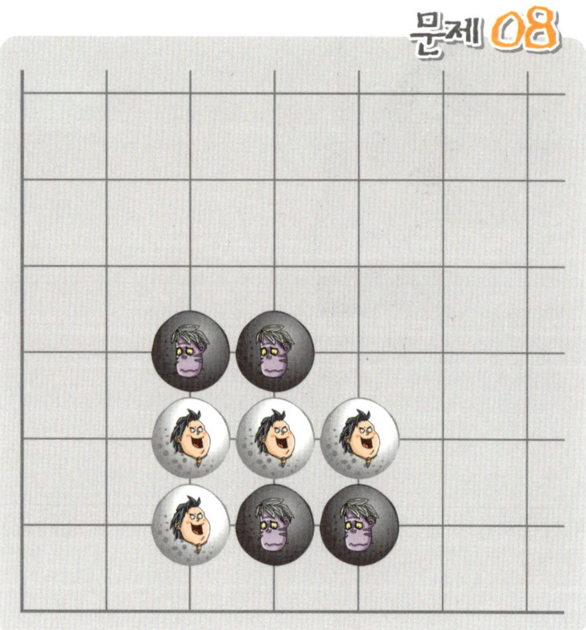

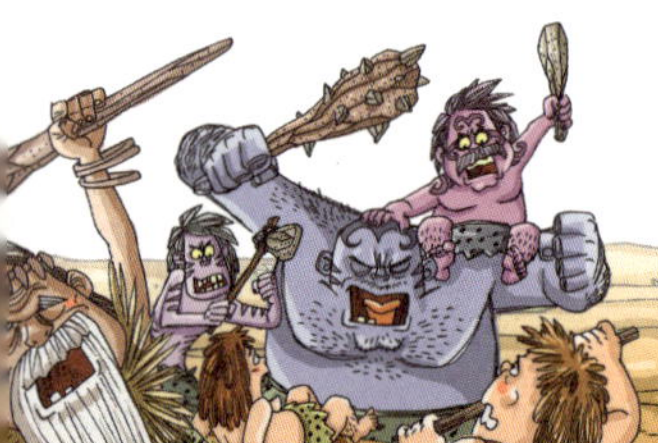

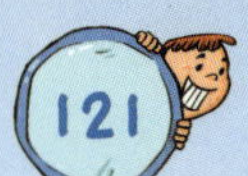

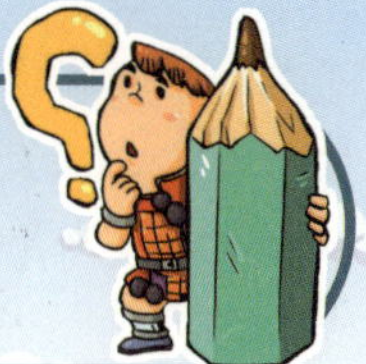

흑돌과 백돌 중에서 누가 더 강할까요?
강한 쪽에 동그라미해 보세요.

문제 09

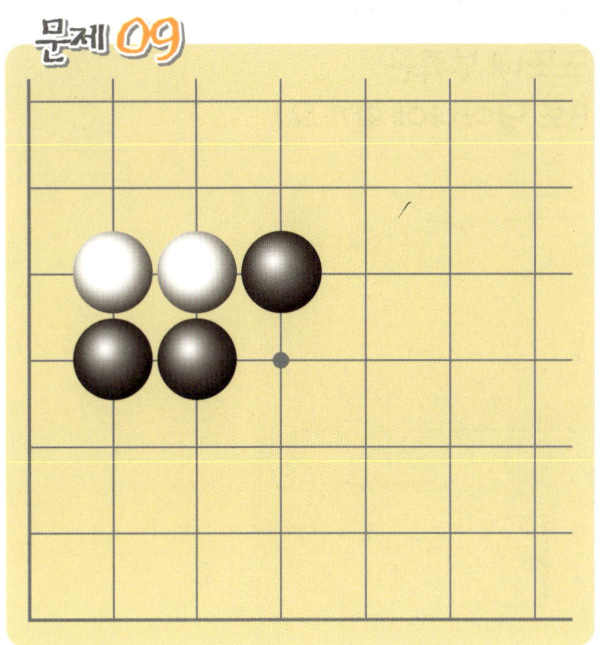

문제 10

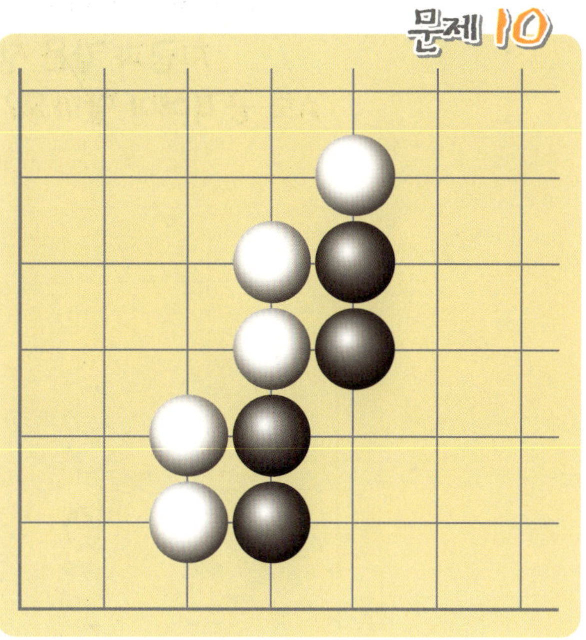

문제 11

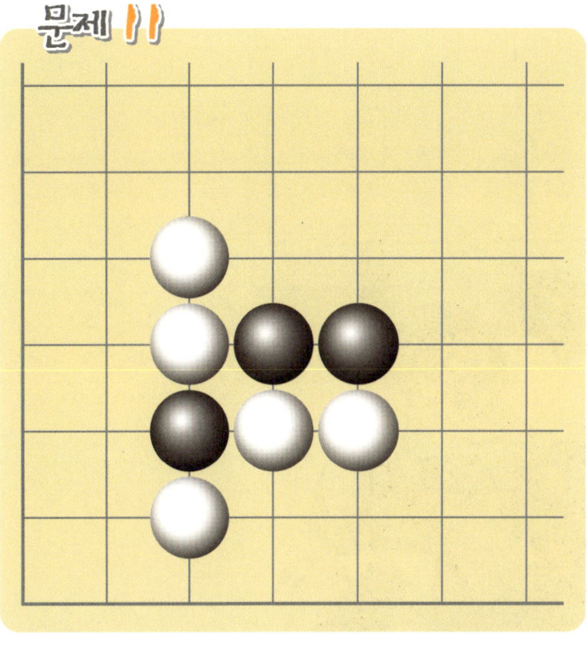

문제 12

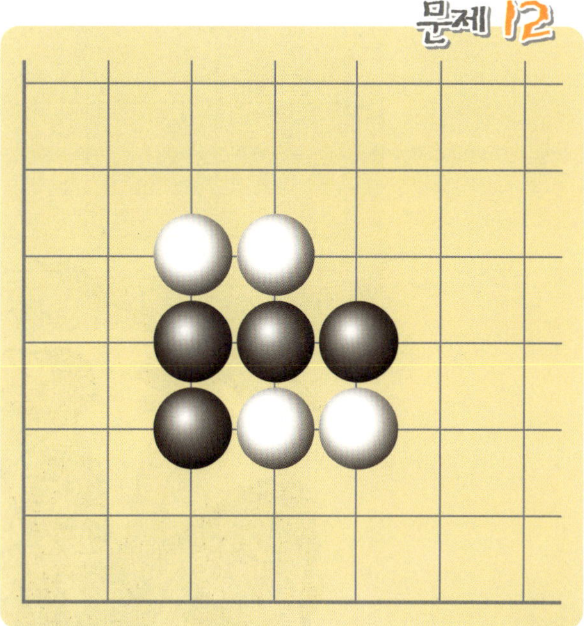

2. 공격할까? 달아날까?

또또네 부족과 마사키 부족이 싸우고 있어요,
지금과 같은 장면에서 또또네 부족은
A로 공격해야 할까요? 아니면 B로 달아나야 할까요?

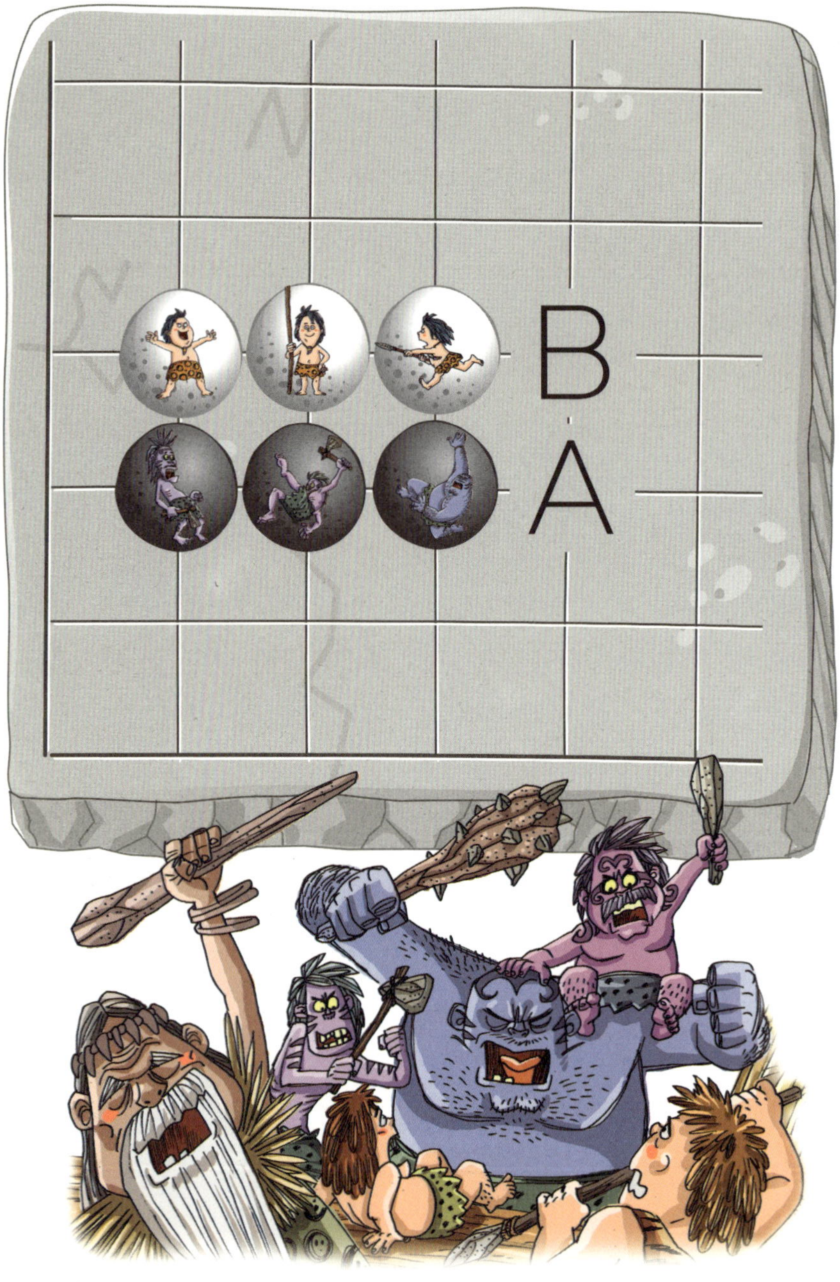

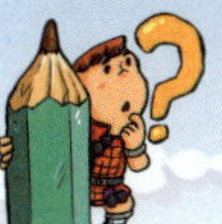

참고 그림

지금 또또네 부족(백O) 사람들은 마사키 부족(흑O) 사람들과 같은 힘을 가지고 있습니다. 하지만 먼저 공격할 경우 힘이 더 세어지게 됩니다.

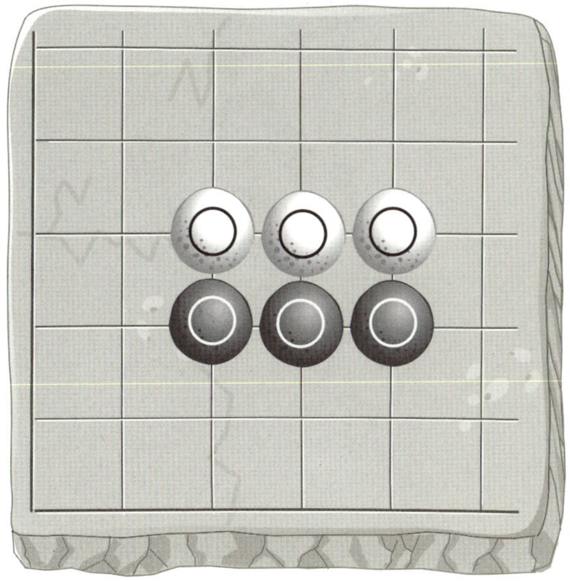

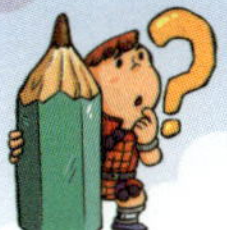

실패 그림

먼저 공격하면 힘이 더 강해질 수 있는데 백1처럼 달아나는 것은 좋지 않습니다.

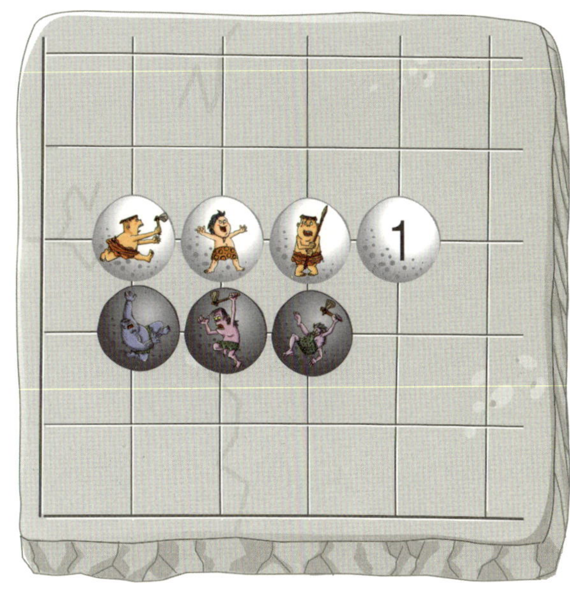

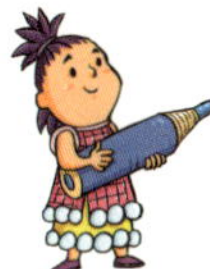

정답 그림

백1로 공격을 하는 것이 올바른 선택입니다.

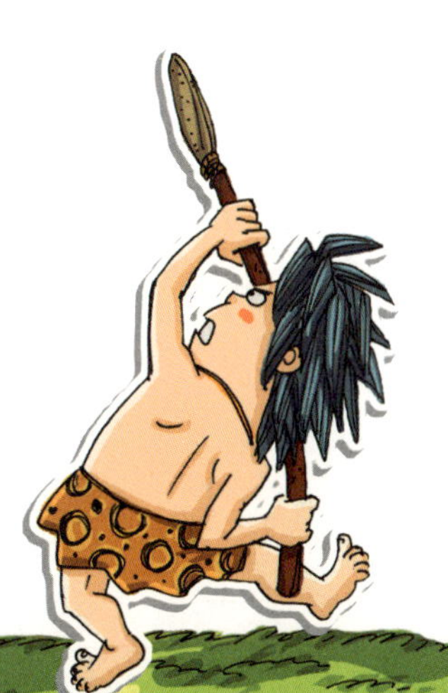

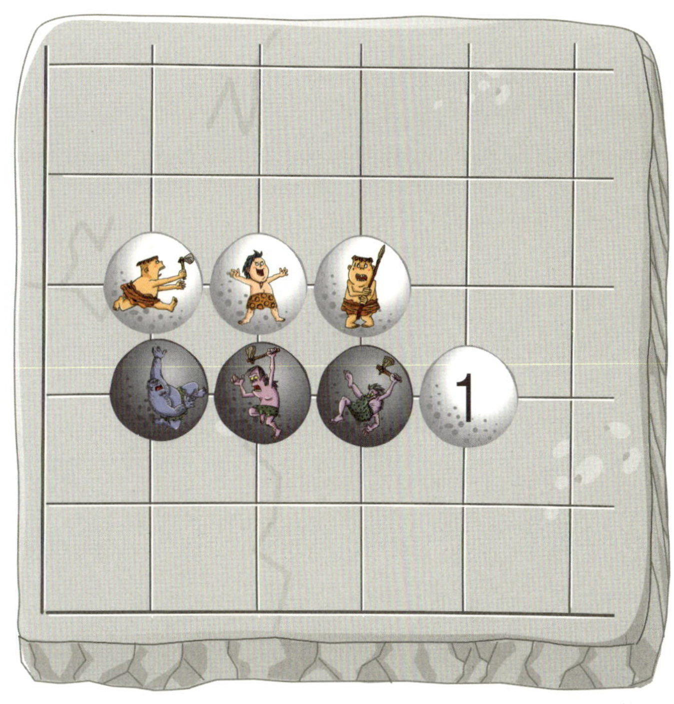

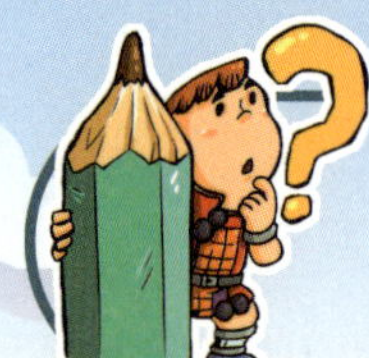

문제 01

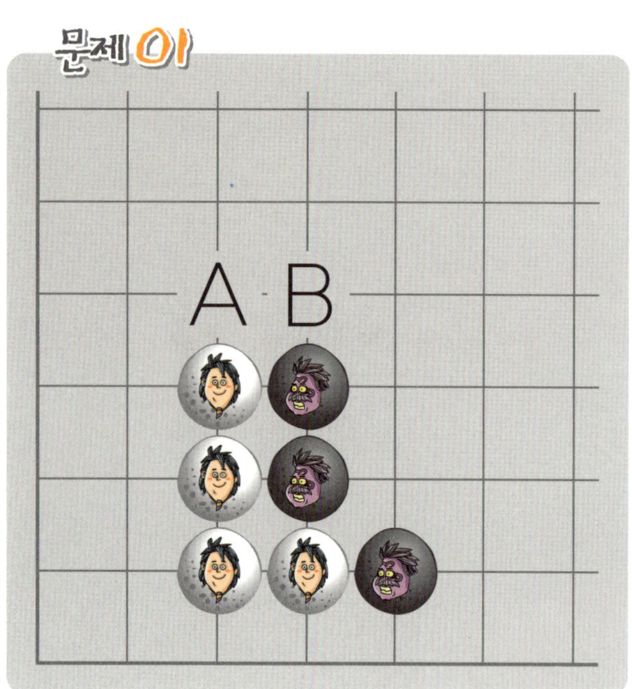

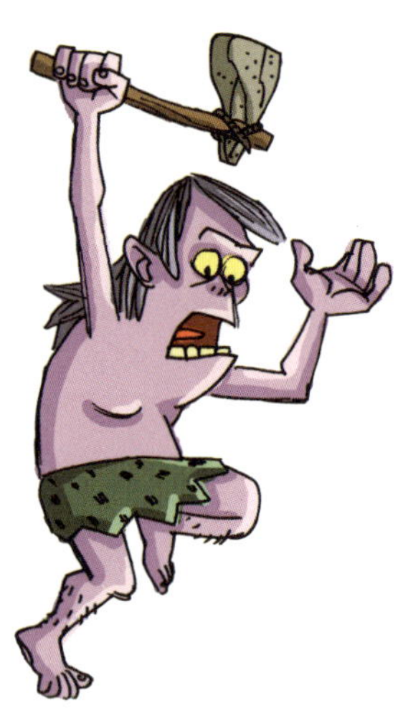

문제 02

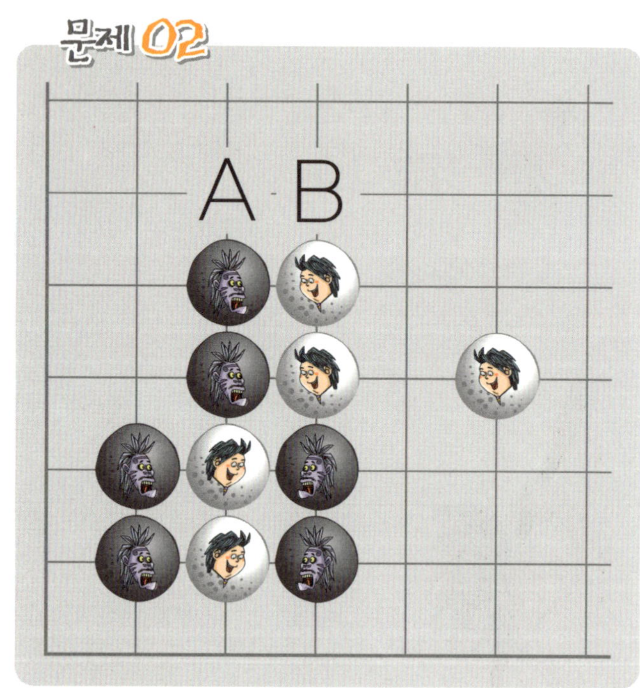

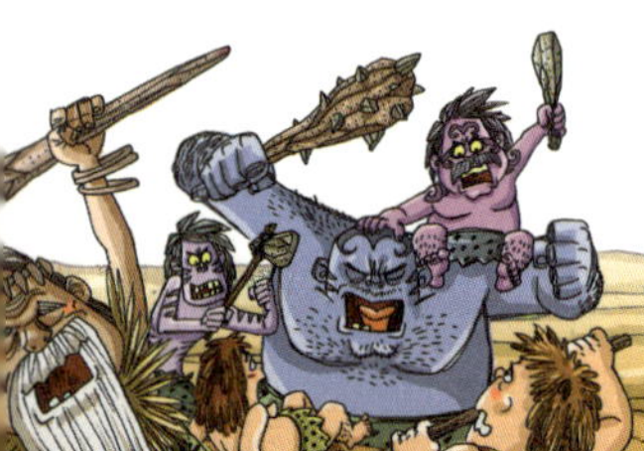

문제 03

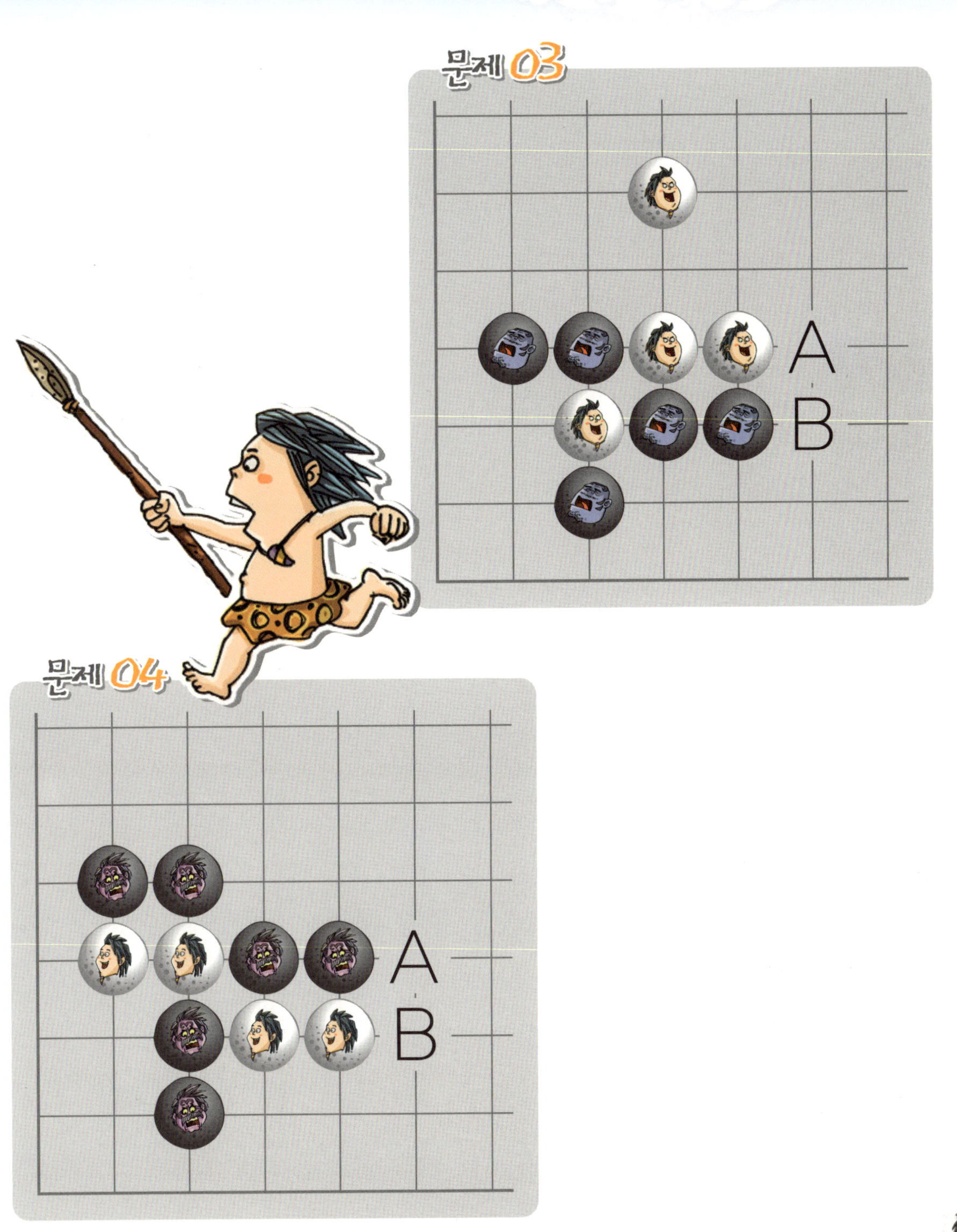

문제 05

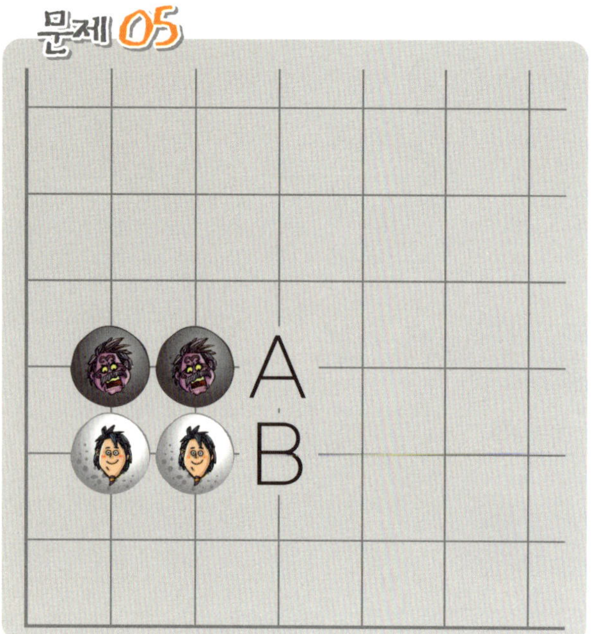

문제 06

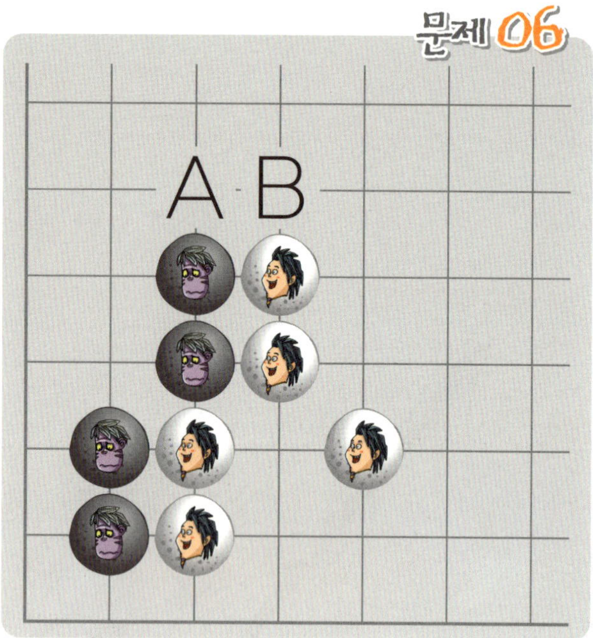

문제 07

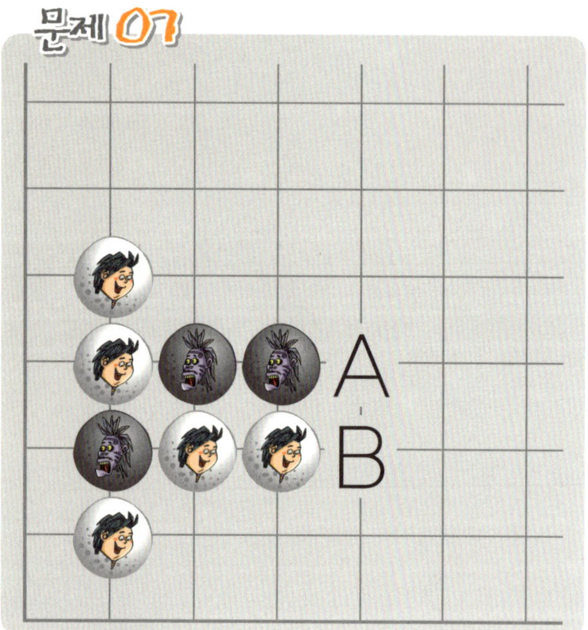

문제 08

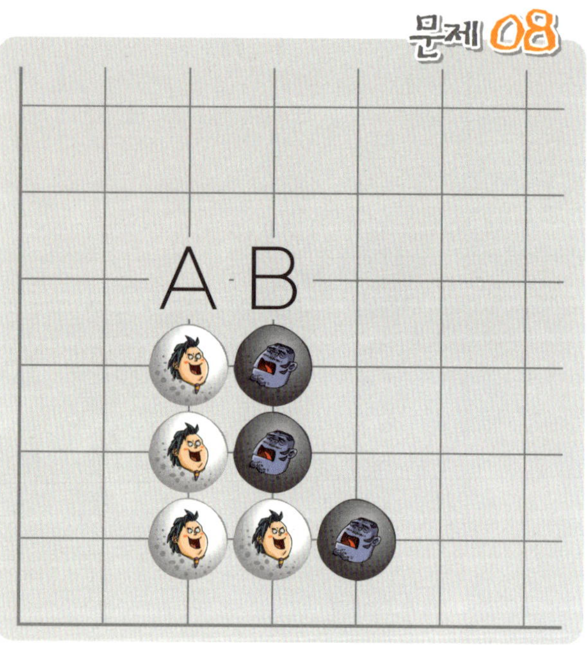

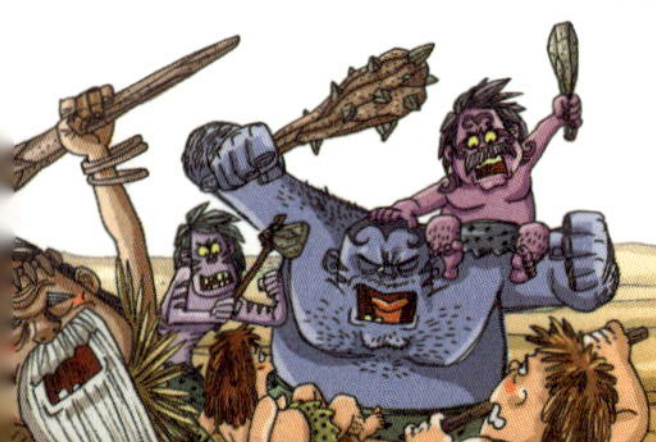

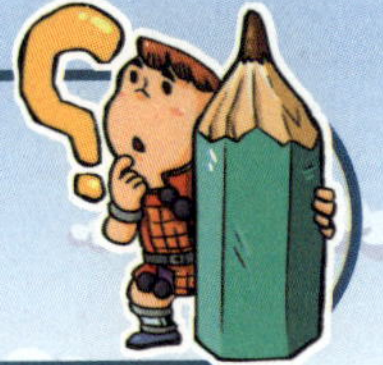

백돌은 흑돌을 공격해야 할까요?
달아나야 할까요? A와 B 중 선택하세요.

문제 **09**

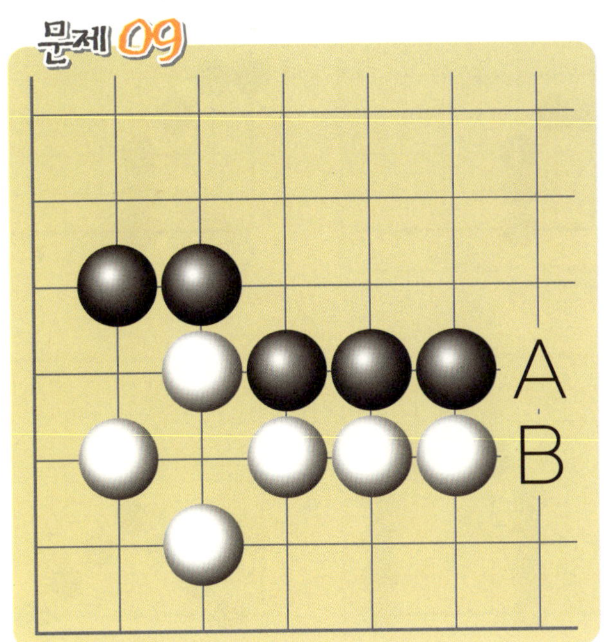

문제 **10**

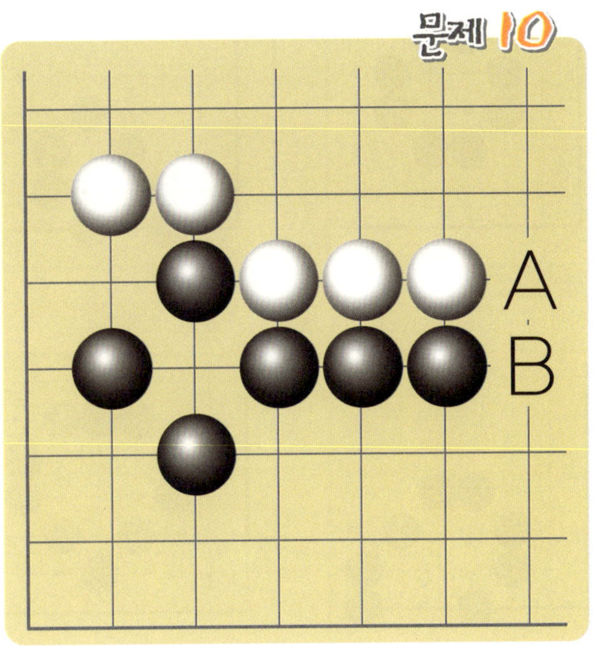

문제 **11**

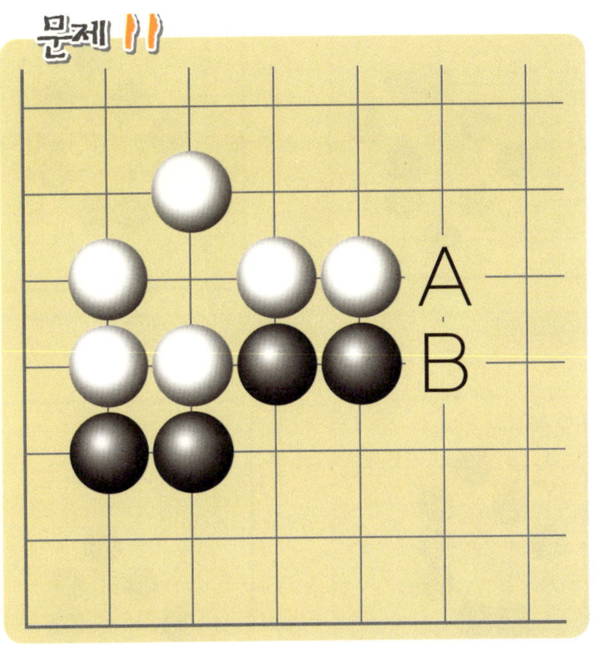

문제 **12**

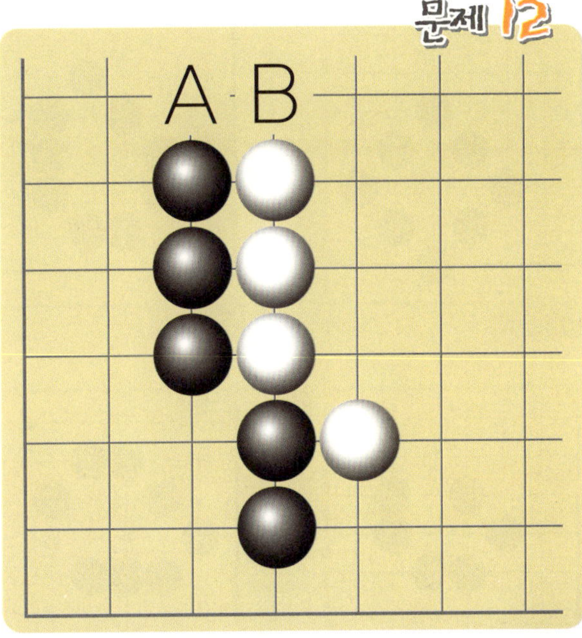

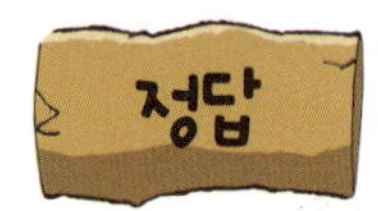

1. 보물섬에 도착했어요

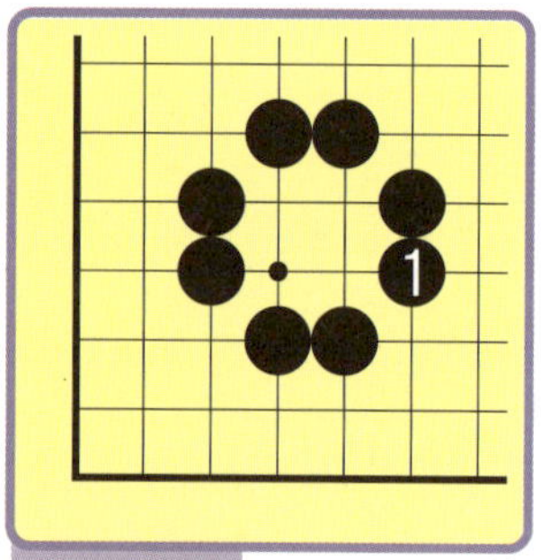

제1편-1 문제1   16p

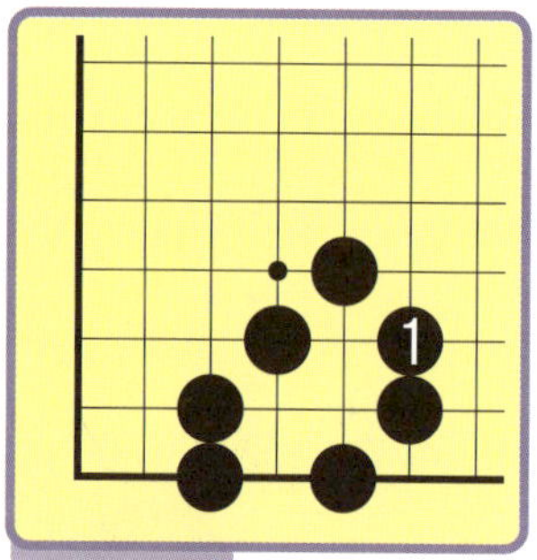

제1편-1 문제2   16p

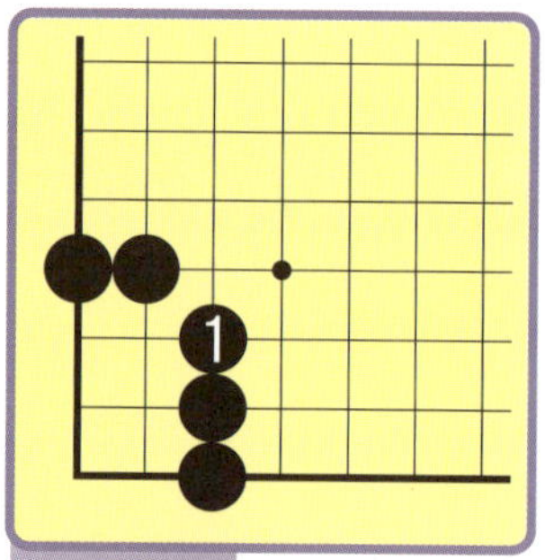

제1편-1 문제3   17p

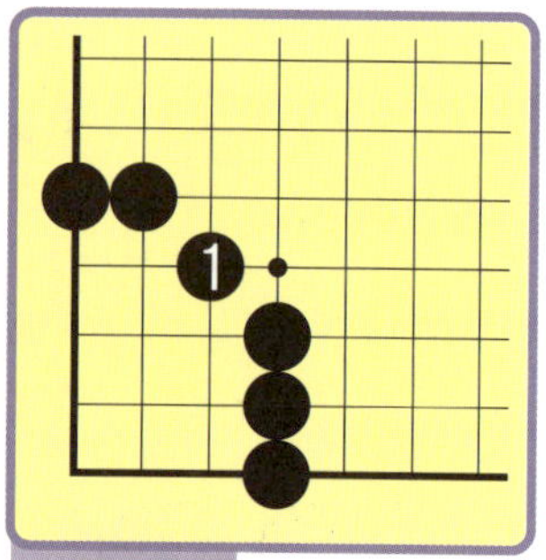

제1편-1 문제4   17p

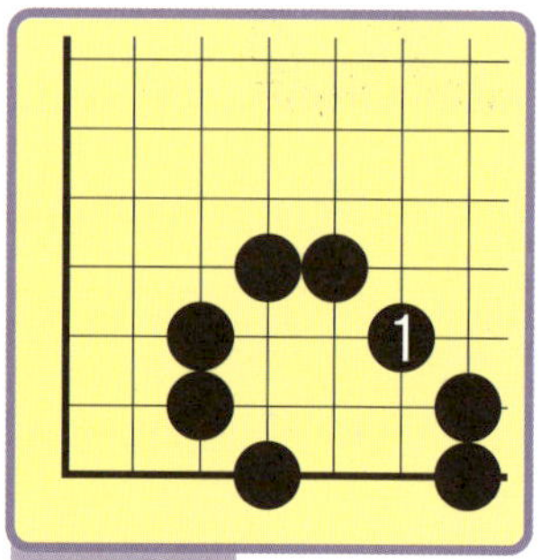

제1편-1 문제5   18p

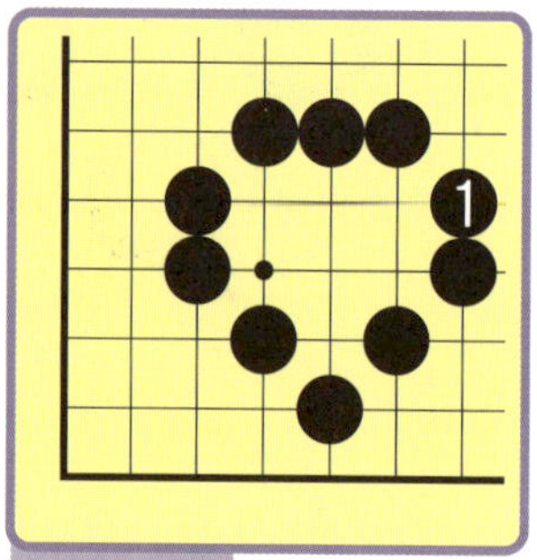

제1편-1 문제6   18p

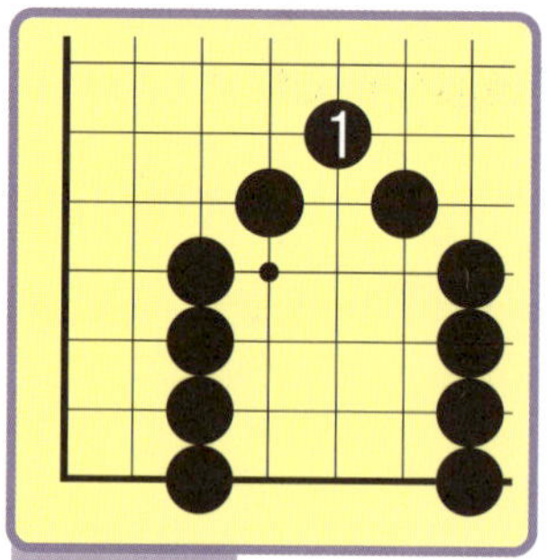

제1편-1 문제7   18p

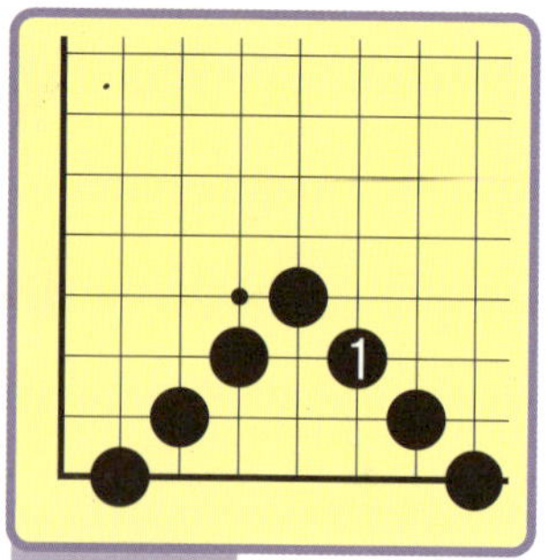

제1편-1 문제8   18p

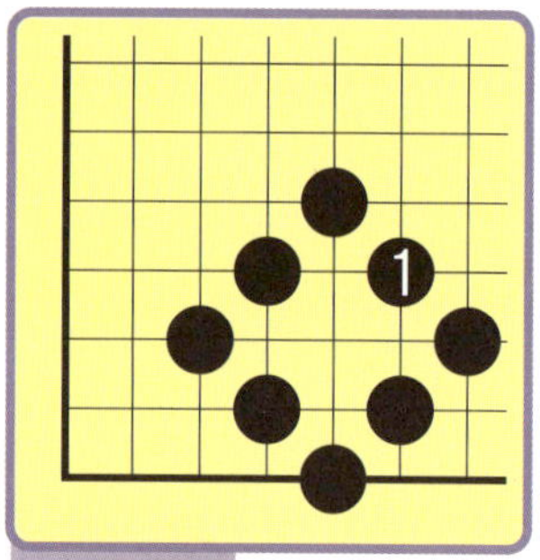

제1편-1 문제9   19p

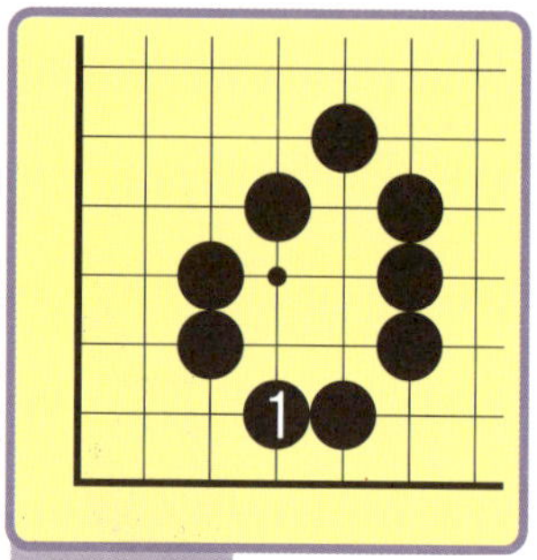

제1편-1 문제10   19p

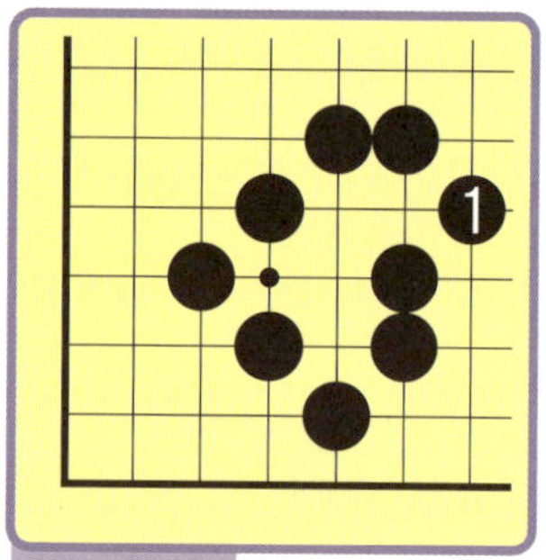

제1편-1 문제11   19p

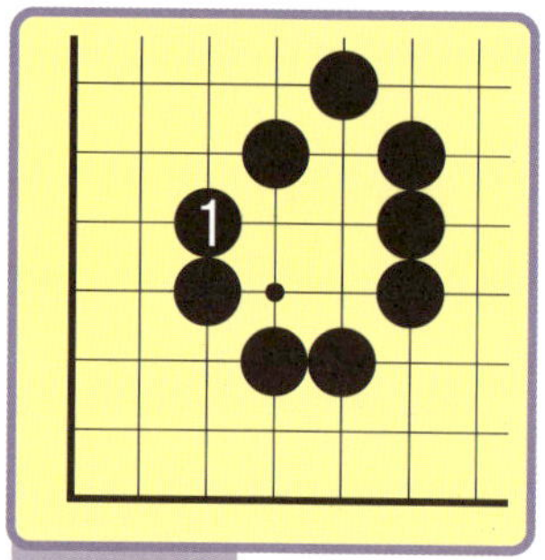

제1편-1 문제12   19p

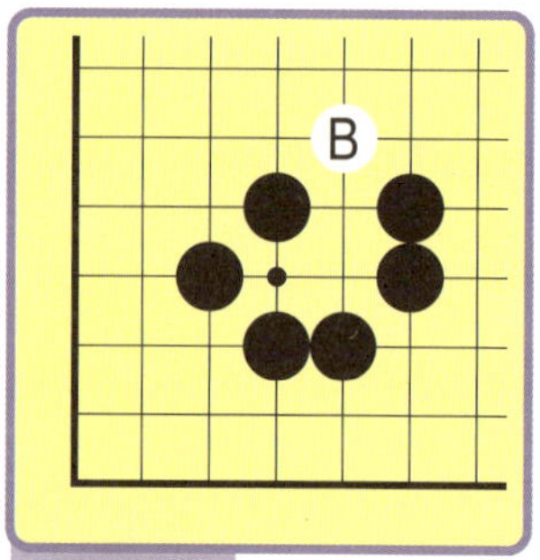

제1편-2 문제1   22p

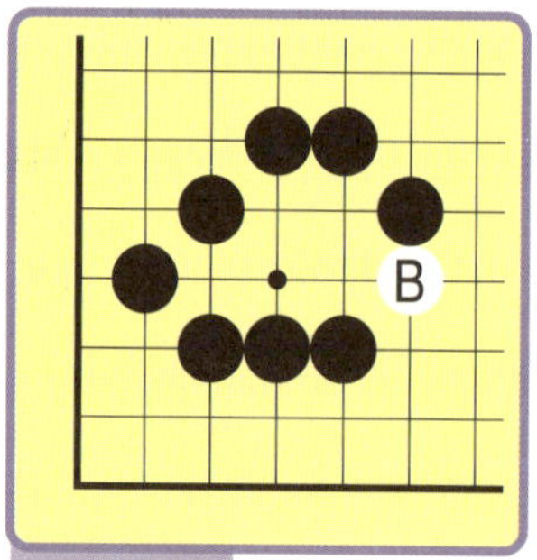

제1편-2 문제2   22p

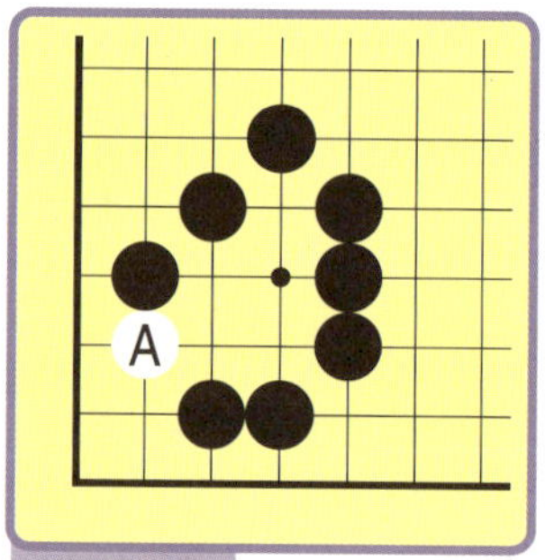

제1편-2 문제3   23p

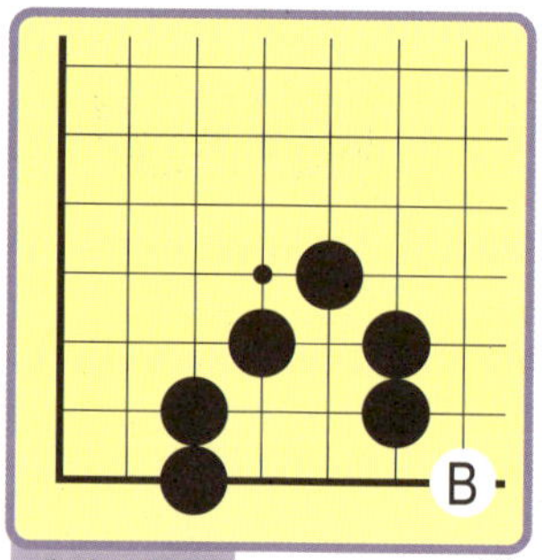

제1편-2 문제4   23p

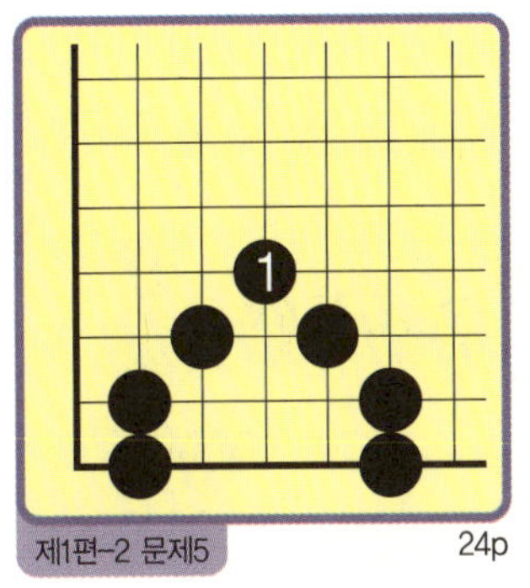

제1편-2 문제5　24p

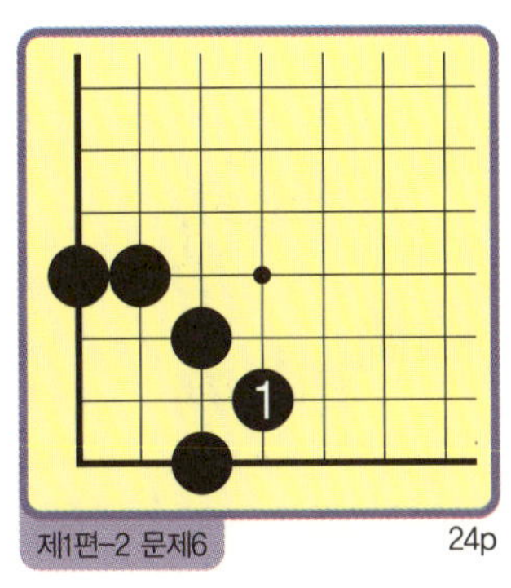

제1편-2 문제6　24p

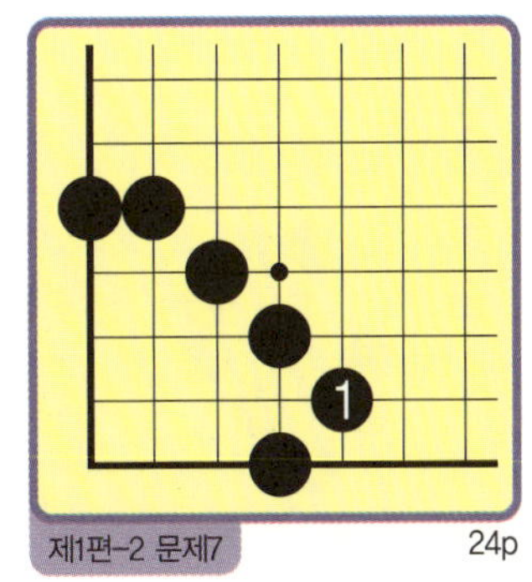

제1편-2 문제7　24p

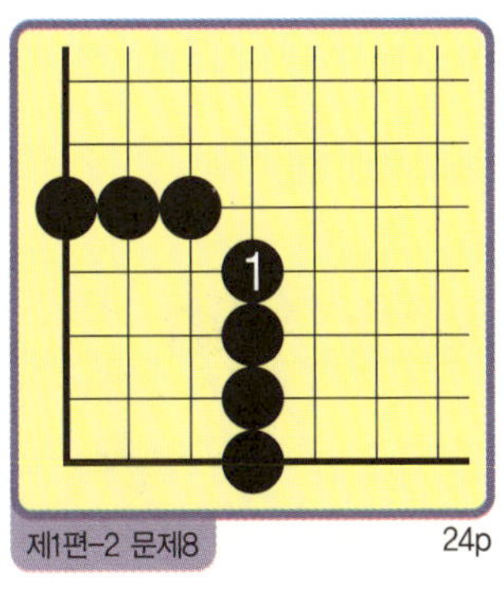

제1편-2 문제8　24p

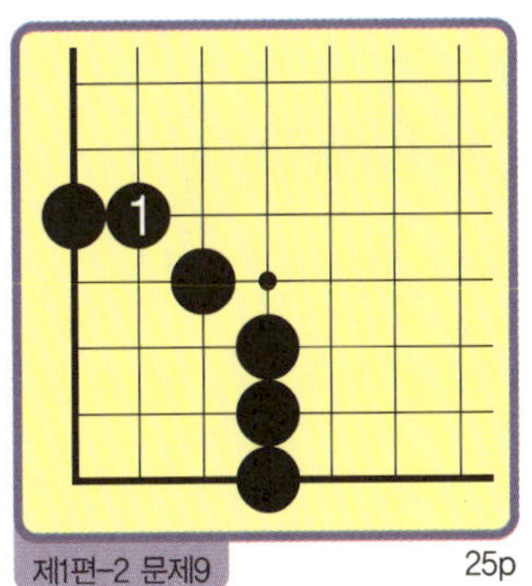

제1편-2 문제9　25p

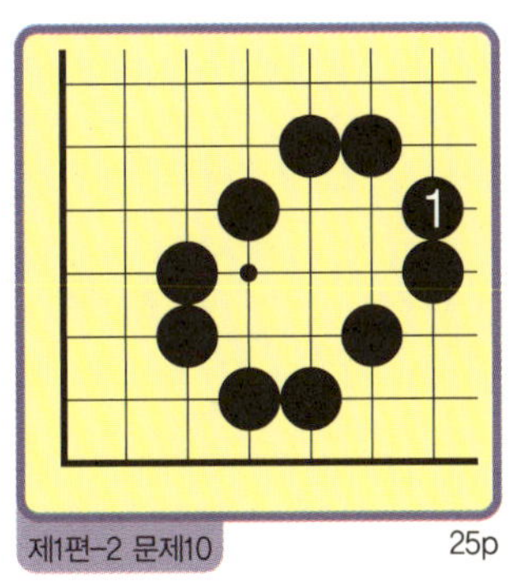

제1편-2 문제10　25p

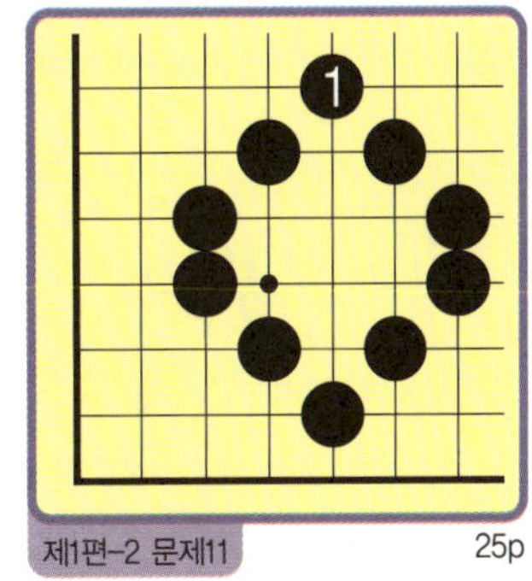

제1편-2 문제11　25p

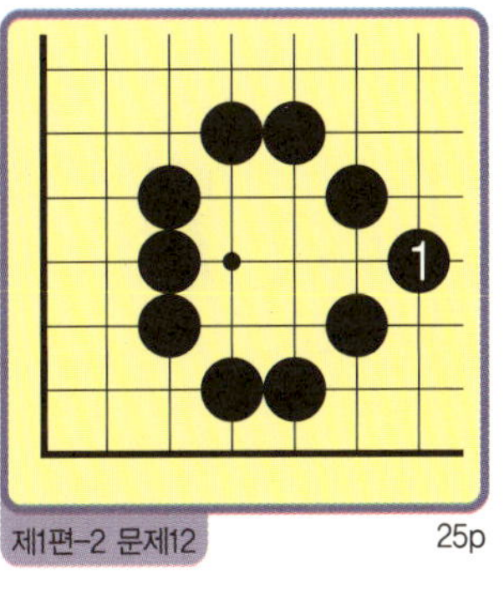

제1편-2 문제12　25p

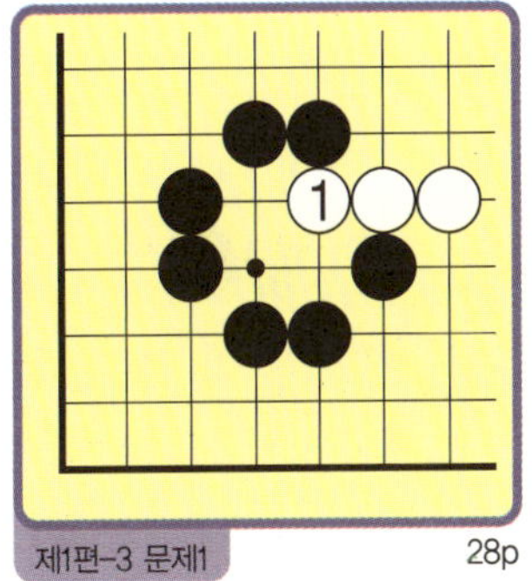

제1편-3 문제1　28p

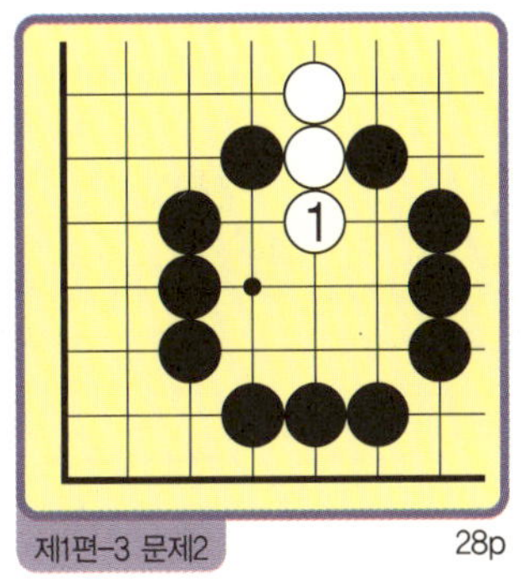

제1편-3 문제2　28p

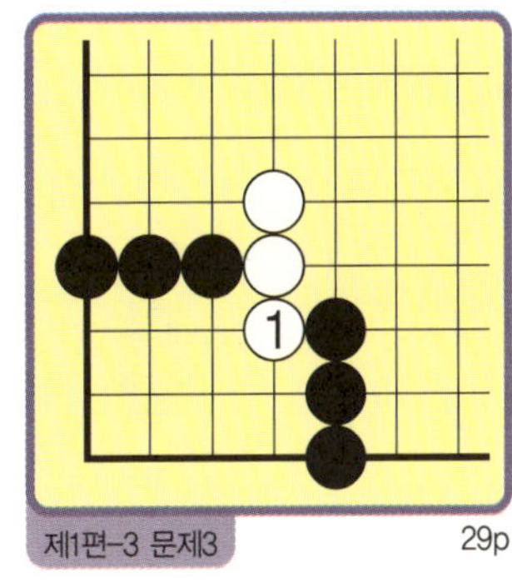

제1편-3 문제3　29p

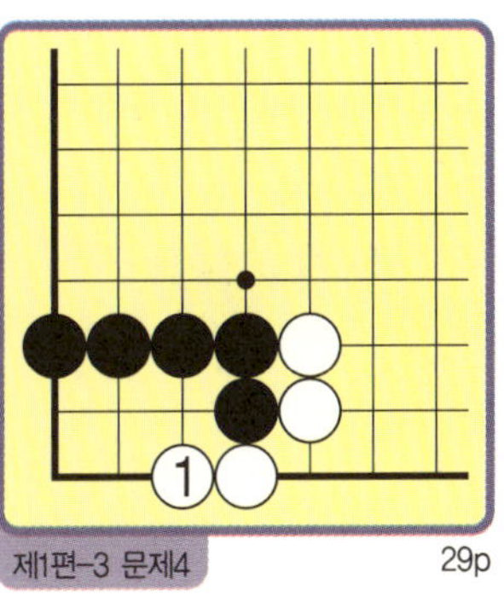

제1편-3 문제4　29p

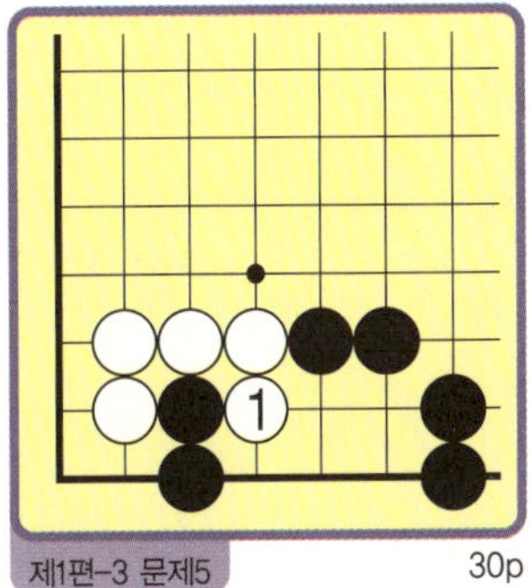

제1편-3 문제5　30p

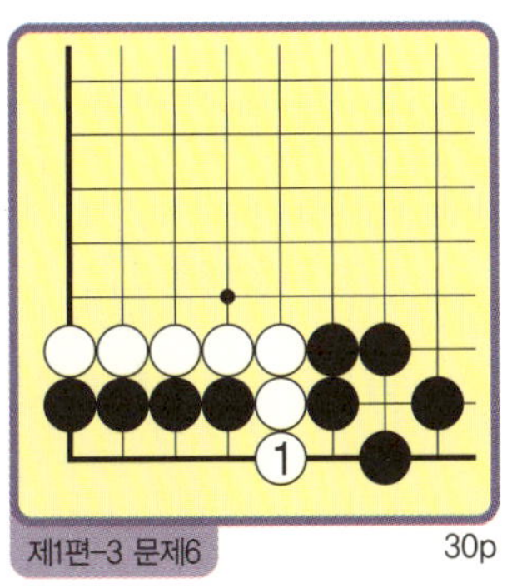

제1편-3 문제6　30p

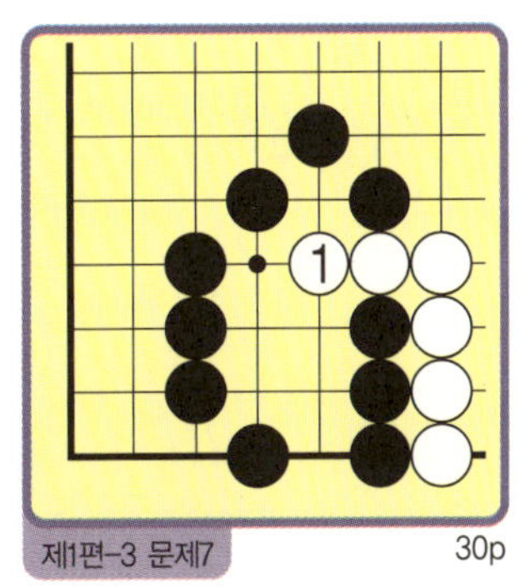

제1편-3 문제7　30p

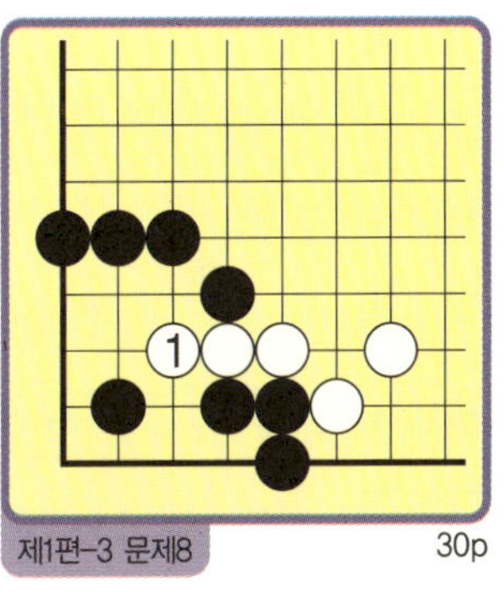

제1편-3 문제8　30p

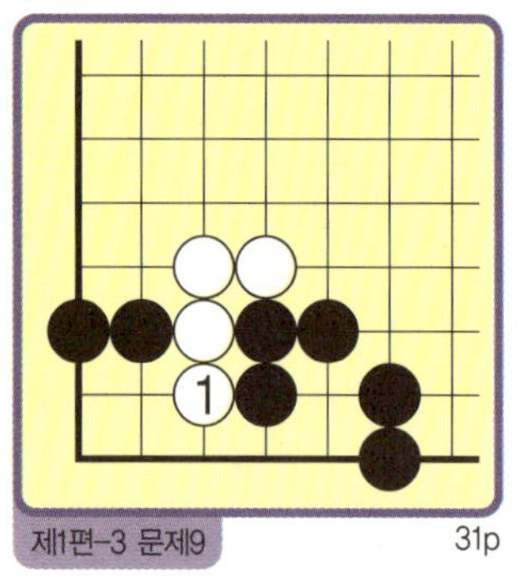

제1편-3 문제9   31p

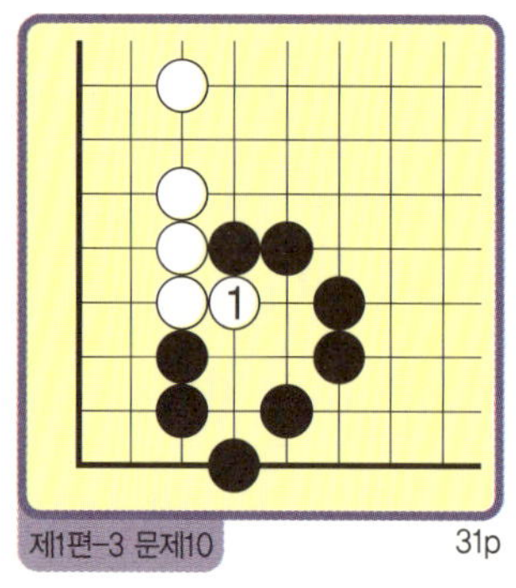

제1편-3 문제10   31p

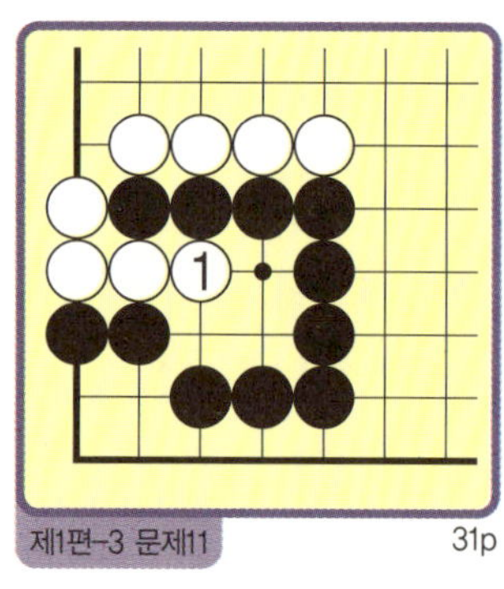

제1편-3 문제11   31p

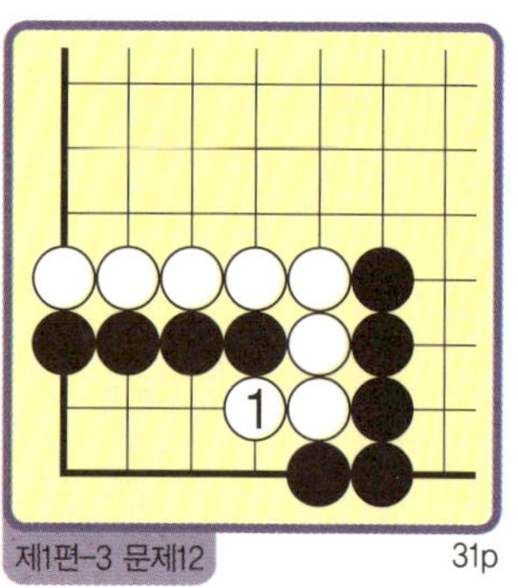

제1편-3 문제12   31p

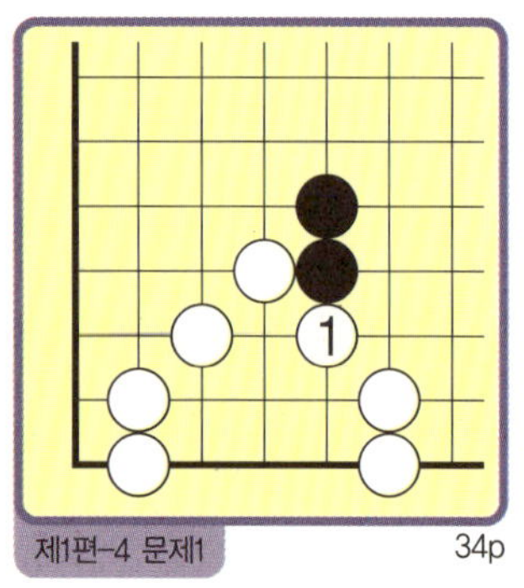

제1편-4 문제1   34p

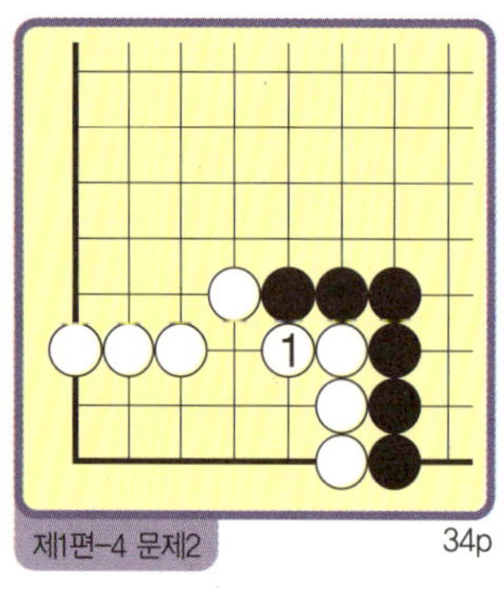

제1편-4 문제2   34p

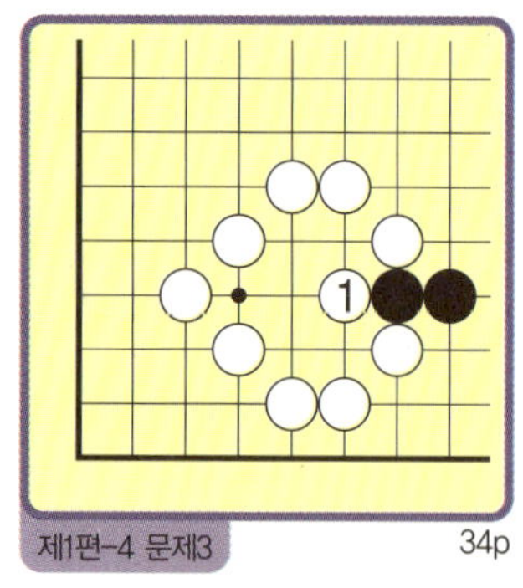

제1편-4 문제3   34p

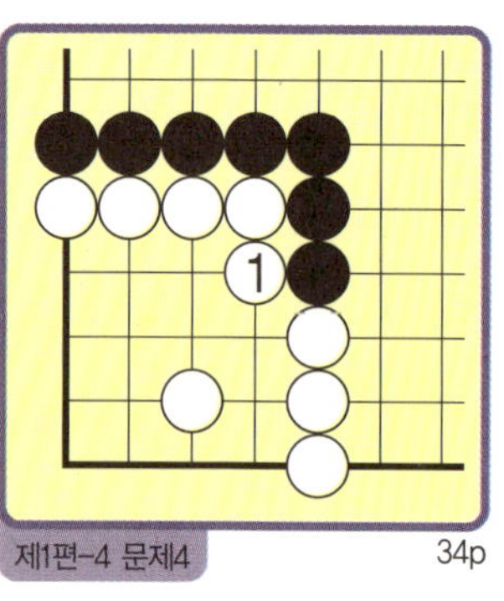

제1편-4 문제4   34p

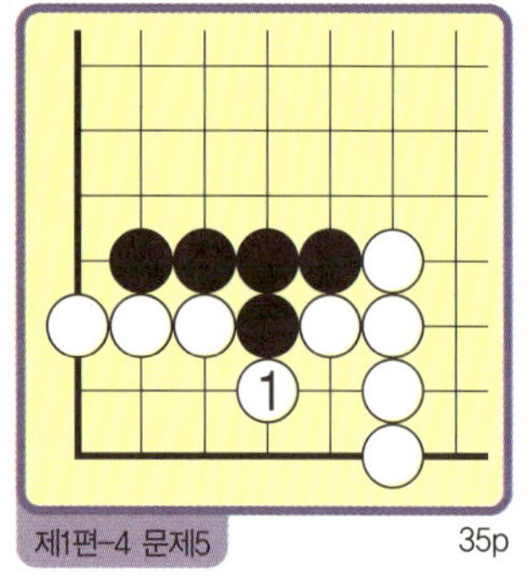

제1편-4 문제5   35p

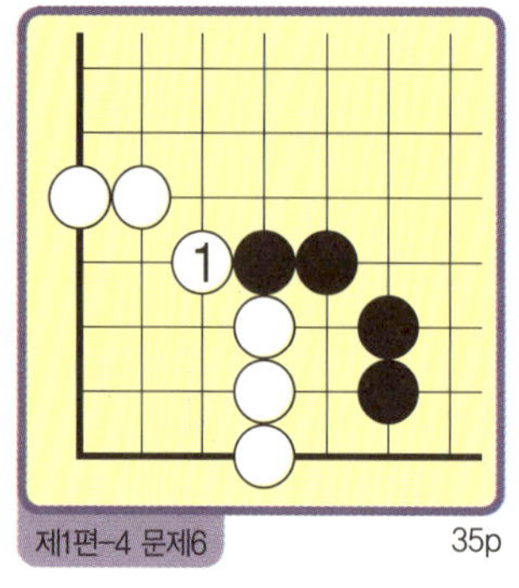

제1편-4 문제6   35p

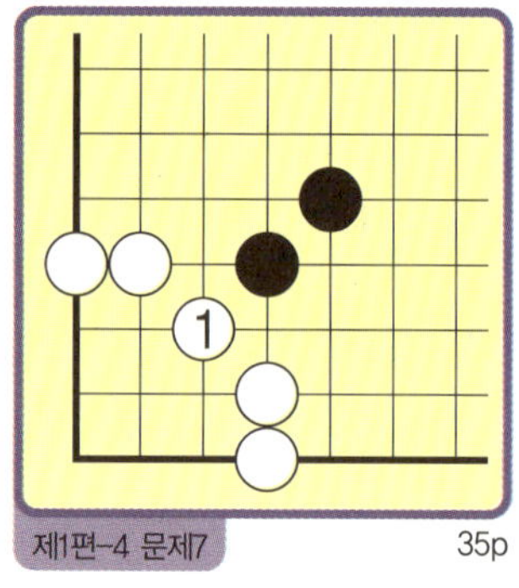

제1편-4 문제7   35p

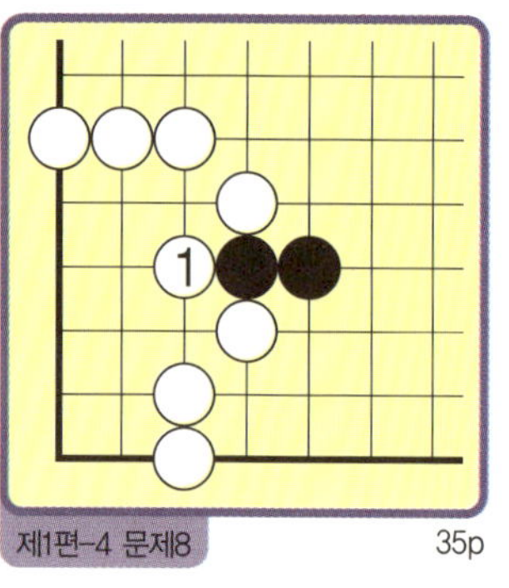

제1편-4 문제8   35p

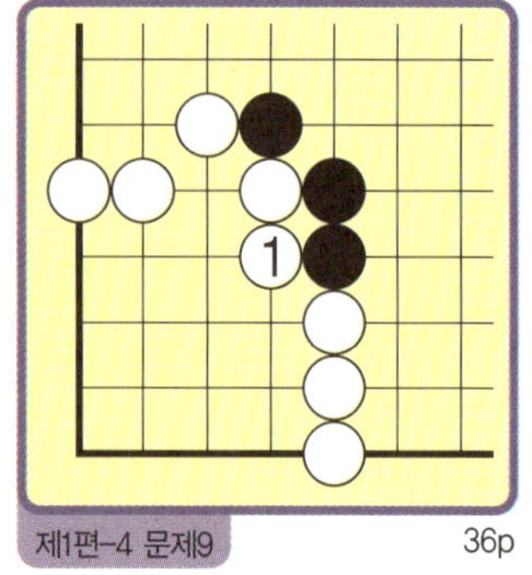

제1편-4 문제9   36p

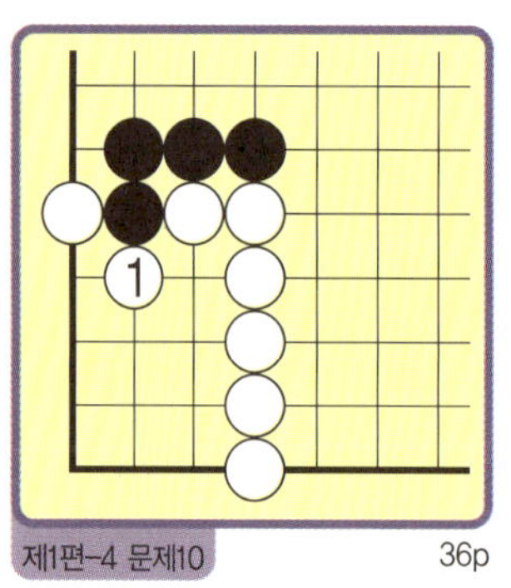

제1편-4 문제10   36p

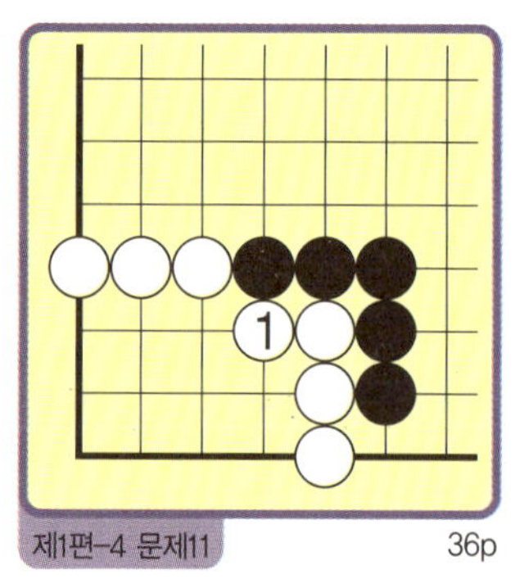

제1편-4 문제11   36p

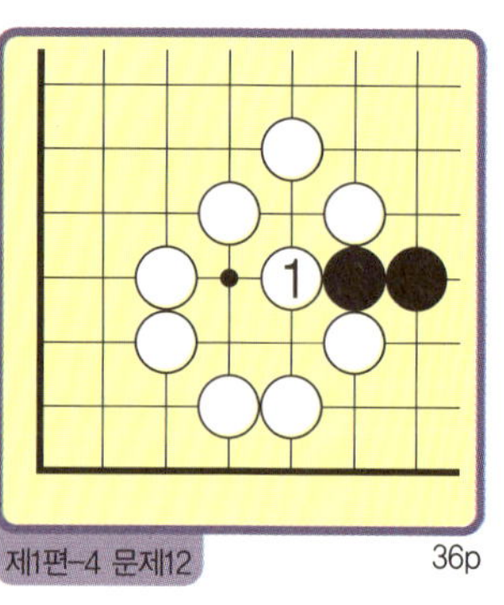

제1편-4 문제12   36p

2. 내 집이 생겼어요

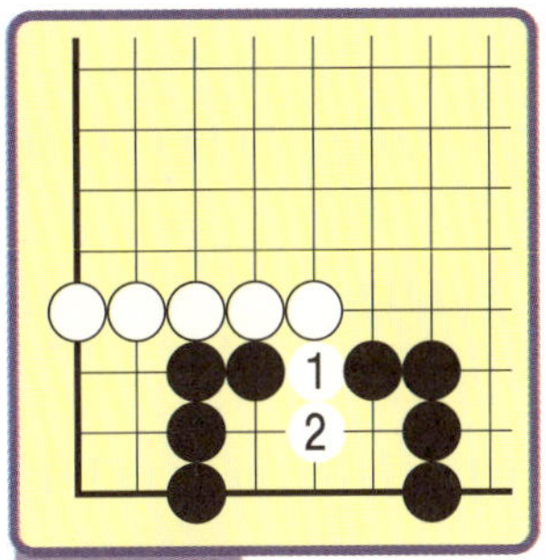

제2편-1 문제1   44p

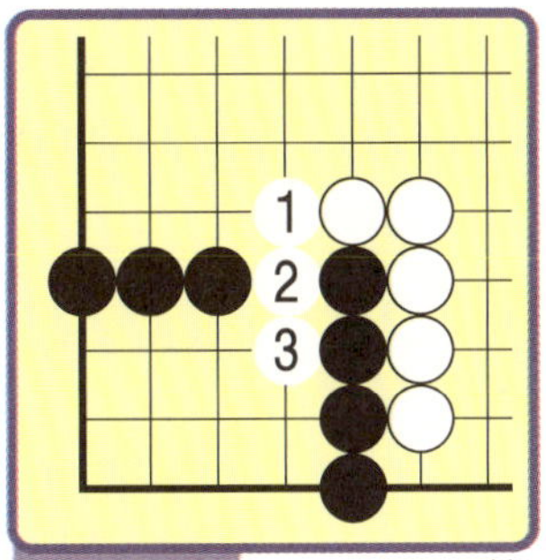

제2편-1 문제2   44p

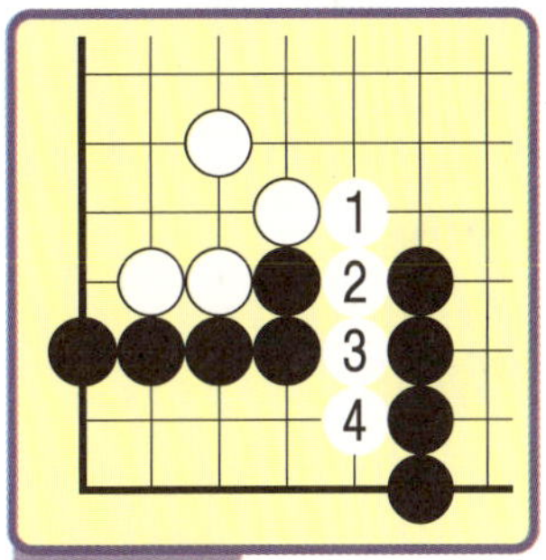

제2편-1 문제3   45p

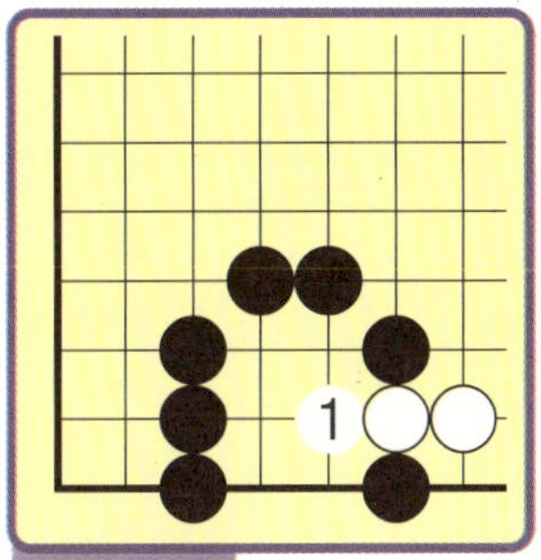

제2편-1 문제4   45p

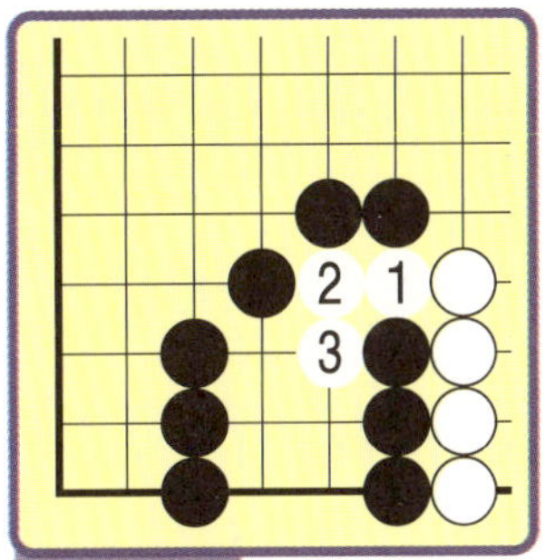

제2편-1 문제5   45p

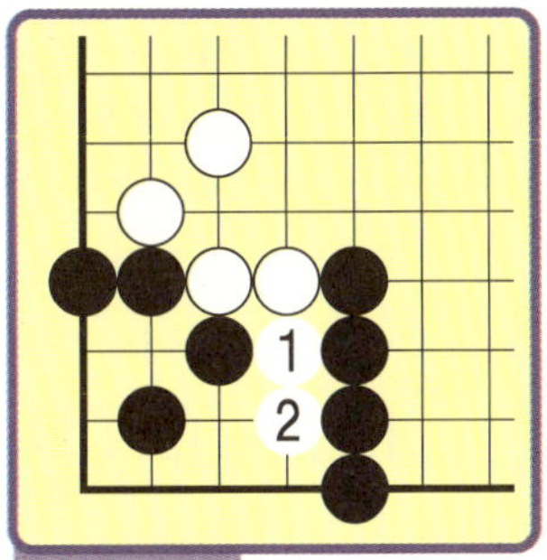

제2편-1 문제6   45p

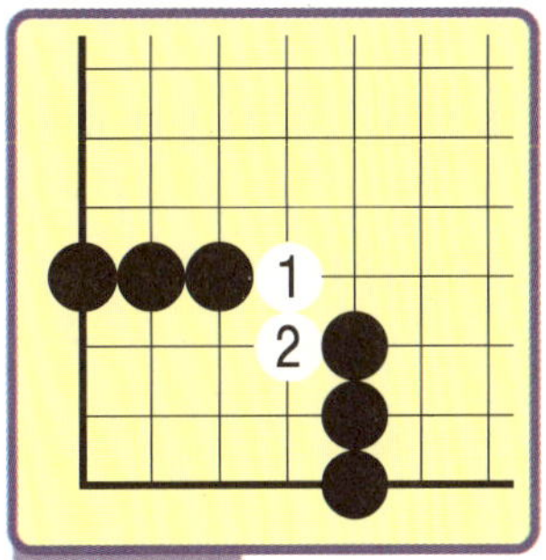

제2편-2 문제1   48p

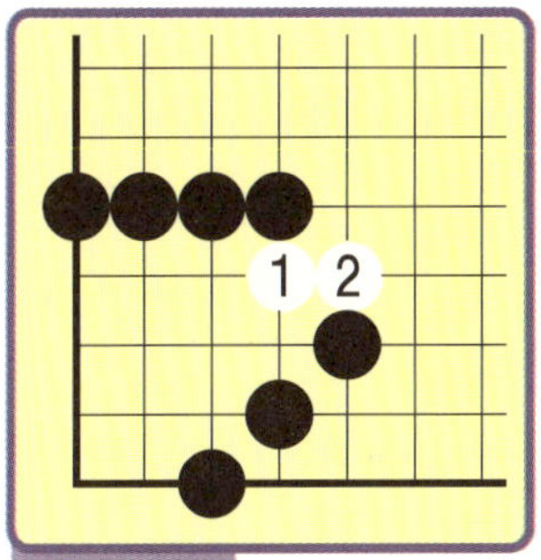

제2편-2 문제2   48p

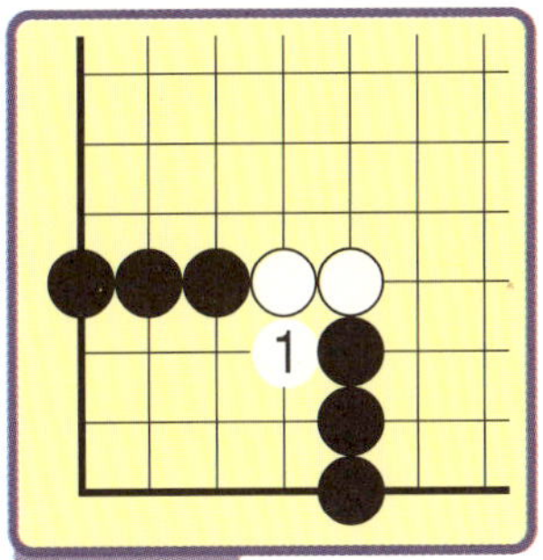

제2편-2 문제3   49p

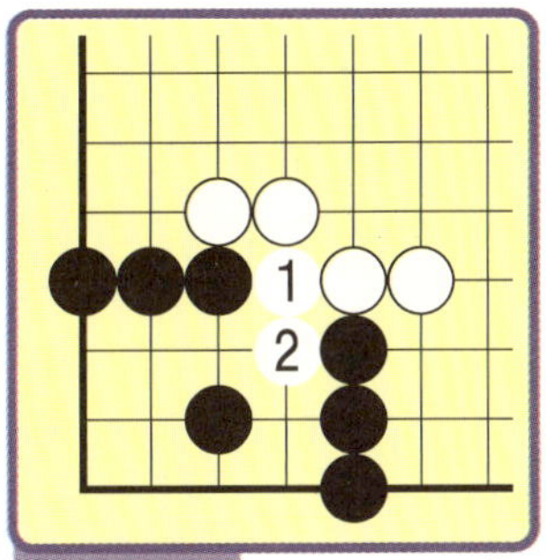

제2편-2 문제4   49p

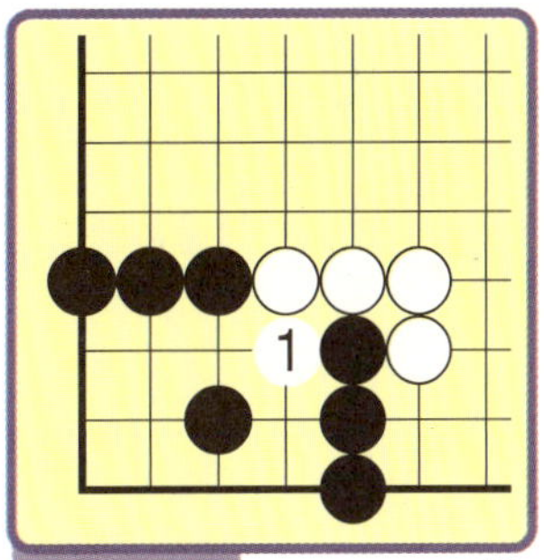

제2편-2 문제5   49p

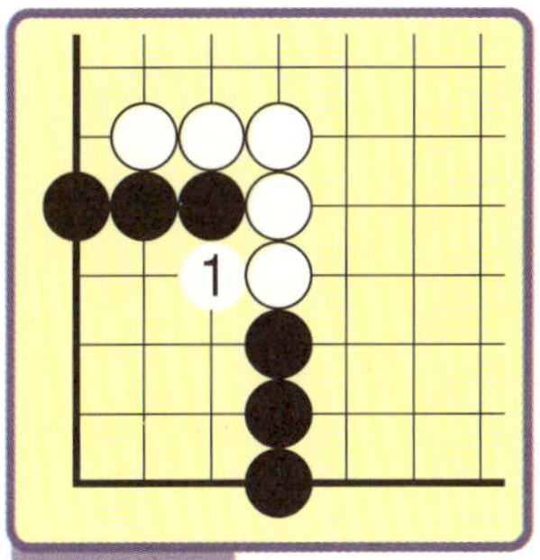

제2편-2 문제6   49p

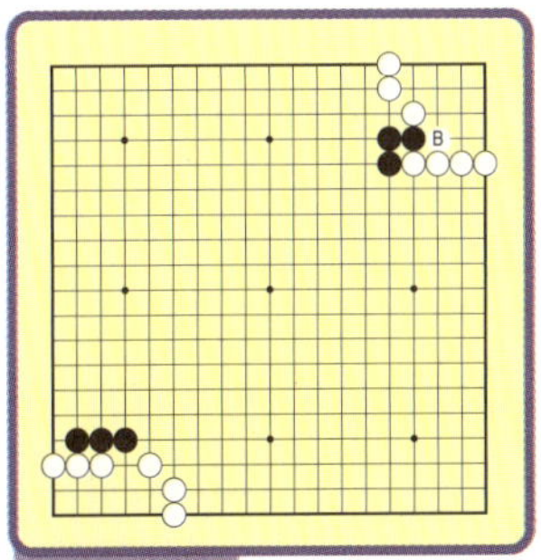

제2편-3 문제1   52p

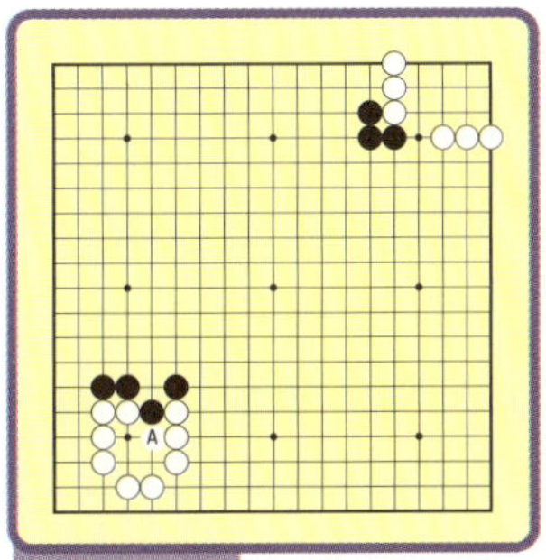

제2편-3 문제2   52p

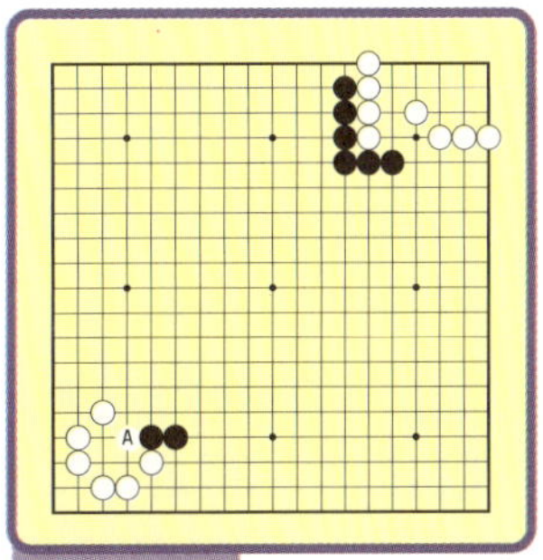

제2편-3 문제3   53p

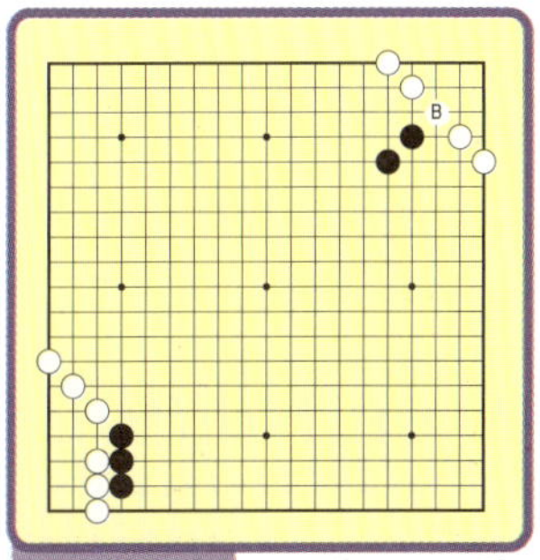

제2편-3 문제4   53p

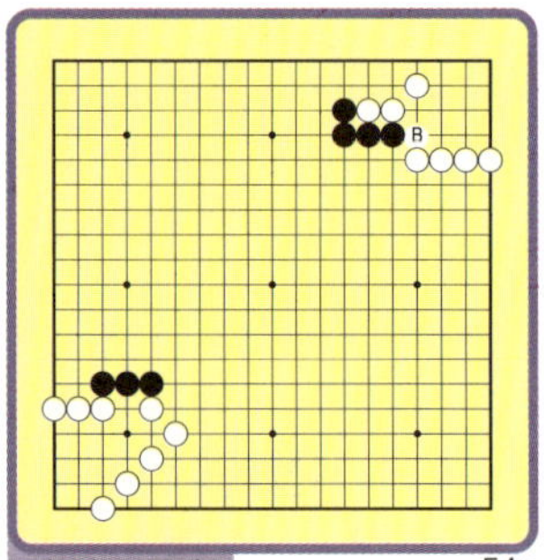

제2편-3 문제5 54p	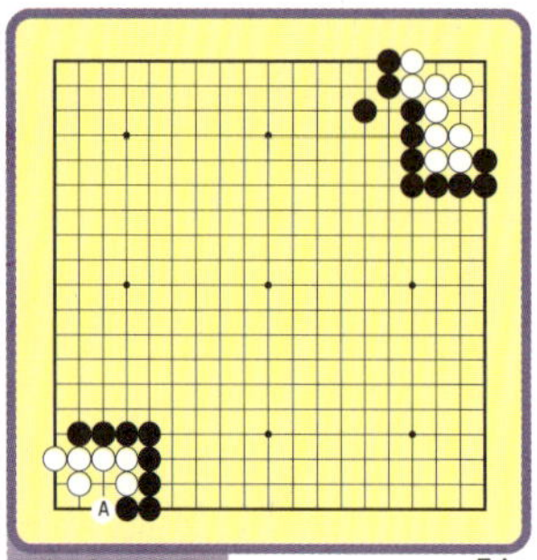 제2편-3 문제6 54p
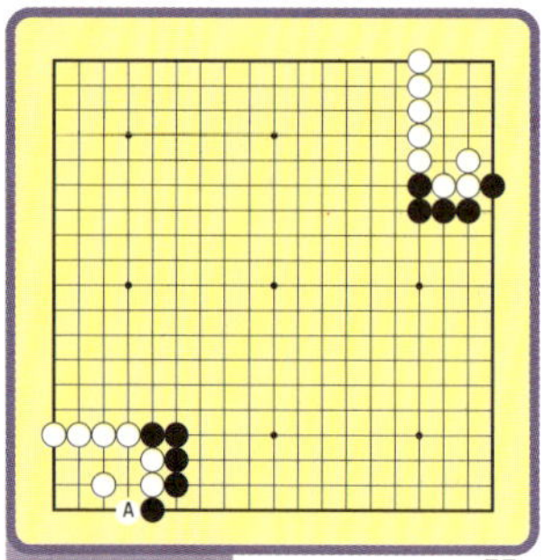 제2편-3문제7 55p	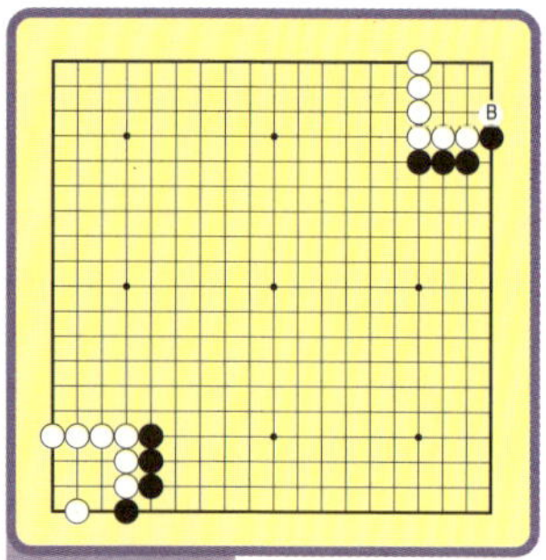 제2편-3 문제8 55p
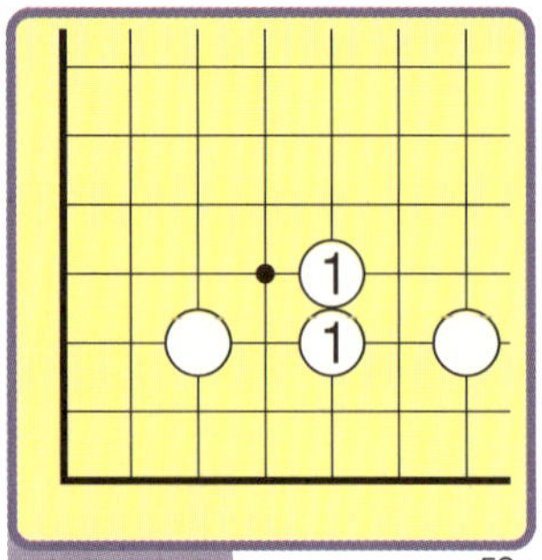 제2편-4 문제1 58p	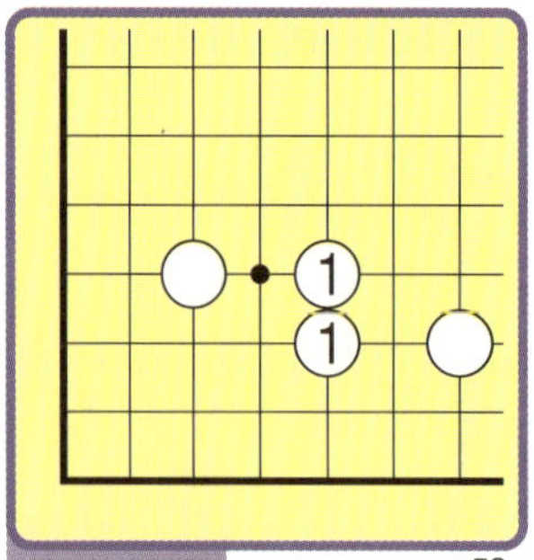 제2편-4 문제2 58p
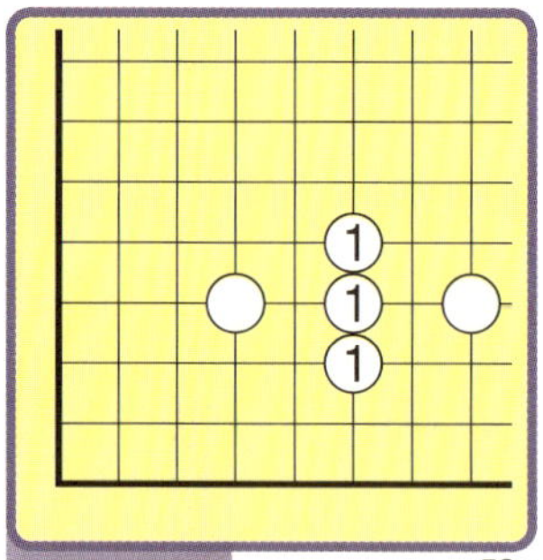 제2편-4 문제3 58p	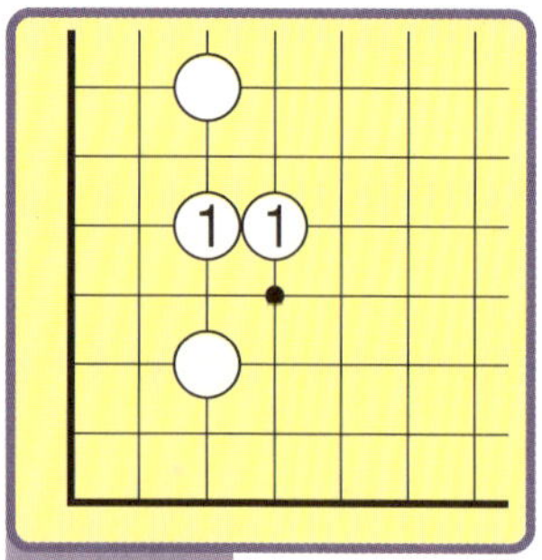 제2편-4 문제4 58p
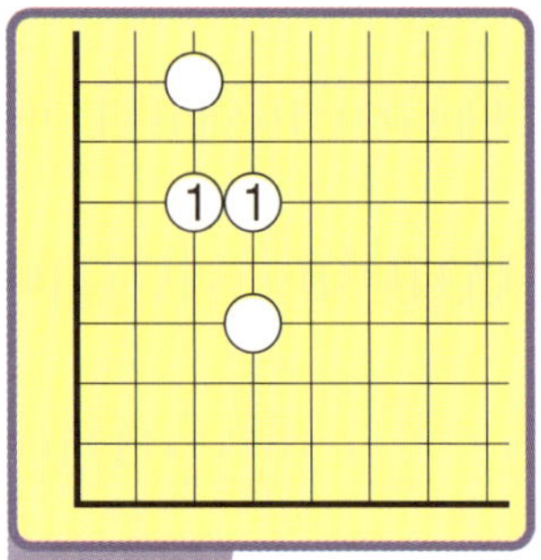 제2편-4 문제5 59p	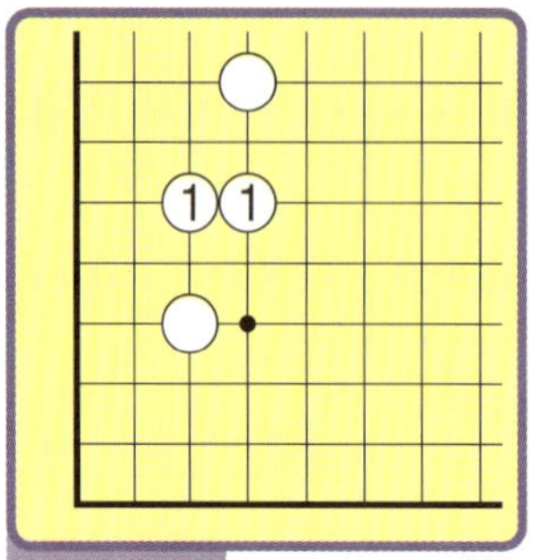 제2편-4 문제6 59p
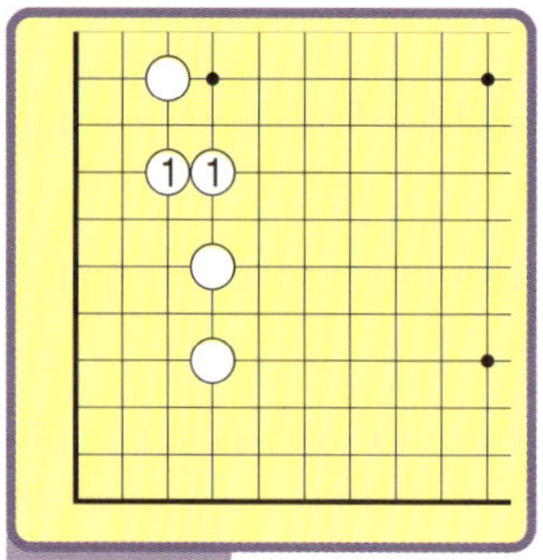 제2편-4 문제7 59p	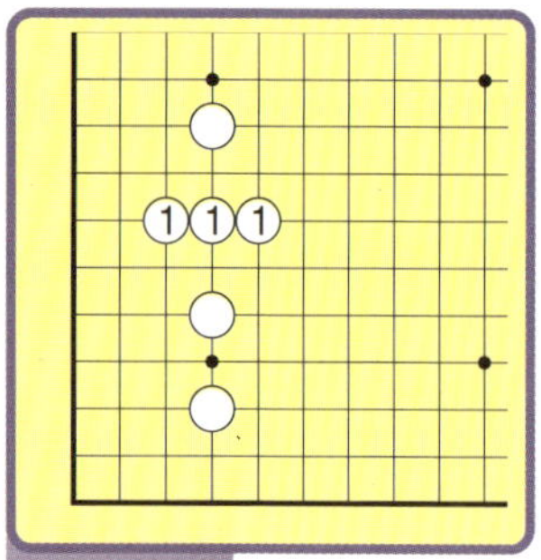 제2편-4 문제8 59p
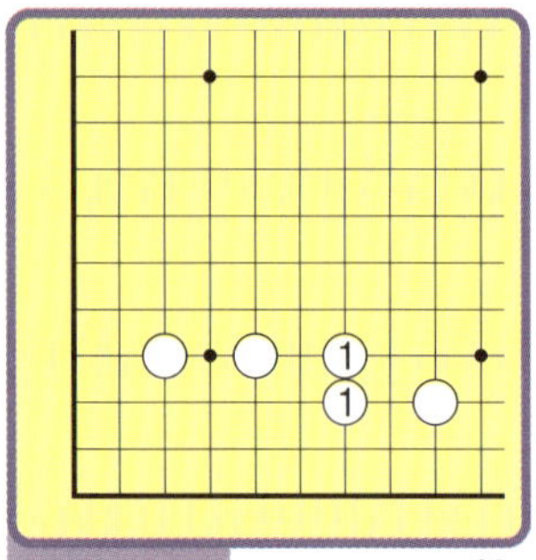 제2편-4 문제9 60p	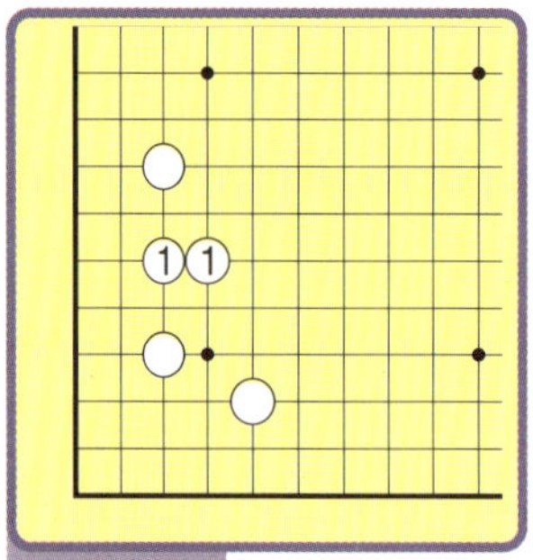 제2편-4 문제10 60p
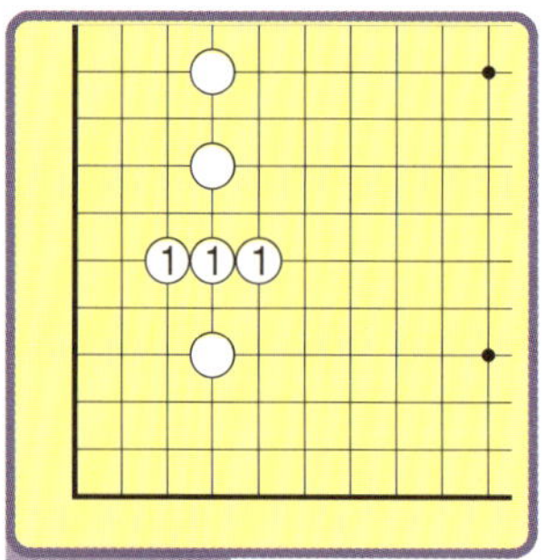 제2편-4 문제11 60p	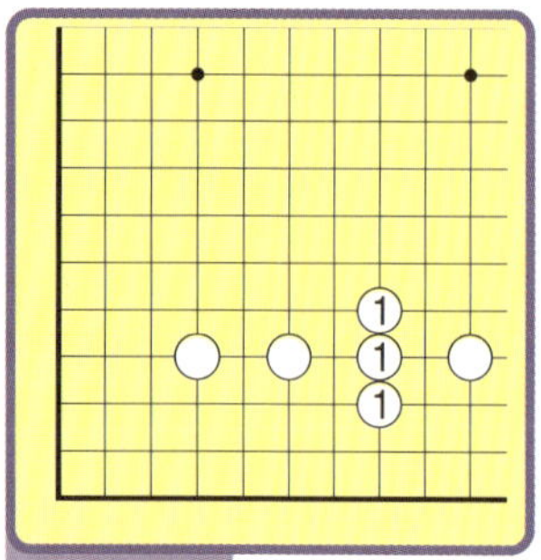 제2편-4 문제12 60p

3. 바람에 날아간 말뚝과 땅속에 박힌 말뚝

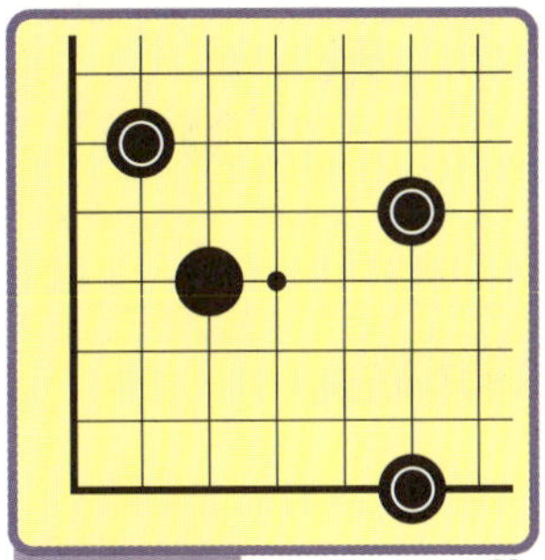

제3편-1 문제1　68p	제3편-1 문제2　68p	제3편-1 문제3　69p	제3편-1 문제4　69p
제3편-1 문제5　70p	제3편-1 문제6　70p	제3편-1 문제7　70p	제3편-1 문제8　70p
제3편-1 문제9　71p	제3편-1 문제10　71p	제3편-1 문제11　71p	제3편-1 문제12　71p
제3편-2 문제1　74p	제3편-2 문제2　74p	제3편-2 문제3　75p	제3편-2 문제4　75p

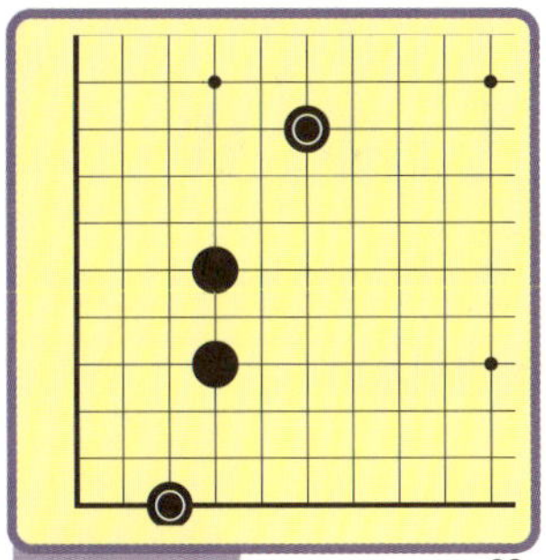

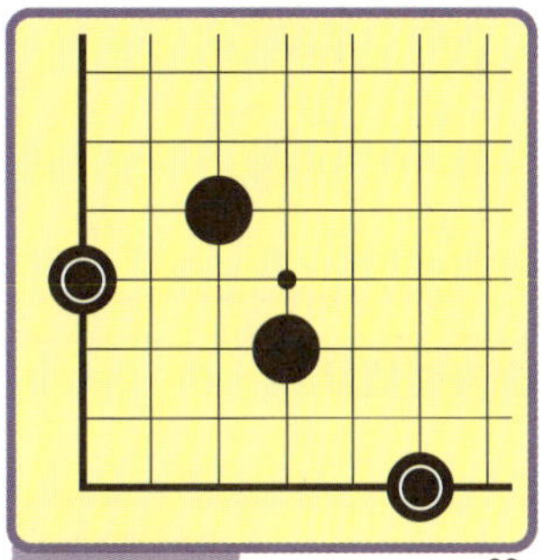

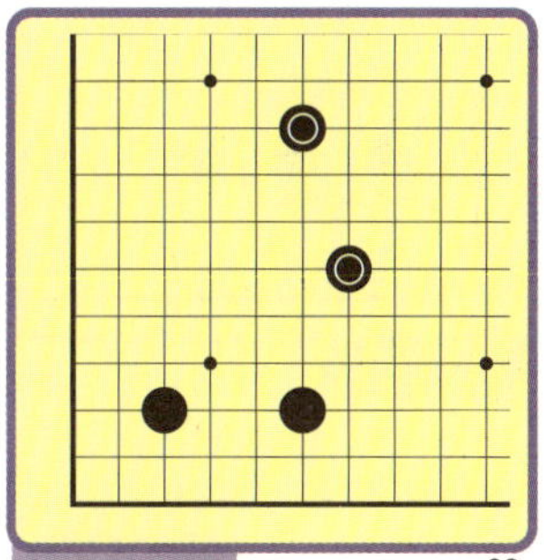

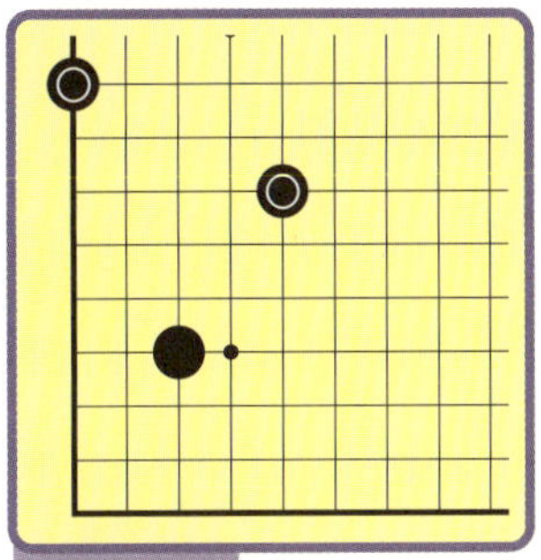

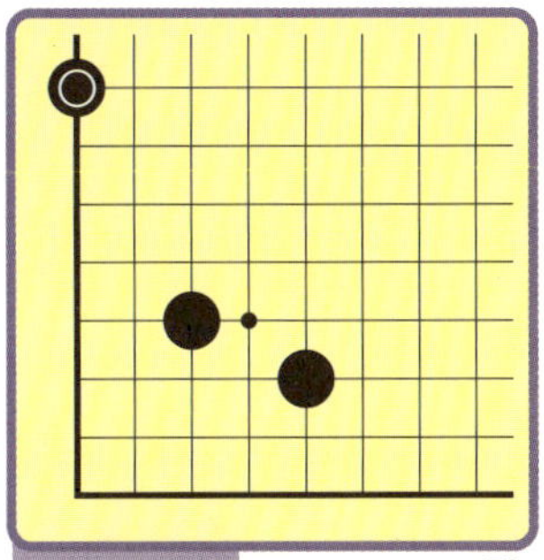

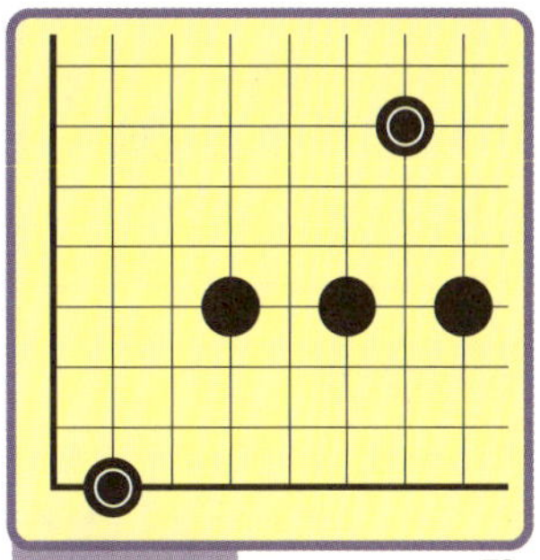

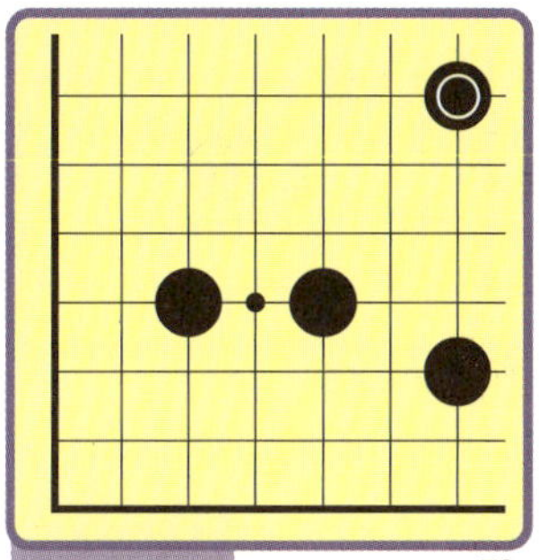

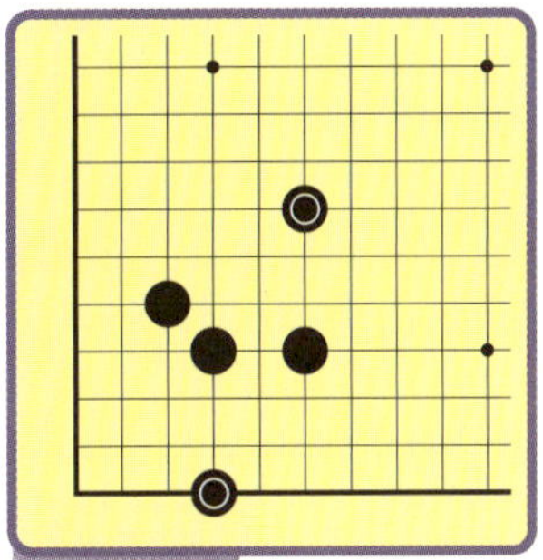

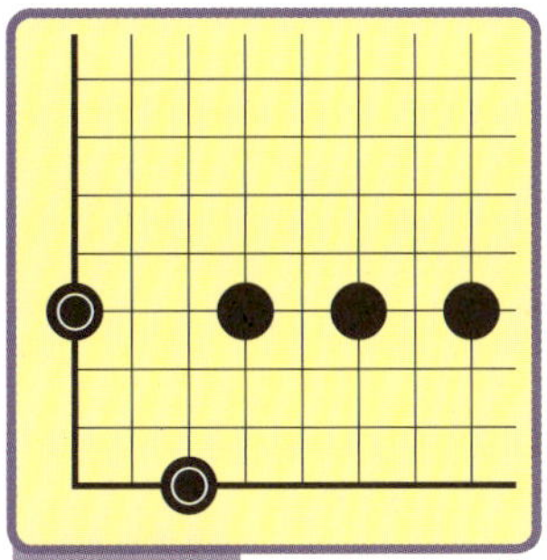

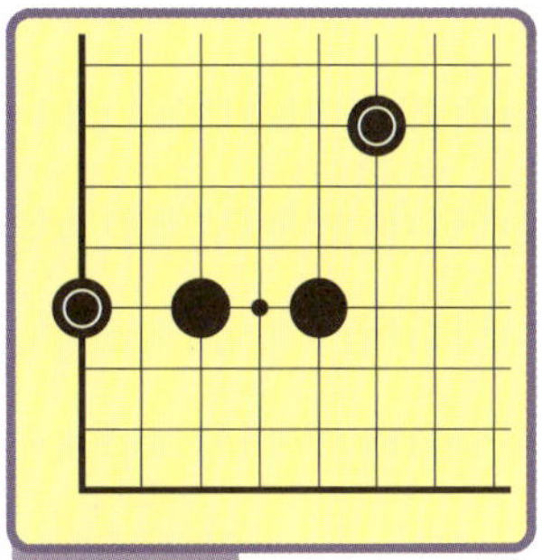

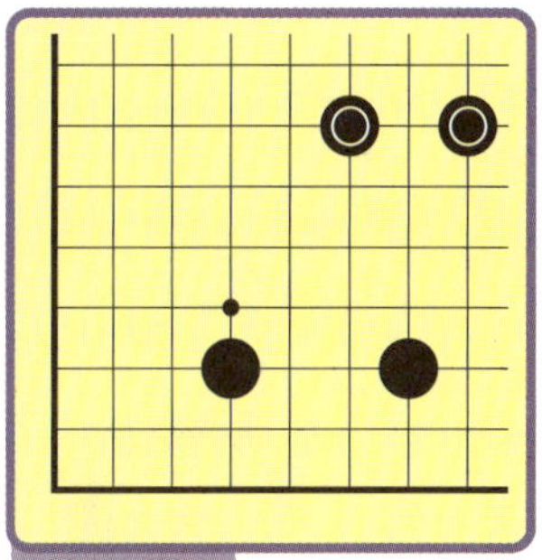

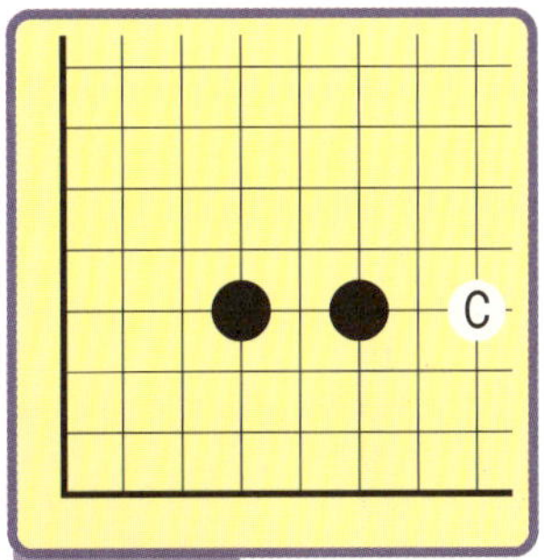

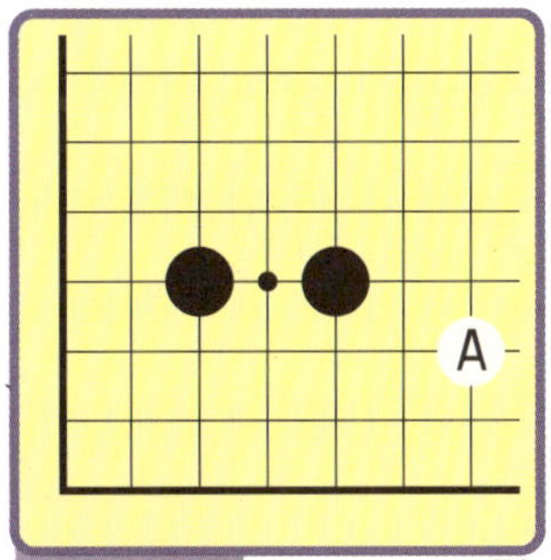

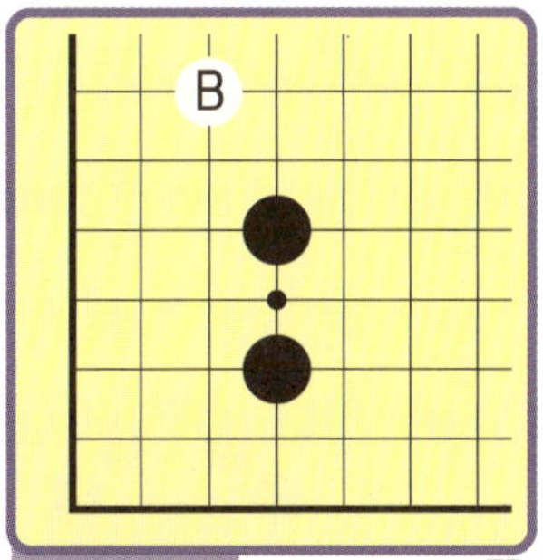

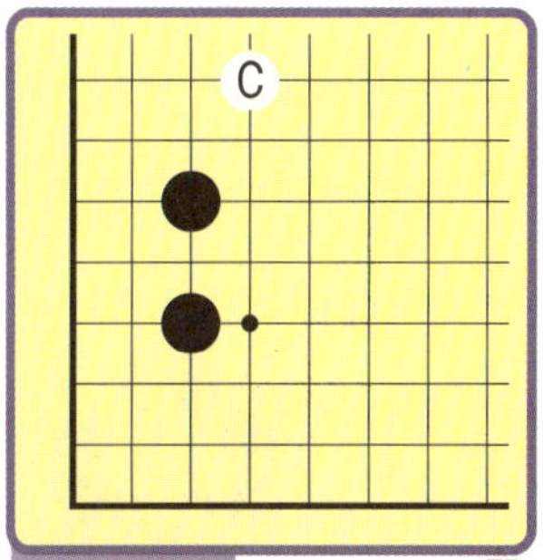

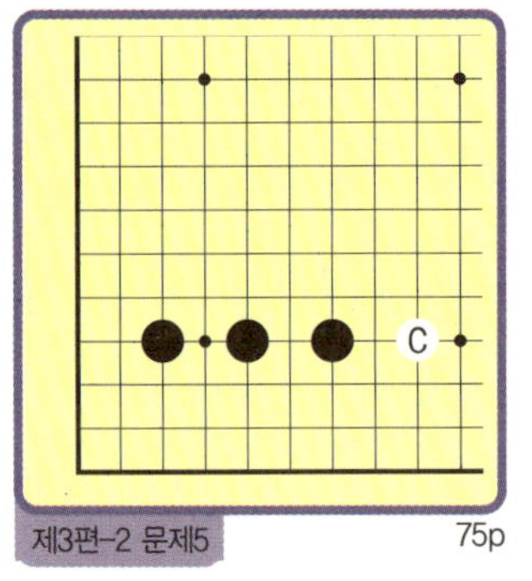

제3편-2 문제5 75p

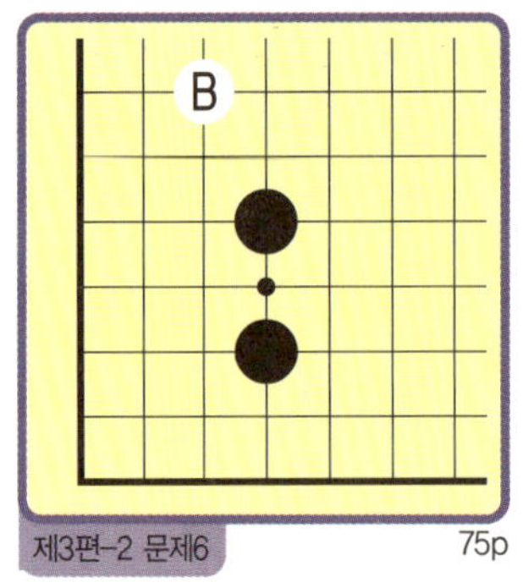

제3편-2 문제6 75p

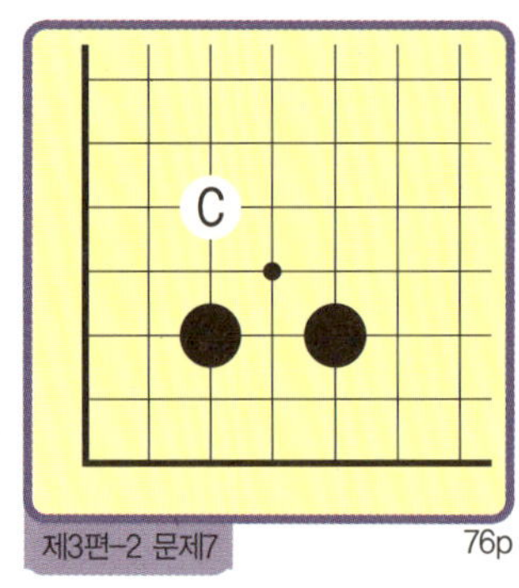

제3편-2 문제7 76p

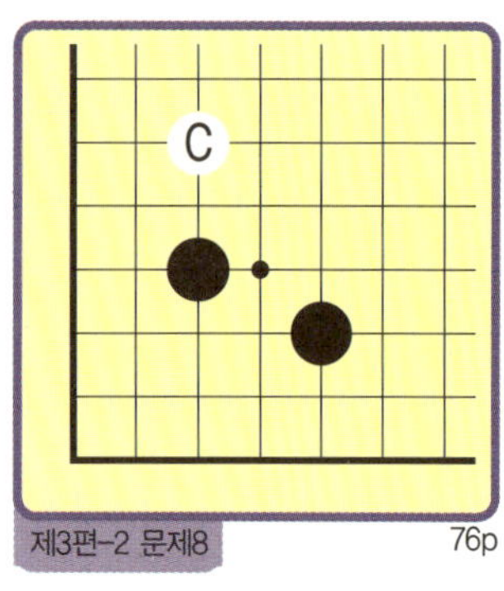

제3편-2 문제8 76p

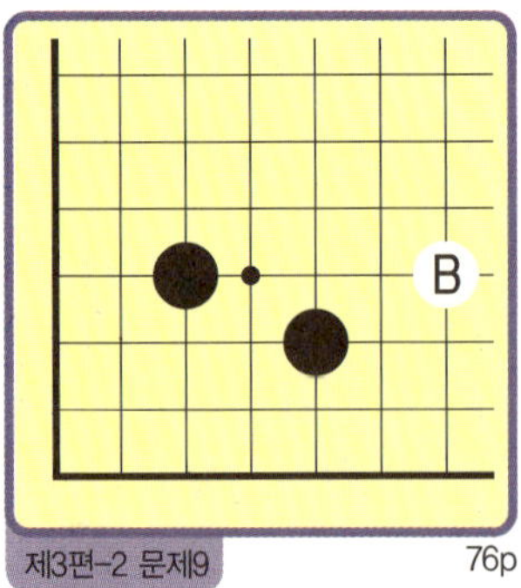

제3편-2 문제9 76p

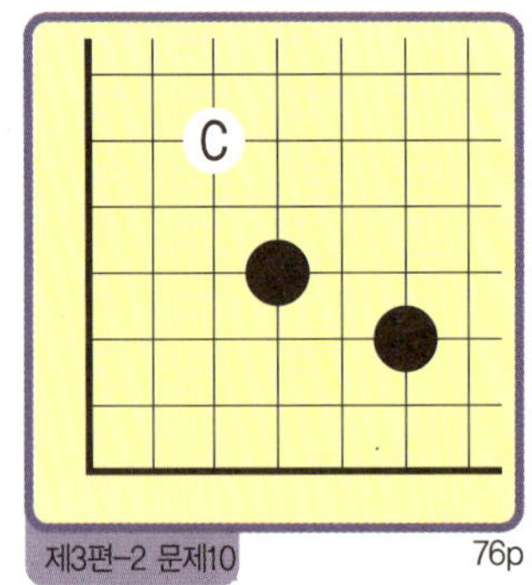

제3편-2 문제10 76p

4. 어느 곳에 울타리를 만들까?

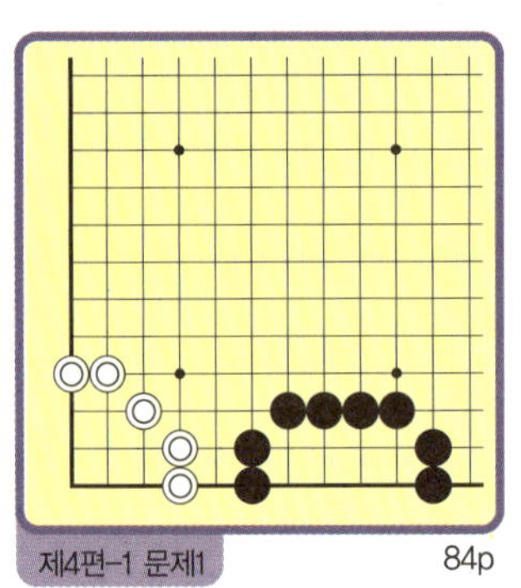

제4편-1 문제1 84p

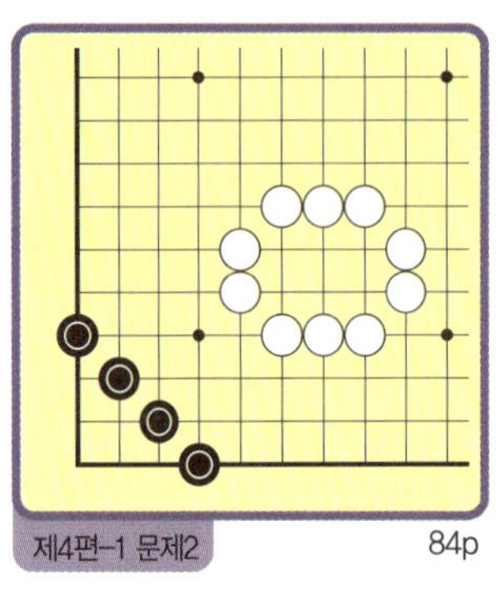

제4편-1 문제2 84p

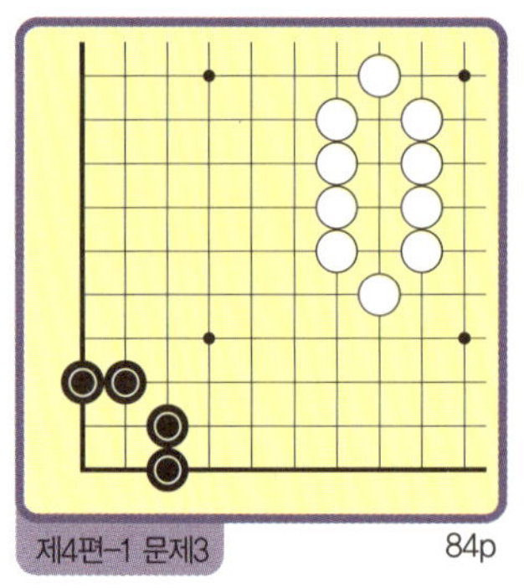

제4편-1 문제3 84p

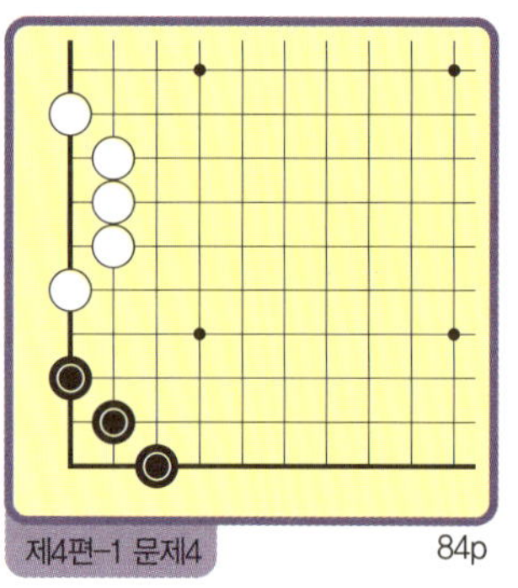

제4편-1 문제4 84p

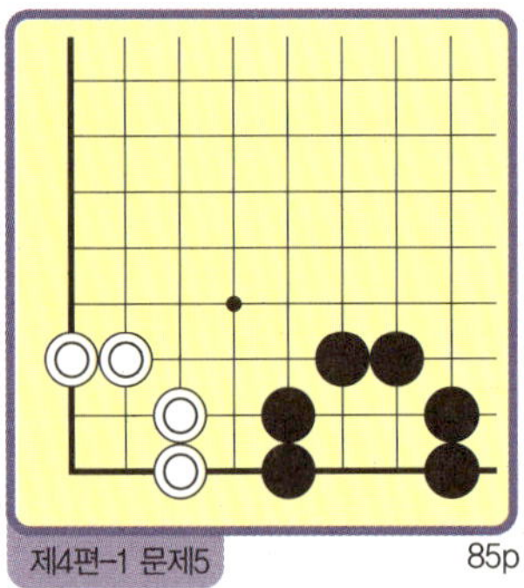

제4편-1 문제5 85p

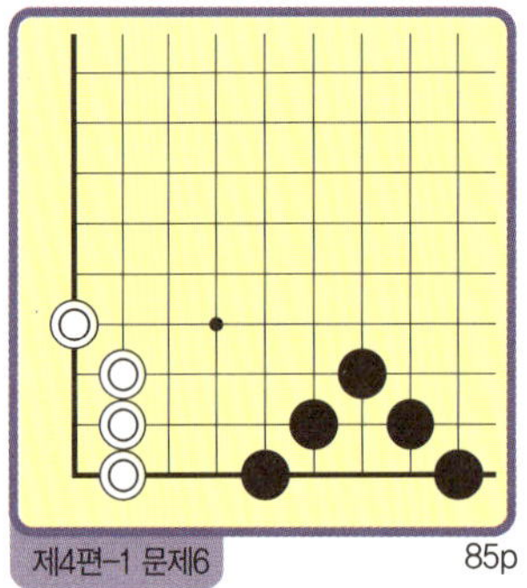

제4편-1 문제6 85p

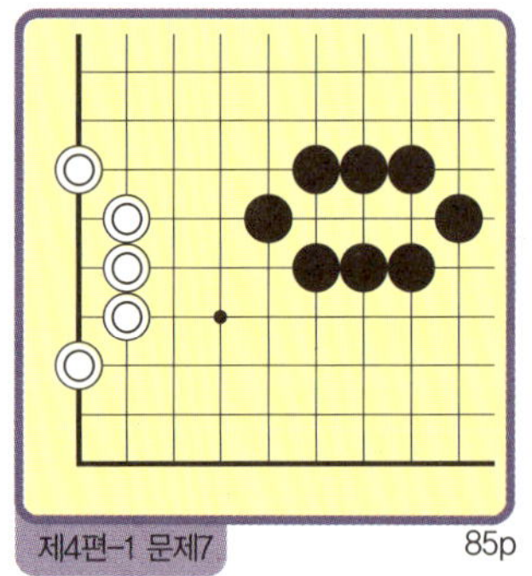

제4편-1 문제7 85p

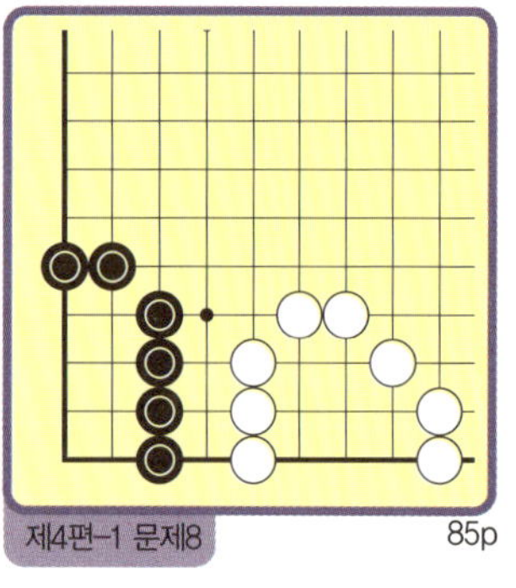

제4편-1 문제8 85p

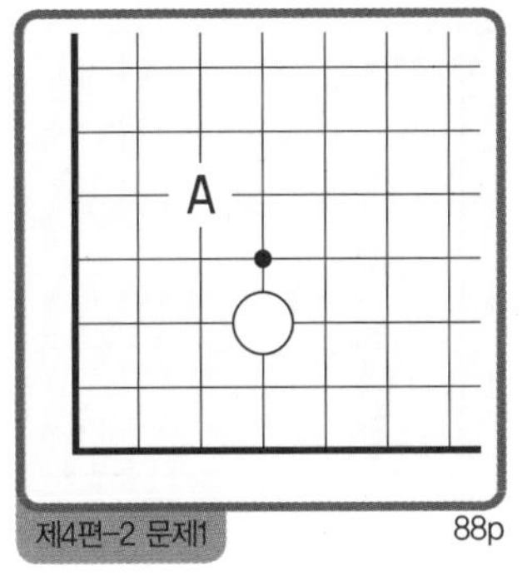

제4편-2 문제1　　88p

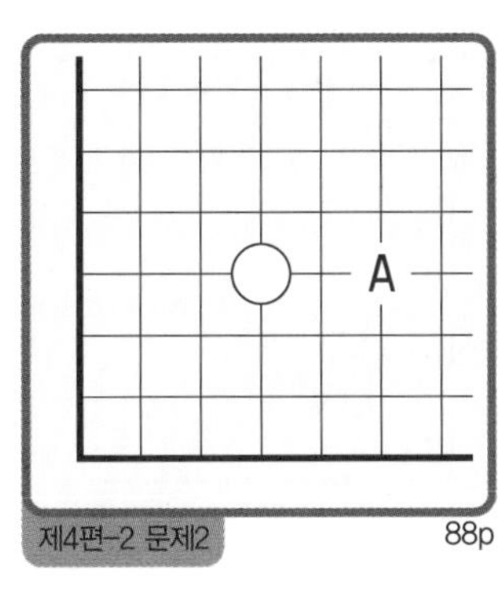

제4편-2 문제2　　88p

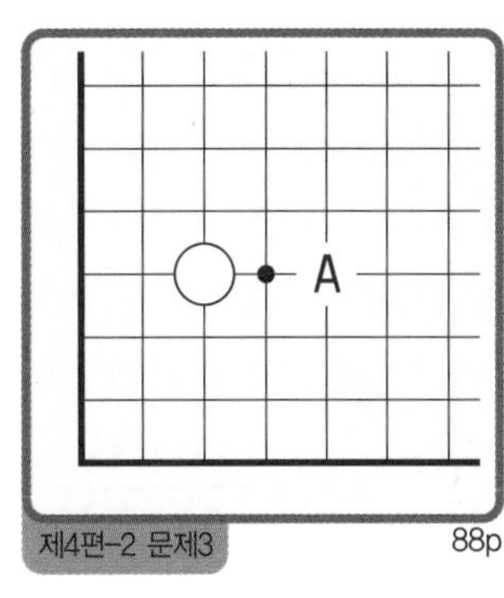

제4편-2 문제3　　88p

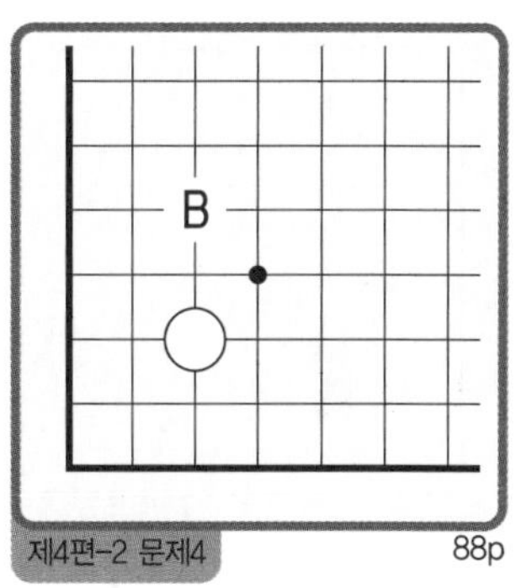

제4편-2 문제4　　88p

5. 튼튼한 말뚝 약한 말뚝

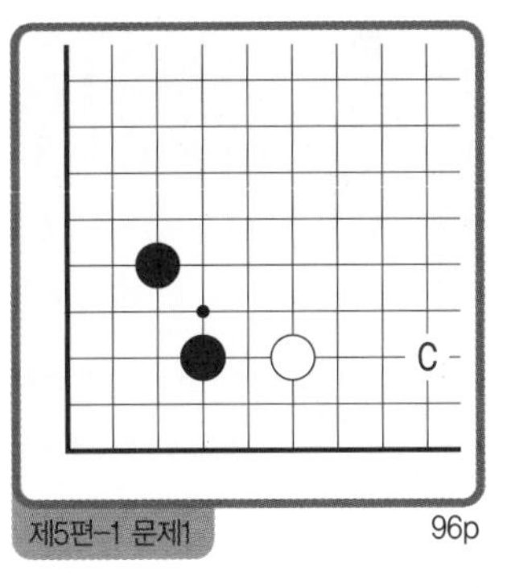

제5편-1 문제1　　96p

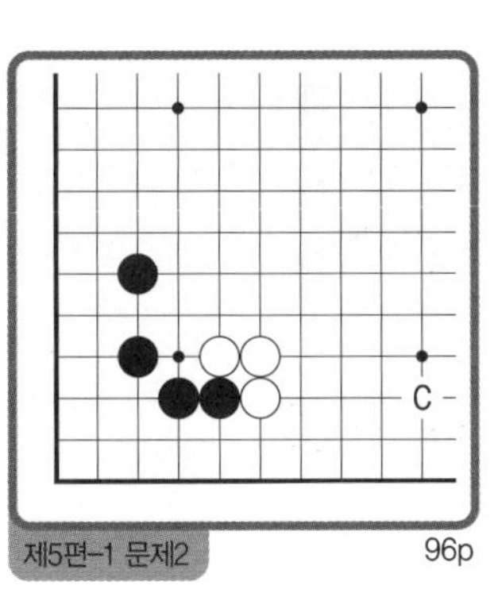

제5편-1 문제2　　96p

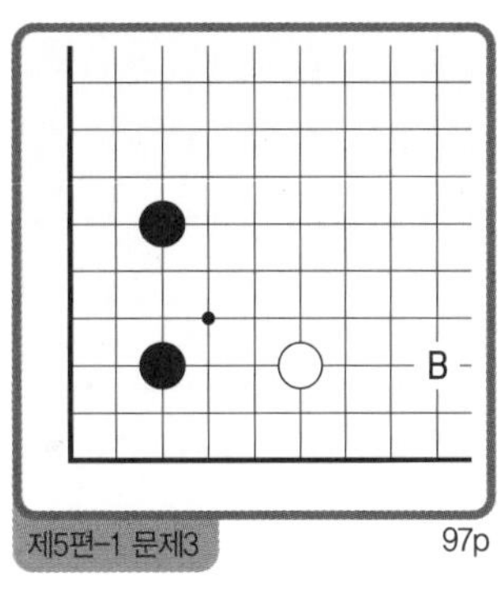

제5편-1 문제3　　97p

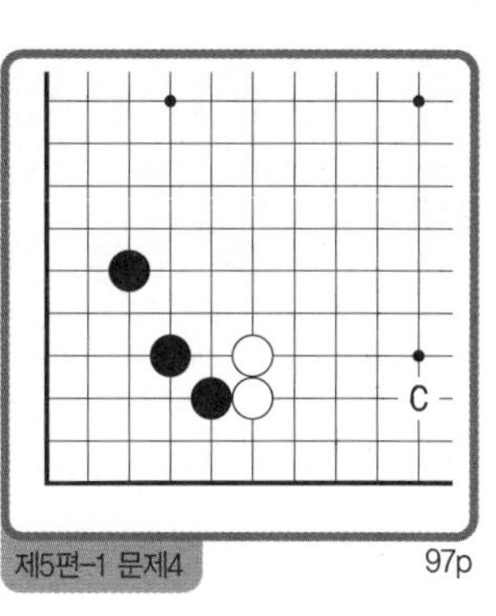

제5편-1 문제4　　97p

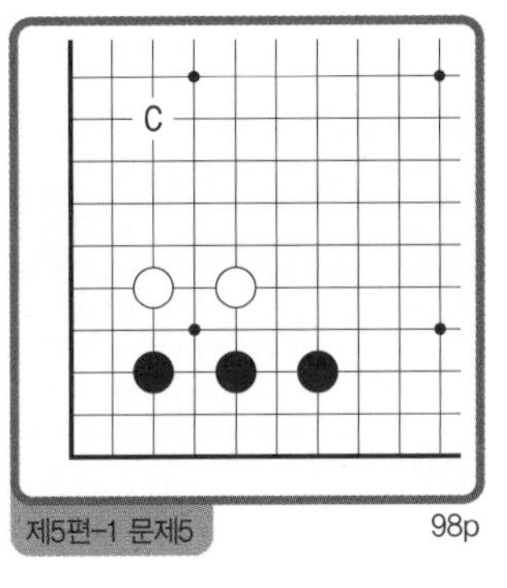

제5편-1 문제5　　98p

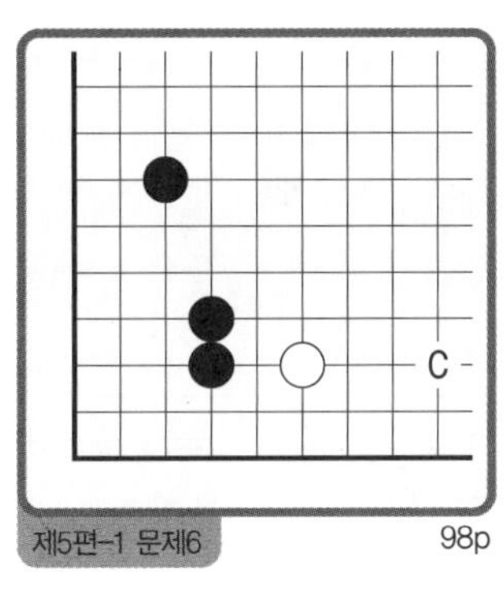

제5편-1 문제6　　98p

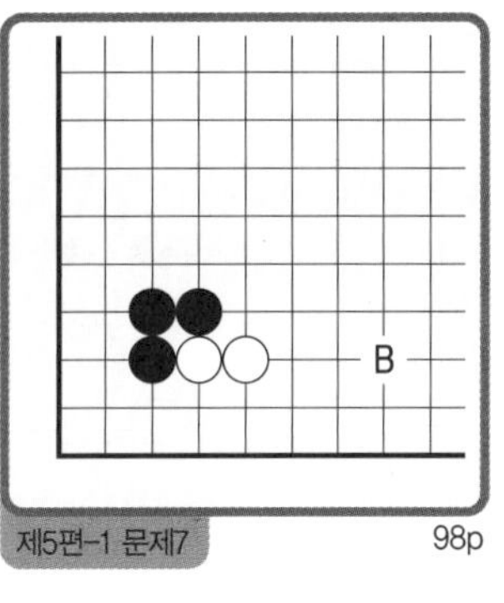

제5편-1 문제7　　98p

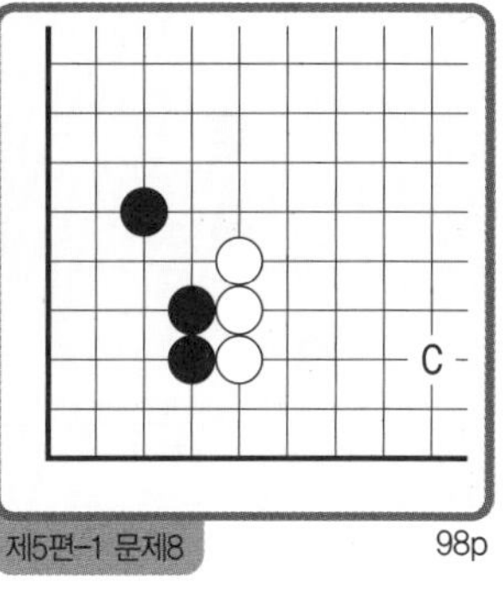

제5편-1 문제8　　98p

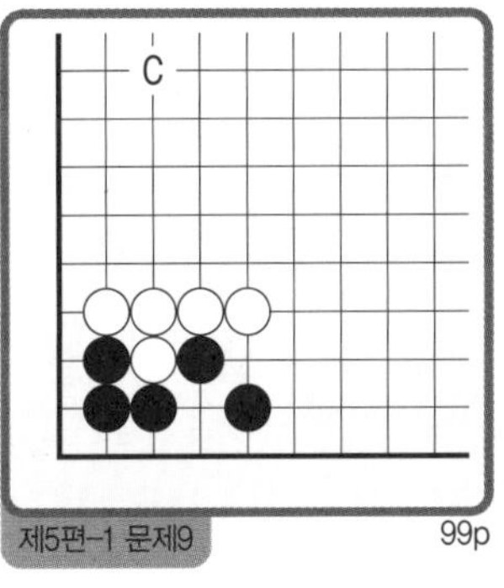

제5편-1 문제9　　99p

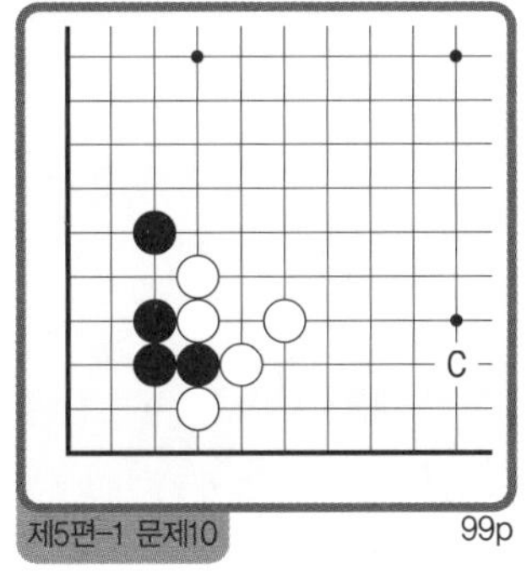

제5편-1 문제10　　99p

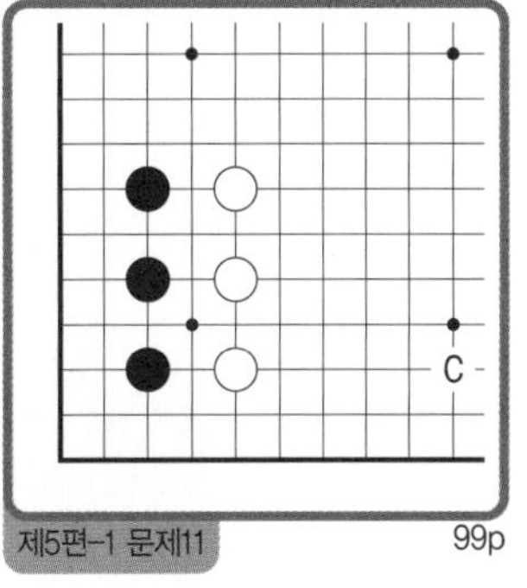

제5편-1 문제11　　99p

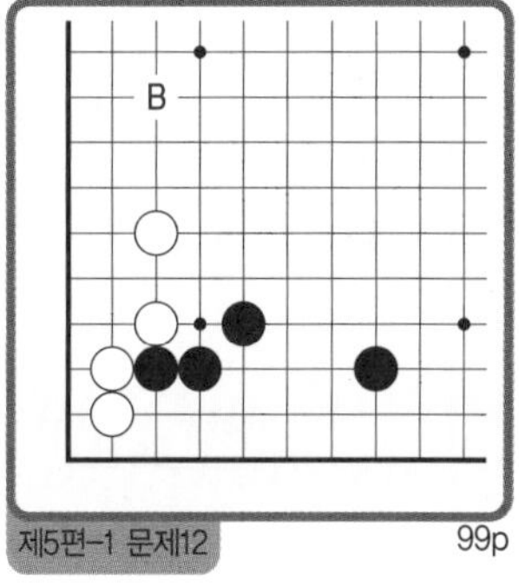

제5편-1 문제12　　99p

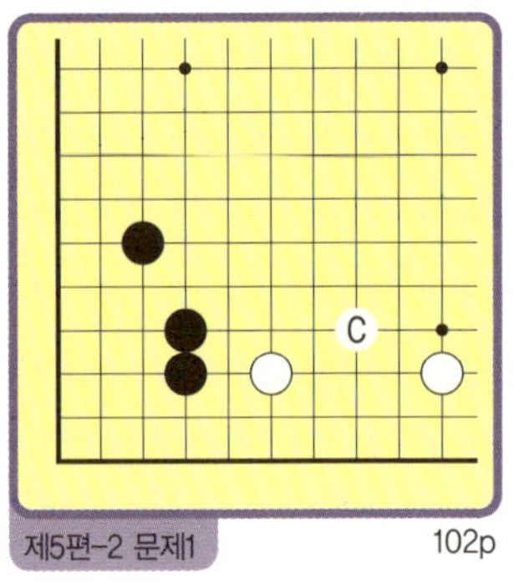

제5편-2 문제1　　102p

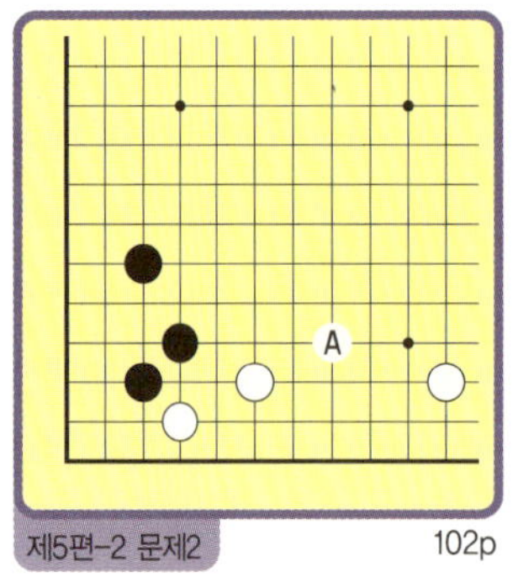

제5편-2 문제2　　102p

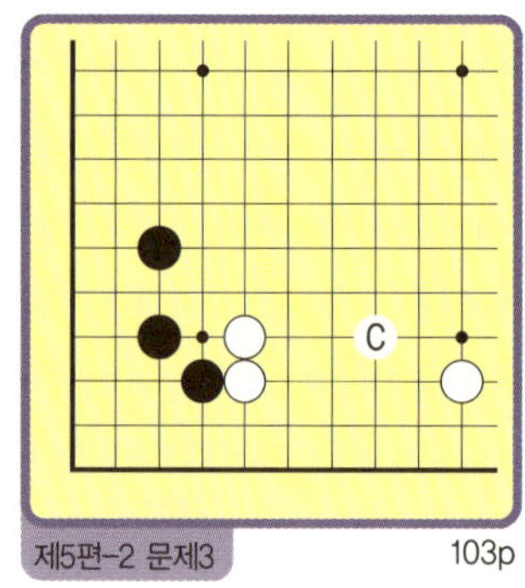

제5편-2 문제3　　103p

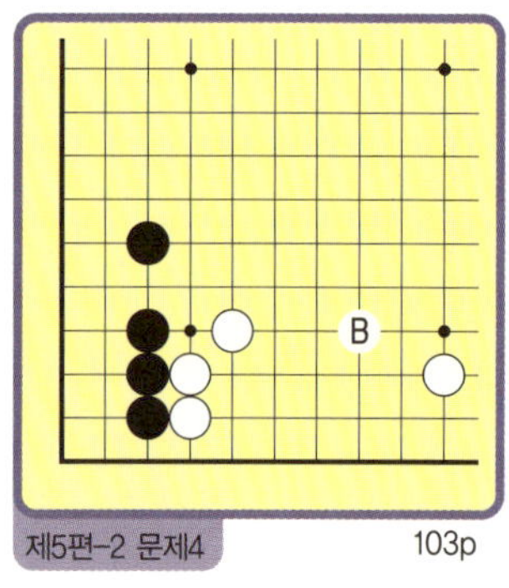

제5편-2 문제4　　103p

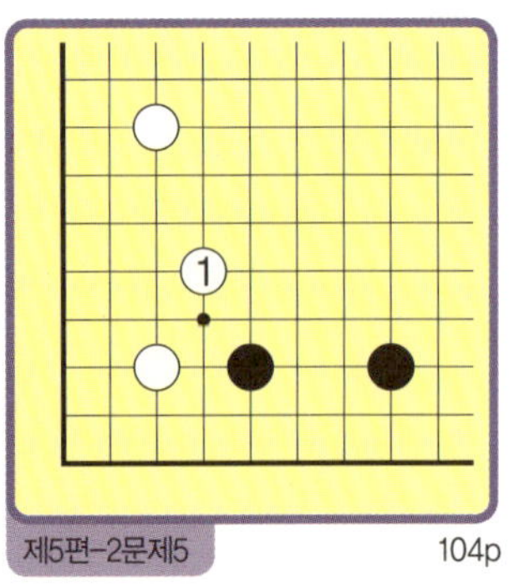

제5편-2문제5　　104p

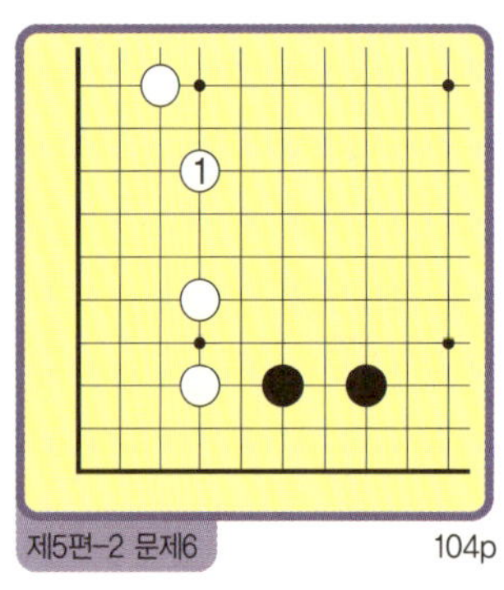

제5편-2 문제6　　104p

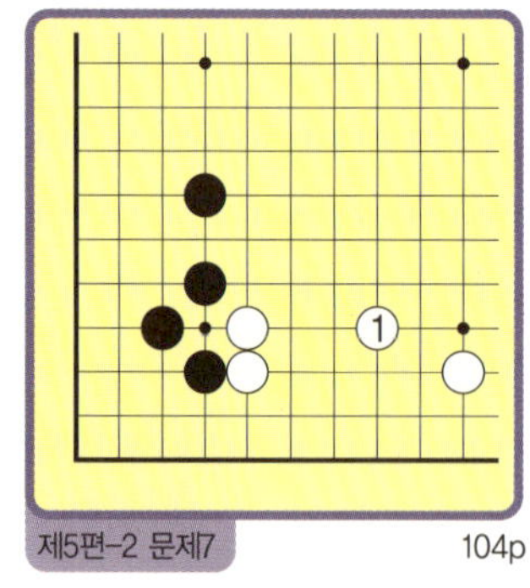

제5편-2 문제7　　104p

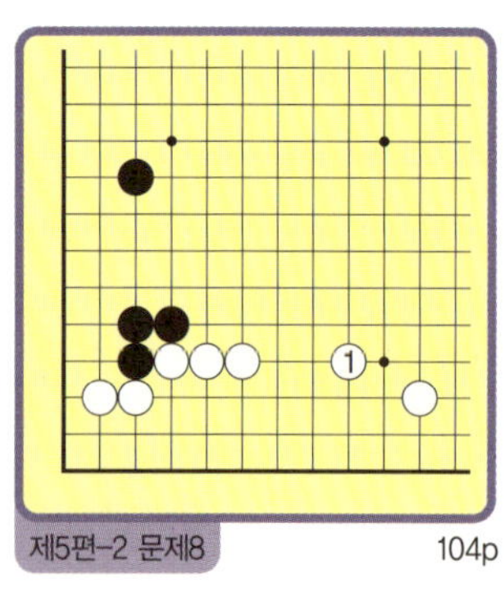

제5편-2 문제8　　104p

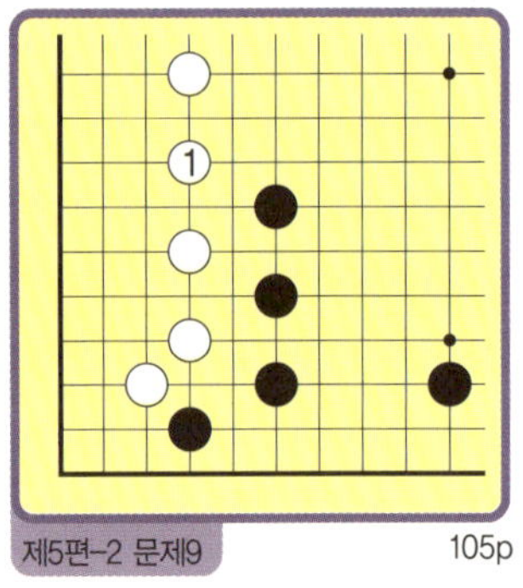

제5편-2 문제9　　105p

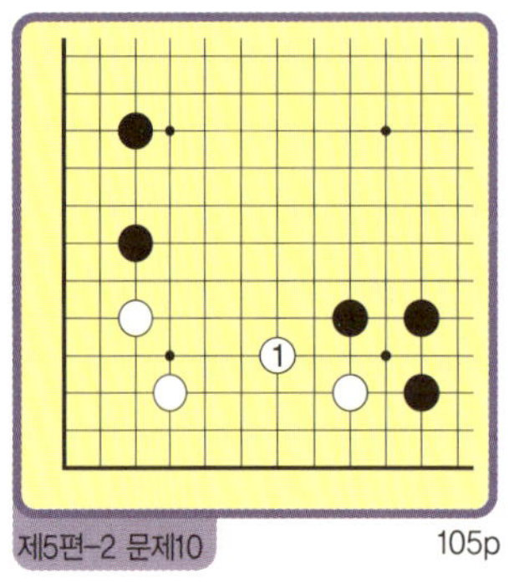

제5편-2 문제10　　105p

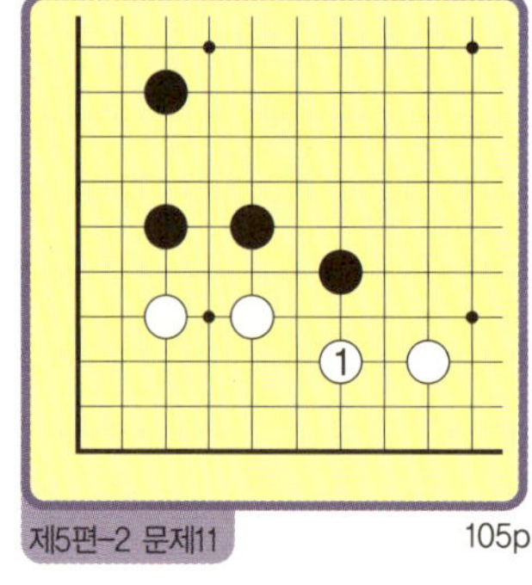

제5편-2 문제11　　105p

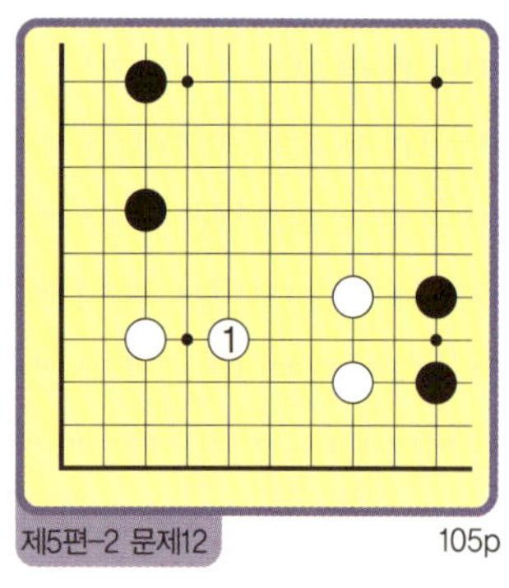

제5편-2 문제12　　105p

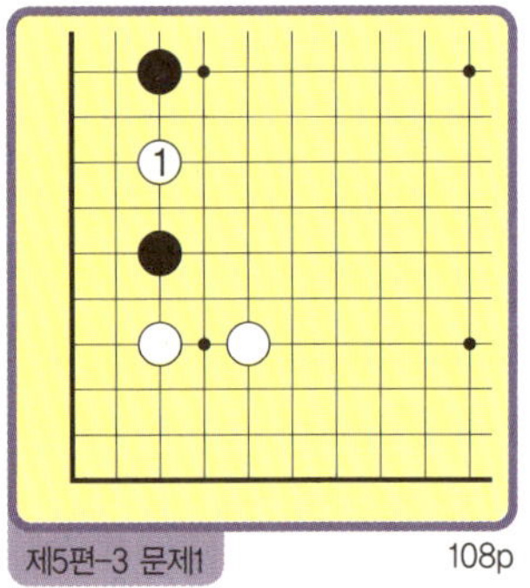

제5편-3 문제1　　108p

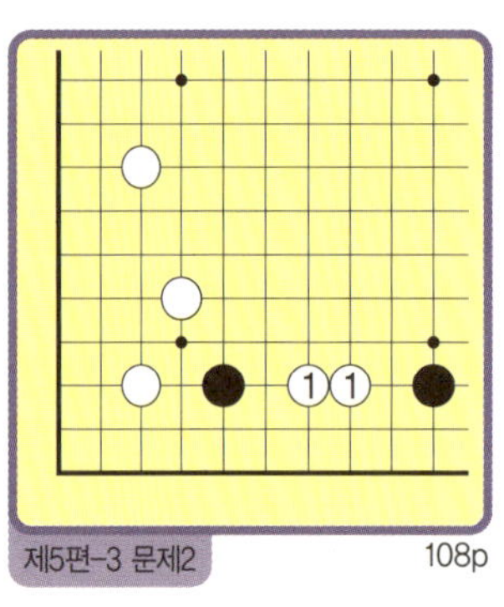

제5편-3 문제2　　108p

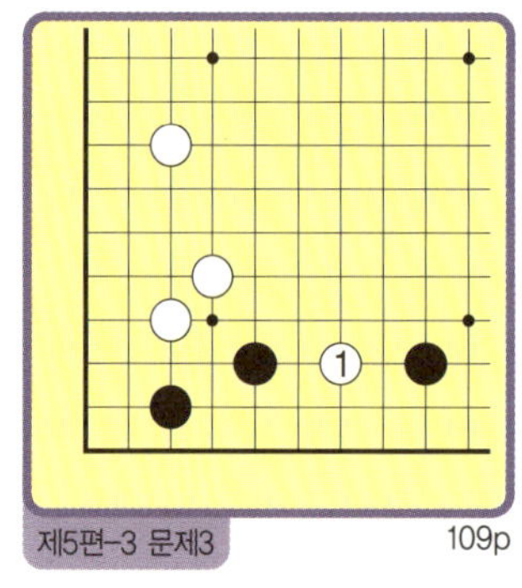

제5편-3 문제3　　109p

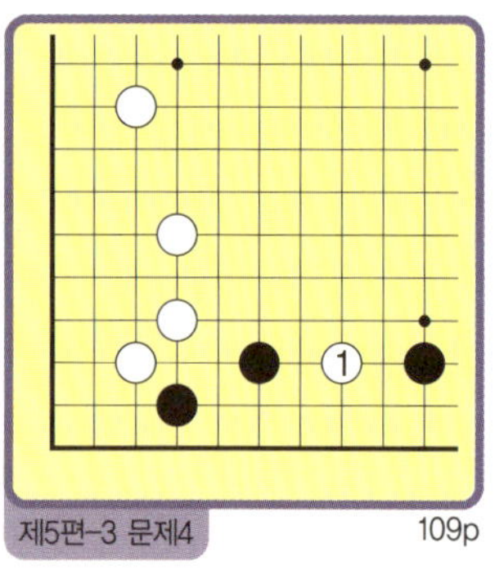

제5편-3 문제4　　109p

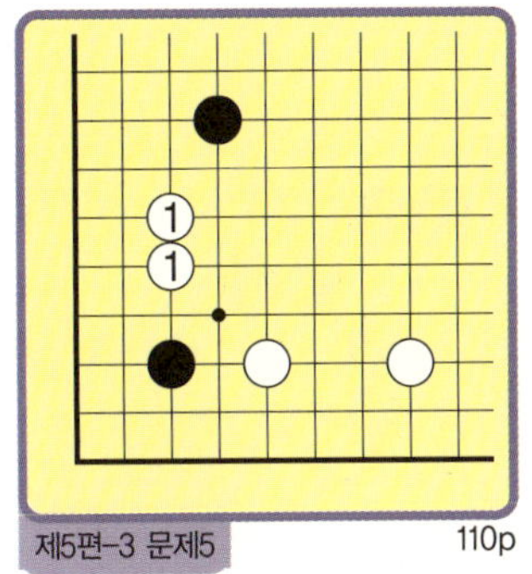

제5편-3 문제5 · 110p

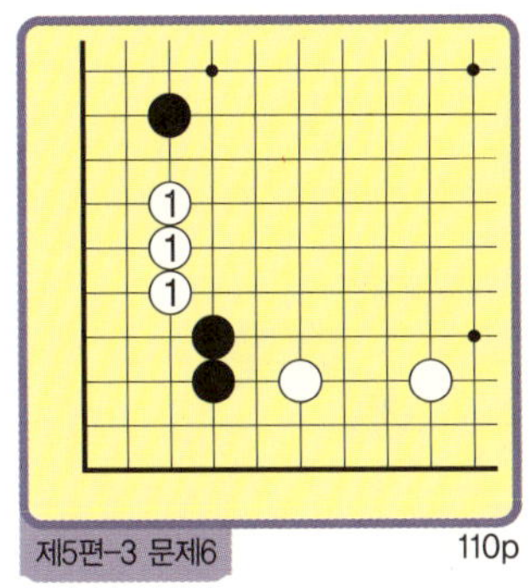

제5편-3 문제6 · 110p

6. 인내심이 가져다준 승리

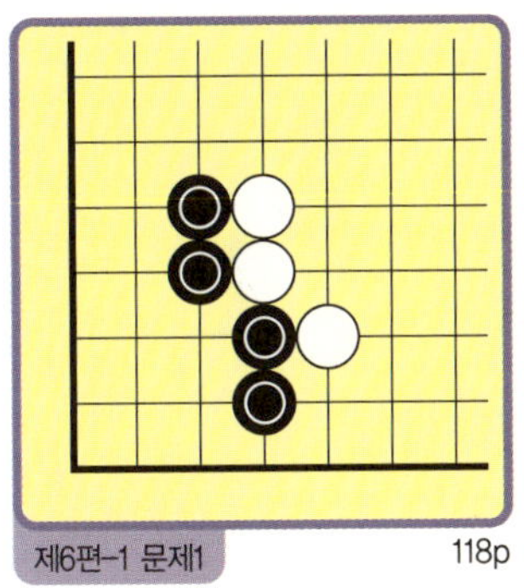

제6편-1 문제1 · 118p

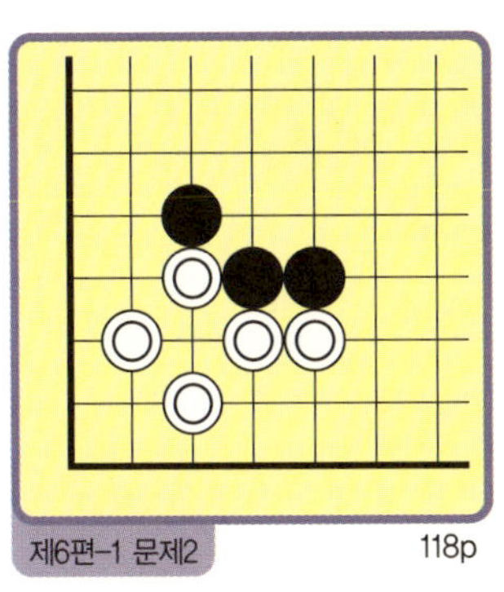

제6편-1 문제2 · 118p

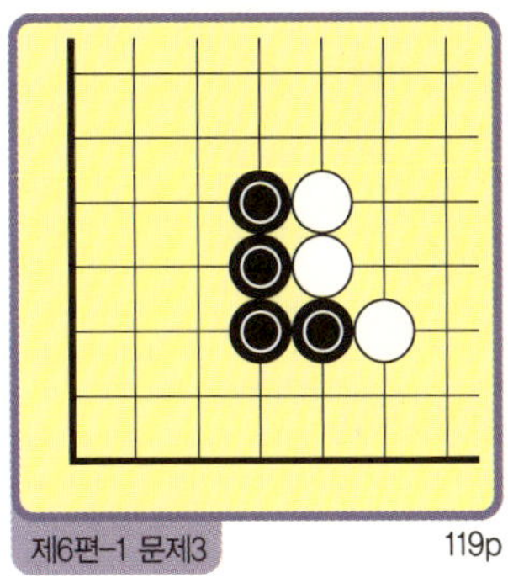

제6편-1 문제3 · 119p

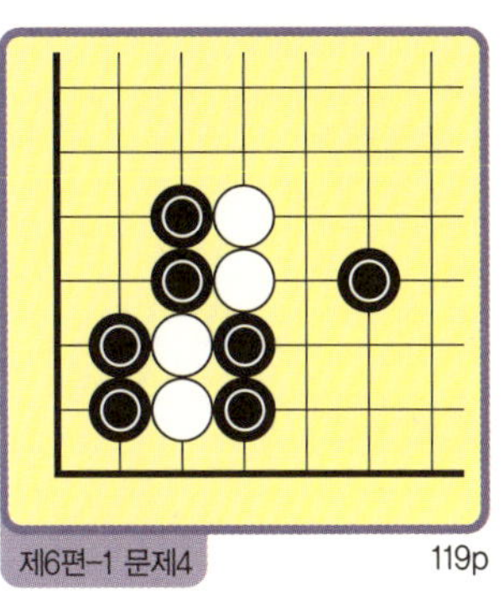

제6편-1 문제4 · 119p

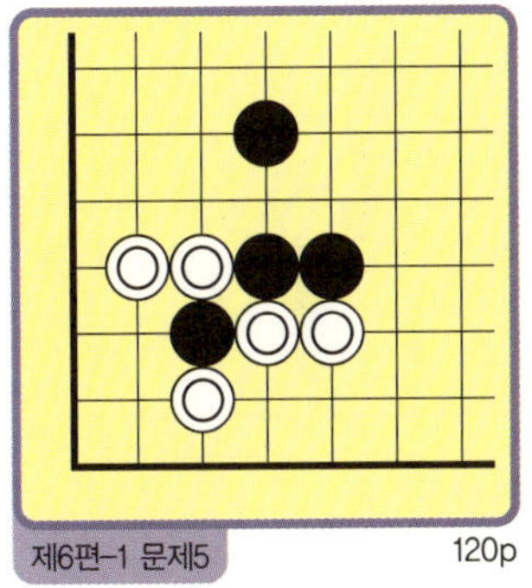

제6편-1 문제5 · 120p

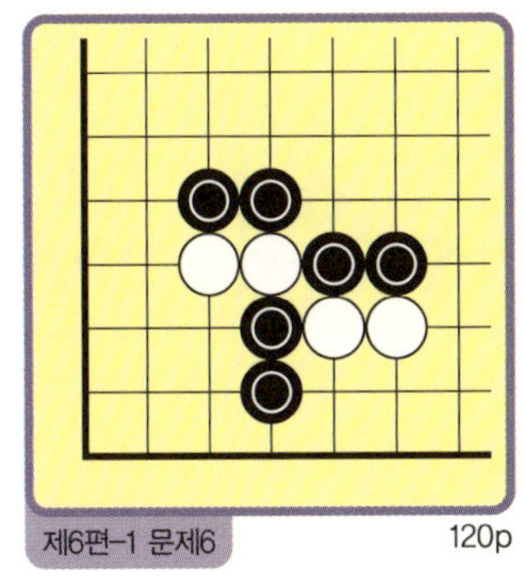

제6편-1 문제6 · 120p

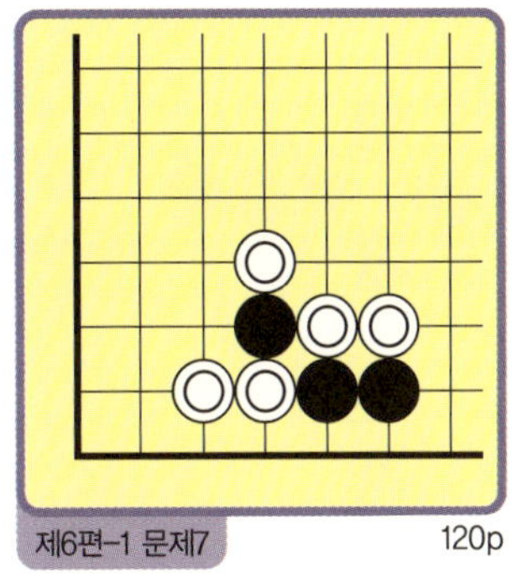

제6편-1 문제7 · 120p

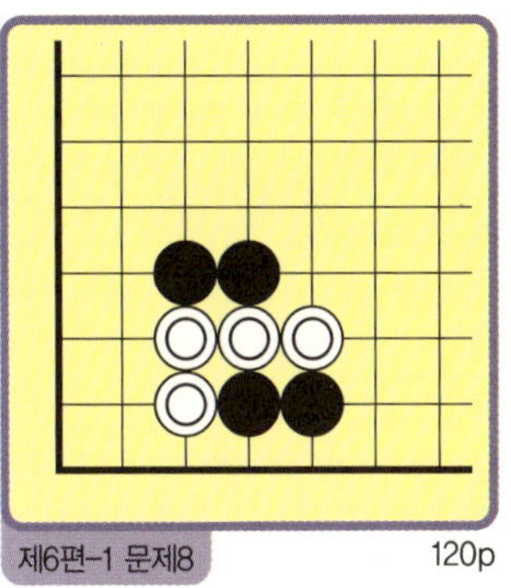

제6편-1 문제8 · 120p

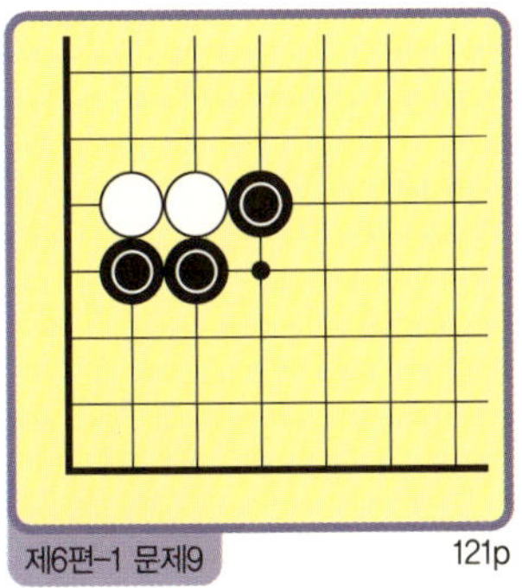

제6편-1 문제9 · 121p

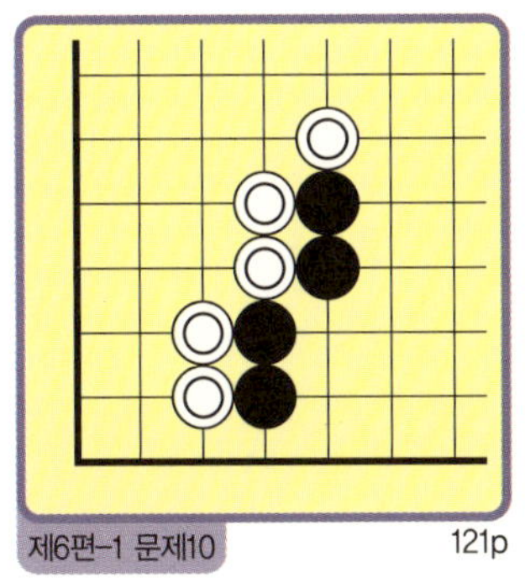

제6편-1 문제10 · 121p

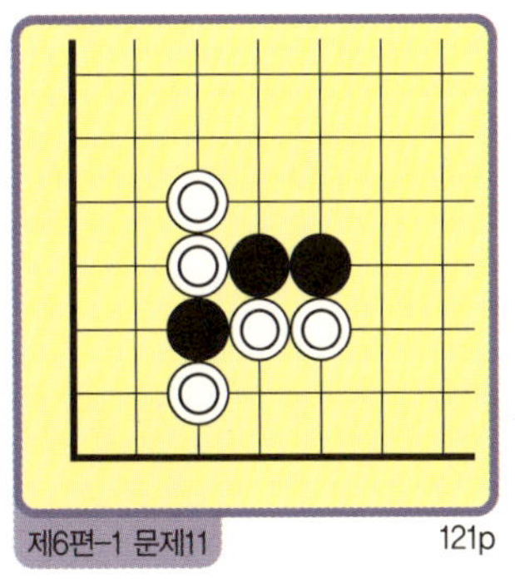

제6편-1 문제11 · 121p

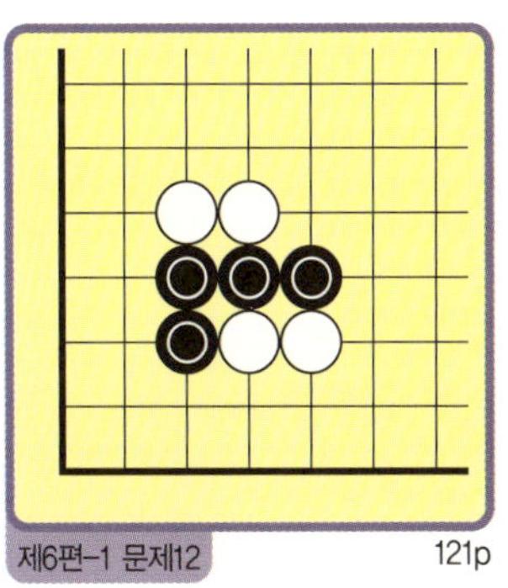

제6편-1 문제12 · 121p

138

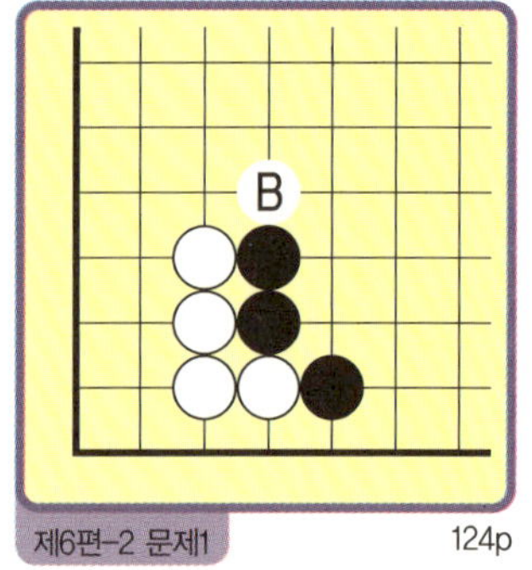

제6편-2 문제1   124p

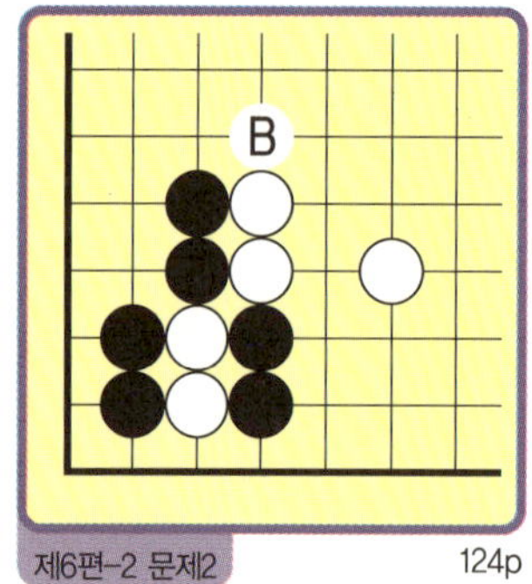

제6편-2 문제2   124p

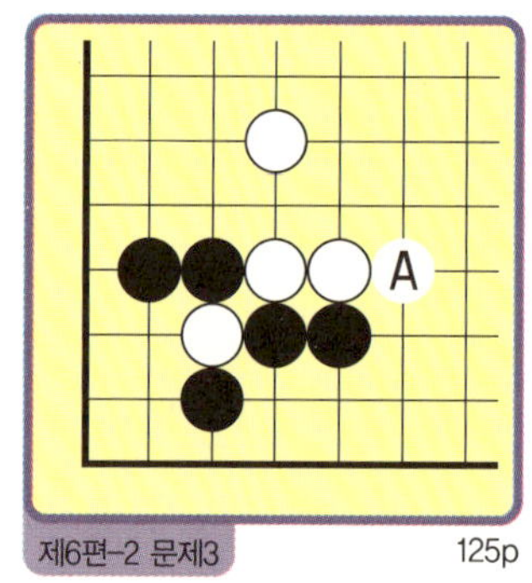

제6편-2 문제3   125p

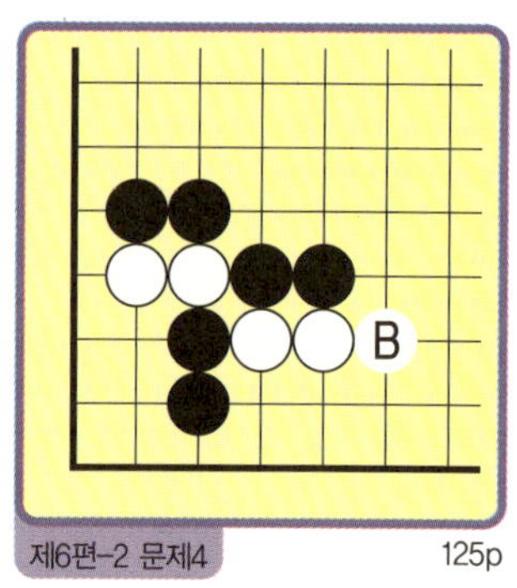

제6편-2 문제4   125p

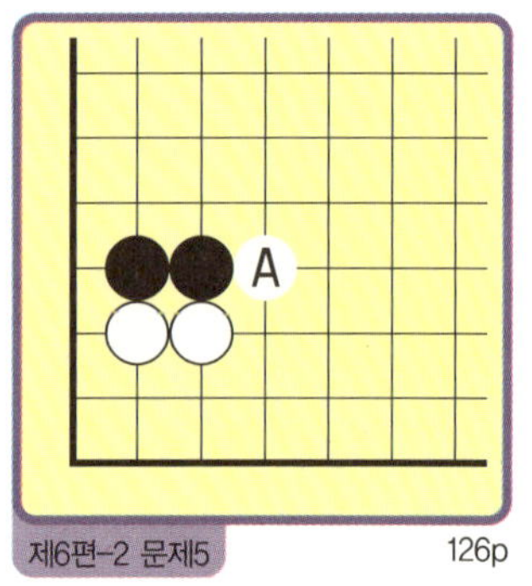

제6편-2 문제5   126p

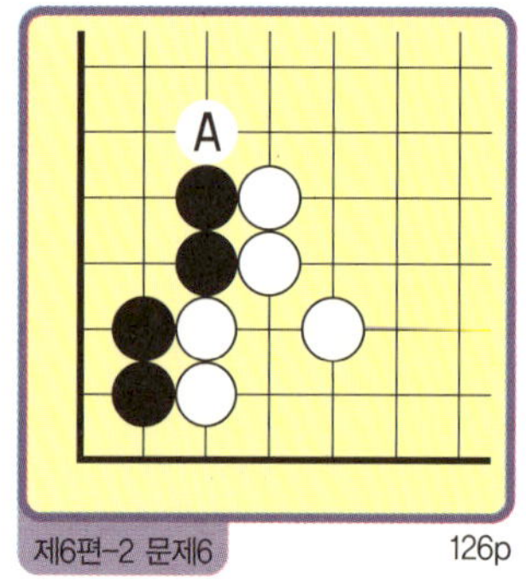

제6편-2 문제6   126p

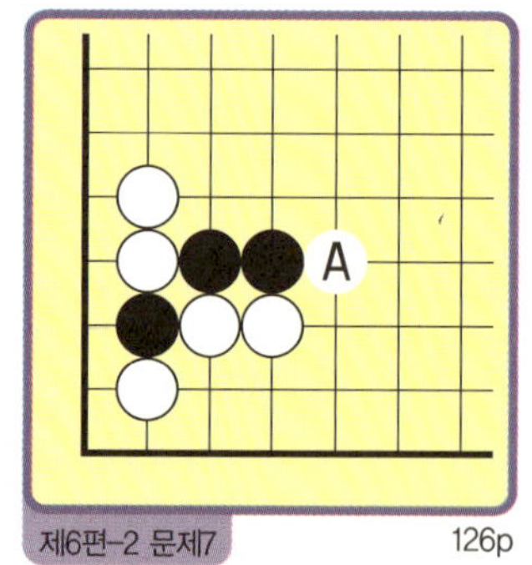

제6편-2 문제7   126p

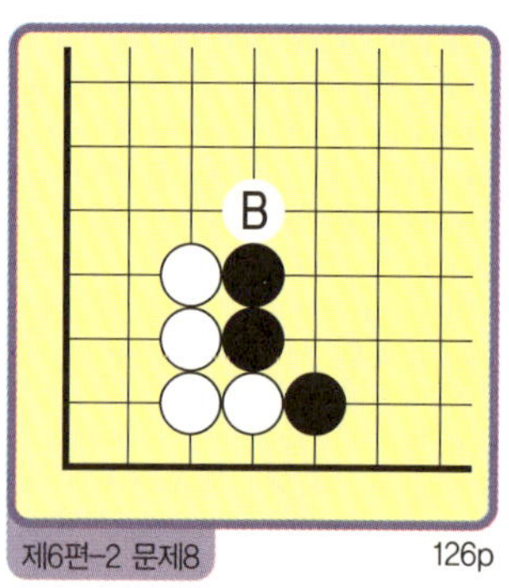

제6편-2 문제8   126p

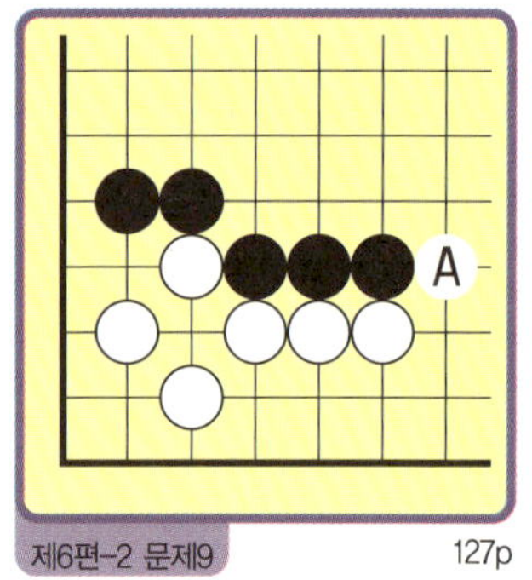

제6편-2 문제9   127p

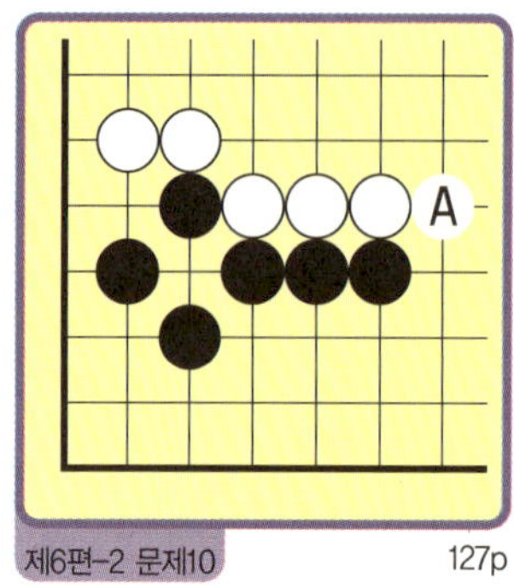

제6편-2 문제10   127p

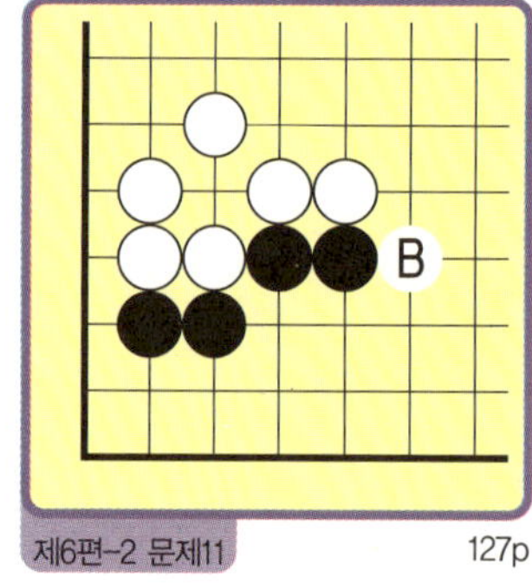

제6편-2 문제11   127p

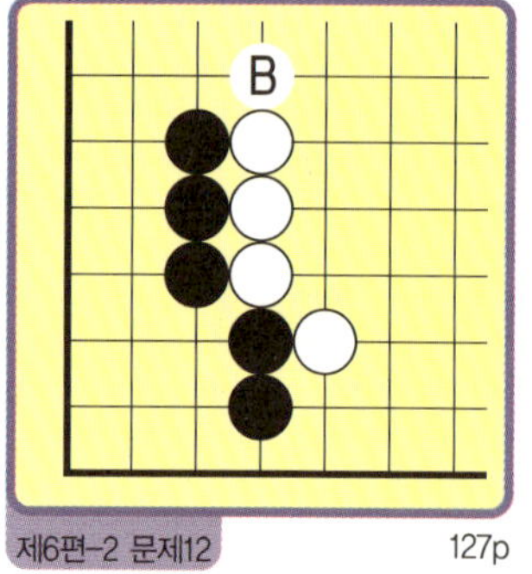

제6편-2 문제12   127p

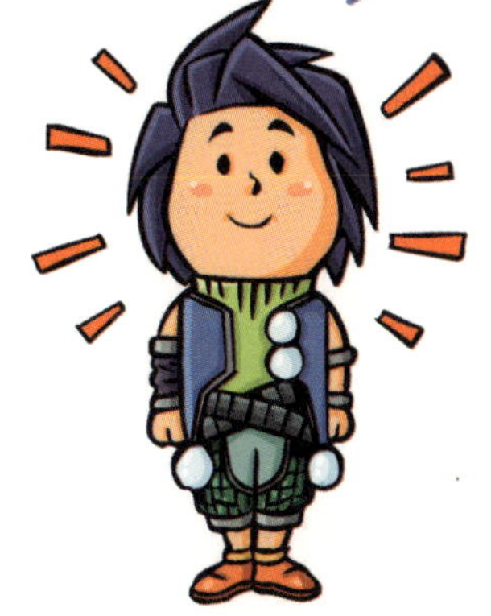

야호! 2권 끝.
3권에서 만나요.

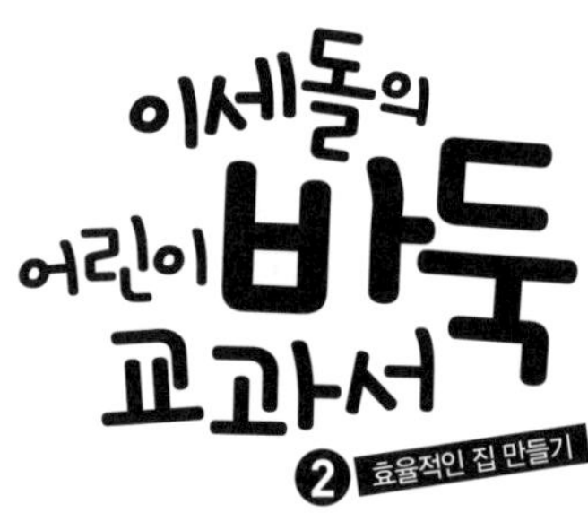

이세돌의 어린이 바둑 교과서 ❷ 효율적인 집 만들기

초판 1쇄 발행 | 2011년 4월 15일
초판 20쇄 발행 | 2022년 12월 16일

이세돌 지음 · 성기창 기획

발행 | (주)조선뉴스프레스

발행인 | 이동한

판매 | 박미선(본부장), 조성환, 박경민

디자인 | (주) 모노컴퍼니

구입 문의 | 02-724-6797

등록 | 제2-3910호

등록일자 | 2004년 1월 7일

주소 | 서울시 마포구 상암산로 34 DMC 디지털큐브빌딩 13층(03909)

값 11,000원

ISBN 978-89-93968-41-5 (세트) 64690

      978-89-91491-94-6